# 기본
## CASE
# 행정법

홍정선
방동희
최윤영

박영사

# 머 리 말

[1] 행정법의 기본적인 원리를 학습하고 있거나 학습한 독자들이 행정법의 CASE(사례)를 스스로 해결할 수 있는 기본적인 능력을 확보하는 데 도움이 되었으면 하는 생각에서 「기본 CASE 행정법」을 출간한다. 이 책은 공저자 중 홍정선이 쓴 「기본행정법」의 자매편의 성격을 갖는다. 「기본행정법」과 짝을 이루어 「기본 CASE 행정법」을 학습한다면, 그 효과는 보다 상승할 것이다.

[2] 이 책에서는 전형적이고도 기본적인 CASE를 다룬다. 독자들이 혼자서 학습하는 데 큰 어려움이 없을 것이다. 누구나 이 책으로 행정법의 CASE에 쉽게 다가갈 수 있다고 믿는다. 전형적이고도 기본적인 CASE의 해결방식을 익힌다면, 복잡한 CASE의 해결도 어렵지 아니할 것이다. 이 책에서 다루는 CASE에는 공저자들이 판례 등을 바탕으로 하여 새로 만든 것도 있고, 공저자 중 홍정선이 쓴 다른 책의 내용을 바탕으로 새로운 시각에서 재구성한 것도 있다. 여러 쟁점이 혼합된 종합사례도 접해보고자 한다면, 박영사에서 나온 「행정법사례연습(김기홍 저)」을 읽어보는 것도 좋을 것이다.

[3] 이 책은 행정법의 기초를 세우고, 행정법의 기초를 튼튼히 하고자 하는 이들을 대상으로 하였다. 따라서 9급·7급 공무원채용시험을 준비하고 있는 이, 경찰시험 등 각종 공무원채용시험을 준비하고 있는 이, 승진시험을 준비하고 있는 이, 변호사시험, 행정고시, 입법고시, 법원고시, 사법시험을 준비하고 있거나 하려는 이, 로스쿨에서 기초실력을 탄탄하게 다지고자 하는 이, 그 밖에 행정법에 관심을 가진 이들에게 이 책을 읽어 볼 것을 권하고 싶다.

[4] 이 책에서 언급되는 법률은 2016년 1월 1일을 기준으로 하였다. 그리고 2015년 12월까지 선고된 대법원과 헌법재판소의 주요 판례를 참고하였다.

[5] 사례마다 [설문] ◇ 참고조문 [해설]의 순서로 구성되어 있다. [해설] 부분은 기본적으로 <논점의 정리> <문제의 해결> <결론>의 순으로 되어 있다. [해설]의 구체적인 내용은 공저자 3인이 협의하여 집필하였다. 혹시라도 이 책의 [해설]과 관련하여 상세한 내용을 알고자 한다면, 공저자 중 홍정선이 쓴 「기본 행정법」이나 「행정법특강」 또는 「행정법원론(상)(하)」를 참고할 수 있을 것이다.

[6] 끝으로, 이 책을 흔쾌히 출간해 주신 박영사 안종만 회장님, 묵묵히 관련 사무를 처리해 준 조성호 이사님, 편집과 교정을 맡아준 김선민 부장님에게 감사의 마음을 전한다.

2016년 1월 1일

홍정선 · 방동희 · 최윤영

# 차    례

# 기본
CASE
## 행정법

## 1 공법과 사법의 구별
[공유지 무단사용에 대한 변상금부과처분의 성격]

[설문]

　A는 서울시 강남구 삼성동의 B국유지를 10년 동안이나 무단으로 사용하여 왔다. 이에 서울시는 공유재산 및 물품관리법 제81조 제1항 등에 근거하여 A에게 무단사용에 대한 대가로 사용료의 100분의 120에 상당하는 변상금을 부과하였다. A는 민사법원에 제소하여 「변상금부과처분」을 다투려고 한다. A의 판단은 타당한가?

◇ 참고조문 ◇

공유재산 및 물품관리법

제81조(변상금의 징수) ① 지방자치단체의 장은 사용·수익허가나 대부계약 없이 공유재산 또는 물품을 사용·수익하거나 점유(사용·수익허가나 대부계약 기간이 끝난 후 다시 사용·수익허가나 대부계약 없이 공유재산 또는 물품을 계속 사용·수익하거나 점유하는 경우를 포함하며, 이하 "무단점유"라 한다)를 한 자에 대하여 대통령령으로 정하는 바에 따라 공유재산 또는 물품에 대한 사용료 또는 대부료의 100분의 120에 해당하는 금액(이하 "변상금"이라 한다)을 징수한다. ···.

제97조(「지방재정법」 등의 준용) ② ··· 제81조제1항에 따른 변상금을 납부기한까지 내지 아니하면 지방세 체납처분의 예에 따라 징수할 수 있다.

[해설]

# I. 논점의 정리

설문은 변상금부과처분이 민사소송의 대상인지 아니면, 행정소송의 대상인지의 여부를 묻고 있다. 민사소송은 민사법의 해석·적용을 대상으로 하고, 행정소송은 공법의 해석·적용을 대상으로 하므로, 설문은 공법과 사법의 구별을 묻는 것이기도 하다.

[참고] 공법이라는 용어는 단행법(단행법률)으로서의 공법을 뜻하기도 하지만, 단행법(단행법률)으로서의 공법의 개별 규정을 뜻하기도 한다. 예를 들어 「공유재산 및 물품관리법」이 공법에 해당하지만, 이 법률의 개별 조항도 공법에 해당한다. 설문은 「공유재산 및 물품관리법」이 공법인가의 여부를 쟁점으로 하는 것이 아니라, 이 법률 제81조 제1항이 공법인가의 여부를 쟁점으로 한다. 달리 말한다면, 설문은 이 법률 제81조 제1항의 적용문제가 공법문제인가 아니면 사법문제인가를 쟁점으로 한다. 설문은 민법(민사법률)에도 공법조항이 있을 수 있고, 공법(행정법률)에도 민사조항이 있을 수 있음을 전제로 한다.

# II. 공법과 사법의 구별

## 1. 학 설

(1) **이 익 설**　공익의 실현에 봉사하는 법이 공법이고, 사익의 실현에 봉사하는 법이 사법이라는 견해이다. 이익설에 대해서는 모든 법규는 궁극적으로 공익에 봉사하는 것이라는 점 등이 문제점으로 지적된다.

(2) **성 질 설**　상·하질서관계(불평등관계)를 규율하는 법이 공법이고, 대등질서관계(평등관계)를 규율하는 법이 사법이라는 견해이다. 성질설에 대해서는 사법에도 상하관계를 규율하는 경우가 있다는 점(예. 친권), 대등한 관계도 공법적 규율의 대상이 되는 경우가 있다는 점(예. 공법상 계약) 등이 문제점으로 지적된다.

(3) **구주체설**　국가나 국가기관이 법률관계의 일방당사자인 경우를 규율하는 법이 공법이고, 사인간의 관계를 규율하는 법이 사법이라는 견해이다.

구주체설에 대해서는 국고로서의 국가행위는 사법의 적용을 받고 있다는 점 등이 문제점으로 지적되고 있다.

(4) **신주체설**    사법은 모든 자연인과 법인(국가, 공법인 포함)이 권리와 의무의 귀속주체가 되는 법이고, 공법은 권리와 의무의 귀속주체가 오로지 공권력주체인 법이라는 견해이다. 신주체설은 법규를 단지 특정법영역(공법 또는 사법)에 귀속시키지만, 개별적인 사건 특히 일의적으로 파악되지 않는 사건에 어떠한 법규범이 적용되어야 하는가에 대한 문제에는 답을 주지 못한다는 점 등이 문제점으로 지적되고 있다.

(5) **구별부인설**    법실증주의에 입각하여 법의 형식·구조에 따라 법을 공법과 사법으로 구분하는 것은 법학적 방법론으로 가능하나, 양자는 모두 본질적으로 동일한 것이기 때문에 구별할 필요가 없다는 견해도 있다.

## 2. 판    례

판례는 오래전부터 행정청의 행위의 내용과 방법 및 분쟁이 일어났을 때에 그 해결에 관한 특별규정이 있느냐 없느냐 하는 점 등을 고려하여 결정하는 입장을 취한다.

## 3. 사    견

(1) 개별 법률에 행정소송의 대상임을 명시적으로 규정하고 있으면, 그에 따르면 된다.

(2) 개별 법률에서 행정소송의 대상임을 명시하는 바가 없다면, 해석 문제가 된다. 앞에서 살펴본 그 어느 학설도 만족할 만한 것은 아니다. 모든 학설을 종합하여 판단할 수밖에 없다. 대체로 보아 법률에서 행정상 강제집행, 행정벌, 손실보상이나 국가배상, 행정쟁송 등이 규정되어 있다면, 그것은 공법이 적용되는 관계로 보아도 무방하다. 왜냐하면 이러한 사항들은 바로 행정법의 주요 특징을 구성하기 때문이다.

## Ⅲ. 관련 법령의 검토

### 1. 공유재산 및 물품관리법 제81조 제1항

이 조항은 「법률에 의한 대부 또는 사용·수익허가 등을 받지 아니하고 공유재산을 점유하거나 사용·수익한 자에 대하여는 정상적인 대부료 또는 사용료를 징수할 수 없으므로 그 대신에 대부 등을 받은 경우에 납부하여야 할 대부료 상당액 이외에 2할을 가산한 금액을 변상금으로 부과하는 것을 규정하는데, 2할을 가산하는 것은 공권력을 가진 우월적 지위에서 행하는 징벌적인 것으로서 공법적 성격을 갖는다」고 하겠다.

### 2. 공유재산 및 물품관리법 제97조 제2항

이 조항은 변상금 미납부시에 지방세 체납처분의 예에 따라 강제징수를 할 수 있음을 규정하고 있다. 강제징수는 공법관계의 특질의 하나이다.

## Ⅳ. 설문에 적용(변상금부과처분의 성질)

공유재산 및 물품관리법 제81조 제1항과 제97조 제2항의 성질에 비추어 볼 때, 공유재산 및 물품관리법 제81조 제1항 등에 따른 서울시의 변상금부과처분은 공법작용이므로, A가 서울시의 변상금부과처분을 다투려면 행정소송을 제기하여야 한다. 민사법원에 제소하려는 A의 판단은 타당하지 않다.

# 법률의 유보의 원칙
[키스방 영업장 폐쇄명령]

[설문]

   서울시 강남구는 주민으로부터 관할구역 안의 유흥가에서 몇몇 키스방이 영업중임을 제보받았다. 강남구는 키스방영업이 비위생적이고 반사회적이라 판단하고 키스방영업장을 폐쇄조치하기로 방침을 세웠다. 그 후 강남구청장은 키스방을 운영하는 영업자 A에게 영업장을 폐쇄할 것을 명하려고 한다. 과연 강남구청장은 A에게 키스방영업장폐쇄명령을 할 수 있는 권한을 갖고 있는가?

◇ 참고조문 ◇

풍속영업의 규제에 관한 법률

제2조(풍속영업의 범위) 이 법에서 "풍속영업"이란 다음 각 호의 어느 하나에 해당하는 영업을 말한다.

4. 「공중위생관리법」 제2조제1항제2호부터 제4호까지의 규정에 따른 숙박업, 목욕장업(沐浴場業), 이용업(理容業) 중 대통령령으로 정하는 것

5. 「식품위생법」 제36조제1항제3호에 따른 식품접객업 중 대통령령으로 정하는 것

제3조(준수 사항) 풍속영업을 하는 자(허가나 인가를 받지 아니하거나 등록이나 신고를 하지 아니하고 풍속영업을 하는 자를 포함한다. 이하 "풍속영업자"라 한다) 및 대통령령으로 정하는 종사자는 풍속영업을 하는 장소(이하 "풍속영업소"라 한다)에서 다음 각 호의 행위를 하여서는 아니된다.

1. 「성매매알선 등 행위의 처벌에 관한 법률」 제2조제1항제2호에 따른 성매매알선등행위

2. 음란행위를 하게 하거나 이를 알선 또는 제공하는 행위

3. 음란한 문서·도화(圖畵)·영화·음반·비디오물, 그 밖의 음란한 물건에 대한 다음 각 목의 행위

   가. 반포(頒布)·판매·대여하거나 이를 하게 하는 행위

   나. 관람·열람하게 하는 행위

   다. 반포·판매·대여·관람·열람의 목적으로 진열하거나 보관하는 행위

4. 도박이나 그 밖의 사행(射倖)행위를 하게 하는 행위

[해설]

# Ⅰ. 논점의 정리

설문은 강남구청장의 처분(키스방영업장폐쇄명령)에 법적 근거가 필요한가의 여부를 논점으로 한다. 이것은 학문상 법률의 유보의 원칙의 적용문제가 된다.

# Ⅱ. 법률의 유보의 원칙

## 1. 의    의

법률의 유보의 원칙이란 국가의 행정은 법적 근거를 갖고서 이루어져야 한다는 원칙을 말한다. 법률의 유보의 원칙은 적극적으로 행정기관이 행위를 할 수 있게 하는 법적 근거에 관한 원칙이다.

## 2. 근    거

이론상 법률의 유보는 헌법상 기본원리인 민주주의원리·법치주의원리·기본권보장원리로부터 나온다. 한편, 현행 헌법상 법률의 유보의 원칙을 선언하고 있는 명시적인 개별 규정은 보이지 아니한다. 그럼에도 헌법은 여러 조문에서 입법사항을 규정하고 있다(예, 제37조 제2항의 기본권제한, 제23조 제1항의 재산권의 내용과 한계 등). 헌법에서 입법사항으로 규정되고 있는 사항의 경우에는 법률 없이 행정을 할 수 없다.

## 3. 적용범위

헌법에서 「법률로 정한다」라고 명시하고 있는 사항이 아닌 사항에 대해서도 법률의 유보의 원칙이 적용되는가의 여부는 불분명하다. 이에 관해서는 여러 견해의 대립이 있다.

(1) **침해유보설**　　침해유보설이란 개인의 자유와 재산에 대한 침해에는 법률의 근거가 필요하다는 견해이다. 침해유보설에는 급부행정이 중요한 행정 영역이 되고 있는 오늘날 급부행정영역을 법률의 유보로부터 제외시킨다는 것은 적합하지 않다는 문제점이 있다.

(2) **전부유보설**　　전부유보설이란 모든 행정작용은 법률에 근거해야 한다는 견해이다. 전부유보설에는 입법자가 법률을 제정하지 않는 한, 규범의 결여로 인해 행정이 국민에 대해 급부를 제공하는 것은 불가능하게 되고 이로써 집행부의 활동영역을 좁히게 되는 결과를 초래할 수도 있다는 문제점이 있다.

(3) **중요사항유보설**

(가) 의　　의　　중요사항유보설이란 기본적인 규범영역에서 모든 중요한 결정은 적어도 입법자 스스로가 법률로 정하여야 한다는 견해이다. 본질유보설 또는 본질성설이라고도 한다.

(나) **의회유보설**　　중요사항유보설은 2단계로 구성된다. 1단계는 「규범영역에서 중요한 결정은 정부가 아니라 입법자가 하여야 한다」는 것이고, 2단계는 「1단계에서 국회가 정하여야 하는 사항 중 일부는 정부로 하여금 입법토록 할 수 있으나(행정입법, 위임입법), 이 경우에도 보다 본질적 사항(중요한 사항 중 중요한 사항)은 정부에 위임할 수 없고 반드시 국회가 스스로 규정하여야 한다」는 것을 내용으로 한다. 2단계를 의회유보라 부르기도 한다. 위임금지는 의회의 배타적 입법의 범위문제가 된다. 판례도 의회유보설을 지지한다(헌재 2015. 5. 28, 2013헌가6; 대판 2015. 8. 20, 2012두23808).

(4) 사　　견　　중요사항유보설이 가장 설득력이 있는 견해이지만, 완벽한 견해는 아니다. 왜냐하면 행정작용은 헌법의 직접적인 집행일 수도 있어서 행정이 반드시 법률의 근거를 가져야만 하는 것은 아니기 때문이다. 구체적인 경우에 법률의 근거가 필요한지의 여부는 실정법과 학설들을 종합하여 판단할 수밖에 없다.

## 4. 위반의 효과

법률의 유보의 원칙이 적용되는 영역에서 법률의 근거 없이 행정(처분)이 이루어진다면, 그러한 행정(처분)은 위법한 것이 된다.

## Ⅲ. 관련 법령의 검토

### 1. 헌    법

헌법 제15조는 직업선택의 자유를 보장한다. 직업선택의 자유를 제한하려면 헌법 제37조 제2항에 따라 법률로 하여야 한다. 헌법 제10조와 헌법 제37조 제2항의 해석상 법률로 직업선택의 자유를 제한하는 경우도 그 제한은 최소한에 머물러야 한다.

### 2. 풍속영업의 규제에 관한 법률 등

(1) 풍속영업(風俗營業)을 하는 장소에서 선량한 풍속을 해치거나 청소년의 건전한 성장을 저해하는 행위 등을 규제하여 미풍양속을 보존하고 청소년을 유해한 환경으로부터 보호함을 목적으로 하는 풍속영업의 규제에 관한 법률이 음란행위를 금지하고 있으나, 키스를 음란행위로 보기 어렵다.

(2) 단란주점영업과 유흥주점영업 등에 관해 규정하는 식품위생법에도 키스방영업에 관한 규정은 찾아볼 수 없다.

## Ⅳ. 설문에 적용(키스방영업장폐쇄명령과 법적 근거)

헌법 제15조(모든 국민은 직업선택의 자유를 가진다)와 제37조 제2항(국민의 모든 자유와 권리는 국가안전보장·질서유지 또는 공공복리를 위하여 필요한 경우에 한하여 법률로써 제한할 수 있으며, 제한하는 경우에도 자유와 권리의 본질적인 내용을 침해할 수 없다), 그리고 제10조(모든 국민은 인간으로서의 존엄과 가치를 가지며, 행복을 추구할 권리를 가진다. 국가는 개인이 가지는 불가침의 기본적 인권을 확인하고 이를 보장할 의무를 진다)에 비추어 키스방영업자에게 영업장폐쇄명령을 하려면 법률의 근거가 있어야 한다. 그러나 키스방영업을 규제하는 법률은 없다. 따라서 강남구청장은 A에게 키스방영업장폐쇄명령을 할 수 있는 권한을 갖지 아니한다.

[참고] 키스방에서 범죄행위를 하는 경우, 성매매알선 등 행위의 처벌에 관한 법률 등 형사법에 따라 처벌하는 것은 별개의 문제이다.

## 3 비례원칙
[공무원의 금품수수와 해임처분]

[설문]

    경찰관 A는 112순찰차 근무중 도박현장에 출동명령을 받고, 해태호프라는 술집에 출동하였다. A는 그 술집에서 B 등이 화투로 도박을 한 사실을 인지하고서도 묵인하여 준 뒤 B가 건네주는 돈 200,000원을 수수하였다. 그 후 권한행정청인 C지방경찰청장은 A의 금품수수행위가 국가공무원법 제78조 제1항 제1호, 제2호 소정의 징계사유에 해당한다고 하여 법정의 절차와 형식을 구비하여 A에게 등기우편으로 해임처분을 통지하였다. C지방경찰청장의 처분은 적법한가?

    ◇ 참고조문 ◇
국가공무원법
제78조(징계 사유) ① 공무원이 다음 각 호의 어느 하나에 해당하면 징계 의결을 요구하여야 하고 그 징계 의결의 결과에 따라 징계처분을 하여야 한다.
1. 이 법 및 이 법에 따른 명령을 위반한 경우
2. 직무상의 의무(다른 법령에서 공무원의 신분으로 인하여 부과된 의무를 포함한다)를 위반하거나 직무를 태만히 한 때

[해설]

| | |
|---|---|
| Ⅰ. 논점의 정리 | 2. 재량권 행사의 한계 |
| Ⅱ. 해임처분의 법적 근거 및 징계사유의 존부 | Ⅳ. 비례원칙과 설문 |
|   1. 법적 근거 |   1. 비례원칙 |
|   2. 징계사유 |   2. 설문에 적용 |
| Ⅲ. 징계종류 선택의 자유와 재량권 행사의 한계 | Ⅴ. 결론 |
|   1. 징계종류 선택의 자유(재량행위) | |

# Ⅰ. 논점의 정리

(1) 처분이 적법하기 위해서는 주체·내용·형식·절차·통지요건을 모두 구비하여야 한다. 설문은 주체요건인 권한행정청이 법정의 절차와 형식을 갖추고 등기우편으로 해임처분을 통지하였다고 하는바, 내용의 적법 여부가 논점이 된다.

(2) 내용요건의 적법 여부를 판단하기 위해서는 근거법률 및 징계사유가 존재하는지, 그리고 여러 종류의 징계 중 해임처분의 선택이 적법한 것인지의 여부를 검토할 필요가 있다.

# Ⅱ. 해임처분의 법적 근거 및 징계사유의 존부

## 1. 법적 근거

해임처분은 기본권인 공무담임권의 침해행위이므로 헌법 제37조 제2항에 비추어 법률의 근거가 필요하다. 국가공무원의 징계에 관한 법적 근거로 국가공무원법 제78조 이하를 볼 수 있다.

## 2. 징계사유

A의 금품수수행위는 국가공무원법 제56조 성실 의무, 제61조 청렴의 의무, 제63조 품위 유지의 의무에 위반되는 행위로서 국가공무원법 제78조 제1항 제1호 및 제2호가 규정하는 징계사유에 해당한다.

# Ⅲ. 징계종류 선택의 자유와 재량권 행사의 한계

## 1. 징계종류 선택의 자유(재량행위)

'징계는 파면·해임·강등·정직·감봉·견책으로 구분한다'는 국가공무원법 제79조의 규정형식에 비추어 볼 때, 피징계자에 대한 징계종류의 선택은 징계권자의 재량에 속한다.

### 2. 재량권 행사의 한계

(1) 학설과 판례 및 행정소송법 제27조(행정청의 재량에 속하는 처분이라도 재량권의 한계를 넘거나 그 남용이 있는 때에는 법원은 이를 취소할 수 있다)에 따라 재량권의 행사에 하자가 없어야 한다. 재량행위인 징계종류의 선택에도 당연히 재량하자가 없어야 한다. 재량하자란 재량권의 일탈이나 재량권의 남용을 말한다.

(2) 재량권의 일탈이란 법상 주어진 재량권의 범위를 벗어난 결정을 하거나 법이 예정하지 아니한 결정을 하는 경우를 말한다. 그런데 해임은 국가공무원법 제79조가 정하는 내용의 일부이므로 설문은 재량권의 일탈과는 거리가 멀다. 한편, 재량권의 남용이란 법상 주어진 재량권의 범위 내의 결정이지만, 재량권이 주어진 목적·취지 등에 반하는 재량행사를 말한다. 재량권남용의 경우로 재량권의 불행사, 평등위반의 재량행사, 비례원칙위반의 재량행사 등을 들 수 있다. 설문은 해임이 지나친 처분이라는 점을 쟁점으로 하는바, 비례원칙위반의 경우와 관련된다.

## Ⅳ. 비례원칙과 설문

### 1. 비례원칙

(1) 비례원칙의 의의     비례원칙은 행정의 목적과 그 목적을 실현하기 위한 수단의 관계에서 그 수단은 목적을 실현하는 데에 적합하고 또한 최소침해를 가져오는 것이어야 할 뿐만 아니라 그 수단의 도입으로 인해 생겨나는 침해가 의도하는 이익·효과를 능가하여서는 아니된다는 원칙을 말한다.

(2) 비례원칙의 내용     (광의의) 비례원칙은 적합성의 원칙, 최소침해의 원칙, 그리고 상당성의 원칙으로 구성되어 있다. ① 적합성의 원칙이란 도입하는 수단이 목적달성에 적합(유익)하여야 한다는 원칙을 말하고, ② 최소침해의 원칙이란 많은 적합한 수단 중에서 개인이나 공중에 최소한의 침해를 가져오는 수단이 채택되어야 한다는 원칙으로서 필요성의 원칙이라고도 한다. 그리고 ③ 상당성의 원칙이란 수단의 도입으로 인해 나오는 침해가 목적하는 효과를 능가하여서는 아니된다는 원칙을 말하며 협의의 비례원칙이라고도 한다.

(3) **비례원칙의 심사기준**　　징계처분에 있어 재량권의 행사가 비례원칙을 위반하였는지의 여부는 징계사유로 인정된 비행의 내용과 정도, 그 경위 내지 동기, 그 비행이 당해 행정조직 및 국민에게 끼치는 영향의 정도, 행위자의 직위 및 수행직무의 내용, 평소의 소행과 직무성적, 징계처분으로 인한 불이익의 정도 등 여러 사정을 건전한 사회통념에 따라 종합적으로 판단하여 결정하여야 한다.

　2. 설문에 적용

(1) **적합성의 원칙과 설문**　　C지방경찰청장이 A에게 행한 해임처분은 공무원사회의 질서유지, 범법행위에 대한 응징과 교화라는 목적달성에 적합한 것이므로 C지방경찰청장의 해임처분은 적합성의 원칙에 반하지 아니한다.

(2) **최소침해의 원칙과 설문**　　A가 범죄행위를 단속하여야 할 경찰관임에도 범죄자로부터 돈을 수수하였다는 것을 생각할 때, 해임보다 경미한 수단은 찾아보기 어렵다. 따라서 피고의 해임처분은 최소침해의 원칙에도 반하지 아니한다.

(3) **상당성의 원칙과 설문**　　해임으로 인해 A가 입게 될 신분상·경제상 불이익은 해임을 통해 추구하고자 하는 공직사회의 질서유지와 범법행위의 예방이라는 공익을 능가한다고 볼 수 없으므로, 피고의 해임처분은 상당성의 원칙에도 반하지 아니한다.

# V. 결　　론

　A에 대한 C지방경찰청장의 해임처분은 행정행위의 적법요건 중 주체·형식·절차·통지요건을 구비하였다. 뿐만 아니라 침익적인 해임처분의 근거법률이 있고, 근거법률인 국가공무원법에서 규정하는 징계사유에도 해당하며, 국가공무원법 제79조에 비추어 재량처분이지만 비례원칙에 반하는 것이 아니어서 내용요건도 구비하였으므로 C지방경찰청장의 처분은 적법하다.

# 4 통치행위
[서훈취소행위의 쟁송가능성]

## [설문]

정부는 법정절차를 거쳐 A를 상훈법이 정하는 보국훈장 광복장 수여대상자로 결정하고, 이를 A에게 통보하였다. 평소 A의 행적에 부정적인 시각을 갖고 있던 B는 A가 반국가단체에 자발적이고 주도적으로 가담하였다고 주장하면서 A에 대한 정부의 서훈행위에 대하여 취소소송을 제기하려고 한다. B의 친구인 C는 「A에 대한 정부의 서훈행위」는 통치행위이므로 취소소송의 대상이 되지 아니한다고 하면서 B의 소송제기를 만류하고 있다. C의 주장은 정당한가? (B의 원고적격 여부에 대한 판단은 제외한다)

◇ 참고조문 ◇
상훈법
제1조(목적) 이 법은 대한민국 국민이나 외국인으로서 대한민국에 공로(功勞)가 뚜렷한 사람에 대한 서훈(敍勳)에 관한 사항을 규정함을 목적으로 한다.
제8조(서훈의 취소 등) ① 훈장 또는 포장을 받은 사람이 다음 각 호의 어느 하나에 해당될 때에는 그 서훈을 취소하고, 훈장 또는 포장과 이와 관련하여 수여한 물건 및 금전을 환수하며, 외국 훈장 또는 포장의 패용(佩用)을 금지한다.
1. 서훈 공적이 거짓으로 밝혀진 경우 (이하 각호 생략)
제15조(보국훈장) 보국훈장은 국가안전보장에 뚜렷한 공을 세운 사람에게 수여하며, 이를 5등급으로 한다.

## [해설]

Ⅰ. 논점의 정리
Ⅱ. 통치행위의 의의와 인정 여부
  1. 통치행위의 의의
  2. 통치행위의 인정 여부
Ⅲ. 서훈행위의 의의와 통치행위 여부
  1. 서훈행위의 의의
  2. 통치행위 여부
Ⅳ. 결론

## Ⅰ. 논점의 정리

C의 주장이 정당한지 판단하기 위하여 첫째, 통치행위의 의미가 무엇인지,

둘째, 통치행위가 법원의 재판의 대상이 되는지 여부를 살펴보고, 마지막으로 설문의 서훈행위가 통치행위에 해당하는지의 여부를 살펴보기로 한다.

## Ⅱ. 통치행위의 의의와 인정 여부

### 1. 통치행위의 의의

국가행위 중에서 고도의 정치성을 갖기 때문에 사법심사가 제한되는 행위를 통치행위라 한다. 통치행위도 넓은 의미에서는 행정이라 할 수 있으나, 일반적인 행정과 구분하는 것이 학설의 일반적인 경향이다.

### 2. 통치행위의 인정 여부

#### (1) 학　　설

**(가) 긍 정 설**　　　다수의 학자들은 통치행위의 관념을 인정하고 있다. 긍정설에도 여러 견해가 있다.

1) 권력분립설　　　권력분립설은「권력분립원리상 사법권에는 내재적인 한계가 있다」는 견해이다. 권력분립설에 대해서는「사법권에 내재적인 한계가 있는 것인지 명백하지 않다」는 지적이 가해진다.

2) 자유재량행위설　　　자유재량행위설은「통치행위는 행정행위이기는 하나 자유재량행위인 까닭에 사법심사의 대상이 되지 않는다」는 견해이다. 자유재량행위설에 대해서는「통치행위의 문제는 사법심사의 대상의 문제인데 이를 사법심사의 범위의 문제인 재량문제로 파악한 것은 잘못이다」는 비판이 가해진다.

3) 사법자제설　　　사법자제설은「이론상 통치행위에도 사법권이 미치나, 사법의 정치화를 막기 위하여 정치문제에 대하여는 사법이 자제하는 것이 좋다」는 견해이다. 사법자제설에 대해서는「사법의 과도한 자제는 결코 기본권의 수호자인 법원이 취해야 할 바람직한 태도가 아니다」는 지적이 가능하다.

4) 독자성설　　　독자성설은「통치행위는 국가지도적인 최상위의 행위로서 본래 사법권의 판단에 적합한 사항이 아닌 독자적인 정치행위이다」라는 견해이다. 독자성설에 대해서는「독자적인 정치행위라는 의미와 사법심사의 배제가 언제나 결합될 수 있는 것인가는 의문이다」는 지적이 가해진다.

(나) 부 정 설     헌법이 법치주의를 택하고 있고 사법심사에서 개괄주의를 택하고 있으므로 사인의 권리를 침해하는 모든 국가작용은 사법심사의 대상이 된다는 입장이다. 부정설은 통치행위의 인정을 사법권의 포기로 이해한다.

(다) 제한적 긍정설     통치행위는 정책적 관점에서 다만 국가의 존립에 극도의 혼란을 초래할 수도 있는 정치적 사안들의 경우에 예외적으로 인정될 수밖에 없다는 견해이다(정책설).

(2) 판     례     ① 대법원은 5.18내란사건에서 계엄선포의 요건 구비 여부나 선포의 당·부당에 대한 판단(대판 1997. 4. 17, 96도3376 전원합의체 판결), 대북송금사건에서 남북정상회담개최에 대한 판단(대판 2004. 3. 26, 2003도7878) 등을 통치행위로 보고 사법심사의 배제를 긍정하고 있다. ② 헌법재판소는 대통령의 금융실명거래및비밀보장에관한긴급재정경제명령의 발령을 통치행위로 보았다(헌재 1996. 2. 29, 93헌마186). 또한 사면과(헌재 2000. 6. 1, 97헌바74), 이라크파병결정도 통치행위로 보았다(헌재 2004. 4. 29, 2003헌마814).

(3) 사     견     헌법이 실질적 법치주의를 지향하고 있는 점, 행정소송법이 개괄주의를 채택하고 있는 점, 부정설은 개인의 권익보호에 기여한다는 점 등을 고려한다면, 논리상으로는 부정설이 타당하다(헌법 제27조 제1항과 헌법 제107조 제2항 등에 근거한 헌법이론상 또는 헌법해석상의 관점). 그러나 실질적 법치주의나 개괄주의도 국가의 존립을 전제로 하는 것임을 고려할 때, 제한적 긍정설인 정책설이 합리적이다. 통치행위의 개념을 인정하는 한, 통치행위는 사법심사의 대상이 되지 아니한다. 다만, 통치행위이라고 할지라도 그것이 국민의 기본권 침해와 직접 관련되는 경우에는 심사대상이 된다(헌재 2004. 10. 21, 2004헌마554 등; 대법원 2010. 12. 16, 2010도5986).

## Ⅲ. 서훈행위의 의의와 통치행위 여부

### 1. 서훈행위의 의의

서훈(敍勳)이란 대한민국 국민이나 외국인으로서 대한민국에 공로(功勞)가 뚜렷한 사람에 대하여 훈장이나 포장을 수여하는 것을 말한다. 훈장등의 수여는 법률이 정하는 바에 의하여 대통령이 행한다(헌법 제80조).

### 2. 통치행위 여부

(1) **판례의 입장**　　판례는 서훈의 수여는 통치행위로 판단하는 반면, 서훈의 취소는 통치행위로 보지 아니한다.

(2) **사　　견**

(가) **서　　훈**　　서훈은 대한민국에 공로(功勞)가 뚜렷한 사람에게 수여되는 것이므로, 수여대상자를 선정하는 것은 국가적인 시각에서 고도로 정책적인 관점에서 이루어져야 하는바, 서훈은 통치행위로 볼 수 있을 것이다.

(나) **서훈의 취소**　　서훈은 훈장등을 받는 자의 공로를 기리는 것일 뿐, 그 자에게 신분상이나 재산상의 이익을 부여하는 행위는 아니다. 그러나 서훈이 훈장등을 받는 자에게 명예를 가져오는 것은 부인할 수 없다. 이러한 명예심은 인격권의 한 내용일 수 있다. 따라서 서훈의 취소는 위의 판례가 적시하는 이유 외에 서훈으로 인한 명예권이 침해된다고 볼 때, 서훈의 취소를 통치행위로 보지 아니한 판례의 태도는 정당하다.

(다) **공로가 동등한 자의 보호**　　이미 훈장등을 받는 자의 공로와 동일한 공로가 있는 자에게도 훈장등을 수여하는 것이 평등원칙에 비추어 합당하다. 이 때문에 이미 훈장등을 받는 자의 공로와 동일한 공로가 있는 자가 훈장등을 신청할 수 있는 절차의 마련이 필요하다. 이러한 절차가 마련되는 경우, 이러한 자의 훈장등의 수여의 신청에 대한 거부행위는 통치행위가 아니라 처분(행정행위)으로 볼 것이다.

## Ⅳ. 결　　론

통치행위의 관념을 인정하는 입장에서, 서훈을 통치행위라 보게 되면, 「A에 대한 정부의 서훈행위」는 통치행위이므로 취소소송의 대상이 되지 아니한다는 C의 주장은 정당하다.

# 5 행정의 자기구속의 원칙
[인사관리지침과 무단전보발령]

## [설문]

A도교육위원회는 '인사관리지침'을 제정한 후 오늘에 이르기까지 30년 동안이나 개정 없이 시행해 오고 있다. 인사관리지침은 교육부장관의 훈령을 근거로 제정된 것이며, 인사관리지침에 따르면 A도에 소재하는 시지역 중 1급지에서 중등교원은 3년 내지 5년간 계속하여 근무할 수 있다고 되어 있다. 그런데 A도교육감은 금년도 교원인사에서 특별한 사정이 없음에도 불구하고 A도 소재의 1급지 시지역에서 2년간 근무한 중등교원 B를 2급지역으로 전보발령하였다. B는 A도교육감의 전보발령행위의 위법을 다툴 수 있는가? 단, 특별권력관계론과 관련한 검토는 논외로 한다.

## [해설]

I. 논점의 정리
II. 인사관리지침의 법적 성질
  1. 훈령(행정규칙)
  2. 설문에 적용
III. 전보발령행위의 행정의 자기구속의 원칙

위반 여부
  1. 행정의 자기구속의 원칙
  2. 행정의 자기구속의 원칙 위반 여부
IV. 결론

## I. 논점의 정리

(1) 설문의 인사관리지침을 위반한 전보발령행위의 위법 여부를 판단하기 위해서는 먼저 인사관리지침의 법적 성질에 대한 검토가 필요하다. 인사관리지침이 법규성을 갖는다면 A도교육감의 전보발령행위는 인사관리지침을 위반하였으므로 바로 위법행위가 된다.

(2) 인사관리지침이 법규성을 갖지 않는다면, 인사관리지침에 따라 장기간

시행되고 있는 인사관행에 반하는 전보발령의 위법성과 관련하여 행정의 자기구속의 원칙 위반 여부가 문제된다.

## Ⅱ. 인사관리지침의 법적 성질

### 1. 훈령(행정규칙)

법규명령과 행정규칙의 구별에 관한 어떠한 견해에 따르더라도 법치국가의 원리상 법규명령의 발령에는 법령의 근거를 필요로 한다(헌법 제95조). 그런데 설문상 인사관리지침의 제정근거는 법률이나 법규명령이 아니라 교육부장관의 훈령(행정규칙)이므로, 인사관리지침은 훈령(행정규칙)의 성격을 갖는다. 말하자면 인사관리지침은 A도의 중등교원 등에 대한 임용권을 적정하게 행사하기 위하여 그 기준을 미리 일반적·추상적 형태로 정하고 있는 조직 내부의 사무지침인 행정규칙으로서 행정내부적인 법이지 행정외부적인 법은 아니다. 인사관리지침은 외부효를 갖는 법규가 아니므로 사법심사의 직접적인 근거 내지 기준이 되지 아니한다.

### 2. 설문에 적용

인사관리지침은 행정규칙이고, 행정규칙은 행정내부의 업무지침에 불과한 것으로서 행정외부적으로 법규성을 갖지 아니하므로, B는 A도교육감의 전보발령행위를 인사관리원칙위반, 즉 법규위반으로 다툴 수는 없다.

## Ⅲ. 전보발령행위의 행정의 자기구속의 원칙 위반 여부

### 1. 행정의 자기구속의 원칙

(1) 의    의    행정의 자기구속의 원칙은 '같은 사안에 대하여 제3자에게 한 것과 같은 결정을 상대방에게도 하도록 행정청이 구속을 받는다'는 법원리로 이해되고 있다. 행정의 자기구속의 원칙은 행정청은 자기 스스로가 정하여 시행하고 있는 기준을 합리적인 사유 없이는 이탈할 수 없다는 원칙이라 말할 수도 있다.

(2) **인정근거**　　　행정의 자기구속의 원칙은 평등의 원칙에 근거를 둔 원칙으로 이해되고 있다. 헌법재판소는 "재량권행사의 준칙인 규칙이 그 정한 바에 따라 되풀이 시행되어 행정관행이 이룩되게 되면 평등의 원칙이나 신뢰보호의 원칙에 따라 행정기관은 그 상대방에 대한 관계에서 그 규칙에 따라야 할 자기구속을 당하게 되는 경우에는 대외적인 구속력을 가지게 된다"고 한다(헌재 1990. 9. 3, 90헌마13 전원재판부). 대법원도 행정의 자기구속의 원칙을 인정한다(대판 2014. 11. 27, 2013두18964). 행정의 자기구속의 원칙은 학설상으로도 평등의 원칙을 근거로 인정되고 있다.

(3) **성　　질**　　　행정의 자기구속의 원칙은 행정법의 일반원칙 중의 하나로 이해되고 있다. 행정의 자기구속의 원칙에 위반된 행위는 위법한 행위가 된다. 행정의 자기구속의 원칙은 특히 재량행위와 관련하여 보다 큰 의미를 갖는다.

(4) **요　　건**　　　행정의 자기구속의 원칙은 다음을 요건으로 한다. 즉 ① 법적으로 비교할 수 있는 생활관계가 있어야 하고, ② 행정청이 설정한 법적 상황과 결정을 요하는 사건이 의미와 목적에 있어서 동일하여야 하고, ③ 문제되는 처분은 처분청에 의한 것이어야 하고, ④ 근거되는 행정관행은 적법한 것이어야 하며, ⑤ 자기구속의 법리는 선례가 있는 경우 보다 의미가 있지만, 선례가 없는 경우에도 행정규칙을 예기관행으로 보아 자기구속의 법리를 적용할 수 있다고 본다. 하지만 다수 견해는 선례가 필요하다고 한다.

(5) **한　　계**　　　합리적인 사유가 있으면 물론 종래의 기준으로부터 이탈할 수도 있다.

## 2. 행정의 자기구속의 원칙 위반 여부

(1) **적용상 전제**　　　① 설문에서 문제되는 생활관계인 전보발령은 법적 행위(임용)이고, ② B가 다투려는 전보발령은 인사관리지침의 의미와 목적에 따른 것이고, ③ 인사관리지침에 따라 이루어지는 A도교육감의 권한에 관한 것이고, ④ 그 동안 인사관리지침에 따라 이루어진 A도교육감의 전보발령은 적법한 것으로 볼 것이며, ⑤ 인사관리지침을 30년간 시행하였으므로 선례도 존재한다. 따라서 중등교원의 전보발령에 인사관리지침을 매개로 하여 행정의 자기구속의 법리가 적용될 수 있는 전제가 마련되어 있다.

(2) 설문에의 적용    설문상 A도교육위원회의 인사관리지침은 제정된 이래 오늘에 이르기까지 30년 동안이나 개정 없이 시행해 오고 있다는 점에서 일종의 확립된 행정기준이라 할 수 있고, 아울러 A도교육감에게 금년도 교원인사에서 B를 2급지역으로 전보발령할 만한 특별한 사정이 있었던 것으로 보이지도 아니하므로, A도 소재의 1급지 시지역에서 2년간 근무한 B를 2급지역으로 전보발령한 것은 행정의 자기구속의 법리를 위반한 위법행위이다.

## Ⅳ. 결    론

인사관리지침은 법규성(대외적 구속력)을 갖는 법규가 아니므로, B는 A도교육감의 전보발령행위를 인사관리지침의 위반을 이유로 다툴 수는 없다. 그러나 A도교육감의 B에 대한 전보발령행위는 행정의 자기구속의 원칙에 반하는 위법한 행위이므로 B는 동 원칙의 위반을 이유로 A도교육감의 전보발령행위를 다툴 수 있다.

# 6 신뢰보호의 원칙
[미과세의 관행에 반하는 과세처분]

[설문]

　A도지사는 B세법에 따라 특정 무역에 종사하는 D 등에게 C부가세를 부과할 수 있는 권한행정청이다. 그런데 A도지사는 C부가세의 부과처분은 원가상승을 가져오고 원가상승은 수출경쟁력의 약화를 가져온다고 판단하여 4년 6개월 동안 C부가세를 부과하지 아니하였다. 이에 따라 D 등도 물품의 가격책정에 C부가세를 고려하지 아니하였다. 그런데 최근에 도세가 잘 거두어지지 아니하자 A도지사는 B세법에 따라 D 등에게 4년분의 C부가세를 부과하였다. A도지사의 C부가세의 부과처분은 내용상 적법한가?

　　◇ 참고조문 ◇
행정절차법
제4조(신의성실 및 신뢰보호) ② 행정청은 법령등의 해석 또는 행정청의 관행이 일반적으로 국민들에게 받아들여졌을 때에는 공익 또는 제3자의 정당한 이익을 현저히 해칠 우려가 있는 경우를 제외하고는 새로운 해석 또는 관행에 따라 소급하여 불리하게 처리하여서는 아니된다.
국세기본법
제18조(세법 해석의 기준 및 소급과세의 금지) ③ 세법의 해석이나 국세행정의 관행이 일반적으로 납세자에게 받아들여진 후에는 그 해석이나 관행에 의한 행위 또는 계산은 정당한 것으로 보며, 새로운 해석이나 관행에 의하여 소급하여 과세되지 아니한다.

[해설]

## Ⅰ. 논점의 정리

설문은 과세처분이 법령에서 예정된 시기 이후 상당한 기간이 경과한 후에 이루어진 경우에도 적법한가, 즉 그 처분이 없을 것이라 믿은 사인은 보호받을 수 없는가를 논점으로 한다. 말하자면 설문은 행정의 법률적합성의 원칙과의 관계에서 신뢰보호의 원칙의 적용이 문제된다.

## Ⅱ. 신뢰보호의 원칙의 관념

### 1. 의     의

신뢰보호의 원칙이란 행정청의 어떠한 행위의 존속이나 정당성에 대하여 사인이 신뢰한 경우, 보호할 가치있는 사인의 신뢰는 보호되어야 한다는 원칙을 말한다. 신뢰보호의 원칙은 실정법규정의 유무를 불문하고 행정법의 일반원칙의 하나로 이해되고 있다.

### 2. 근     거

① 학설은 법적 안정성을 근거로 신뢰보호의 원칙을 인정하고 있다. ② 신뢰보호의 원칙을 명시적으로 규정하는 법률에는 행정절차법 제4조 제2항과 국세기본법 제18조 제3항 등이 있다. 그런데 행정절차법과 국세기본법상 신뢰보호의 원칙은 다만 '법령 등의 해석과 행정청의 관행이 존재하는 경우'만을 규정하고 있으므로, 그 밖의 경우에 있어서 신뢰보호의 원칙의 적용 여부는 학설과 판례에 의해 보충되고 있다. ③ 대법원도 신뢰보호의 원칙을 인정할 뿐만 아니라(대판 2014. 7. 24, 2014두36020) 헌법재판소도 인정하고 있다(헌재 2015. 7. 30, 2014헌마1030).

### 3. 요     건

지배적인 견해에 의하면, 신뢰보호의 원칙이 적용되기 위해서는 ① 행정청의 선행조치, ② 보호가치 있는 사인의 신뢰, ③ 사인의 처리, ④ 사인의 신뢰와 처리 사이의 인과관계, ⑤ 선행조치에 반하는 행정청의 처분이 있을 것이 요구된다.


## Ⅲ. 부가세부과처분의 신뢰보호의 원칙 위반 여부

### 1. 행정청의 선행조치

(1) 선행조치에는 적극적인 행위 외에 소극적인 행위도 포함된다. 그리고 여기의 선행조치에는 법령·행정계획·행정행위·행정지도 등이 포함된다. 명시적인 조치뿐만 아니라 묵시적인 조치도 포함된다.

(2) 설문의 경우, A도지사가 C부가세를 부과하지 아니한 것, 즉 C부가세를 미부과한 부작위도 선행조치에 해당한다.

### 2. 보호가치 있는 사인의 신뢰

(1) 신뢰보호의 대상이 되는 사인의 신뢰는 사인이 그러한 신뢰를 하게 된 데에 귀책사유가 없어야 한다. 사인의 사기·강박 등에 기초하여 형성된 신뢰는 보호가치성이 없다.

(2) 설문의 경우, D 등은 A도지사가 C부과세를 부과하지 아니한다는 조치의 존속을 믿은 데에 귀책사유가 없으므로 D 등의 신뢰는 보호할 가치가 있다.

### 3. 사인의 처리

(1) 신뢰보호의 원칙은 행정상 행위의 존속을 목적으로 하는 것이 아니라, 행정청의 조치를 믿고 따른 사인을 보호하기 위한 제도이므로 사인의 처리가 있어야 한다.

(2) 설문의 경우, D 등이 C부가세의 부과를 고려하지 않고 물품가격을 책정하였다는 것은 사인의 처리에 해당한다.

### 4. 인과관계

(1) 사인의 신뢰와 사인의 처리 사이에 인과관계가 있어야 한다. 인과관계가 없다면 사인의 처리는 우연일 뿐이고, 우연은 법에서 보호될 수 없다.

(2) 설문의 경우, D 등이 가격책정에 C부가세를 고려하지 않은 것은 A도지

사가 D 등에게 C부가세를 부과하지 아니한다는 믿음에 기인한 것이므로 인과관계가 인정된다.

### 5. 선행조치에 반하는 처분

(1) 신뢰보호의 원칙이 적용되기 위해서는 선행조치에 반하는 행정청의 처분이 존재하여야 한다. 왜냐하면 선행조치에 반하는 처분이 있는 경우에 비로소 사인의 신뢰는 현실적으로 침해되고, 아울러 사인의 법생활의 안정도 구체적으로 침해되기 때문이다.

(2) 설문의 경우, 4년여가 지난 후에 A도지사가 C부가세를 부과하는 것은 명백히 선행조치에 반하는 행위이다(대판 1980. 6. 10, 80누6).

### 6. 법률적합성의 원칙과의 관계(신뢰보호의 원칙 한계)

(1) 신뢰보호의 원칙은 법적 안정성을 위한 것이지만, 법치국가원리의 또 다른 내용인 법률적합성의 원칙과 충돌될 수 있다. 이 경우 동위설 내지 이익형량설에 따라 공익과 사익의 정당한 비교형량에 의해 해결할 수밖에 없다.

(2) 설문의 경우, 4년 6월간 수출경쟁력 등을 이유로 부가세를 부가하지 않다가 한꺼번에 4년분의 부가세를 부과한 것에 대하여, 도의 재정확보라는 공익상의 필요보다 부가세가 부과되지 않을 것이라 믿은 D 등의 신뢰를 보호할 필요성이 더욱 크다고 할 것이므로 당사자에게 신뢰보호의 원칙을 인정하는 것이 타당하다.

## Ⅳ. 결  론

D 등은 신뢰보호의 원칙이 적용되기 위한 모든 요건을 모두 구비하였다. 따라서 A도지사의 D 등에 대한 C부가세의 부과처분은 신뢰보호의 원칙에 반하는 위법한 행위이다.

| | |
|---|---|
| **7** | **부당결부금지의 원칙**<br>[토지기부채납부 주택사업계획승인처분] |

## [설문]

　B는 주택건설사업을 위해 권한행정청인 A시장에게 주택사업계획승인을 신청하였다. A시장은 주택건설사업계획승인처분을 하면서 그 주택사업지로 진입하는 도로가 있음에도 불구하고 그 주택사업지와 인접하는 B의 토지를 도로로 조성하여 기부채납하도록 하는 부관을 붙였다. A시장이 붙인 기부채납부관은 적법한가, 위법한가? 만약 위법하다면, 그 효과는?

◇ 참고조문 ◇

주택법

제15조(사업계획의 승인) ① 대통령령으로 정하는 호수 이상의 주택건설사업을 시행하려는 자 또는 대통령령으로 정하는 면적 이상의 대지조성사업을 시행하려는 자는 다음 각 호의 사업계획승인권자(이하 "사업계획승인권자"라 한다. 국가 및 한국토지주택공사가 시행하는 경우와 대통령령으로 정하는 경우에는 국토교통부장관을 말하며, 이하 이 조, 제16조부터 제19조까지 및 제21조에서 같다)에게 사업계획승인을 받아야 한다. 다만, 주택 외의 시설과 주택을 동일 건축물로 건축하는 경우 등 대통령령으로 정하는 경우에는 그러하지 아니하다. …

## [해설]

## Ⅰ. 논점의 정리

　설문의 ① 기부채납부관의 위법 여부를 판단하기 위해서는 부관을 붙일 수 있는지의 여부(부관의 가능성)와 붙일 수 있다고 하는 경우에는 그 한계(부관의 한계)에 대한 검토가 필요하고, ② 위법한 경우 그 효과를 판단하기 위해서는 행정행위의 무효와 취소의 구별기준에 대한 검토가 필요하다.

## Ⅱ. A시장의 기부채납부관의 위법 여부

### 1. 부관의 가능성

**(1) 학설과 판례**　　설문의 기부채납은 주된 행위인 주택건설사업계획승인의 효력범위를 보다 자세히 정하기(제한 또는 보충하기) 위하여 부가된 규율인 부관의 하나로서 부담에 해당한다. 부관의 가능성에 관해 판례와 전통적인 견해는 명문의 규정이 없어도 법률행위적 행정행위 중 재량행위에는 부관을 붙일수 있다는 입장이다. 그러나 오늘날의 다수 견해는 부관의 가능성은 개개의 행정행위의 성질에 따라 결정되어야 한다는 입장이다. 후자의 견해도 재량행위는 성질상 제한이 없는 한 일반적으로 부관과 친한 행위로 본다.

**(2) 주택사업계획승인과 부관의 가능성**　　주택건설사업계획승인처분의 근거법률인 주택법은 사업계획을 승인할 때에 부관을 붙일 수 있는가에 관해 명시적으로 규정하는 바가 없다. 그러나 주택법상 주택사업은 국민의 주거안정및 주거수준의 향상을 위한 것으로서 공익·공공복지의 증진을 제1차적인 목적으로 하는바, 주택건설사업계획의 승인처분은 재량행위이고, 재량행위는 일반적으로 부관과 친하므로 설문의 주택건설사업계획의 승인처분에도 부관을 붙일 수 있다.

### 2. 부관의 한계

**(1) 의　　의**　　주택건설사업계획승인행위에 부관을 붙일 수 있다고 하여도 그 부관에는 사항적 한계, 목적상 한계, 성질상 한계가 따른다. 아울러 부관에는 행정법의 일반원칙에 따른 한계가 있다. 설문은 주된 행위의 내용인 주택건설사업계획승인과 부관인 기부채납의 상호관련성이 문제되는바, 이와 관련하여서는 사항적 한계 내지 행정법의 일반원칙에 따른 한계의 문제로서 부당결부금지의 원칙이 검토되어야 한다.

**(2) 부당결부금지의 원칙**

**(가) 의　　의**　　법치국가원리와 자의금지의 원칙으로부터 나오는 부당결

부금지의 원칙이란 행정작용과 사인이 부담하는 급부는 부당한 내적인 관련을 가져서는 아니 되고 또한 상호결부되어서도 아니된다는 원칙을 말한다.

(나) **판단기준**    부당결부 여부의 판단기준으로 인과관계에 있어서의 관련성(원인적 관련성)과 목적에 있어서의 관련성(목적적 관련성)이 활용된다. 원인적 관련성이란 행정작용과 사인의 급부 사이에는 인과관계가 있을 때 정당한 내적 관계가 존재함을 의미하고, 목적적 관련성이란 행정작용과 사인의 급부 사이에서 사인의 급부가 행정작용과 특정의 목적을 같이할 때 정당한 내적 관계가 존재함을 의미한다. 따라서 원인적 관련성이나 목적적 관련성이 결여되면 행정작용과 사인의 급부 사이에는 부당한 내적 관련 내지 부당결부가 존재하는 것이 된다.

(3) **부당결부금지의 원칙의 적용**    B의 주택건설사업지로 진입하는 도로가 있음에도 불구하고 그 주택건설사업지와 인접하는 B의 토지를 도로로 조성하여 기부채납하도록 한 것은 주택건설사업계획승인과는 원인적 관련성이 없을 뿐만 아니라 목적적 관련성도 찾아보기 어렵다. 따라서 A시장이 B의 토지를 도로로 조성하여 기부채납하도록 한 부관은 위법하다.

## Ⅲ. A시장의 위법한 기부채납부관의 효과

### 1. 무효와 취소의 구별기준

(1) **통설·판례**(중대명백설)    통설과 판례는 중대명백설을 취한다. 즉 행정행위의 하자가 중대하고 동시에 명백하면 무효인 행위이고, 하자가 중대하지만 명백하지 아니하거나 명백하지만 중대하지 아니하면 취소할 수 있는 행위로 보고 있다. 중대명백설이 타당하다.

(2) **소수설**    소수설에도 기본적으로는 통설의 입장에 서지만, 하자의 명백성을 완화하여 일반 국민에게 명백한 경우뿐만 아니라 관계공무원에게 명백한 경우도 명백한 것으로 보는 견해(객관적 명백설)와 하자의 중대성만으로 무효가 되지만 경우에 따라서는 하자의 중대성 외에 명백성이 보충적으로 요구되기도 한다는 견해(명백성보충요건설)가 있다.

2. 사례에 적용

(1) **하자의 중대성**　　설문의 기부채납은 행정법의 일반원칙인 부당결부금지의 원칙에 반하는 내용상 하자가 있는 부관에 해당되고, 이는 행정행위의 중요한 적법요건 위반이므로 하자의 중대성은 인정된다.

(2) **하자의 명백성**　　사회평균인의 입장에서 볼 때, 「그 주택건설사업지와 인접하는 도로의 조성」이라는 부관의 내용이 위법하다는 것을 용이하게 판단할 수 있는 것은 아니라는 점에서, 하자가 명백한 것은 아니다.

(3) 소　　결　　A시장이 B에게 주택건설사업계획승인을 하면서 붙인 기부채납의 부관의 하자는 중대하지만 명백하지 아니하므로 그 부관은 취소할 수 있는 행위에 해당한다.


Ⅳ. 결　　론

(1) A시장이 B에게 붙인 부관은 원인적 관련성도 없고, 목적적 관련성도 없는바 위법하다.

(2) A시장이 B에게 붙인 부관의 하자는 중대하지만 명백하지 아니하므로 취소할 수 있는 행위에 해당한다.

# 8 특별행정법관계
[학칙에 의한 정치활동의 제한]

[설문]

A국립대학교의 학생 B는 한국정치의 선진화를 촉진하겠다는 목적으로 '한국 정치연구회'라는 동아리를 조직하고 교내에서 여·야당의 정책을 비판하는 집회를 개최하였을 뿐만 아니라, 정권교체를 구호로 하는 각종 시위를 주도하였다. 이에 A국립대학교 총장은 B의 활동이 교내에서의 정치활동을 금지하는 학칙에 위반됨을 이유로 하여 학칙이 정하는 바에 따라 절차와 형식을 갖추어 퇴학처분을 하고 등기우편으로 통지하였다. A국립대학교 총장의 퇴학처분은 적법한가? 다만, 특별권력관계론과 관련하여 검토하라. A국립대학교의 학칙 중 일부는 다음과 같다.

제X조: 학생은 교내외를 막론하고 정당 또는 정치적 목적의 사회단체에 가입하거나 기타 정치활동을 할 수 없으며, 집단적 행위·시위·농성·등교거부·확성장치의 사용 등으로 학업에 지장을 초래하는 행위를 하여서는 아니된다.

제Y조: 총장은 학칙을 위반한 학생에 대하여는 6개월 이하의 유기정학이나 무기정학 또는 퇴학의 처분을 행한다.

◇ 참고조문 ◇

헌법

제22조 ① 모든 국민은 학문과 예술의 자유를 가진다.

제37조 ② 국민의 모든 자유와 권리는 국가안전보장·질서유지 또는 공공복리를 위하여 필요한 경우에 한하여 법률로써 제한할 수 있으며, 제한하는 경우에도 자유와 권리의 본질적인 내용을 침해할 수 없다.

고등교육법

제6조(학교규칙) ① 학교의 장(학교를 설립하는 경우에는 해당 학교를 설립하려는 자를 말한다)은 법령의 범위에서 학교규칙(이하 "학칙"이라 한다)을 제정하거나 개정할 수 있다.

제13조(학생의 징계) ① 학교의 장은 교육상 필요하면 법령과 학칙으로 정하는 바에 따라 학생을 징계할 수 있다.

② 학교의 장은 학생을 징계하려면 그 학생에게 의견을 진술할 기회를 주는 등 적절한 절차를 거쳐야 한다.

[해설]

| | |
|---|---|
| Ⅰ. 논점의 정리 | 인정여부 |
| Ⅱ. 퇴학처분의 법적 근거 | 1. 특별권력관계론 |
|    1. 법적 근거의 필요 | 2. 특별권력관계론의 부인 |
|    2. 설문과 법적 근거 | Ⅳ. 결론(사례에 적용) |
| Ⅲ. 기본권제한의 근거로서 특별권력관계론의 | |

# Ⅰ. 논점의 정리

A국립대학교 총장의 퇴학처분이 적법하기 위해서는 행정행위의 적법요건인 주체·형식·절차·통지요건 외에 내용요건을 구비하여야 한다. 설문상 주체·형식·절차·통지요건은 구비된 것으로 판단되는바, 내용요건만 검토한다. 설문에서 내용요건은 퇴학처분의 법적 근거와 관련한다.

# Ⅱ. 퇴학처분의 법적 근거

## 1. 법적 근거의 필요

A국립대학교 총장의 B에 대한 퇴학처분은 정치활동을 금지하는 A국립대학교 학칙 제X조와 제Y조 위반을 이유로 한 것이므로, 퇴학처분이 적법하기 위해서는 A국립대학교 학칙 제X조와 제Y조가 법률상 근거를 가져야 한다. 왜냐하면 학생의 정치활동의 제한은 학생의 정치적 기본권의 제한인바, 기본권제한에는 헌법 제37조 제2항에 따라 법률의 근거가 있어야 하기 때문이다(법률의 유보).

## 2. 설문과 법적 근거

고등교육법 제6조는 "학교의 장(학교를 설립하는 경우에는 당해 학교를 설립하고자 하는 자를 말한다)은 법령의 범위 안에서 학교규칙(이하 "학칙"이라 한다)을 제정하거나 개정할 수 있다"고 규정하고 동법 제13조에서 "교육상 필요하면 법령과 학칙으로 정하는 바에 따라 학생을 징계할 수 있다"고 규정하고 있을 뿐 학생의 정치적 기본권(정치활동의 자유)을 명시적으로 제한하는 법률은 찾아볼 수 없다. 결국 A국립대학교 학칙은 고등교육법 등 법률상 명시적인 규정이 없음에도 임의적으로 대학생의 정치활동을 금지하고 있다. 이 때문에 A국립대학교 학칙의 적법여부와 관련하여 특별권력관계론을 검토할 필요가 있다.

## Ⅲ. 기본권제한의 근거로서 특별권력관계론의 인정여부

### 1. 특별권력관계론

(1) 의 의　　종래의 행정법론은 특별권력관계론에 근거하여 대학은 대학의 목적달성을 위해 필요한 범위 안에서 법률의 근거 없이도 학칙으로 대학생의 정치적 기본권을 당연히 제한할 수 있는 것으로 보았다. 여기서 특별권력관계란 '특별한 공행정목적을 위하여 특별한 법률상 원인에 의해 국가와 국민간에 성립되는 관계로서, 권력주체는 구체적인 법률의 근거 없이도 상대방을 포괄적으로 지배하는 권한을 가지고, 그 상대방은 이에 복종하여야 하는 관계'를 말한다. 특별권력관계의 예로서 공법상 근무관계와 공법상 영조물이용관계 등을 들었으며, 영조물이용관계의 대표적인 예로서 국·공립학교학생의 재학관계가 언급되었다.

(2) 특 징　　일반권력관계는 법률에 의한 행정이 이루어지고, 기본권이 보장되는 관계이지만, 특별권력관계는 법률에 의한 행정이 아니라 임명권자나 학교장 또는 교도소장의 자의(恣意)에 의한 행정이 이루어지고, 기본권이 보장되지 아니하는 관계였다. 공무원의 지휘나 학생의 교육 또는 제소자의 관리는 법률이 아니라 임명권자나 학교장 또는 교도소장의 판단에 따르게 하는 것이 보다 합리적이라는 사고를 바탕으로 하였다.

### 2. 특별권력관계론의 부인

(1) 판 례　　헌법재판소는 "행형법상 징벌의 일종인 금치처분을 받은 자에 대하여 금치기간중 집필을 전면 금지한 행형법시행령 제145조 제2항 본문 부분은, 금치대상자의 자유와 권리에 관한 사항을 규율하는 것이므로 모법

의 근거 및 위임이 필요하다"고 하여 전통적 의미의 특별권력관계론을 부인하고 있다(헌재 2005. 2. 24. 2003헌마289).

　　(2) 사　견　① 헌법 제37조 제2항은 국민의 기본권을 법률로써만 제한할 수 있음을 규정하고 있을 뿐, 권력관계를 일반권력관계와 특별권력관계로 나누어서 일반권력관계에만 동 조항이 적용된다고 규정하고 있지 아니하며, ② 헌법은 또한 예외적으로 특정신분자에 대하여 기본권을 제한하는 규정을 두기도 하지만, 반대논리상 헌법에 특별한 규정을 두고 있지 아니한 자에 대한 기본권제한은 헌법 제37조 제2항에 따라야 한다는 점에서 특별권력관계론은 인정될 수 없다. 요컨대 인권이 보장되고 법치주의가 전면적으로 시행되는 오늘날에는 특별권력관계를 인정할 수 없다. 공무원이나 학생 또는 제소자도 인간으로서의 존엄과 가치를 가진 인격체이므로 법률의 근거 없이 그들의 기본권을 제한할 수 없다.

## Ⅳ. 결론(사례에 적용)

　　정치활동의 자유를 포함하여 대학생의 기본권은 헌법 제37조 제2항이 정하는 바에 따라서만 제한될 수 있다. 현행 헌법 하에서 특별권력관계론은 인정될 수 없기 때문에, 법률상 근거 없이 학생들의 정치적 기본권을 제한하는 A국립대학교의 학칙은 특별권력관계론을 근거로 정당화될 수 없다. 따라서 학생의 정치적 기본권을 제한하는 A국립대학교의 학칙 제X조와 제Y조는 위법하고 이에 근거한 A국립대학교 총장의 퇴학처분은 적법하지 않다.

## 9
### 개인적 공권
[식품접객업과 여객자동차운수사업]

[설문]

　　다음의 사례들에서 甲이 침해당한 이익은 법률상 이익인가, 반사적 이익인가?

　　사례 A: 甲은 유흥주점영업을 경영하고자 식품위생법령이 정하는 허가요건을 구비하여 허가를 신청하였으나, 허가청으로부터 거부당하였다.

　　사례 B: 甲은 적법하게 유흥주점영업을 경영하고 있는 자이다. 乙은 甲의 옆집에서 동일한 유흥주점영업을 경영하고자 영업허가를 신청하였다. 허가요건이 미비되었음에도 불구하고 허가청은 乙에게 유흥주점영업을 허가하였다.

　　사례 C: 甲은 여객자동차운수사업법이 정하는 바에 의하여 면허요건을 구비하여 사업면허를 신청하였다. 면허청은 현재의 교통환경상 추가면허는 불요하다고 보아 면허를 거부하였다.

　　사례 D: 甲은 적법하게 여객자동차운수사업을 경영하고 있는 자이다. 乙은 甲과 동일 노선에서 경쟁적으로 여객자동차운수사업을 경영하고자 사업면허를 신청하였다. 면허요건이 미비되었음에도 불구하고 면허청은 乙에게 사업면허를 하였다.

　　사례 E: 甲과 乙은 동일 노선에서 적법하게 여객자동차운수사업을 경영하고 있는 자이다. 甲은 버스 100대를 가지고 있으며, 乙은 200대를 가지고 있다. 면허청은 乙에게는 버스 100대를 늘려 주면서 甲에게는 45대만 늘려 주었다.

◇ 참고조문 ◇

헌법

제15조 모든 국민은 직업선택의 자유를 가진다.

식품위생법

제37조(영업허가 등) ① 제36조제1항 각 호에 따른 영업 중 대통령령으로 정하는 영업을 하려는 자는 대통령령으로 정하는 바에 따라 영업 종류별 또는 영업소별로 식품의약품안전처장 또는 특별자치시장·특별자치도지사·시장·군수·구청장의 허가를 받아야 한다. 허가받은 사항 중 대통령령으로 정하는 중요한 사항을 변경할 때에도 또한 같다.

여객자동차 운수사업법

제4조(면허 등) ① 여객자동차운송사업을 경영하려는 자는 사업계획을 작성하여 국토
교통부령으로 정하는 바에 따라 국토교통부장관의 면허를 받아야 한다. 다만, 대통령
령으로 정하는 여객자동차운송사업을 경영하려는 자는 사업계획을 작성하여 국토교통
부령으로 정하는 바에 따라 특별시장·광역시장·특별자치시장·도지사·특별자치도지
사(이하 "시·도지사"라 한다)의 면허를 받거나 시·도지사에게 등록하여야 한다.

제5조(면허 등의 기준) ① 여객자동차운송사업의 면허기준은 다음 각 호와 같다.

1. 사업계획이 해당 노선이나 사업구역의 수송 수요와 수송력 공급에 적합할 것

2. 최저 면허기준 대수(臺數), 보유 차고 면적, 부대시설, 그 밖에 국토교통부령으로
정하는 기준에 적합할 것

3. 대통령령으로 정하는 여객자동차운송사업인 경우에는 운전 경력, 교통사고 유무,
거주지 등 국토교통부령으로 정하는 기준에 적합할 것

## [해설]

# Ⅰ. 법률상 이익과 반사적 이익

## 1. 법률상 이익

(1) 의 의     법률상 이익이란 개인이 자기의 고유한 이익을 추구하기
위하여 국가 등 행정주체에 대하여 일정한 행위를 요구할 수 있도록 개인에게
주어진 법적인 힘을 말한다. 법률상 이익은 권리라고도 한다. 공법상 권리(법률
상 이익)를 공권이라 하고 사법상 권리(법률상 이익)를 사권이라 한다. 개인이 국가
나 지방자치단체에 대하여 갖는 공권을 개인적 공권이라 부른다.

(2) 성 립     법률상 이익이 도출되는 근거는 헌법·법률·법규명령·관
습법 등 다양하다. 중심적인 것은 법률에 의한 성립의 경우이다. 법률에서 명시
적으로 권리 또는 법률상 이익이라는 용어를 사용하고 있지 않다고 하여도 ①

법률이 국가나 지방자치단체에 대하여 행위의무를 부과하고 있고, 아울러 ②
오로지 공익실현만을 목적으로 하는 것이 아니라 적어도 사익보호, 즉 개인의
이익보호도 목적으로 하고 있다면, 개인적 공권이 성립한다고 새긴다.

### 2. 반사적 이익

법질서를 통해 누리는 이익 중 법률상 보호되지 아니하는 이익을 반사적
이익이라 한다. 반사적 이익은 사실적인 것일 뿐이다.

## Ⅱ. 유흥주점영업허가로 인한 이익의 성질

### 1. 영업허가로 영업을 할 수 있는 이익(소극적 이익)

유흥주점영업허가로 인해 피허가자는 소극적으로는 금지된 유흥주점영업
의 자유를 회복하게 된다. 여기서 회복되는 유흥주점영업의 자유는 헌법 제15
조가 보장하는 직업선택의 자유(직업의 자유)의 회복을 의미한다. 그러므로 이러
한 이익은 기본권으로서의 이익, 즉 권리(개인적 공권, 법률상 이익)로서의 이익이다.

### 2. 영업을 통하여 수익을 얻을 수 있는 이익(적극적 이익)

유흥주점영업허가로 인해 피허가자는 적극적으로는 유흥주점의 운영을 통
한 경영상 이익을 갖게 된다. 그러나 이러한 이익은 헌법이나 법률상 보장되는
이익이 아니다. 직업선택의 자유를 규정하는 헌법 제15조는 유흥음주점업을 경
영하는 특정인의 경영상 이익을 보장하는 것은 아니다. 또한 유흥주점영업에
관해 규정하는 식품위생법도 유흥주점업을 경영하는 특정인의 경영상 이익을
법적으로 보장하는 취지의 규정을 두고 있지 않다. 따라서 유흥주점의 운영을
통한 경영상 이익은 반사적 이익일 뿐이다.

## Ⅲ. 여객운수사업면허로 인한 이익의 성질

### 1. 사업면허로 영업을 할 수 있는 이익(소극적 이익)

여객자동차운수사업면허로 인해 피면허자는 소극적으로는 금지된 자동차

운수사업의 자유를 회복하게 된다. 여기서 회복되는 여객자동차운수사업의 자유는 헌법 제15조가 보장하는 직업선택의 자유(직업의 자유)의 회복을 의미한다. 그러므로 이러한 이익은 기본권으로서의 이익, 즉 권리(개인적 공권, 법률상 이익)로서의 이익이다.

## 2. 영업을 통하여 수익을 얻을 수 있는 이익(적극적 이익)

여객자동차운수사업면허로 인해 피면허자는 적극적으로는 자동차운수사업의 경영을 통한 경영상 이익을 갖게 된다. 학설과 판례는 여객자동차운수사업법 제4조 및 제5조에 의해 피면허자가 갖는 경영상 이익을 법적으로 보호되는 경영상 이익(독점적 경영권)으로 이해하고 있다.


# Ⅳ. 사례의 해결

사례 A에서 甲이 침해당한 이익은 법률상 이익(기본권으로서 직업선택의 자유)이다.

사례 B에서 甲이 침해당한 이익은 반사적 이익(사실로서의 경영상 이익)이다.

사례 C에서 甲이 침해당한 이익은 법률상 이익(기본권으로서 직업선택의 자유)이다.

사례 D에서 甲이 침해당한 이익은 법률상 이익(독점적 경영권)이다.

사례 E에서 甲이 침해당한 이익은 법률상 이익(독점적 경영권)이다.

## 10 무하자재량행사청구권
[일반건축물 건축허가청구권과 러브호텔 건축허가청구권]

**[설문]**

다음의 두 사례에서 문제되는 개인적 공권을 비교하라.

사례 A: 甲은 일반주택을 건축하고자 건축법 제11조 제1항 등이 정하는 바의 요건을 갖추어 건축허가를 신청하였다. 권한행정청은 기존주택이 많다는 이유로 허가를 거부하였다. 건축법에 그러한 거부사유에 관한 규정은 없다.

사례 B: 甲은 러브호텔을 건축하고자 건축법 제11조 제1항 및 제4항 등이 정하는 바의 요건을 갖추어 건축허가를 신청하였다. 권한행정청은 러브호텔이 주변의 교육환경에 문제를 야기한다는 이유로 허가를 거부하였다.

◇ 참고조문 ◇

건축법

제11조(건축허가) ① 건축물을 건축하거나 대수선하려는 자는 특별자치시장·특별자치도지사 또는 시장·군수·구청장의 허가를 받아야 한다. 다만, 21층 이상의 건축물 등 대통령령으로 정하는 용도 및 규모의 건축물을 특별시나 광역시에 건축하려면 특별시장이나 광역시장의 허가를 받아야 한다.

④ 허가권자는 제1항에 따른 건축허가를 하고자 하는 때에 「건축기본법」 제25조에 따른 한국건축규정의 준수 여부를 확인하여야 한다. 다만, 다음 각 호의 어느 하나에 해당하는 경우에는 이 법이나 다른 법률에도 불구하고 건축위원회의 심의를 거쳐 건축허가를 하지 아니할 수 있다.

1. 위락시설이나 숙박시설에 해당하는 건축물의 건축을 허가하는 경우 해당 대지에 건축하려는 건축물의 용도·규모 또는 형태가 주거환경이나 교육환경 등 주변 환경을 고려할 때 부적합하다고 인정되는 경우(제2호 생략)

**[해설]**

Ⅰ. 논점의 정리
Ⅱ. 개인적 공권 여부 비교
  1. 사례 A(일반건축물 건축허가)의 경우
  2. 사례 B(러브호텔 건축허가)의 경우
Ⅲ. 개인적 공권의 성질의 비교
  1. 사례 A(특정행위청구권으로서 일반건축물 건축허가청구권)의 경우
  2. 사례 B(무하자재량행사청구권으로서 러브호텔 건축허가청구권)의 경우
Ⅳ. 취소소송에서 양자의 비교
  1. 원고적격
  2. 본안요건(위법성)
  3. 판결의 주문

## Ⅰ. 논점의 정리

사례 A에서는 일반건축물의 건축허가청구권이, 사례 B에서는 러브호텔의 건축허가청구권이이 문제된다. 건축법상 일반건축물의 건축허가는 학설과 판례상 기속행위로 이해되고 있고, 러브호텔의 건축허가는 건축법 제11조 제4항에서 재량행위로 규정되어 있다. 따라서 설문은 기속행위인 일반건축물 건축허가와 재량행위인 러브호텔의 건축허가에서 甲의 지위의 비교를 대상으로 한다.

## Ⅱ. 개인적 공권 여부 비교

### 1. 사례 A(일반건축물 건축허가)의 경우

법령상 개인적 공권이 인정되기 위하여는 근거법령 또는 관련법령상 행정청의 행위의무가 존재하고 아울러 사익보호목적이 존재하여야 한다. 일반적 견해와 판례는 건축법 제11조 제1항에 의한 건축허가를 기속행위로 이해되는바, 요건을 구비한 건축허가신청이 있는 경우, 행정청은 허가신청된 건물에 대하여 허가라는 행위를 하여야 할 의무(행위의무)를 부담한다. 그리고 동 조항에 의한 「건축자유의 금지와 해제」의 제도는 도시미관 등에 관한 공익의 확보도 목적으로 하지만 동시에 신청인에게 기본권으로 보호되는 건축의 자유(사인의 안전한 주거공간의 확보) 등도 목적으로 하는바 사익보호성도 인정된다. 전체로서 甲은 허가신청한 건축물에 대하여 개인적 공권으로서 건축허가를 받을 수 있는 건축허가청구권을 갖는다.

### 2. 사례 B(러브호텔 건축허가)의 경우

러브호텔 건축허가의 경우에도 건축법 제11조 제1항이 적용되므로 행정청은 허가신청된 건물에 대하여 허가 또는 불허가를 하여야 하는 의무(행위의무)를 부담한다. 또한 甲은 기본권으로서 건축의 자유와 영업의 자유의 회복이라는 점에서 법률상 이익을 갖는다. 따라서 전체로서 甲은 허가신청한 러브호텔에 대하여 개인적 공권으로서 건축허가를 받을 수 있는 건축허가청구권을 갖는다.

## Ⅲ. 개인적 공권의 성질의 비교

### 1. 사례 A(특정행위청구권으로서 일반건축물 건축허가청구권)의 경우

일반건축물 건축허가는 기속행위이고, 甲은 허가요건을 모두 구비하였다. 따라서 행정청은 반드시 허가처분을 하여야 한다. 따라서 甲은 건축허가의 무조건적인 발령을 구할 수 있는 권리로서 건축허가청구권을 갖는다. 일반건축물 건축허가청구권은 특정행위청구권으로서 개인적 공권이며 독자적인 권리이다. 만약 허가요건을 구비하였음에도 불구하고 권한행정청이 허가를 거부한다면, 그것은 건축법 제11조 제1항의 위반인 동시에 바로 기본권으로서 건축의 자유를 침해하는 것이 된다.

### 2. 사례 B(무하자재량행사청구권으로서 러브호텔 건축허가청구권)의 경우

건축법 제11조 제4항은 러브호텔 건축허가의 경우, 해당 대지에 건축하려는 건축물의 용도·규모 또는 형태가 주거환경이나 교육환경 등 주변 환경을 고려할 때 부적합하다고 인정하면 건축위원회의 심의를 거쳐 건축허가를 하지 아니할 수 있다고 규정하고 있는바, 러브호텔 건축허가는 재량행위이다. 따라서 甲이 허가요건을 구비하였다고 하여도 허가청은 재량하자가 없는 범위 안에서 허가를 거부할 수도 있으므로, 甲은 행정청의 하자 없는 재량권행사의 범위 안에서 건축허가의 발령을 구할 수 있는 권리로서 건축허가청구권을 갖는다. 말하자면 甲의 러브호텔 건축허가청구권은 무하자재량행사청구권의 성질을 갖는다. 한편, 재량이 0으로 수축된 경우에 甲의 권리는 건축허가의 무조건적인 발령을 구할 수 있는 권리로서 건축허가청구권으로 변한다.

## Ⅳ. 취소소송에서 양자의 비교

### 1. 원고적격

취소소송은 취소를 구할 법률상 이익(권리)이 있는 자만이 제기할 수 있다 (행정소송법 제12조 제1문). ① 사례 A의 경우, 행정청의 건축허가거부처분으로 인해 甲은 실질적 권리로서 일반건축물의 건축의 자유 내지 건축허가청구권을 침해받게 되었다. 따라서 甲은 일반건축물의 건축의 자유 및 건축허가청구권의 침해를 이유로 원고적격을 갖는다. ② 사례 B의 경우, 새량석·선택적 또는 상대적인 것이지만, 甲 역시 러브호텔의 건축의 자유 및 건축허가청구권의 침해를 이유로 원고적격을 갖는다. 무하자재량행사청구권 그 자체는 개념상 형식적인 권리에 불과하므로 취소소송을 제기할 수 있는 법률상 이익에 해당하지 아니한다.

## 2. 본안요건(위법성)

甲이 제소하여 승소하기 위해서는 권한행정청의 처분이 위법하여야 한다. ① 사례 A의 경우, 일반건축물 건축허가는 기속행위이므로, 권한행정청이 건축허가를 하지 아니한 것은 위법하다. 따라서 甲은 청구인용요건을 구비하였다. ② 사례 B의 경우, 주변의 교육환경에 아주 경미한 문제가 발생함에도 불구하고 건축허가를 거부하였다면, 재량권남용이라는 하자 있는 재량행사를 한 것으로서 위법을 구성하므로, 권한행정청의 러브호텔 허가거부처분은 위법하다. 따라서 甲은 역시 청구인용요건을 구비한 것이 된다. 그러나 주변의 교육환경에 중대한 문제가 발생한다면 거부처분은 적법한 것으로서 甲은 청구인용요건을 구비한 것이 아니다.

## 3. 판결의 주문

취소소송은 처분의 위법성의 제거를 통해 침해된 권리의 회복을 위한 것이므로, 본안요건을 구비한 경우, 판결주문의 형식은 사례 A의 경우와 사례 B의 경우가 동일하다. 즉, ① 사례 A의 경우에는 '건축허가거부처분을 취소한다'는 형식이 되고, ② 사례 B의 경우에도 '건축허가거부처분을 취소한다'는 형식이 된다.

## 11 행정개입청구권
[제3자에 대한 건축허가의 취소청구]

[설문]

　　A주식회사는 C시장으로부터 수소고압가스저장설치허가를 받고 고압가스저장소를 설치하여 사용하고 있다. A주식회사의 저장소소재지는 원래 도시계획상 공업지역이었으나 그 후 주거지역으로 지정되었다. 주거지역의 지정일 이후에 C시장은 고압가스저장소로부터 7~8m 정도 떨어져 있는 토지에 B공동주택의 건축허가를 하였다. C시장의 B공동주택에 대한 건축허가는 고압가스안전관리법상 요구되는 17m의 안전거리를 확보하지 못하여 위법하고, 만일 A주식회사의 저장소에서 가스 폭발사고가 발생하여 B공동주택의 입주민들에게 인적·물적 피해를 입히는 경우 그 손해를 배상하여야 할 위험이 있다. A주식회사는 C시장에게 B공동주택의 건축허가 및 준공검사를 취소하고, 아울러 B공동주택에 대하여 철거명령을 하라는 신청을 할 수 있는가?

◇ 참고조문 ◇
건축법
제79조(위반 건축물 등에 대한 조치 등) ① 허가권자는 대지나 건축물이 이 법 또는 이 법에 따른 명령이나 처분에 위반되면 이 법에 따른 허가 또는 승인을 취소하거나 그 건축물의 건축주·공사시공자·현장관리인·소유자·관리자 또는 점유자(이하 "건축주등"이라 한다)에게 공사의 중지를 명하거나 상당한 기간을 정하여 그 건축물의 철거·개축·증축·수선·용도변경·사용금지·사용제한, 그 밖에 필요한 조치를 명할 수 있다.

[해설]

| | |
|---|---|
| Ⅰ. 논점의 정리 | Ⅲ. A주식회사의 행정개입청구권의 존부 |
| Ⅱ. 행정개입청구권의 관념 | 　1. 문제상황 |
| 　1. 행정개입청구권의 의의 | 　2. 행정청의 의무의 존재 |
| 　2. 행정개입청구권의 인정 여부 | 　3. 사익보호목적의 존재 |
| 　3. 행정개입청구권의 성립요건 | 　4. 결론 |

# Ⅰ. 논점의 정리

설문은 「A주식회사는 C시장에게 B공동주택의 건축허가 및 준공검사를 취소하고, 아울러 B공동주택에 대한 철거명령을 내리라는 신청을 할 수 있는가」를 묻고 있다. 달리 표현하면 설문은 「A주식회사는 자신의 이익을 위하여 C시장에게 제3자(B공동주택)에 대하여 일정한 행위(건축허가 및 준공검사의 취소와 철거명령)를 발령할 것을 신청할 수 있는 권리를 갖는가」를 묻고 있다. 이것은 행정개입청구권의 인정 여부의 문제가 된다.

# Ⅱ. 행정개입청구권의 관념

## 1. 행정개입청구권의 의의

사인이 자기의 이익을 위해 행정청에 대하여 자기나 제3자에게 행정권을 발동할 것을 청구하는 권리를 (넓은 의미의) 행정개입청구권이라 한다. 좁은 의미의 행정개입청구권은 사인이 자기의 이익을 위해 행정청에 대하여 제3자에게 행정권을 발동할 것을 청구하는 권리만을 의미한다. 행정개입청구권은 실정법이나 판례상 일반적으로 확립된 개념은 아니고, 다만 학문상 폭넓게 긍정적으로 논의되고 있는 개념이다.

## 2. 행정개입청구권의 인정 여부

(1) 학    설    학설은 부정설과 긍정설로 나뉘고 있다. ① 부정설은 행정개입청구권으로서 추구하는 내용은 행정청의 위법한 부작위로 인한 실체적 권리의 침해에 대한 행정구제에 있는 것인데, 그것은 부작위위법확인소송으로도 해결될 수 있으므로 행정청의 위법한 부작위만을 따로 들어 행정개입청구권으로 구성하는 것은 불합리하다고 본다. 한편, ② 긍정설은 부정설의 비판을 수용하면서 무명항고소송으로서 이행소송이 인정될 수 있음을 전제로 행정개입청구권이 현행 행정소송법에 반하지 않는다고 본다.

(2) 판    례    사인의 자기에 대한 행정개입청구권을 긍정한 판례는 볼 수 있으나(대판 2007. 5. 11. 2007두1811), 제3자에 대한 행정개입청구권을 긍정한

판례는 찾아보기 어렵다.

(3) 사    견    긍정설의 입장을 취할 때 사인의 권리보호가 보다 효과적으로 이루어질 수 있다고 본다. 따라서 긍정설을 지지한다.

### 3. 행정개입청구권의 성립요건

① 개별 법령이 명시적으로 행정개입청구권을 규정하고 있다면, 당연히 행정개입청구권이 성립한다. ② 개별 법령이 명시적으로 행정개입청구권을 규정하고 있지 아니한 경우, 행정개입청구권이 성립할 것인가의 여부는 근거법령 또는 관련법령의 해석문제가 된다. 행정개입청구권도 개인적 공권의 일종이므로 행정개입청구권이 성립하기 위해서는 당연히 개인적 공권의 성립요건을 갖추어야 한다. 그 요건으로는 ⓐ 근거법령 또는 관련법령이 행정청에 일정한 행위를 할 의무를 지우고 있고(강행규정성), 아울러 ⓑ 근거법령 또는 관련법령이 오로지 공익만을 목적으로 하는 것이 아니고 개인의 이익보호도 목적으로 하는 것(사익보호성)이 요구된다.

## Ⅲ. A주식회사의 행정개입청구권의 존부

### 1. 문제상황

건축법상 A주식회사의 행정개입청구권을 명시적으로 규정하는 조항을 찾아볼 수 없다. 관련규정으로는 건축법 제79조 제1항을 볼 수 있다. 이 조문의 해석상 A주식회사의 행정개입청구권을 인정하기 위해서는 행정청인 C시장의 의무의 존재와 사익보호성의 존재가 논증되어야 한다.

### 2. 행정청의 의무의 존재

건축법 제79조 제1항 "… 명할 수 있다"고 규정하고 있다. 따라서 건축법 제79조 제1항의 행위는 조문의 표현상 재량행위이다. 재량행위 그 자체는 의무적이라는 점에서 행정청인 C시장의 의무는 존재한다고 볼 수 있다.

### 3. 사익보호목적의 존재

건축법 제79조 제1항은 건축물의 안전·기능·환경 및 미관의 향상을 목적으로 한다. 이러한 목적은 공익(예: 공동체의 구성원이 건축의 아름다움으로부터 갖게 되는 공동의 미적 이익)의 보호에 기여할 뿐만 아니라 사익(예: 건축물의 위험으로부터 사람의 안전)의 보호에도 기여한다. 다만 사익 간에 충돌이 있는 경우에는 이익의 형량이 문제된다. 설문의 경우, B공동주택의 건축허가는 적법한 행위라는 점, A주식회사가 갖는 안전의 보호라는 이익이 B공동주택으로 인해 다수 주민이 갖는 주거상의 이익보다 크다고 할 수 없다는 점에 비추어 건축법 제79조 제1항과 제81조 제1항으로부터 A주식회사의 사익보호성이 나온다고 보기 어렵다.

### 4. 결 론

건축법 제79조 제1항으로부터 ① 재량적이지만 C시장의 의무가 존재한다고 볼 수 있으나, ② 사익보호성을 긍정하기는 어렵다. 따라서 A주식회사는 행정개입청구권을 갖지 아니한다.

# 12  공의무의 승계
[영업소 소재지 변경신고의무의 승계]

## [설문]

A는 일반음식점을 경영하면서 영업장의 면적을 확장한 후 이를 관할행정 청인 C시장에게 신고하지 아니한 채 계속하여 영업하다가 B에게 영업을 양도하였다. B는 A가 당초에 신고한 내용으로 영업자지위승계신고를 하고 영업해 왔다. 그 후 C시장은 영업장의 면적확장을 신고하지 아니한 것을 적발하고 이를 이유로 법정의 절차를 거쳐 3개월 영업정지처분을 하였다. C시장은 A의 의무불이행을 이유로 영업장을 확장한 사실이 없는 B에게 식품위생법 제75조 제1항 제7호에 근거하여 행정처분을 할 수 있는가?

◇ 참고조문 ◇

식품위생법

제37조(영업허가 등) ① 제36조제1항 각 호에 따른 영업 중 대통령령으로 정하는 영업을 하려는 자는 대통령령으로 정하는 바에 따라 영업 종류별 또는 영업소별로 식품의약품안전처장 또는 특별자치시장·특별자치도지사·시장·군수·구청장의 허가를 받아야 한다. 허가받은 사항 중 대통령령으로 정하는 중요한 사항을 변경할 때에도 또한 같다.

제39조(영업 승계) ① 영업자가 영업을 양도하거나 사망한 경우 또는 법인이 합병한 경우에는 그 양수인·상속인 또는 합병 후 존속하는 법인이나 합병에 따라 설립되는 법인은 그 영업자의 지위를 승계한다.

제75조(허가취소 등) ① 식품의약품안전처장 또는 특별자치시장·특별자치도지사·시장·군수·구청장은 영업자가 다음 각 호의 어느 하나에 해당하는 경우에는 대통령령으로 정하는 바에 따라 영업허가 또는 등록을 취소하거나 6개월 이내의 기간을 정하여 그 영업의 전부 또는 일부를 정지하거나 영업소 폐쇄(제37조제4항에 따라 신고한 영업만 해당한다. 이하 이 조에서 같다)를 명할 수 있다.

7. 제37조 … 제4항 후단 … 에 따른 조건을 위반한 경우

식품위생법시행령

제25조(영업신고를 하여야 하는 업종) ① 법 제37조제4항 전단에 따라 특별자치도지사 또는 시장·군수·구청장에게 신고를 하여야 하는 영업은 다음 각 호와 같다.

8. …일반음식점영업, …

제26조(신고를 하여야 하는 변경사항) 법 제37조제4항 후단에 따라 변경할 때 신고를 하여야 하는 사항은 다음 각 호와 같다.

4. 영업장의 면적

[해설]

# Ⅰ. 논점의 정리

설문은 C시장이 영업을 양도한 A가 영업장의 면적확장 신고의무를 이행하지 아니한 것을 이유로 영업을 양수한 B에게 행정처분을 할 수 있는가의 여부를 묻고 있는데, 이것은 양도인이 부담하여야 하는 행정상 책임이 양수인에게 이전되는가의 여부를 쟁점으로 한다. 이것은 학문상 지위승계의 문제가 된다.

# Ⅱ. 공법상 지위(권리·의무)의 승계

## 1. 일반법과 개별법

공법상 지위의 승계에 관한 일반법은 없다. 개별 법률에 규정이 있는 경우에는 개별 법률이 정하는 바에 따를 것이고, 개별 법률에 규정이 없는 경우에는 해석의 문제가 된다.

## 2. 해석에 의한 승계가능성

(1) 요 건  법률의 해석상 공법상 지위의 승계(이전)에는 2가지의 요건이 필요하다. 즉 ① 권리와 의무가 이전에 적합하여야 한다는 점(승계적합성)과 ② 이전을 실현시킬 수 있는 사유가 발생하여야 한다(승계사유). ①과 관련하여서는 공법상 권리와 의무가 이전될 수 있는가의 여부가 문제이다. 개별 법률상 규정이 없다면, 권리나 의무의 성질을 고려하면서 판단될 수밖에 없다. 승계의

대상이 되는 권리 또는 의무인가의 여부는 그것이 일신전속적인 성질을 갖는가의 여부에 있다.

(2) 승계적합성(이전성)    종래에는 공법상 권리와 의무는 원칙적으로 일신전속적인 것으로서 승계와 거리가 멀고, 다만 재산법상의 지위만은 예외라고 하였다. 그러나 오늘날에는 권리 또는 의무의 내용에 따라 개별적으로 판단되어야 한다는 입장이다. 말하자면 관련규정의 목적에 비추어 그 권리나 의무의 존속이나 수행에 당사자의 인적 성격 내지 능력이 본질적이어서 타인에의 이전이 배제되는 것으로 판단되는 경우에는 일신전속적인 것으로 본다. 대체로, 비재산적인 것은 의문이 있을 때에는 이전성이 없다고 볼 것이고, 물적인 것은 일반적으로 이전성을 갖는다고 볼 것이다.

(3) 승계사유    사법상의 양도, 채무인수, 경매, 상속, 법인의 합병 등이 일반적인 승계사유에 해당한다.

## Ⅲ. C시장의 행정처분의 가능성

### 1. 식품위생법상 법적 근거

식품위생법 제39조 제1항은 "영업자가 영업을 양도하거나 사망한 경우 또는 법인이 합병한 경우에는 그 양수인·상속인 또는 합병 후 존속하는 법인이나 합병에 따라 설립되는 법인은 그 영업자의 지위를 승계한다"고 명시적으로 규정하고 있다. 따라서 식품위생법상 영업양도의 경우에 지위승계가 이루어진다는 점에는 의문이 없다.

### 2. 설문과 요건의 구비 여부

A는 「영업장의 면적」의 변경을 신고하지 아니하였으므로, C시장은 A에게 식품위생법 제75조 제1항 제7호에 근거하여 행정처분을 할 수 있다. 그런데 A가 영업을 B에게 양도하였으므로 B는 식품위생법 제39조 제1항에 근거하여 A의 지위를 승계하였다. 따라서 C시장은 B에게 행정처분을 할 수 있다.

[참고] 결과만 두고 본다면, 양수인에게 양도인의 영업장의 면적확장 신고의무

불이행에 대한 책임을 묻는다는 것이 가혹하다」는 지적도 가능하다. 그러나 만약 양수인에게 책임을 물을 수 없다고 한다면, 양도인이 법위반행위를 하고 영업양도를 하는 경우에 양도인에 대하여 책임을 묻기는 어려울 것이나. 이러한 문제점을 해결하기 위해 양수인에게 책임을 묻는 것도 방법일 것이다. 행정처분을 통해 양수인이 입은 피해는 양수인과 양도인 사이에서 해결하면 될 것이다.

## 신　　고
### [당구장업 신고수리거부처분과 취소소송]

13

## [설문]

　　A는 자기소유의 C건물에서 신고 체육시설업인 당구장업을 경영하기 위하여 제반시설을 한 후, 체육시설의 설치·이용에 관한 법률 제20조의 규정에 따라 권한행정청인 B시장에게 체육시설업(당구장업)신고를 하였으나, B시장은 C건물이 무허가의 위법건축물이라는 이유로 신고의 수리를 거부하였다. B시장의 거부처분은 취소소송의 대상이 되는가?

◇ 참고조문 ◇

체육시설의 설치·이용에 관한 법률

제10조(체육시설업의 구분·종류) ① 체육시설업은 다음과 같이 구분한다.

1. 등록 체육시설업: 골프장업, 스키장업…

2. 신고 체육시설업: … 수영장업, … , 당구장업…

제20조(체육시설업의 신고) ① 제10조제1항제2호에 따른 체육시설업을 하려는 자는 제11조에 따른 시설을 갖추어 문화체육관광부령으로 정하는 바에 따라 특별자치시장·특별자치도지사·시장·군수 또는 구청장에게 신고하여야 한다.

행정소송법

제2조(정의) ① 이 법에서 사용하는 용어의 정의는 다음과 같다.

1. "처분등"이라 함은 행정청이 행하는 구체적 사실에 관한 법집행으로서의 공권력의 행사 또는 그 거부와 그 밖에 이에 준하는 행정작용(이하 "처분"이라 한다) 및 행정심판에 대한 재결을 말한다.

제19조(취소소송의 대상) 취소소송은 처분등을 대상으로 한다. …

## [해설]

| | |
|---|---|
| Ⅰ. 논점의 정리 | 1. 당구장업 신고의 수리 |
| Ⅱ. 신고의 개념 | 2. 당구장업 신고수리의 거부 |
| 　1. 신고의 일반적 개념 | Ⅳ. 당구장업 신고수리거부처분의 처분성 |
| 　2. 체육시설의 설치·이용에 관한 법률상 | 　1. 행정소송법상 처분의 의미 |
| 　　개념 | 　2. 당구장업 신고수리거부의 처분성 여부 |
| Ⅲ. 당구장업 신고의 수리와 거부 | 　3. 결론 |

## Ⅰ. 논점의 정리

행정소송법은 "취소소송은 처분등을 대상으로 한다"고 규정하고 있다(동법 제19조). 따라서 설문은 B시장의 체육시설업 중 당구장업 신고수리거부처분이 행정소송법에서 규정하는 처분에 해당하는가의 여부를 묻는 것이 된다. 이 문제를 해결하기 위해서는 신고의 개념과 당구장업의 신고의 성질에 대한 검토 등이 필요하다.

## Ⅱ. 신고의 개념

### 1. 신고의 일반적 개념

(1) 신고의 개념을 일반적으로 정의하고 있는 법률은 없다. 일반적으로 신고란 사인이 일정한 사실을 행정기관에 알리는 것을 말한다. 신고는 영업신고와 같이 신고자의 주관적 이해와 직접적인 관련이 있는 신고와 간첩신고와 같이 신고자의 주관적 이해와 직접적인 관련이 없는 신고로 구분할 수 있다.

(2) 신고자의 주관적 이해와 직접적인 관련이 있는 신고는 다시 ① 행정기관의 수리를 요하는 신고와 ② 수리를 요하지 아니하는 신고로 구분된다. 특정의 신고가 행정기관의 수리를 요하는 신고인지의 여부는 해당법률의 목적을 고려하면서 관련규정에 대한 종합적·유기적·합목적적 해석을 통해 판단될 수밖에 없다.

### 2. 체육시설의 설치·이용에 관한 법률상 개념

체육시설의 설치·이용에 관한 법률에도 신고의 개념에 관한 규정은 없다. 체육시설의 설치·이용에 관한 법률은 체육시설업의 종류를 등록 체육시설업과 신고체육시설업으로 명시적으로 구분하고 있고(동법 제10조 제1항), 등록의 요건·절차를 신고의 요건·절차와 구분하여 규정하고 있다는 점(동법 제19조, 제20조), 기본권은 국가안전보장이나 질서유지 또는 공공복리를 위하여 필요한 경우에 법률로써 제한될 수 있다는 점(헌법 제37조 제2항), 기본권의 최대한 보장의 관점에서 신고와 등록 및 허가는 구분되어야 한다는 점 등을 고려할 때, 체육시설의설치·이용에 관한 법률상 당구장업의 신고는 수리를 요하지 않는 신고로 보고, 골프장업의 등록은 수리를 요하는 신고로 보아야 한다.

> 광의의 신고 = 수리를 요하지 않는 신고(본래적 의미의 신고, 협의의 신고) + 수리를 요하는 신고(등록)

## Ⅲ. 당구장업 신고의 수리와 거부

### 1. 당구장업 신고의 수리

수리를 요하는 신고는 행정기관이 수리하여야 신고로서의 효과를 갖지만, 수리를 요하지 않는 신고는 적법한 신고 그 자체로서 신고의 효과를 갖는다. 즉 행정기관에 적법한 신고가 도달하면 그 자체로서 신고의 효과를 갖는다. 수리를 요하지 않는 신고는 자체완성적 사인의 공법행위의 성질을 갖는다. 따라서 수리를 요하지 않는 신고인 당구장업 신고의 경우, 신고 후에 신고필증이 주어진다고 하여도 그것은 신고가 있었음을 사실로서 확인해주는 행위에 불과하다.

### 2. 당구장업 신고수리의 거부

수리를 요하지 않는 신고인 당구장업 신고의 경우, 신고 후에 신고필증이 주어진다고 하여도 그것은 신고가 있었음을 사실로서 확인해주는 행위에 불과하다는 것은 신고수리를 거부하여도 아무런 법적 효과가 발생하는 것은 아님을 뜻한다.

## Ⅳ. 당구장업 신고수리거부처분의 처분성

### 1. 행정소송법상 처분의 의미

취소소송은 처분과 재결을 대상으로 한다(행정소송법 제19조). 처분이란 행정청이 행하는 구체적 사실에 관한 법집행으로서의 공권력의 행사 또는 그 거부와 그 밖에 이에 준하는 행정작용을 말한다(행정소송법 제2조 제1항 제1호). 판례는 처분을 "원칙적으로 행정청의 공법상 행위로서 특정 사항에 대하여 법규에 의한 권리의 설정 또는 의무의 부담을 명하거나 기타 법률상 효과를 직접 발생하게 하는 등 국민의 권리의무에 직접 관계가 있는 행위를 말한다"(대판 2015. 12. 10. 2011두32515)는 입장이다.

## 2. 당구장업 신고수리거부의 처분성 여부

수리를 요하지 않는 신고의 경우, 신고수리의 거부는 아무런 법적 효과를 발생시키지 않으므로 당구장업신고의 수리거부는 취소소송의 대상으로서의 처분성을 결여하였다(대판 1998. 4. 24. 97도3121).

## 3. 결   론

체육시설의 설치·이용에 관한 법률에 의거한 당구장업 신고는 수리를 요하지 않는 신고로서, 당구장업 신고수리거부처분은 단순한 사실행위에 불과하므로 행정소송법상 처분에 해당하지 아니한다. 만약 A가 취소소송을 제기하면, 법원은 B시장의 당구장업 신고수리거부처분이 행정소송법상 처분에 해당하지 않음을 이유로 소 각하판결을 하게 된다.

[참고] 무허가 위법건축물에서 당구장영업을 할 수 없다는 것은 건축법에 따른 것이고, 체육시설의 설치·이용에 관한 법률에는 이에 관련된 규정이 없다. 여기서 무허가 위법건축물이 아닐 것이 체육시설의 설치·이용에 관한 법률상 당구장업 신고의 요건이 되는가의 문제에 대하여 판례는 긍정적이나 학설은 긍정설과 부정설로 나뉜다.

# 등   록

[PLAYBOY 한국판의 등록거부처분]

[설문]

　A는 'PLAYBOY 한국판'의 발행을 위해 잡지 등 정기간행물의 진흥에 관한
법률(잡지법)이 정하는 등록요건을 구비하여 등록신청을 하였으나, 서울특별
시장은 'PLAYBOY'지가 음란·선정성 잡지로서 헌법정신과 잡지법의 목적(잡
지언론의 건전한 발전)에 위반되고, 등록을 허용할 경우에 유사잡지의 범람이
우려된다는 등의 이유로 등록신청거부처분을 하였다. 서울특별시장의 처분은
내용상 적법한가? A는 등록신청서에서 발행내용을 'PLAYBOY 한국판'은 원본
내용 중 국내법에 맞는 화보와 기사만 게재하고 나머지는 자체기사로 편집한
다고 밝혔다.

　◇ 참고조문 ◇

대한민국헌법

제21조  ① 모든 국민은 언론·출판의 자유와 집회·결사의 자유를 가진다.

② 언론·출판에 대한 허가나 검열과 집회·결사에 대한 허가는 인정되지 아니한다.

잡지 등 정기간행물의 진흥에 관한 법률

제15조(등록) ① 잡지를 발행하고자 하는 자는 대통령령으로 정하는 바에 따라 다음
각 호의 사항을 주된 사무소의 소재지를 관할하는 시·도지사에게 등록하여야 한다.
….

1. 제호

2. 종별 및 간별

3. 발행인 및 편집인의 성명, 생년월일, 주소. 다만, 외국 잡지의 내용을 변경하지 아니
하고 국내에서 그대로 인쇄·배포하는 경우를 제외한다.

4. 발행소 및 발행소의 소재지

5. 발행목적과 발행내용

6. 무가 또는 유가 발행의 구분

④ 시·도지사가 제1항에 따라 잡지를 등록한 때에는 지체 없이 등록신청인에게 등록
증을 교부하여야 한다.

⑤ 이미 등록된 잡지의 제호와 동일한 제호의 잡지는 등록할 수 없다.

[해설]

## Ⅰ. 논점의 정리

설문에서 서울특별시장이 제시한 등록신청거부처분의 사유는 잡지 등 정기간행물의 진흥에 관한 법률(잡지법) 제15조에서 규정하고 있는 등록요건의 하나에 해당하지 아니한다. 따라서 이러한 사유가 등록신청에 대한 거부처분의 사유가 될 수 있는가의 여부가 설문의 해결을 위한 쟁점이다.

## Ⅱ. 등록의 법리

### 1. 등록의 의의

등록이란 사인이 알린 일정한 사실을 행정청이 유효한 행위로서 받아들이는 것, 즉 수리하는 행위를 말한다. ① 통상의 신고(예: 혼인신고)는 사인의 신고 그 자체로써 법적 효과가 발생하지만, 등록은 사인의 신고(신청) 외에 행정청의 수리가 요구된다는 점에서 다르다. ② 행정청은 허가의 경우에 허가요건의 실질적인 내용까지 심사하지만, 등록의 경우에는 실질적 심사(예컨대 건축허가의 경우에 설계도면의 내용이 법에서 정한 안전에 문제가 없는 것인지의 여부를 심사하는 것이 실질적 심사의 예에 해당한다)를 할 수 없고, 형식적 심사(예컨대 정기간행물의 등록사항이 외관상 '잡지법' 제15조 제1항 각호를 충족하는지의 여부를 심사하는 것이 형식적 심사의 예에 해당한다. 만약 등록 후 발간시에 어떠한 내용이 게재될 것이라는 전제하에 그 내용이 법질서에 어긋나는지의 여부를 심사한다면, 그것은 형식적 심사가 아니라 실질적 심사에 해당한다)만 할 수 있다는 점에서 차이가 있다.

## 2. 정기간행물 등록의 성질

① '언론·출판에 대한 허가나 검열과 집회·결사에 대한 허가는 인정되지 아니한다'는 헌법 제21조 제2항에 비추어 잡지법상 등록이 결코 허가의 의미로 이해될 수는 없고, ② 등록증의 교부(잡지법 제15조 제4항), 등록취소의 심판청구(잡지법 제24조), 직권등록취소(잡지법 제25조), 벌칙(잡지법 제31조) 등의 규정에 비추어 자체완성적 공법행위로서의 신고(수리를 요하지 않는 신고)로 보기도 어려운바, 잡지법상 등록은 전형적인 등록제도(수리를 요하는 신고)의 하나에 해당한다.

# Ⅲ. 정기간행물 등록요건의 심사

## 1. 실질적 심사주의

(1) 의  의  실질적 심사주의란 "모든 정기간행물에 대하여 무조건 등록을 받아주어야 한다면 국가가 반사회적인 정기간행물을 용인하거나 조장하는 결과를 초래하게 되어 불합리하다"는 전제하에 실질적 요건까지 심사하여야 한다는 입장이다. 설문에서 서울특별시장이 'PLAYBOY'지가 음란·선정성 잡지로서 헌법정신과 잡지법의 목적(언론의 건전한 발전)에 위반되고, 등록을 허용할 경우에 유사잡지의 범람이 우려된다는 등의 이유로 등록신청거부처분을 한 것은 실질적 심사주의를 따른 것이다.

(2) 비  판  서울특별시장이 제시하는 사유에 대해서는 ① A가 등록신청서에서 발행내용을 'PLAYBOY 한국판'은 원본 내용 중 국내법에 맞는 화보와 기사만 게재하고 나머지는 자체기사로 편집한다고 밝혔기 때문에 'PLAYBOY'지가 음란·선정성 잡지라는 사실이 'PLAYBOY 한국판'을 부정적으로 보게 하는 합리적인 사유일 수는 없고, ② 'PLAYBOY 한국판'이 음란·선정성 잡지라고 단정할 수 없다면, 'PLAYBOY 한국판'이 헌법정신과 잡지법의 정신이라 할 잡지언론의 건전한 발전에 반하는 것은 아니라 할 것이고, ③ 유사잡지의 범람도 문제되지 아니하는데. 왜냐하면 범람하는 유사잡지에 대해서는 잡지법이 정하는 바에 따라 규제, 즉 등록취소의 심판청구(잡지법 제24조), 직권등록취소(잡지법 제25조), 벌칙(잡지법 제31조) 등을 가하면 되기 때문이라는 비판이 가능하다.

## 2. 형식적 심사주의

형식적 심사주의란 등록요건에 대한 심사는 형식석 심사에 한정된다는 입장이다. 이 견해가 헌법 제21조 제1항, 등록의 법리 및 잡지법의 목적에 비추어 타당하다. 잡지법상 등록이 강학상의 신고나 허가가 아니라 전형적인 등록에 해당하므로, 잡지법 제15조가 정하는 등록사항을 모두 구비하는 경우에 서울특별시장은 반드시 등록을 받아주어야 하며, 등록을 거부할 수는 없다. 따라서 "A는 'PLAYBOY 한국판'의 발행을 위해 잡지법이 정하는 등록요건을 구비하여 등록신청을 하였다"는 설문의 표현에 비추어 서울특별시장은 A의 등록을 거부할 수 없다.

## Ⅳ. 결    론

등록은 수리를 요하지 않는 신고와 허가의 중간에 위치하는 자유제한의 방식이므로 등록요건의 심사는 허가요건의 심사와 구별되어야 한다. 허가요건의 심사에는 실질적 심사가 이루어지는 것이나 등록요건의 심사에는 형식적 심사로 한정되어야 한다. 더욱이 헌법상 출판에 대한 허가는 금지되고 있으므로, 잡지법상 등록요건에 대한 심사는 당연히 형식적인 것으로 보아야 한다. 그러므로 등록요건을 갖추어 'PLAYBOY 한국판'의 등록을 신청한 A에 대하여 서울특별시장이 실질적 요건을 사유로 한 거부처분은 위법하다.

## 민원신청

**15** [민원신청접수거부에 대한 구제]

## [설문]

A는 B시장에게 민원신청을 하였으나 B시장은 접수를 거부하였다. A가 취할 수 있는 구제수단을 말하라. 단, 손해배상청구의 문제는 논외로 한다.

◇ 참고조문 ◇

민원 처리에 관한 법률

제9조(민원의 접수) ① 행정기관의 장은 민원의 신청을 받았을 때에는 다른 법령에 특별한 규정이 있는 경우를 제외하고는 그 접수를 보류하거나 거부할 수 없으며, 접수된 민원문서를 부당하게 되돌려 보내서는 아니 된다.

행정절차법

제17조(처분의 신청) ④ 행정청은 신청을 받았을 때에는 다른 법령등에 특별한 규정이 있는 경우를 제외하고는 그 접수를 보류 또는 거부하거나 부당하게 되돌려 보내서는 아니 되며, 신청을 접수한 경우에는 신청인에게 접수증을 주어야 한다. 다만, 대통령령으로 정하는 경우에는 접수증을 주지 아니할 수 있다.

행정심판법

제5조(행정심판의 종류) 행정심판의 종류는 다음 각 호와 같다.

3. 의무이행심판: 당사자의 신청에 대한 행정청의 위법 또는 부당한 거부처분이나 부작위에 대하여 일정한 처분을 하도록 하는 행정심판

행정소송법

제4조(항고소송) 항고소송은 다음과 같이 구분한다.

1. 취소소송: 행정청의 위법한 처분등을 취소 또는 변경하는 소송

2. 무효등 확인소송: 행정청의 처분등의 효력 유무 또는 존재여부를 확인하는 소송

3. 부작위위법확인소송: 행정청의 부작위가 위법하다는 것을 확인하는 소송

**[해설]**

# Ⅰ. 논점의 정리

(1) 설문은 행정청이 민원신청에 대한 접수를 거부하는 경우, 사인의 취할 수 있는 권리구제절차를 묻고 있다. 설문은 민원신청에 대하여 행정청이 반드시 접수하여야 하는가의 여부를 전제로 하는 물음이다.

(2) 설문과 관련있는 법률로 민원 처리에 관한 법률과 행정절차법이 있다. 민원 처리에 관한 법률 제9조 제1항은 "행정기관의 장은 민원의 신청을 받았을 때에는 다른 법령에 특별한 규정이 있는 경우를 제외하고는 그 접수를 보류하거나 거부할 수 없으며, 접수된 민원문서를 부당하게 되돌려 보내서는 아니된다"고 규정하고 있고, 행정절차법 제17조 제4항도 "행정청은 신청이 있는 때에는 다른 법령 등에 특별한 규정이 있는 경우를 제외하고는 그 접수를 보류 또는 거부하거나 부당하게 되돌려 보내서는 아니 … 된다"고 규정하고 있다.

# Ⅱ. 민원신청권

## 1. 행정기관의 접수의 의무성

민원 처리에 관한 법률 제9조 제1항에서 " … 접수를 보류하거나 거부할 수 없으며, 접수된 민원문서를 부당하게 되돌려 보내서는 아니 된다"고 규정하고 있고, 행정절차법 제17조 제4항도 " … 접수를 보류 또는 거부하거나 부당하게 되돌려 보내서는 아니 … 된다"고 규정하고 있음을 볼 때, 행정기관의 민원접수는 의무적이다.

## 2. 민원신청의 사익보호성

민원 처리에 관한 기본적인 사항을 규정하여 민원의 공정한 처리와 민원 행정제도의 합리적 개선을 도모함으로써 국민의 권익을 보호함을 목적으로 한다는 민원 처리에 관한 법률의 목적에 비추어 민원의 신청행위는 민원인의 사익보호를 위한 것이다. 물론 개인이 행정기관에 민원을 신청할 수 있다는 것이 행정기관이 민원사항을 반드시 수용하여야 한다는 것을 뜻하는 것은 아니다.

## 3. 개인적 공권으로서 민원신청권

개인적 공권의 첫 번째 성립요건인 행정청의 행위의무가 존재하고(민원접수의 의무성), 두 번째 성립요건인 사익보호성(민원신청의 사익보호성)이 존재하므로 사인은 개인적 공권(법률상 이익)으로서 행정기관에 대하여 민원을 신청하고 접수시킬 수 있는 권리인 민원신청권을 갖는다.

# Ⅲ. 구제절차

## 1. 민원신청접수를 구하는 의무이행심판

**(1) 본안판단의 전제요건과 본안요건**    행정심판법은 "행정청의 위법 또는 부당한 거부처분이나 부작위에 대하여 일정한 처분을 하도록 하는 심판"인 의무이행심판제도를 두고 있다. 의무이행심판을 신청하여 인용되기 위해서는 본안판단의 전제요건(청구인적격·처분성 등)과 본안요건(위법성)을 구비하여야 한다.

**(2) 청구인적격**    민원신청권은 개인적 공권이기 때문에 민원신청에 대한 접수거부는 민원신청권의 침해를 뜻하게 되므로 민원신청접수를 거부할 때에 처분을 구할 수 있는 법률상 이익이 발생한다. 따라서 민원신청인은 청구인적격을 갖는다.

**(3) 처분성**(대상적격)    ⓐ 민원신청의 접수거부는 "행정청이 행하는 구체적 사실에 관한 법집행으로서의 공권력의 행사 또는 그 거부, 그 밖에 이에 준하는 행정작용을 말한다"는 행정심판법 제2조 제1호의 처분개념에 해당한다. 또한 ⓑ 거부처분으로 인해 민원인의 권리행사가 제한을 받게 되는바, 거부처

분은 국민의 구체적인 권리·의무에 직접적인 영향을 미치는 행위라는 점에서 처분을 법적 행위로 한정하는 판례의 처분개념에도 해당한다. 따라서 민원신청의 접수거부는 항고소송의 대상이 되는 처분에 해당한다.

　(4) **위 법 성**　　다른 법령에 특별한 규정이 없음에도 불구하고 신청을 받아주지 아니하였다면, 그것은 민원 처리에 관한 법률 제9조 제1항 및 행정절차법 제17조 제4항을 위반한 것이어서 위법하다.

　(4) **소　　결**　　A는 B시장을 상대로 의무이행심판의 제기를 통해 다툴 수 있다. 처분의 이행을 명하는 인용재결이 있게 되면, B시장은 지체 없이 그 재결의 취지에 따라 다시 이전의 신청에 대한 처분을 하여야 한다.

## 2. 민원신청접수거부의 취소를 구하는 소송

　논리는 민원신청접수를 구하는 의무이행심판의 경우와 유사하다. B시장이 민원신청을 접수해주지 아니하면, A는 취소소송의 제기를 통해 다툴 수 있다. 승소판결(거부처분을 취소하는 확정판결)은 그 사건에 관하여 당사자인 행정청과 그 밖의 관계행정청을 기속한다(행정소송법 제30조 제1항). 따라서 승소판결이 있게 되면, B시장은 판결의 취지에 따라 다시 이전의 신청에 대한 처분을 하여야 한다(행정소송법 제30조 제2항).

## 3. 청원·진정 등

　민원인은 청원법이 정하는 바에 따라 청원을 할 수도 있고, 진정을 할 수도 있다.

# Ⅳ. 결　　론

　A는　① 「B시장이 신청을 받아주지 아니한 것」을 의무이행심판의 제기를 통해 다툴 수도 있고, ② 취소소송의 제기를 통해 다툴 수도 있다. 그리고, ③ 민원인은 청원을 할 수도 있고, 진정을 할 수도 있다.

# 16 법규명령

[특정불공정거래행위의 유형 및 기준 지정고시의 성격]

## [설문]

대규모소매업자인 A는 납품업자인 B에게 A소속 직원들의 회식비용 100만 원을 부담토록 하였다. 이에 공정거래위원회는 독점규제 및 공정거래에 관한 법률 제23조 제1항 및 제3항, 동법시행령 제36조 제1항 및 제2항, 공정거래위원회 고시인 대규모소매점업에 있어서의 특정불공정거래행위의 유형 및 기준 지정고시(이하 '기준고시'로 부른다) 제9조 제1항에 근거하여 A에게 100만원의 반환을 명하였다. 공정거래위원회가 '기준고시' 제9조 제1항을 처분의 근거로 한 것은 적법한가?

◇ 참고조문 ◇

독점규제 및 공정거래에 관한 법률

제23조(불공정거래행위의 금지) ① 사업자는 다음 각 호의 어느 하나에 해당하는 행위로서 공정한 거래를 저해할 우려가 있는 행위(이하 "불공정거래행위"라 한다)를 하거나, 계열회사 또는 다른 사업자로 하여금 이를 행하도록 하여서는 아니된다.

4. 자기의 거래상의 지위를 부당하게 이용하여 상대방과 거래하는 행위

③ 불공정거래행위의 유형 또는 기준은 대통령령으로 정한다.

제24조(시정조치) 공정거래위원회는 제23조(불공정거래행위의 금지)제1항 또는 제2항, 제23조의2(특수관계인에 대한 부당한 이익제공 등 금지) 또는 제23조의3(보복조치의 금지)을 위반하는 행위가 있을 때에는 해당 사업자[제23조(불공정거래행위의 금지) 제2항 및 제23조의2(특수관계인에 대한 부당한 이익제공 등 금지)의 경우 해당 특수관계인 또는 회사를 의미한다]에 대하여 해당 불공정거래행위 또는 특수관계인에 대한 부당한 이익제공행위의 중지 및 재발방지를 위한 조치, 해당 보복조치의 중지, 계약조항의 삭제, 시정명령을 받은 사실의 공표 기타 시정을 위한 필요한 조치를 명할 수 있다.

독점규제 및 공정거래에 관한 법률 시행령

제36조(불공정거래행위의 지정) ① 법 제23조(불공정거래행위의 금지) 제3항에 따른 불공정거래행위의 유형 또는 기준은 별표 1의2와 같다.

② 공정거래위원회는 필요하다고 인정하는 경우에는 제1항의 규정에 의한 불공정거래행위의 유형 또는 기준을 특정분야 또는 특정행위에 적용하기 위하여 세부기준을 정하

여 고시할 수 있다. 이 경우 공정거래위원회는 미리 관계행정기관의 장의 의견을 들어야 한다.

[별표 1의2] 불공정거래행위의 유형 및 기준(제36조 제1항 관련)

6. 거래상 지위의 남용

법 제23조(불공정거래행위의 금지) 제1항제4호에서 "자기의 거래상의 지위를 부당하게 이용하여 상대방과 거래하는 행위"라 함은 다음 각목의 1에 해당하는 행위를 말한다.

　　가. 구입강제
　　　　거래상대방이 구입할 의사가 없는 상품 또는 용역을 구입하도록 강제하는 행위
　　나. 이익제공강요
　　　　거래상대방에게 자기를 위하여 금전·물품·용역 기타의 경제상이익을 제공하도록 강요하는 행위 (이하 생략)

대규모소매점업에 있어서의 특정불공정거래행위의 유형 및 기준 지정고시

(공정거래위원회 고시 제2012-29호)

제1조(목적) 이 고시는 독점규제 및 공정거래에 관한 법률 제23조(불공정거래행위의 금지) 제1항 제4호 및 같은법시행령 제36조(불공정거래행위의 지정) 제1항 관련 별표 1의2 불공정거래행위의 유형 및 기준 제6호의 규정에 의한 거래상지위의 남용행위에 해당되어 금지되는 불공정거래행위의 유형 및 기준을 정함을 목적으로 한다.

제9조(부당한 경제상이익 수령의 금지) ① 대규모소매업자는 납품업자 등이 제공할 필요가 없거나, 납품업자 등의 이익에 기여하지 않는 금전, 역무 기타 경제상이익을 납품업자 등으로부터 수령하는 행위를 하여서는 아니된다.

행정규제기본법

제4조(규제 법정주의) ② 규제는 법률에 직접 규정하되, 규제의 세부적인 내용은 법률 또는 상위법령(上位法令)에서 구체적으로 범위를 정하여 위임한 바에 따라 대통령령·총리령·부령 또는 조례·규칙으로 정할 수 있다. 다만, 법령에서 전문적·기술적 사항이나 경미한 사항으로서 업무의 성질상 위임이 불가피한 사항에 관하여 구체적으로 범위를 정하여 위임한 경우에는 고시 등으로 정할 수 있다.

[해설]

Ⅰ. 논점의 정리
Ⅱ. '기준고시'의 법적 성질
　1. 법규명령과 행정규칙
　2. 고시·훈령 형식의 법규명령(법률보충규칙)
3. '기준고시'의 법규성
Ⅲ. '기준고시'의 위임입법의 한계준수 여부
　1. 위임의 법적 근거
　2. '기준고시'의 경우
Ⅳ. 결론

## Ⅰ. 논점의 정리

공정거래위원회가 A에게 침익적인 처분인 100만원의 반환명령을 하면서 그 법적 근거로 '기준고시' 제9조 제1항을 제시하려면, '기준고시'가 법규성을 가져야 한다. 뿐만 아니라 '기준고시'는 법규명령의 일반원리에 부합하여야 한다. 따라서 설문의 해결을 위해서는 '기준고시'가 법규성을 갖는가의 여부와 '기준고시'가 위임입법의 원리에 부합하는가의 여부에 대한 검토가 필요하다.

## Ⅱ. '기준고시'의 법적 성질

### 1. 법규명령과 행정규칙

(1) **전통적 견해**    전통적으로 법규명령은 법령상의 수권에 근거하여 행정권이 정립하는 규범으로서 국민과의 관계에서 일반구속적인 규범으로 이해되고 있고, 행정규칙은 행정조직 내부 또는 특별행정법관계 내부에서 그 조직이나 활동을 규율하기 위해 발해지는 일반추상적인 명령으로서 법규적 성질을 갖지 않는 것으로 이해되고 있다.

(2) **새로운 견해**    일설은 법규명령을 '법령상의 수권에 근거하여 행정권이 정립하는 규범으로서 국민과의 관계에서 원칙적으로 일반구속적인 규범'으로 정의한다. 법규명령의 개념요소 중 '법령(수권)의 근거'는 필수요소이고, '법규성'은 통상적으로 요구되는 요소로 본다. 행정규칙은 '행정조직 내부에서 상급행정청·상급행정기관이 행정권에 내재하는 고유한 권능에 근거하여 하급행정청·하급행정기관에 대하여 행정의 조직이나 활동을 보다 자세히 규율하기 위하여 발하는 일반추상적인 명령으로서 원칙적으로 외부적 구속효를 갖지 아니한 규범'으로 정의한다. 행정규칙의 개념요소 중에서 필수적인 것은 행정규칙의 제정권능으로서 '행정권에 내재하는 고유한 권능'이라고 본다.

(3) **사    견**    헌법상 입법권과 행정권의 구분 및 법률유보의 원칙 등에 비추어 법규명령과 행정규칙의 구분을 행정입법의 제정권능의 성질에 두는 것이 정당하다. 즉, 국회의 입법권능을 정부에 위탁한 경우의 행정입법이 법규명령이고, 행정권의 고유한 권능에 근거하는 행정입법을 행정규칙으로 보는 새로

운 견해가 타당하다. 이러한 입장에서 보면, ① 법규명령은 그 형식과 관련하여 '대통령령·총리령·부령 형식의 법규명령'과 '훈령·고시 형식의 법규명령'으로 구분되고, ② 행정규칙은 그 형식과 관련하여 '대통령령·총리령·부령 형식의 행정규칙'과 '훈령·고시 형식의 행정규칙'으로 구분된다. 그러나 헌법 제37조 제2항, 제75조, 제95조에 비추어 법규명령은 대통령령·총리령·부령 형식의 법규명령이 원칙적인 것이고, 행정규칙은 훈령·고시 형식의 행정규칙이 원칙적인 것이다.

### 2. 고시·훈령 형식의 법규명령(법률보충규칙)

**(1) 의　　의**　　법률보충규칙이란 법률의 내용이 일반적이어서 보충 내지 구체화가 필요한 경우에 이를 보충하거나 구체화하는 고시·훈령, 또는 법률로써 구체적인 내용을 규정하기가 곤란하기 때문에 법률의 위임을 받아 그 구체적인 내용을 정하는 고시·훈령 등으로서 법규성을 갖는 것을 말한다.

**(2) 인정 여부**(법적 성격)

**(가) 학　　설**　　① 위임의 근거규정과 결합하여 전체로서 외부적 효과를 발생하는 것이므로 법규명령이라는 설, ② 헌법이 법규명령의 형식을 대통령령·총리령·부령 등으로 한정하는 이상 고시·훈령은 행정규칙일 뿐이라는 행정규칙설, ③ 대외적인 법적 구속력은 인정되지만 행정규칙의 형식을 취하고 있으므로 상위규범을 구체화하는 규범구체화행정규칙으로 보자는 설, ④ 헌법상 법규명령은 한정적이므로 행정규칙형식의 법규명령은 위헌·무효라는 설이 대립된다.

**(나) 판　　례**　　① 대법원은 국세청훈령인 재산제세사무처리규정이 소득세법시행령과 결합하여 대외적 효력을 발생한다고 하여 법규성을 인정한 이래 이러한 고시·훈령을 법규명령으로 본다(대판 1998. 6. 9, 97누19915). 단, 상위법령을 보충·구체화하는 기능을 가지면서 상위법령의 위임이 필요하다고 한다. ② 헌법재판소도 대법원과 동일한 입장이다(헌재 2015. 3. 26, 2014헌마372).

**(다) 실정법**(행정규제기본법 제4조 제2항 단서)　　1998년부터 발효된 행정규제기본법 제4조 제2항은 '규제는 법률에 직접 규정하되, 규제의 세부적인 내용은 법률 또는 상위법령이 구체적으로 범위를 정하여 위임한 바에 따라 대통령령·

총리령·부령 또는 조례·규칙으로 정할 수 있다. 다만, 법령이 전문적·기술적 사항이나 경미한 사항으로서 업무의 성질상 위임이 불가피한 사항에 관하여 구체적으로 범위를 정하여 위임한 경우에는 고시 등으로 정할 수 있다'고 하고, 동조 제3항은 '행정기관은 법률에 근거하지 아니한 규제로 국민의 권리를 제한하거나 의무를 부과할 수 없다'고 하고 있는데, 여기서 행정규제기본법 제4조 제2항 단서는 법규명령으로서 법률보충규칙의 존재를 명문으로 인정한 것으로 이해된다.

(라) 사    견    고시·훈령 형식의 법규명령의 성질은 법령에 근거가 있는 경우와 없는 경우를 나누어 검토하여야 한다(수권여부기준설). ① 법령의 위임이 없는 고시·훈령은 행정규칙의 성질을 가지나, 상위법령의 위임이 있는 고시·훈령은 법규명령이 된다. ② 다만, 수익적 사항의 경우 법령의 근거가 없다고 하더라도 예외적으로 법규성을 가질 수 있다.

## 3. '기준고시'의 법규성

'기준고시'는 공정거래위원회의 부령이 아니라 고시형태의 행정입법이다. 그렇지만 '기준고시'는 독점규제 및 공정거래에 관한 법률 제23조(불공정거래행위의 금지) 제1항 제4호 및 동법시행령 제36조 제2항에 근거하여 공정거래위원회가 발한 것이므로, 일종의 법률보충규칙의 성질을 갖는다. 즉, '기준고시'는 행정규제기본법 제4조 제2항 단서에 비추어 법규명령으로서 법률보충규칙에 해당한다(대판 2000. 9. 29, 98두12772). 따라서 공정거래위원회가 '기준고시'를 처분의 근거로 한 것은 정당하다.

# Ⅲ. '기준고시'의 위임입법의 한계 준수 여부

## 1. 위임의 법적 근거

(1) 헌법 제75조는 대통령령에의 위임에 관해 구체적으로 범위를 정한 위임의 원칙 또는 포괄적 위임의 금지의 원칙을 규정하고 있다. 총리령과 부령에의 위임에 관한 규정인 헌법 제95조는 포괄적 위임의 금지에 관해 규정하는 바가 없으나, 해석상 역시 포괄적 위임의 금지가 적용된다고 본다. 판례의 입장도

같다(헌재 2004. 10. 28, 99헌바91). 고시에의 위임에 관해서는 헌법에 규정이 없지만, 행정규제기본법 제4조 제2항 단서에서 역시 포괄적 위임의 금지에 관해 규정하고 있다.

(2) 위임입법이 상위법에서 구체적으로 위임받은 범위를 벗어나게 되면, 그것은 헌법 제75조, 제95조 또는 행정규제기본법 제4조 제2항 단서의 위반이 되어 무효가 된다(대결 2006. 4. 28, 2003마715).

### 2. '기준고시'의 경우

(1) '기준고시'는 법률보충규칙으로서 법규명령(법규명령으로서 법률보충규칙)에 해당하므로, 구체적으로 범위를 정한 위임의 원칙 또는 포괄적 위임의 금지의 원칙에 따라야 한다. 독점규제 및 공정거래에 관한 법률 제23조 제1항 제4호가 불공정거래행위의 하나로 '자기의 거래상의 지위를 부당하게 이용하여 상대방과 거래하는 행위'를 규정하고 있고, 동법 시행령 제36조 제1항 [별표 1의 2] 6. 거래상 지위의 남용에서 '거래상대방에게 자기를 위하여 금전·물품·용역 기타의 경제상 이익을 제공하도록 강요하는 행위'를 이익제공강요로 규정하고 있으므로, "대규모소매업자는 납품업자 등이 제공할 필요가 없거나, 납품업자 등의 이익에 기여하지 않는 금전, 역무 기타 경제상 이익을 납품업자 등으로부터 수령하는 행위를 하여서는 아니된다"는 '기준고시' 제9조 제1항은 위임의 범위를 벗어난 것으로 보기 어렵다.

(2) '기준고시'는 위임의 범위를 벗어난 것이 아니므로, 공정거래위원회가 '기준고시' 제9조 제1항을 처분의 근거로 한 것은 적법하다.

## Ⅳ. 결 론

'기준고시'는 법형식상으로는 고시이지만 성질상으로는 법규성을 갖는 법률보충규칙이다. 또한 '기준고시'는 헌법 제95조, 제75조의 취지 및 행정규제기본법 제4조 제2항 단서의 구체적 위임의 법리에 위반되지 아니한다. 따라서 공정거래위원회가 '기준고시'를 A에 대한 처분의 근거로 한 것은 적법하다.

## 17 행정규칙
[청소년에 대한 주류판매와 영업허가의 취소]

[설문]

　단란주점영업자인 A는 2015년 3월 5일 상당수의 청소년(19세 미만의 자)에게 주류를 판매하다가 두 번째 적발되었다. 허가청은 2015년 3월 25일 A의 품성이 악질이라고 판단하고 허가취소처분을 하였다. 허가청의 처분은 내용상 적법한가?

◇ 참고조문 ◇

식품위생법

제44조 (영업자 등의 준수사항) ② 식품접객영업자는 「청소년 보호법」 제2조에 따른 청소년(이하 이 항에서 "청소년"이라 한다)에게 다음 각 호의 어느 하나에 해당하는 행위를 하여서는 아니된다.

4. 청소년에게 주류(酒類)를 제공하는 행위

제75조(허가취소 등) ① 식품의약품안전처장 또는 특별자치시장·특별자치도지사·시장·군수·구청장은 영업자가 다음 각 호의 어느 하나에 해당하는 경우에는 대통령령으로 정하는 바에 따라 영업허가 또는 등록을 취소하거나 6개월 이내의 기간을 정하여 그 영업의 전부 또는 일부를 정지하거나 영업소 폐쇄(제37조제4항에 따라 신고한 영업만 해당한다. 이하 이 조에서 같다)를 명할 수 있다.

13. 제44조제1항·제2항 및 제4항을 위반한 경우

⑤ 제1항 및 제2항에 따른 행정처분의 세부기준은 그 위반 행위의 유형과 위반 정도 등을 고려하여 총리령으로 정한다.

식품위생법 시행규칙

제89조(행정처분의 기준) 법 제71조, 법 제72조, 법 제74조부터 법 제76조까지 및 법 제80조에 따른 행정처분의 기준은 별표 23과 같다.

[별표 23] 행정처분 기준(제89조 관련)

Ⅱ. 개별기준

3. 식품접객업

| 위반사항 | 행정처분기준 | | |
|---|---|---|---|
| 11. 법 제44조 제2항을 위반한 경우<br>라. 청소년에게 주류를 제공하는 행위<br>(출입하여 주류를 제공한 경우 포함)<br>를 한 경우 | 1차 위반 | 2차 위반 | 3차 위반 |
| | 영업정지<br>2개월 | 영업정지<br>3개월 | 영업허가 취<br>소 또는 영<br>업소 폐쇄 |

청소년 보호법
제2조(정의) 이 법에서 사용하는 용어의 뜻은 다음과 같다.
1. "청소년"이란 19세 미만인 사람을 말한다. 다만, 만 19세가 되는 해의 1월 1일을 맞
이한 사람은 제외한다.


[해설]

| | |
|---|---|
| Ⅰ. 논점의 정리 | 2. 행정처분기준의 법적 성질 |
| Ⅱ. 영업허가취소사유의 존부 | 3. 설문에 적용 |
| Ⅲ. 영업허가취소처분의 적법 여부 | Ⅳ. 결론 |
| 　　1. 관련규정 | |


# Ⅰ. 논점의 정리

설문의 취소처분의 적법 여부를 판단하기 위해서는 ① 19세 미만의 청소년에 대한 주류판매행위가 영업허가취소의 사유인지의 여부와 ② 만약 그 사유가 된다면 영업허가의 취소는 영업정지 3개월을 규정하고 있는 식품위생법시행규칙 제89조 위반이 아닌가의 여부에 대한 검토가 필요하다. 특히 ②에서는 식품위생법 시행규칙 제89조에 따른 제재적 행정처분기준의 법적 성질에 대한 검토가 필요하다.


# Ⅱ. 영업허가취소사유의 존부(요건부분에 대한 검토)

식품위생법 제44조 제2항 제4호는 청소년 보호법 제2조의 규정에 의한 청소년에 대하여 주류를 제공하는 것을 금지하고 있고, 식품위생법 제75조 제1항 제13호는 식품위생법 제44조 제2항 위반의 경우에 영업허가의 취소 또는 6개

월 이내의 기간을 정하여 영업을 정지할 수 있음을 규정하고 있다. 따라서 청소년에게 주류를 제공한 A의 행위는 식품위생법 제44조 제2항에 해당하므로, 식품위생법 제75조 제1항 제13호에 의하여 영업허가의 취소 또는 정지사유가 된다.

## Ⅲ. 영업허가취소처분의 적법 여부(효과부분에 대한 검토)

### 1. 관련규정

(1) 처분 당시의 식품위생법 제75조 제1항은 식품위생법을 위반한 자에 대한 제재로서 영업허가의 취소 또는 6월 이내의 영업정지를 규정하면서, 동조 제5항은 "제1항 … 에 따른 행정처분의 세부기준은 그 위반 행위의 유형과 위반 정도 등을 고려하여 총리령으로 정한다"고 규정하고 있고, 식품위생법 제75조 제5항에 근거한 식품위생법 시행규칙 제89조 [별표 23] 행정처분기준은 청소년에 대한 주류제공금지의무의 위반과 관련하여 행정처분의 기준으로 '1차 위반은 영업정지 2월, 2차 위반은 영업정지 3월, 3차 위반은 영업허가 취소 또는 영업소 폐쇄'를 규정하고 있다.

(2) 여기서 행정처분기준이 「법원이나 행정청 등을 구속하는 의미의 법규성」을 갖는 것인지(법규명령설로 부르기로 한다) 아니면 「법원이나 행정청 등을 구속하는 의미의 법규성을 갖지 않고 다만 처분의 기준 내지 가이드라인」에 불과한 것인지(행정규칙설로 부르기로 한다)에 대한 검토가 필요하다. 왜냐하면 ① 처분기준을 법규명령으로 보면 처분시에 처분기준을 규정하는 식품위생법 시행규칙은 처분의 근거로서 제시되어야 하고(이유제시), 행정규칙으로 보면 처분기준을 규정하는 식품위생법 시행규칙이 처분의 근거로서 제시될 필요가 없다. 뿐만 아니라 ② 법규명령으로 보는 경우에도 처분기준이 기속적인 것인지 아니면 재량적인 것인지의 여부에 따라 처분기준의 위반의 효과를 달리한다. 즉 기속적인 경우에는 처분기준 위반 그 자체로서 위법이 되나 재량적인 경우에는 재량하자의 유무에 따라 위법 여부가 정해진다. 그러나 행정규칙으로 보면, 처분기준 위반 그 자체로서 위법이 되는 것이 아니라 근거법률에 비추어 재량하자의 유무에 따라 위법 여부가 정해지기 때문이다(대판 2014. 11. 27, 2013두18964).

## 2. 행정처분기준의 법적 성질

(1) **법규명령설**　　　법규명령설은 식품위생법 시행규칙 제89조 [별표 23] 행정처분기준은 식품위생법 제75조 제5항의 위임에 의한 것이고, 이것은 총리령에 관해 규정하는 헌법 제95조에 따른 것이므로 식품위생법 시행규칙 제89조 [별표 23] 행정처분기준은 법규명령인 총리령으로 본다. 법의 규정형식은 중요하다는 점, 법적 안정성은 확보되어야 한다는 점 등을 논거로 한다. 이러한 법규명령설에 따르면 식품위생법 제75조 제1항에서 행정청에 주어진 재량은 식품위생법 제75조 제5항에 근거한 행정입법을 통해 구체화된다. 그리고 구체화된 재량(행정처분기준)은 그 자체가 기속적인 것이어서 행정처분시에 구속적인 기준으로 적용된다. 그러나 행정처분기준 자체가 사정에 따라 제재를 가중하거나 감경할 수 있다고 규정하면, 처분기준은 재량적일 수 있다.

(2) **행정규칙설**　　　행정규칙설은 법규명령으로 보면 재량통제의 범위가 축소되고 입법의 과잉현상이 나타난다는 점, 또한 법규명령으로 보면 행정의 실제상 구체적 타당성과 탄력성 확보가 어렵다는 점, 행정규칙의 실질을 갖는 사항을 대통령령·총리령·부령으로 정한다고 해도 그 성질은 변하지 않는다는 점을 논거로 식품위생법 시행규칙 제89조 [별표 23] 행정처분기준을 행정규칙이라 한다. 즉, 식품위생법 시행규칙 제89조 [별표 23] 행정처분기준은 대외적으로 국민이나 법원을 기속하는 힘을 갖는 것이 아니라고 한다. 따라서 식품위생법 제75조 제1항에 의한 처분의 적법 여부는 식품위생법 시행규칙 제89조 [별표 23] 행정처분기준에 적합한 것인가의 여부에 따라 판단하는 것이 아니고 식품위생법 제75조 제1항 및 그 취지에 적합한 것인지의 여부에 따라 판단되어야 한다.

(3) **판　　례**　　　판례는 식품위생법 시행규칙 제89조에서 [별표 23]으로 식품위생법 제75조에 따른 행정처분의 기준을 정하였다고 하더라도, 이는 형식이 부령으로 되어 있을 뿐, 그 성질은 행정기관 내부의 사무처리준칙을 정한 것으로서 행정규칙의 성질을 가지는 것으로 본다(대판 1995. 3. 28. 94누6925: 대판 2007. 9. 20. 2007두6946). 그러면서도 판례는 대통령령인 구 주택건설촉진법 시행령에서 규정된 제재적 처분기준은 법규명령으로 보았다(대판 1997. 12. 26. 97누15418).

(4) 사    견    ① 식품위생법 시행규칙 제89조 [별표 23] 행정처분기준은 총리령에 관해 규정하는 헌법 제95조가 정하는 바에 합치된다는 점, ② 동 행정처분기준은 단순한 사무처리기준은 아니고, 국민의 기본권인 영업의 자유의 제한과 직접 관련된다는 점, ③ 동 행정처분기준에는 개별처분기준 외에 사정에 따라 제재의 정도를 가감할 수 있는 일반적 처분기준도 있어서 제재적인 처분을 기계적으로만 처리하는 것이 아니라, 사정에 따라 탄력적으로 할 수 있다는 점, ④ 동 행정처분기준은 행정권이 만든 것이므로 당해 행정권이 그에 구속된다고 하여도 논리상 모순은 없다는 점에 비추어 동 처분기준은 법규명령으로 보는 것이 타당하다. 한편 ⑤ 판례가 대통령령으로 정해진 제재적 행정처분을 법규명령으로 보면서 총리령으로 정해진 제재적 행정처분기준을 행정규칙으로 보는 것은 이해하기 어렵다.

### 3. 설문에 적용

(1) **법규명령설의 입장**    법규명령설에 따르면, 그리고 식품위생법 시행규칙 제89조 [별표 23] 행정처분기준을 기속규정으로 보면, 허가청이 A에 대하여 영업허가취소의 처분을 한 것은 식품위생법 시행규칙 제89조 [별표 23] 행정처분기준을 위반한 것으로서 위법하다. 왜냐하면 식품위생법 시행규칙 제89조 [별표 23] 행정처분기준은 청소년에 대한 주류제공금지의무위반과 관련하여 2회 위반시 3개월의 영업정지를 규정하고 있기 때문이다. 그러나 행정처분기준을 재량규정으로 보게 되면, 재량하자의 유무에 따라 위법 여부가 정해진다. 재량하자의 논리는 후술하는 행정규칙설의 경우와 같다.

(2) **행정규칙설의 입장**(재량권의 남용 여부)    ① 행정규칙설에 따르면, 식품위생법 시행규칙 제89조 [별표 23] 행정처분기준은 제재적 행정처분을 위해 여러 행정기관에 주어지는 단순한 가이드라인에 불과하다. 따라서 허가청은 대외적인 국민과의 관계에서 식품위생법 시행규칙 제89조 [별표 23] 행정처분기준에 구속되지 아니하며, 허가청은 오로지 식품위생법 제75조 제1항에 반하지 아니하는 처분만 하면 된다. 그런데 식품위생법 제75조 제1항은 재량조항이므로, 허가청의 재량권의 행사에 일탈이나 남용은 없어야 한다.

② 식품위생법 제75조 제1항은 제재적 행정처분으로 영업허가의 정지 외

에 영업허가의 취소도 규정하고 있는바, 허가청의 A에 대한 영업허가의 취소가 재량권의 일탈에 해당하지 않음은 분명하다. 그리고 설문상 A는 한 명의 청소년이 아니라 상당수의 청소년에게, 그리고 그것도 처음이 아니라 두 번씩이나 주류를 제공한 점을 고려할 때, 영업허가의 취소 외에는 다른 적절한 제재수단이 없다고 판단되므로, 허가청의 취소처분은 비례원칙에 반하는 것이라 보기 어렵다. 따라서 재량권의 행사에 남용이 있었다고 보기 어렵다. 결국 행정규칙설에 따르면, 허가청이 A에 대하여 영업허가취소의 처분을 한 것은 내용상 적법하다.

## Ⅳ. 결   론

식품위생법 시행규칙 제89조 [별표 23] 행정처분기준을 법규명령으로서 기속규정으로 보면, 허가청의 A에 대한 영업허가취소처분은 위법하다. 그러나 행정처분기준을 재량규정으로 보게 되면, 재량하자의 유무에 따라 위법 여부가 정해진다. 재량하자의 논리는 후술하는 행정규칙설의 경우와 같다. 판례가 보는 바와 같이 식품위생법 시행규칙 제89조 [별표 23] 행정처분기준을 행정규칙으로 보면, 허가청의 A에 대한 영업허가취소처분은 식품위생법 제75조 제1항의 범위 내에 들어오며, 또한 재량권의 행사에 하자가 없는 것이어서 적법하다.

# 18 계획재량의 통제(형량명령)
[도시관리계획결정의 취소]

## [설문]

국토교통부장관은 A시 B동 및 C동 소재 임야지역을 국토의 계획 및 이용에 관한 법률 제38조 제1항에 의거하여 개발제한구역으로 지정하는 도시·군관리계획결정을 하였다. 그런데 그 지역의 토지소유자들이 제기한 취소소송에서 법원은 B동 임야지역에 대해서는 도시의 개발을 제한할 필요성이 없다는 이유로, C동 임야지역에 대해서는 도시개발 제한의 필요성은 인정되지만 원고들의 소유토지까지 포함시킨 것은 과도한 조치라는 이유로 위 도시·군관리계획결정을 취소하는 판결을 선고하였다. 이 판결의 의미를 검토하라.

◇ 참고조문 ◇
국토의 계획 및 이용에 관한 법률
제38조(개발제한구역의 지정) ① 국토교통부장관은 도시의 무질서한 확산을 방지하고 도시주변의 자연환경을 보전하여 도시민의 건전한 생활환경을 확보하기 위하여 도시의 개발을 제한할 필요가 … 있다고 인정되면 개발제한구역의 지정 또는 변경을 도시·군관리계획으로 결정할 수 있다.

## [해설]

## Ⅰ. 논점의 정리

설문의 도시·군관리계획결정은 국토의 계획 및 이용에 관한 법률 제38조 제1항을 근거로 한다. 따라서 도시·군관리계획결정의 적법 여부는 도시·군관리계획결정이 국토의 계획 및 이용에 관한 법률 제38조 제1항에 적합한가의 여부에 달린 문제이다. 그런데 국토의 계획 및 이용에 관한 법률은 계획법률로서 통상의 법률과 구조를 달리한다. 이와 관련하여 판례의 검토가 필요하다.

## Ⅱ. 계획법률과 계획재량

### 1. 계획법률

계획법률은 「○○○을 하기 위하여(목적), ○○○을 한다(수단)」는 목적-수단형식에 기한 목적프로그램이다. 계획법률은 변화를 목표로 하여 여러 이익, 여러 필요성, 그리고 장래의 전개와 예측을 기준으로 하여 자기창조적·형성적 이니셔티브를 관심의 대상으로 한다. 계획법률이 갖는 이러한 구조상의 특성은 계획재량이라는 문제를 가져온다.

### 2. 계획재량

(1) 의    의    계획법률은 통상 추상적인 목표를 제시하나, 그 구체적인 계획의 내용에 관해서는 자세히 언급하지 않음이 일반적이다. 이 때문에 행정주체는 계획법률에 근거한 구체적인 계획을 책정하는 과정에서 광범위한 형성의 자유를 갖게 된다(대판 2015. 12. 10, 2011두32515). 이러한 형성의 자유를 계획재량이라 부른다.

(2) 한    계    계획재량에서 형성의 자유는 ① 계획상의 목표는 법질서에 부합하여야 하고, ② 수단은 목표실현에 적합하고, 필요하고 또한 비례적이어야 하고, ③ 법에서 절차를 정한 것이 있다면 그 절차를 준수하여야 하고, ④ 형량명령의 준수, 즉 전체로서 계획관련자 모두의 이익을 정당히 고려하여야 한다는 전제 하에서 인정된다. 만약 이에 반하게 되면, 위법을 가져오게 된다.

(3) **형량명령**    형량명령의 위배, 즉 형량하자의 경우로는 ① 형량이 전혀 없던 경우, ② 형량에서 반드시 고려되어야 할 특정이익이 고려되지 않은 경우, ③ 특정의 의미가 부인된 경우, ④ 공익과 사익 사이의 조정이 객관적으로 보아 특정이익만을 위한 것으로, 즉 비례원칙이 깨뜨려진 것으로 판단되는 경우가 있다.

## Ⅲ. 국토의 계획 및 이용에 관한 법률 제38조 제1항과 판결

### 1. 규정의 성질

이 규정은 「도시의 무질서한 확산을 방지하고 도시주변의 자연환경을 보전하여 도시민의 건전한 생활환경을 확보하기 위하여 도시의 개발을 제한할 필요가 있다고 인정되는 경우에는」라는 목적부분과, 「개발제한구역의 지정 또는 변경을 도시·군관리계획으로 결정할 수 있다」는 수단부분으로 구성되고 있다. 이러한 구성은 국토의 계획 및 이용에 관한 법률이 계획법률이고, 국토교통부장관은 도시·군관리계획결정에 형성의 자유를 갖는다는 것을 의미한다.

### 2. 계획재량의 관점에서 판결의 검토

(1) 목적의 적법성, 수단의 비례성　　설문에서 법원은 ① B동 임야지역에 대해서는 도시의 개발을 제한할 필요성이 없다는 것을, ② C동 임야지역에 대해서는 도시개발 제한의 필요성은 인정되지만 원고들의 소유토지까지 포함시킨 것은 과도한 조치라는 것을 취소판결의 이유로 하였다. ①에서 「도시·군관리계획결정 자체가 불필요하다」는 것은 목적이 법질서에 부합하지 않는다는 것을 뜻하고, ②에서 「도시개발 제한의 필요성은 인정되지만 원고들의 소유토지까지 포함시킨 것은 과도한 조치」라는 것은 도시·군관리계획결정의 목적은 법질서에 부합하지만, 목적달성을 위한 수단으로 원고들의 소유토지까지 포함시킬 필요가 없다는 것을 뜻한다. ②는 도시·군관리계획결정에 있어서 국토교통부장관이 「계획상의 수단은 목표실현에 적합하고, 필요하고 또한 비례적이어야 하고 한다」는 계획수단의 비례성의 원칙을 위반하였다는 것을 법원이 판시한 것으로 해석된다.

(2) 재량하자에 대한 통제

설문의 판결이유에서 법원이 「B동 임야지역에 대해서는 도시의 개발을 제한할 필요성이 없다는 이유로, C동 임야지역에 대해서는 도시개발 제한의 필요성은 인정되지만 원고들의 소유토지까지 포함시킨 것은 과도한 조치」라고 한 것은 국토교통부장관이 계획재량을 행사함에 있어서 목적의 적법성의 원칙, 수단의 비례성의 원칙을 위반하여 위법을 범하였다는 것을 지적한 것이다.

[참고] 법원이 먼저 계획재량을 행사하여 도시·군관리계획결정을 하고, 이어서 국토교통부장관의 도시·군관리계획결정이 법원이 정한 도시·군관리계획결정에 반하기 때문에 위법하다고 판단한 것은 아니다. 요컨대 법원이 독자적·적극적으로 도시·군관리계획결정의 적법·타당 여부를 판단하는 것이 아니고, 이익형량 등을 통해 사후적으로 국토교통부장관의 결정의 타당성 여부를 판단하였다는 점을 유의할 필요가 있다.

## Ⅳ. 결 론

### 1. 국토의 계획 및 이용에 관한 법률 제38조 제1항의 성질

국토의 계획 및 이용에 관한 법률 제38조 제1항은 계획법률이고, 국토교통부장관은 동 법률상 도시·군관리계획결정에 계획재량(형성의 자유)를 갖는다.

### 2. B동 임야지역 부분

법원이 「도시의 개발을 제한할 필요성이 없다」고 한 것은 도시·군관리계획결정의 목적이 법질서에 부합하지 않는다는 것을 뜻하는바, 법원이 도시·군관리계획결정의 목적에 대한 통제를 가한 것이 된다.

### 3. C동 임야지역 부분

법원이 「도시개발 제한의 필요성은 인정되지만 원고들의 소유토지까지 포함시킨 것은 과도한 조치」라고 한 것은 「계획상의 수단은 목표실현에 적합하고, 필요하고 또한 비례적이어야 한다」는 계획수단의 비례성의 원칙을 위반한 것을 뜻하는바, 법원이 도시·군관리계획결정의 수단에 대한 통제를 가한 것이 된다.

# 19 계획보장청구권
[사인의 도시관리계획청구권]

[설문]

　　A광역시는 아직까지 도시관리계획을 갖고 있지 않다. A광역시에 거주하는 B는 보다 나은 도시의 발전을 위해 A광역시에 도시관리계획의 입안을 수립하고 결정할 것을 청구하려고 한다. 과연 B는 도시관리계획청구권을 갖는가?

◇ 참고조문 ◇

국토의 계획 및 이용에 관한 법률

제24조(도시·군관리계획의 입안권자) ① 특별시장·광역시장·특별자치시장·특별자치도지사·시장 또는 군수는 관할 구역에 대하여 도시·군관리계획을 입안하여야 한다.

제26조(도시·군관리계획 입안의 제안) ① 주민(이해관계자를 포함한다. 이하 같다)은 다음 각 호의 사항에 대하여 제24조에 따라 도시·군관리계획을 입안할 수 있는 자에게 도시·군관리계획의 입안을 제안할 수 있다. 이 경우 제안서에는 도시·군관리계획도서와 계획설명서를 첨부하여야 한다.

1. 기반시설의 설치·정비 또는 개량에 관한 사항(이하 생략)

② 제1항에 따라 도시·군관리계획의 입안을 제안받은 자는 그 처리 결과를 제안자에게 알려야 한다.

제28조(주민과 지방의회의 의견 청취) ① 국토교통부장관(제40조에 따른 수산자원보호구역의 경우 해양수산부장관을 말한다. 이하 이 조에서 같다), 시·도지사, 시장 또는 군수는 제25조에 따라 도시·군관리계획을 입안할 때에는 주민의 의견을 들어야 하며, 그 의견이 타당하다고 인정되면 도시·군관리계획안에 반영하여야 한다. 다만, …

제29조(도시·군관리계획의 결정권자) ① 도시·군관리계획은 시·도지사가 직접 또는 시장·군수의 신청에 따라 결정한다. 다만, 「지방자치법」 제175조에 따른 서울특별시와 광역시 및 특별자치시를 제외한 인구 50만 이상의 대도시(이하 "대도시"라 한다)의 경우에는 해당 시장(이하 "대도시 시장"이라 한다)이 직접 결정하고, 시장 또는 군수가 입안한 지구단위계획구역의 지정·변경과 지구단위계획의 수립·변경에 관한 도시·군관리계획은 해당 시장 또는 군수가 직접 결정한다.

[해설]

# Ⅰ. 논점의 정리

B가 A광역시에 대하여 도시관리계획의 입안과 결정을 청구할 수 있는 권리를 갖는가의 문제는 국토의 계획 및 이용에 관한 법률상 사인이 개인적 공권으로서 계획청구권을 갖는가의 문제가 된다.

# Ⅱ. 개인적 공권의 성립요건

## 1. 2요소론

종래의 전통적인 행정법이론은 법률의 규정에 의해 개인적 공권이 인정되기 위해서는 ① 공법상 법규가 국가에 대하여 행위의무를 부과할 것(강제규범), ② 관련법규가 오로지 공익의 실현만을 목적으로 하는 것이 아니라 적어도 개인의 사익보호에 기여하도록 규정될 것(사익보호성), 그리고 ③ 사인이 법규상 보호되는 이익을 의무자에게 관철시킬 수 있는 법적인 힘이 개인에게 부여될 것(소구가능성)이 필요하다고 하였다(3요소론). 그러나 오늘날에는 헌법상 재판청구권을 기본권으로 보장하고 있기 때문에 ③의 요소는 불필요하다고 하는 견해가 증가하고 있다(2요소론). 2요소론이 타당하다.

## 2. 행정청의 의무의 존재(제1요소)

행정청에 대하여 사인의 권리가 존재하기 위해서는 먼저 행정청이 어떠한 작위·부작위·수인·급부의 의무를 부담하고 있어야 한다. 재량행위의 경우에도 재량행사 그 자체는 의무인 까닭에 재량행위에도 행정청의 의무는 존재한다.

### 3. 사익보호목적의 존재(제2요소)

(1) 사인에게 자신의 이익과 관계없이 국가에 대하여 어떠한 작위·부작위·수인·급부를 요구할 수 있는 권리가 있다고 한다면, 국가는 아무런 행위도 할 수 없다. 왜냐하면 모든 국민은 동등한 지위에 놓이기 때문에 그 어느 누구의 청구만을 들어줄 수는 없는 것이고, 또한 모든 관련 사인이 요구하는 바를 하나의 의견으로 모으는 것도 가능하지 않기 때문이다. 따라서 개인적 공권은 법이 특정한 자의 사익의 보호를 의도하고 있는 경우에만 인정될 수 있을 뿐이다 (대판 2003. 9. 23. 2001두10936).

(2) 공법인 행정법규는 기본적으로 공익을 위한 것이지 사익을 위한 것은 아니다. 따라서 행정법규상 사익보호의 규정은 원칙적인 것이 아니다. 행정법규에서 사익보호를 규정하는 방식으로는 공익보호와 아울러 사익보호를 규정하는 경우와 사익보호만을 규정하는 경우를 생각할 수 있다.

(3) 사익보호 여부가 법률상 불분명한 경우에는 당해 법률의 목적, 입법자의 의지 등 여러 요소를 고려하여 객관적으로 판단해야 한다.

(4) 법률이 보호하는 사익은 처분의 상대방을 위한 경우도 있지만, 처분의 상대방이 아닌 제3자를 위한 경우도 있다.

## Ⅲ. 도시관리계획청구권의 개인적 공권성 여부

### 1. 제1요소의 구비 여부

국토의 계획 및 이용에 관한 법률 제24조 및 제29조의 표현에 비추어 A광역시의 도시관리계획을 입안하고 결정하는 것은 A광역시장의 의무이다. 따라서 설문은 권리의 성립요소 중 제1의 요소인 '행정청의 의무의 존재'라는 요건을 구비하였다.

### 2. 제2요소의 구비 여부

(1) **법률규정의 해석**     도시관리계획의 입안과 결정에 관련된 국토의 계

획 및 이용에 관한 법률 제24조·제26조·제28조·제29조는 특정사인의 이익을 보호하는 규정이라고 보기 어렵다. 왜냐하면 동법 제26조에서 주민이 도시관리계획의 입안의 제안을 할 수 있다고 규정하지만, 그렇다고 계획행정청이 특정 주민의 도시관리계획입안의 제안에 구속된다고 볼 수는 없고, 또한 동법 제28조는 도시관리계획의 입안권자가 도시계획을 입안할 때에는 주민의 의견을 청취하라는 것이지, 도시계획의 입안 여부 그 자체를 주민의 의견청취에 따라야 한다는 취지의 규정은 아니기 때문이다. 따라서 도시관리계획의 입안과 결정에 관한 상기의 규정에서 특정한 사인의 이익을 위한 취지는 찾아보기 어렵다.

　(2) 행정계획의 성질에 따른 해석　　계획법은 그 자체가 추상적인 목표를 제시할 뿐, 구체적인 내용·기준을 제시하고 있지는 않다. 계획행정청은 계획의 목표를 구체화하고, 수단을 선택함에 있어서 자신의 고유한 판단에 따를 수밖에 없는바, 여기서 계획주체는 계획재량(형성의 자유)을 갖게 된다. 형성의 자유 없는 계획은 모순일 수밖에 없다. 행정계획의 이러한 성질에 비추어 보아도 국토의 계획 및 이용에 관한 법률상 도시관리계획과 관련하여 B의 사익보호성을 인정하기는 어렵다. 요컨대 도시관리계획은 기본적으로 공익을 위한 것이고, 동시에 도시관리계획의 주체는 광범위한 계획재량을 갖는다고 해석되는바, 이것은 B의 이익의 보호와는 거리가 멀다.

## Ⅳ. 결　론

　B는 법률에 의한 개인적 공권의 성립요소 중 제1요소인 '행정청의 의무의 존재'의 요건은 구비하지만, 제2요소인 '사익보호목적의 존재'의 요건은 구비하지 아니하였으므로, B는 도시관리계획청구권을 갖지 아니한다.

## 예비결정
20 [폐기물처리사업계획의 적정통보의 성질]

**[설문]**

갑은 폐기물처리업허가를 받고자 폐기물관리법 제25조 제1항 등이 정하는 바에 따라 관할관청에 사업계획서를 제출하였다. 관할관청으로부터 적정통보를 받은 갑이 허가신청을 하는 경우, 관할관청은 허가를 거부할 수 있는가?

◇ 참고조문 ◇

폐기물관리법

제25조(폐기물처리업) ① 폐기물의 수집·운반, 재활용 또는 처분을 업(이하 "폐기물처리업"이라 한다)으로 하려는 자(음식물류 폐기물을 제외한 생활폐기물을 재활용하려는 자와 폐기물처리 신고자는 제외한다)는 환경부령으로 정하는 바에 따라 지정폐기물을 대상으로 하는 경우에는 폐기물 처리 사업계획서를 환경부장관에게 제출하고, 그 밖의 폐기물을 대상으로 하는 경우에는 시·도지사에게 제출하여야 한다. 환경부령으로 정하는 중요 사항을 변경하려는 때에도 또한 같다.

② 환경부장관이나 시·도지사는 제1항에 따라 제출된 폐기물 처리사업계획서를 다음 각 호의 사항에 관하여 검토한 후 그 적합 여부를 폐기물처리사업계획서를 제출한 자에게 통보하여야 한다. (각호 생략)

③ 제2항에 따라 적합통보를 받은 자는 그 통보를 받은 날부터 2년(제5항제1호에 따른 폐기물 수집·운반업의 경우에는 6개월, 폐기물처리업 중 소각시설과 매립시설의 설치가 필요한 경우에는 3년) 이내에 환경부령으로 정하는 기준에 따른 시설·장비 및 기술능력을 갖추어 업종, 영업대상 폐기물 및 처리분야별로 지정폐기물을 대상으로 하는 경우에는 환경부장관의, 그 밖의 폐기물을 대상으로 하는 경우에는 시·도지사의 허가를 받아야 한다. 이 경우 환경부장관 또는 시·도지사는 제2항에 따라 적합통보를 받은 자가 그 적합통보를 받은 사업계획에 따라 시설·장비 및 기술인력 등의 요건을 갖추어 허가신청을 한 때에는 지체 없이 허가하여야 한다.

[해설]

## Ⅰ. 논점의 정리

설문상 관할관청이 갑의 허가신청에 대하여 거부할 수 있는가의 여부는 적정통보의 성질에 의존한다. 적정통보는 학문상 예비결정의 한 경우로 이해되고 있다. 아래에서 설문을 예비결정의 문제로서 검토한다.

## Ⅱ. 예비결정으로서 적정통보(부적정통보)

### 1. 의    의

(1) 종국적인 행정행위(예, 건축허가)를 하기에 앞서서 종국적인 행정행위에 요구되는 여러 요건 중에서 개별적인 몇몇 요건(예, 일정 건축물을 해당 대지에 건축하는 것이 가능한지의 여부)에 대한 결정을 예비결정 도는 사전결정이라 한다.

(2) 폐기물관리법상 폐기물처리허가는 다단계절차, 즉 사업계획의 적정 여부에 관한 결정절차와 허가절차로 구성되어 있다. 허가가 종국적인 행위이고, 적정 여부 결정은 종국적인 결정을 유보한 채 종국적인 행정행위에 요구되는 여러 요건 중에서 개별적인 몇몇 요건에 대한 결정이므로 예비결정에 해당한다.

### 2. 인정취지

(1) 예비결정제도는 본결정의 거부처분으로 인해 발생할 수 있는 피해를 방지하고자 하는데 의미가 있다.

(2) 폐기물관리법에서 폐기물처리업의 허가에 앞서 사업계획서에 대한 적정·부적정 통보제도를 두고 있는 것은 폐기물처리업을 하고자 하는 자가 스스

로 시설 등을 설치하여 허가신청을 하였다가 허가단계에서 그 사업계획이 부적정하다고 판명되어 불허가되면 허가신청인이 막대한 경제적·시간적 손실을 입게 되므로, 이를 방지하는 동시에 허가관청으로 하여금 미리 사업계획서를 심사하여 그 적정·부적정 통보처분을 하도록 하고, 나중에 허가단계에서는 나머지 허가요건만을 심사하여 신속하게 허가업무를 처리하는데 있다.

### 3. 법적 근거

(1) 예비결정은 법령에 규정이 있거나 신청인에게 행정행위의 한 부분이 독립적으로 다루어지는 것에 대한 정당한 이익이 있는 경우에 가능하다고 본다.

(2) 설문의 경우는 폐기물관리법 제25조 제1항이 근거가 된다.

### 4. 성질(행정행위)

(1) 예비결정은 그 결정에서 정해진 부분에만 제한적인 효력을 갖지만, 그 자체가 하나의 행정행위이다. 왜냐하면 예비결정 역시 행정행위의 개념(행정청이 법 아래서 구체적 사실에 대한 법집행으로서 행하는 권력적 단독행위로서 공법행위)에 해당하기 때문이다.

(2) ① 적정·부적정 통보는 관할관청에 의한 것이라는 점에서 행정청에 의한 것이고, ② 甲의 폐기물처리허가의 신청이 첫 번째 단계인 예비결정에 관련된 것이라는 점에서 구체적 사실에 관한 것이고, ③ 폐기물관리법 제25조 등의 집행이라는 점에서 법집행에 관한 것이고, ④ 행정청이 우월한 입장에서 일방적으로 행하는 의사결정이라는 공권력행사에 관한 것이라는 점에서 행정소송법상 처분개념에 해당한다. 또한 적정·부적정 통보는 허가신청 자체를 제한하여 국민의 구체적인 권리의무에 직접적 변동을 초래하는 행위라는 점에서 판례가 보는 행정처분의 개념에 해당한다. 따라서 적정·부적정 통보는 항고소송의 대상이 되는 행정처분에 해당한다. 판례도 부적정통보를 처분으로 보았다(대판 1998. 4. 28, 97누21086).

### 5. 효    과

(1) 예비결정은 사후의 종국적인 결정의 유보 하에 이루어지는 행위이다.

따라서 예비결정은 신청자인 사인에게 어떤 종국적인 행위를 허용하는 것은 아니다. 그렇지만 행정청은 본결정에서 예비결정과 상충되는 결정을 할 수 없다.

(2) 甲의 허가신청이 폐기물관리법 제25조 제3항에 따라 환경부령이 정하는 기준에 의한 시설·장비 및 기술능력을 갖추었음을 전제로 할 때, '적정통보 후에 허가를 거부하는 것'은 선행행위에 반하는 후행행위가 된다. 이것은 신뢰보호의 원칙 내지 확약의 법리의 적용 여부가 문제된다.

## Ⅲ. 거부처분의 적법 여부

### 1. 신뢰보호의 원칙과 설문

(1) 지배적인 견해에 의하면, 신뢰보호의 원칙이 적용되기 위해서는 ① 행정청의 선행조치, ② 보호가치 있는 사인의 신뢰, ③ 사인의 처리, ④ 사인의 신뢰와 처리 사이의 인과관계, ⑤ 선행조치에 반하는 행정청의 처분이 있을 것이 요구된다.

(2) 먼저, ① 관할관청의 사업계획서에 대한 적정통보는 '행정청의 선행조치'에 해당한다. ② 관할관청의 사업계획서 적정통보에 대한 신청인의 신뢰에는 신청인에게 탓할 수 있는 귀책사유가 없다고 보이므로 '보호가치 있는 사인의 신뢰'는 존재한다. ③ 사업계획서에 대한 적정통보를 신뢰하고 폐기물처리업의 허가를 받기 위한 제반의 조치가 이루어진다고 볼 때 '사인의 처리'가 있었다고 볼 것이고, ④ 앞의 ③과 ④의 사인에는 '인과관계'가 있다고 하겠다. ⑤ 그리고 허가거부처분은 적정통보에 상치되는 것이므로 '선행조치에 반하는 처분'이 된다. 요컨대 허가를 거부하게 되면, 신뢰보호의 원칙에 반하는 것이 된다.

### 2. 결    론

관할관청이 甲에게 적정통보를 한 후 甲에게 허가를 거부하는 것은 신뢰보호의 원칙에 반하는 것으로서 위법하다. 따라서 관할관청은 甲에게 허가를 거부할 수 없다.

# 21 재량통제의 방식
### [청소년 남녀 혼숙과 과징금부과처분]

[설문]

甲은 영리를 목적으로 2016. 5. 10. 22:00경 청소년인 남녀 2인을 혼숙하게 하였는데, 이에 대하여 관할 행정청은 청소년 보호법 위반을 이유로 500만원의 과징금부과처분을 하였다. 甲은 과징금부과처분취소소송을 제기하였다. 청소년 보호법 시행령 제44조 제2항 관련 [별표 11] 위반행위의 종별에 따른 과징금 부과기준 제9호는 '법 제30조제8호를 위반하여 청소년에 대하여 남녀 혼숙하게 하는 등 풍기를 문란하게 하는 영업행위를 하거나 이를 목적으로 장소를 제공하는 행위를 한 경우'에 대한 과징금액을 '위반 횟수마다 300만원'으로 규정하고 있다.

(1) 위 과징금부과처분은 위법한가?

(2) 위 사안에서 관할 법원은 과징금부과처분이 위법하다고 인정하는 경우 일부취소판결을 할 수 있는가?

◇ 참고조문 ◇

청소년 보호법

제30조(청소년유해행위의 금지) 누구든지 청소년에게 다음 각 호의 어느 하나에 해당하는 행위를 하여서는 아니된다.

8. 청소년을 남녀 혼숙하게 하는 등 풍기를 문란하게 하는 영업행위를 하거나 이를 목적으로 장소를 제공하는 행위

제54조(과징금) ② 시장·군수·구청장은 제58조 각 호의 어느 하나 또는 제59조 각 호의 어느 하나에 해당하는 행위로 인하여 이익을 취득한 자에게 대통령령으로 정하는 바에 따라 1천만원 이하의 과징금을 부과·징수할 수 있다. 다만, ….

제58조(벌칙) 다음 각 호의 어느 하나에 해당하는 자는 3년 이하의 징역 또는 2천만원 이하의 벌금에 처한다.

5. 제30조제7호부터 제9호까지의 위반행위를 한 자

청소년 보호법 시행령

제44조(과징금 부과기준) ② 법 제54조제2항에 따라 과징금을 부과하는 위반행위의

종류에 따른 과징금의 금액은 별표 11과 같다.

③ 여성가족부장관 또는 시장·군수·구청장은 위반행위의 내용·정도·기간, 위반행위로 인하여 얻은 이익 등을 고려하여 제1항 또는 제2항에 따른 과징금 금액의 2분의 1의 범위에서 이를 감경할 수 있다.

[별표 11] 위반행위의 종별에 따른 과징금부과기준(제44조 제2항 관련)

| 위반행위 | 과징금 금액 |
|---|---|
| 9. 법 제30조제8호를 위반하여 청소년에 대하여 남녀혼숙을 하게 하는 등 풍기를 문란하게 하는 영업 행위를 하거나 이를 목적으로 장소를 제공하는 행위를 한 경우 | 위반 횟수마다 300만원 |

## [해설]

| I. 과징금부과처분의 위법 여부 | II. 일부취소판결 가능 여부 |
|---|---|
| 1. 문제의 제기 | 1. 행정소송법 제4조 제1호의 '변경하는 소송'을 일부취소소송 |
| 2. 청소년 보호법 시행령 제44조 제2항 관련 [별표 11]에서 정한 제재적 행정처분기준의 법적 성질 | 2. 일부취소판결의 가능성(재량통제의 방식) |
| 3. 甲에 대한 과징금부과처분의 위법 여부 | 3. 사안의 해결 |

# I. 과징금부과처분의 위법 여부

## 1. 문제의 제기

행정청의 甲에 대한 500만원 과징금 부과처분의 위법 여부는 과징금부과의 근거가 된 청소년 보호법 시행령 제44조 제2항 관련 [별표 11]이 법원이나 행정청 등을 구속하는 의미의 법규인가, 아니면 처분의 기준인 행정규칙인가에 따라 달리한다.

## 2. 청소년 보호법 시행령 제44조 제2항 관련 [별표 11]에서 정한 제재적 행정처분기준의 법적 성질

**(1) 법규명령**   제재적 행정처분기준의 성질에 관한 학설 중 법규명령설과 수권여부기준설, 그리고 판례의 입장에서는 대통령령 형식인 청소년 보호법 시행령에서 정한 제재적 행정처분기준을 법규명령으로 본다. 물론 행정규칙설

은 청소년 보호법 시행령에서 정한 제재적 행정처분기준을 행정규칙으로 볼 것이다.

(2) **재량규정**  ① 판례는 청소년 보호법상 행정처분기준(부과기준)을 재량규정으로 보았다(대판 2001. 3. 9, 99두5207). ② 행정처분기준(과징금부과기준)을 재량규정으로 보는 경우에도  ⓐ 청소년 보호법 시행령과 같이 「위반 횟수마다 300만원」이라는 규정은 위반할 때마다 300만원을 기준으로 하여 가감할 수 있다는 기준액설과 ⓑ 「위반 횟수마다 300만원」이라는 규정은 300만원을 한도로 한다는 한도액설로 나뉜다. 판례도 한도액으로 본다(대판 2001. 3. 9, 99두5207).

### 3. 甲에 대한 과징금부과처분의 위법 여부

① 기준액설에 의할 때, 甲에게 「500만원의 과징금을 부과한 것」은 청소년 보호법 시행령 제44조 제2항 관련 [별표 11]에 적합하지는 아니하지만, 청소년 보호법 제54조 제2항에서 규정한 1천만원의 범위 내에 들어오는 것이므로, 500만원의 부과에 재량하자가 있는지의 여부에 따라 위법 여부가 정해진다. 그러나 ② 한도액설에 의할 때, 甲에게 「500만원의 과징금을 부과한 것」은 청소년 보호법 시행령 제44조 제2항 관련 [별표 11]을 위반한 것으로서 위법하다.

## Ⅱ. 일부취소판결 가능 여부

### 1. 행정소송법 제4조 제1호의 '변경하는 소송'을 일부취소소송

행정소송법은 일부취소판결에 대하여 규정하는 바가 없다. 그러나 학설은 취소소송을 "행정청의 위법한 처분등을 취소 또는 변경하는 소송"으로 규정하는 행정소송법 제4조 제1호의 해석상 '변경하는 소송'을 일부취소의 의미로 새긴다.

### 2. 일부취소판결의 가능성(재량통제의 방식)

(1) **재량행위와 일부취소판결**  재량행위의 경우에는 원칙적으로 일부취소판결은 인정될 수 없다. 왜냐하면 행정청의 재량행사에 대한 법원의 통제는 행정청의 재량행사가 정당한 방식으로 이루어졌는가의 여부를 대상으로 하는

것이지, 재량결정의 내용 그 자체가 정당한 것인가를 대상으로 하는 것은 아니기 때문이다. 만약 법원이 행정청이 행한 재량결정의 내용 그 자체가 정당한 것인가를 통제의 대상으로 한다면, 그것은 행정청이 갖는 1차적 처분권(판단권)을 침해하는 것이 된다. 권력분립의 원칙상 1차적 처분권(판단권) 그 자체는 행정권에 고유한 것으로 보아야 한다.

(2) 금전부과처분과 일부취소판결    ① 세법에서 엄격하게 규정된 내용을 세무행정청이 기계적으로 집행하는 세금의 부과처분과 같은 경우에는 법원이 일부취소판결을 한다고 하여도 행정권에 대한 침해가 아니다. ② 그러나 설문의 과징금부과처분과 같이 처분기준을 기계적으로 집행하는 것이 아닌 경우에 법원이 일부취소판결을 한다면, 그것은 행정권에 대한 침해가 된다. 판례도 같은 입장이다.

## 3. 사안의 해결

현행 행정소송법상 제4조 제1호의 해석상 일부취소판결이 가능하다고 하여도 행정처분기준을 기계적으로 집행하는 것이 아닌 과징금부과처분의 경우에는 법원이 일부취소판결을 할 수 없다. 만약 법원이 일부취소판결을 한다면, 그것은 재량통제에 하자가 있는 위법한 것이 된다.

| 22 | **허가와 특허**<br>[단란주점영업허가와 버스운송사업면허의 비교] |

## [설문]

식품위생법 제37조에 의하면, 단란주점영업을 위해서는 권한행정청으로부터 영업허가를 받아야 한다. 한편, 여객자동차 운수사업법 제4조에 의하면, 시내버스운송사업을 위해서는 국토교통부장관(여객자동차 운수사업법 제75조 제1항 및 여객자동차 운수사업법 시행령 제37조 제1항 제1호에 의해 시·도지사에 위임되고 있다)의 면허를 받아야 한다.

(1) 단란주점영업의 허가제와 시내버스운송사업의 면허제의 취지는?

(2) 단란주점영업허가와 시내버스운송사업면허의 성질(재량행위·기속행위)은?

◇ 참고조문 ◇

**식품위생법**

제37조(영업허가 등) ① 제36조제1항 각 호에 따른 영업(식품접객업 등) 중 대통령령으로 정하는 영업을 하려는 자는 대통령령으로 정하는 바에 따라 영업 종류별 또는 영업소별로 식품의약품안전처장 또는 특별자치시장·특별자치도지사·시장·군수·구청장의 허가를 받아야 한다. ….

**여객자동차 운수사업법**

제4조(면허 등) ① 여객자동차운송사업을 경영하려는 자는 사업계획을 작성하여 국토교통부령으로 정하는 바에 따라 국토교통부장관의 면허를 받아야 한다. 다만, 대통령령으로 정하는 여객자동차운송사업을 경영하려는 자는 사업계획을 작성하여 국토교통부령으로 정하는 바에 따라 특별시장·광역시장·특별자치시장·도지사·특별자치도지사(이하 "시·도지사"라 한다)의 면허를 받거나 시·도지사에게 등록하여야 한다.

## [해설]

| I. 단란주점영업의 허가제와 시내버스운송사<br>업의 면허제의 취지<br>　1. 기본권의 보장과 제한<br>　2. 단란주점영업 허가제의 취지<br>　3. 시내버스운송사업 면허제의 취지 | II. 단란주점영업허가와 시내버스운송사업면허<br>의 재량행위 여부<br>　1. 판단기준<br>　2. 단란주점영업허가와 기속행위<br>　3. 시내버스운송사업면허와 재량행위 |

# Ⅰ. 단란주점영업의 허가제와 시내버스운송사업의 면허제의 취지

## 1. 기본권의 보장과 제한

모든 국민은 직업선택의 자유를 가진다(헌법 제15조). 헌법 제15조가 정하는 직업을 망라적으로 열거할 수는 없다. 단란주점영업은 당연히 헌법 제15조가 보장하는 직업에 속한다. 그러나 직업선택의 자유도 국가안전보장·질서유지 또는 공공복리를 위하여 필요한 경우에 한하여 법률로써 제한할 수 있으며, 제한하는 경우에도 자유와 권리의 본질적인 내용을 침해할 수 없다(헌법 제37조 제2항).

## 2. 단란주점영업 허가제의 취지

단란주점영업의 자유도 질서유지와 공공복리를 위해 제한될 수 있다. 헌법 제37조 제2항에 의거하여 '식품으로 인한 위생상의 위해를 방지하고 식품영업의 질적 향상을 도모함으로써 국민보건의 증진에 이바지함'을 목적으로 식품위생법이 제정되었다. 식품위생법 제37조 제1항의 규정내용에 비추어 단란주점영업허가는 식품상 위험방지를 위해 개인의 자연적 자유를 법률로써 일단 제한하고 일정한 요건을 구비한 경우에 그 자유를 적법하게 행사할 수 있도록 회복하여 주는 제도이다. 그것은 예방적 금지에 따른 일반적 허가의 성질을 갖는다. 요컨대 단란주점영업의 허가제는 식품상 위험방지를 위해 개인의 자연적 자유를 법률로써 일단 제한하고 일정한 요건을 구비한 경우에 그 자유를 적법하게 행사할 수 있도록 회복하여 주는 제도이다.

## 3. 시내버스운송사업 면허제의 취지

헌법 제37조 제2항에 의거하여 '여객자동차운수사업에 관한 질서를 확립하고 여객의 원활한 운송과 여객자동차운수사업의 종합적인 발달을 도모함으로써 공공복리를 증진함'을 목적으로 여객자동차 운수사업법이 제정되었다. 여객자동차 운수사업법은 질서유지의 확보보다 공공복리의 실현을 목적으로 하는 점이 강하다. 여객자동차 운수사업법 제4조를 보면, 누구라도 시내버스운송사업을 영위하기 위해서는 국토교통부장관의 면허를 받아야 하는바, 시내버스

운송사업의 경우에도 일종의 금지와 해제의 원리가 적용된다. 그러나 시내버스
운송사업에 있어서 금지와 해제는 기본적으로 공공의 복지의 효율적인 실현을
목적으로 하는 것이고, 단란주점영업의 경우에 있어서 금지와 해제는 기본적으
로 질서의 유지를 목적으로 하는 점에서 양자간에 차이가 있다.

## II. 단란주점영업허가와 시내버스운송사업면허의 재량행위 여부

### 1. 판단기준

(1) **종 합 설**　　기속행위와 재량행위의 구별은 제1차적으로 법문의 표현
에서 찾아야 한다. 법문이 분명하지 아니한 경우는 해석문제가 된다. 법문의 표
현이 분명하지 아니한 경우에 있어서 구별기준과 관련하여 학설과 판례는 개별
법령의 취지와 목적 등을 종합적으로 고려하면서 기속행위와 재량행위를 구분
하여야 한다는 입장을 취하고 있다(종합설).

(2) **기본권기준설**　　종합설에 따른다고 하여도 양자의 구분이 용이하지
아니한 한계적인 경우에는 근본규범인 헌법 제10조를 정점으로 하는 기본권
조항과 공동체의 이익보호를 내실로 하는 헌법 제37조 제2항을 기준으로 하여,
개인의 기본권의 최대한의 보장이 요구되는 영역에서는 기본권의 최대한의 보
장의 관점에서, 공동체의 이익보호가 보다 중요한 영역에서는 공동체의 이익보
호의 관점에서 재량행위와 기속행위의 구별이 이루어져야 한다(기본권기준설).

### 2. 단란주점영업허가와 기속행위

식품위생법상 단란주점영업허가의 성질은 불분명하다. 식품위생법상 단란
주점영업허가의 재량성 여부는 해석문제이다. 식품위생법상 단란주점영업의
허가제는 공익의 적극적인 실현이 아니라 다만 질서유지(건강상 위험방지)를 위해
도입된 기본권제한의 제도이다. 따라서 단란주점영업의 허가 여부는 공공의 이
익의 관점이 아니라 사익(기본권의 최대한의 보장)의 관점에서 판단되어야 한다. 직
업의 자유를 포함하여 기본권은 최대한 보장되어야 하는 것이므로, 요건을 구
비한 단란주점영업허가는 반드시 이루어져야 한다는 점에서 단란주점영업허가
는 기속행위이다. 종래의 판례도 식품위생법상 음식점영업허가(현행법상은 신고제

이다)를 기속행위로 보았다(대판 2000. 3. 24, 97누12532).

## 3. 시내버스운송사업면허와 재량행위

여객자동차 운수사업법상 개인택시운송사업의 성질은 불분명하다. 여객자동차 운수사업법상 개인택시운송사업면허의 재량성 여부는 해석문제이다. 여객자동차 운수사업법상 개인택시운송사업면허는 소극적인 질서유지가 아니라 공공복지를 적극적으로 실현하기 위하여 도입된 제도이다. 따라서 개인택시운송사업면허는 사익(기본권의 최대한의 보장)의 관점이 아니라 공익실현의 관점에서 판단되어야 한다. 공익실현의 문제는 면허요건에도 반영되어야 하지만, 요건구비 후 면허 여부를 판단하는 단계에서도 고려되어야 한다. 공익실현의 관점에서의 판단이란 불가피하게 행정청에 폭넓은 판단의 자유가 인정되어야 함을 의미한다. 따라서 개인택시면허행위는 재량행위로 볼 것이다. 판례도 여객자동차 운수사업법에 의한 개인택시운송사업의 면허행위를 재량행위로 보고 있다(대판 2010. 1. 28, 2009두19137).

# 허가의 갱신
[건설업면허의 갱신]

23

[설문]

갑은 2000년 1월 1일에 A도의 도지사(장관으로부터 적법하게 위임됨)로부터 5년을 기간으로 하는 일반건설업면허(일반건설업면허기간은 5년)를 받아 영업을 해오고 있다. 참고조문에 제시된 구 건설산업기본법에 따라 다음의 물음에 답하시오.

(1) 갑은 2004년 12월 1일에 면허갱신(면허기간연장)허가신청을 하였고, 도지사는 2004년 12월 30일에 갱신처분을 하였다. 그 후 도지사는 갑이 2003년 2월부터 1년간 자기의 상호를 다른 사람에게 사용토록 하여 건설공사를 시공하게 한 적이 있음을 확인하고, 법정절차를 거친 후 2005년 5월 1일에 갱신면허를 취소하였다. 도지사의 갱신면허취소처분은 가능한가?

(2) 갑은 2004년 12월 1일에 면허갱신(면허기간연장)허가신청을 하였음에도 불구하고 A도 내부의 행정조직개편 때문에 처리가 늦춰져 2005년 3월 1일에 면허처분이 발령되었고, 그 후 2005년 7월 1일에 도지사는 2005년 3월 1일까지 2개월의 영업이 무면허 영업이라는 이유로 경찰에 고발하려 한다면 도지사의 판단은 정당한가?

(3) 갑은 2004년 12월 1일에 면허갱신(면허기간연장)허가신청을 하였고, 2005년 3월 1일에 면허갱신이 거부된 경우 면허의 효력은 언제 소멸하는가?

◇ 참고조문 ◇

구 건설산업기본법

제9조 (건설업의 면허) ①일반건설업 또는 전문건설업을 영위하고자 하는 자는 대통령령이 정하는 바에 의하여 업종별로 건설교통부장관의 면허를 받아야 한다.

④ 건설업의 면허는 5년마다 갱신하며, 갱신을 받지 아니한 때에는 면허는 그 효력을 잃는다.

제21조 (건설업면허등의 대여금지) 건설업자는 다른 사람에게 자기의 성명 또는 상호를 사용하여 건설공사를 수급 또는 시공하게 하거나 그 건설업면허증·건설업면허

수첩·건설업등록증 또는 건설업등록수첩을 대여하여서는 아니된다.

제83조 (건설업의 면허취소등) 건설교통부장관은 건설업자가 다음 각호의 1에 해당하는 때에는 건설업의 면허취소 또는 등록말소를 하거나 1년이내의 기간을 정하여 영업의 정지를 명할 수 있다. 다만, ….

5. 제21조의 규정에 위반한 때

**[해설]**

| I. 논점의 정리 | 1. 학설 |
|---|---|
| II. 설문 (1)─ 갱신 전의 법위반을 근거로 한 갱신 면허의 취소가능성 | 2. 설문의 검토(소결) |
| 1. 면허(허가) 갱신제도의 취지 | IV. 설문 (3)─ 면허기간 내의 갱신면허신청과 면허기간 경과 후의 면허갱신거부 |
| 2. 설문의 검토(소결) | 1. 학설 |
| III. 설문 (2)─ 면허기간 내의 갱신 면허신청과 면허기간 경과 후 면허의 효과 | 2. 설문의 검토(소결) |

# I. 논점의 정리

설문 (1)에서는 갱신 전 법위반사실을 근거로 갱신 후 면허를 취소할 수 있는지 여부가 논점이고, 설문 (2)에서는 갱신면허처분이 면허기간의 만료일 이후 이루어진 경우, 면허기간의 만료일 이후부터 갱신면허처분이 있기 전까지의 영업이 무면허영업인지 아니면 유면허영업인지의 여부가 논점이고, 설문 (3)에서는 기한도래 전에 갱신 신청을 하였으나 도래 후에 갱신이 거부된 경우 종래 허가의 효력 여하가 논점이다.

# II. 설문 (1) ─ 갱신 전의 법위반을 근거로 한 갱신 면허의 취소 가능성

## 1. 면허(허가) 갱신제도의 취지

허가에 기간의 제한을 두는 경우, 종전 허가의 효과를 지속시키기 위해서는 허가의 갱신(허가기간의 연장)이 필요하다. 허가의 갱신은 종전의 허가와는 별개의 것이 아니라 종전의 허가의 효력을 지속시키기 위한 것이다. 종전 허가와 갱신 허가는 전체로서 하나의 행위이다.

### 2. 설문의 검토(소결)

허가갱신은 종전의 허가의 효력을 지속시키기 위한 것이며, 종전 법위반사실을 불문에 붙이는 효과를 발생하는 것이 아니므로 도지사는 갱신면허를 취소할 수 있다. 판례도 "계속허가(허가갱신)를 할 수 있도록 규정하고 있는바 이는 그 신청서에 의하여 일단 그 실태를 조사한다는 것이지 허가취소사유 내지 결격사유의 존부를 면밀히 조사하여 확정한 뒤에 허가갱신을 한다는 것이 아니므로 이런 허가갱신제도의 취지나 목적으로 감안하면 갱신은 허가취득자에게 다시 2년간 종전의 지위를 계속 유지시키는 효과를 갖는 것에 불과하고 갱신 후에는 갱신 전의 법위반사항을 불문에 붙이는 효과를 발생하는 것이 아니라고 해석함이 상당한즉 따라서 일단 갱신이 있은 후에도 갱신 전의 법위반사실을 근거하여 허가를 취소할 수 있다"(대판 1982. 7. 27, 81누174)고 한다.

## Ⅲ. 설문(2) ─ 면허기간 내의 갱신 면허신청과 면허기간 경과 후 면허의 효과

### 1. 학    설

학설상 ① 행정의 법률적합성의 원칙에 입각하여 허가기간의 도래로 허가는 당연히 그 효력을 상실하고, 따라서 허가의 유효기간 경과 후의 영업은 무허가영업이라는 견해와 ② 사인의 신뢰보호와 법적 안정성이라는 측면에서 기간 도래 후에 갱신허가가 있었다면 특별한 사정이 없는 한 허가받은 영업으로 보는 것이 타당하다는 견해가 있다. ③ 행정의 법률적합성의 원칙과 법적 안정성의 원칙은 모두 동위의 원칙이고 따라서 양자는 조화 있게 적용되어야 한다는 점을 고려할 때 원칙적으로 허가영업으로 보고 특별한 사정이 있는 경우에만 허가의 효력이 소멸된다고 보아야 한다.

### 2. 설문의 검토(소결)

설문의 경우 도지사는 갑의 갱신허가신청을 일정한 기간 내에 처리할 의무가 있으며, 갑은 도지사가 면허갱신 여부를 심사할 충분한 시간을 두고 신청하였다고 보여지며, 처리가 늦추어진 사정이 A도 내부의 행정조직개편에 따른 것이라면 결국 갑의 법적 안정성은 보호되어야 하므로 갑의 영업은 유면허영업으로 보아야 한다. 따라서 도지사의 판단은 부당하다.

## Ⅳ. 설문 (3) — 면허기간 내의 갱신면허신청과 면허기간 경과 후의 면허갱신거부

### 1. 학 설

학설상 ① 기한도래 전에 갱신신청을 하였으나 도래 후에 갱신이 거부된 경우 종래 허가의 효력과 관련하여 종기의 도래로 당연히 소멸한다는 견해, ② 갱신의 거부는 장래를 향해서만 허가의 효력이 소멸한다는 견해, 그리고 ③ 신의측에 비추어 개별적으로 판단해야 한다는 견해가 있다. ④ 생각건대 상대방의 보호를 위해 경우에 따라 종기의 도래로 당연히 소멸한다고 보아야 할 경우도 있고, 거부처분시에 소멸한다고 보아야 할 경우도 있으므로 신의칙에 비추어 개별적으로 판단하여야 한다는 견해가 타당하다.

### 2. 설문의 검토(소결)

갑은 적법한 심사기간 내에 갱신허가를 신청하였으므로 면허거부처분이 3월 1일에 이루어진 것이 갑의 귀책사유에 따른 것이 아니고, 행정절차법 제19조 제4항이 신청인의 신속처리요구권(행정청은 신속처리의무)을 규정하고 있음을 감안할 때 갑에게 특별히 신의칙에 반한다거나 권리남용에 해당하는 사정이 발견되지 않으므로 면허의 효력은 거부처분이 있을 때 소멸한다고 보아야 한다.

# 24 인가의 성질
[법인임원 취임승인신청 거부처분의 성질]

[설문]

　재단법인 J병원의 이사 A 등은 이사회와 병원의 운영에 주도권을 행사함으로써 병원직원들의 상호 반목·대립을 조장하였다. 보건복지부장관의 이사취임승인을 얻고 병원장이 된 甲은 A 등의 지위를 문제삼아 소송을 제기하였다. 이에 A 등은 그후 소집된 임시이사회에서 甲을 해임하였고, 이로 인해 다수 병원직원이 A 등의 퇴진을 요구하는 투쟁위원회의 결성 등으로 인해 병원의 분규가 심화된 상황 하에서 보건복지부장관은 정관에 따른 A 등의 임원취임(연임)승인신청을 거부하였다. 이에 대해 J병원은 보건복지부장관이 법인임원 취임승인신청을 거부한 것은 기속위반이라 하면서 거부처분의 취소를 구하는 소를 제기하였다. J병원의 판단은 정당한가?

◇ 참고조문 ◇

민법

제32조(비영리법인의 설립과 허가) 학술, 종교, 자선, 기예, 사교 기타 영리아닌 사업을 목적으로 하는 사단 또는 재단은 주무관청의 허가를 얻어 이를 법인으로 할 수 있다.

제42조(사단법인의 정관의 변경) ① 사단법인의 정관은 총사원 3분의 2 이상의 동의가 있는 때에 한하여 이를 변경할 수 있다. 그러나 정수에 관하여 정관에 다른 규정이 있는 때에는 그 규정에 의한다.

② 정관의 변경은 주무관청의 허가를 얻지 아니하면 그 효력이 없다.

제43조(재단법인의 정관) 재단법인의 설립자는 일정한 재산을 출연하고 제40조제1호 내지 제5호(1. 목적, 2. 명칭, 3. 사무소의 소재지, 4. 자산에 관한 규정, 5. 이사의 임면에 관한 규정)의 사항을 기재한 정관을 작성하여 기명날인하여야 한다.

제45조(재단법인의 정관변경) ① 재단법인의 정관은 그 변경방법을 정관에 정한 때에 한하여 변경할 수 있다.

③ 제42조 제2항의 규정(정관의 변경은 주무관청의 허가를 얻지 아니하면 그 효력이 없다)은 전 2항의 경우에 준용한다.

[해설]

# Ⅰ. 논점의 정리

설문에 답하기 위해서는 먼저 감독청인 보건복지부장관이 정관변경의 승인권(인가권)을 가지는 법적 근거로서 민법규정과 정관의 관계를 검토할 필요가 있고, 아울러 감독청인 보건복지부장관의 감독권행사에 재량권이 있는지의 여부를 살펴볼 필요가 있다.

# Ⅱ. 재단법인에 대한 감독청의 인가권의 성격

## 1. 관련규정

민법은 제32조에서 비영리법인인 사단 또는 재단의 설립에 있어서 주무관청의 허가를 얻도록 규정하고, 제45조 제3항, 제42조 제2항에서 재단법인인 정관변경은 주무관청의 허가를 얻지 아니하면 그 효력이 없다고 규정하고, 제43조, 제40조 제5호에서 재단법인의 정관의 필요적 기재사항으로 이사의 임면에 관한 규정을 기재하도록 규정하고 있다.

## 2. 주무관청허가의 성질

민법상 비영리법인인 사단 또는 재단의 설립에 있어서 이루어지는 주무관청의 허가는 사인들의 법인설립행위를 동의로써 보충하여 법인설립행위를 완성시켜주는 행정행위이다. 민법상 비영리법인인 사단 또는 재단의 설립허가는 행정법상으로는 인가라 부른다. 하여간 인가는 공익과 관련이 있는 행위에 행정주체의 간섭을 허용함으로써 그 행위의 효력발생을 행정주체의 의사에 종속시키는 제도이다. 기능적으로 볼 때, 인가는 행정청이 갖는 감독수단으로서의 성격도 갖는다.

### 3. 민법과 정관의 관계

민법상 재단법인설립에 관한 규정들을 보면, 주무관청이 비영리법인인 재단법인의 이사 임면에 관한 규정을 검토하고 법인설립 또는 정관변경을 허가할 것인지 여부를 결정하도록 하여 재단법인에 대한 주무관청의 감독의 실효를 거두도록 한 법의를 찾아볼 수 있다. 따라서 법인의 이사와 감사의 임면에 있어 주무관청의 인가 또는 승인을 요한다는 취지의 정관의 규정이 있을 때에는 주무관청은 위 민법의 이사임면에 관한 정관규정을 검토함으로써 재단법인을 일반적으로 감독하는 권한을 정관의 규정에 의하여 구체적인 이사와 감사의 임면에 확장하였다고 볼 것이다(대판 2000. 1. 28, 98두16996).

## Ⅲ. 재단법인에 대한 감독청의 인가권(감독권)의 행사

### 1. 감독의 의의

일반적으로 감독이란 피감독자의 행위가 적법·타당한 것이 되도록 하는 행위(작용)를 총칭하는 개념이다. 감독에는 합법성의 통제와 합목적성의 통제가 있다. 감독권의 범위가 법문상 명시적으로 규정되기도 하지만(예: 지방자치법 제71조 제1항은 자치사무의 경우에 감독권의 범위를 합법성의 통제에 한정하고 있다), 그러하지 아니한 경우도 있다. 후자의 경우에 감독의 범위는 해석의 문제가 된다. 또한 감독처분이 기속적인 것인지 아니면 재량적인 것인지의 여부가 문제된다. 이것 역시 명시적인 규정이 없는 한 해석의 문제가 된다. 감독의 주체는 합법성의 통제의 경우에 비해 합목적성의 통제의 경우에 재량성을 보다 강하게 갖는다.

### 2. 감독의 범위

명시적 규정이 없는, 행정청의 법인에 대한 감독은 합법성의 감독만 할 수 있고, 합목적성의 감독은 할 수 없다고 하면, 법인의 실체를 위태롭게 할 수도 있는 행위에 대하여 개입할 수 없는 경우도 발생할 수 있다. 따라서 감독청은 합목적성의 통제도 가능하다고 보아야 한다. 그러나 감독청의 합목적성의 통제가 피감독자의 고유한 법적 지위(기본권 등)를 침해하는 것이라면 피감독자는 이를 사법적으로 다툴 수 있다.

### 3. 감독의 재량성

감독행위의 기속행위 여부는 근거법령의 법문에 따라 판단하여야 한다. 특별규정이 없다면, 인가의 대상이 공익적 견지에서 판단을 요하는 것인지, 아니면 사익의 보호를 위한 것인지의 여부 등을 고려하여 판단하여야 한다. 대체로 보아 합목적성의 통제는 성질상 감독청에 재량권이 부여될 때에 의미가 있다고 볼 것이다.

## Ⅳ. 사례에 적용(결론)

보건복지부장관의 법인임원 취임승인이나 승인거부처분은 재량행위이므로 승인신청을 거부한 것은 기속위반이라는 J병원의 판단은 정당하지 않다.

감독청인 보건복지부장관의 감독은 합법성의 감독 외에 합목적성의 감독에도 미친다고 볼 것이므로 보건복지부장관은 법인임원 취임승인신청에 대하여 통제를 가할 수 있다. 민법상 감독청의 법인설립허가의 취소가 재량적이므로(민법 제38조: 법인이 목적 이외의 사업을 하거나 설립허가의 조건에 위반하거나 기타 공익을 해하는 행위를 한 때에는 주무관청은 그 허가를 취소할 수 있다) 그보다 경미한 임원취임승인 여부도 재량적인 것으로 보는 것이 합리적이다(대판 2000. 1. 28, 98두16996). 따라서 보건복지부장관의 법인임원 취임 승인거부처분은 재량행위이므로 승인신청을 거부한 것은 기속위반이라는 J병원의 판단은 정당하지 않다.

## 25 공적 장부에의 등재행위의 성질(처분성)
[건축물표시변경신청거부처분의 성질]

**[설문]**

甲은 부산광역시 사하구청장에게 자기 소유인 부산 사하구 하단동 A번지 소재 B건물에 대한 건축물대장상 용도를 창고시설에서 위험물저장 및 처리시설(액화가스판매소: 용기보관실)로 변경하는 건축물표시변경신청을 하였다. 사하구청장은 B건물 소재지가 다수의 주거용 건축물이 밀집된 주거지역으로 인근에 동일업종의 액화가스판매소가 영업 중이고, 주택지가 밀집한 일정지역에 2개소 이상의 액화가스판매소가 설치된다면 위험요소가 한 곳에 집중되어 다수의 인근 주민들에게 심리적·정서적 불안감을 가중시켜 지역주민의 집단 반발 민원이 극렬할 것으로 판단된다는 이유를 들어 거부처분을 하였다. 사하구청장의 건축물표시변경신청거부처분은 행정소송법상 처분에 해당하는가?

◇ 참고조문 ◇

**건축법**

제38조(건축물대장) ① 특별자치시장·특별자치도지사 또는 시장·군수·구청장은 건축물의 소유·이용 및 유지·관리 상태를 확인하거나 건축정책의 기초 자료로 활용하기 위하여 다음 각 호의 어느 하나에 해당하면 건축물대장에 건축물과 그 대지의 현황 및 국토교통부령으로 정하는 건축물의 구조내력(構造耐力)에 관한 정보를 적어서 보관하여야 한다.

4. 그 밖에 대통령령으로 정하는 경우

**건축법 시행령**

제25조(건축물대장) 법 제38조제1항제4호에서 "대통령령으로 정하는 경우"란 다음 각 호의 어느 하나에 해당하는 경우를 말한다.

3. 그 밖에 기재내용의 변경 등이 필요한 경우로서 국토교통부령으로 정하는 경우

**건축물대장의 기재 및 관리 등에 관한 규칙[국토교통부령 제218호]**

제3조(건축물대장의 기재) 「건축법 시행령」(이하 "영"이라 한다) 제25조제3호에서 "국토교통부령으로 정하는 경우"라 함은 다음 각 호의 어느 하나에 해당하는 경우를 말한다.

1. 건축물의 증축·개축·재축·이전·대수선 및 용도변경에 의하여 건축물의 표시에 관

한 사항이 변경된 경우

2. 건축물의 소유권에 관한 사항이 변경된 경우

행정소송법

제2조(정의) ① 이 법에서 사용하는 용어의 정의는 다음과 같다.

1. "처분등"이라 함은 행정청이 행하는 구체적 사실에 관한 법집행으로서의 공권력의 행사 또는 그 거부와 그 밖에 이에 준하는 행정작용(이하 "처분"이라 한다) 및 행정심판에 대한 재결을 말한다.

## [해설]

| I. 논점의 정리 | 2. 판례의 태도 |
|---|---|
| II. 행정소송법상 처분개념 | IV. 건축물표시변경신청거부처분 |
|   1. 규정내용 |   1. 처분 개념 해당 여부 |
|   2. 규정의 분석 |   2. 법적 행위 여부 |
| III. 취소소송의 본질과 처분개념 | V. 결론 |
|   1. 취소소송의 본질 | |

# I. 논점의 정리

설문은 공적 장부인 건축물대장에의 등재거부행위인 건축물표시변경신청 거부처분이 행정소송법상 처분에 해당하는가의 여부를 묻고 있다. 이에 답하기 위해서는 행정소송법상 처분개념의 분석을 전제로 건축법상 건축물대장에의 등재행위 내지 등재거부행위가 처분개념에 해당하는지의 여부를 검토할 필요가 있다.

# II. 행정소송법상 처분개념

## 1. 규정내용

행정소송법상 처분은 행정청이 행하는 구체적 사실에 관한 법집행으로서의 공권력의 행사 또는 그 거부와 그 밖에 이에 준하는 행정작용으로 정의되고 있다(행정소송법 제2조 제1항 제1호).

## 2. 규정의 분석

① 처분은 행정청이 행하는 공권력행사이다. 행정청에는 법령에 의하여 행정권한의 위임 또는 위탁을 받은 행정기관, 공공단체 및 그 기관 또는 사인이 포함된다(행정소송법 제2조 제2항). ② 처분은 구체적 사실에 관한 공권력행사이다. 구체적 사실이란 기본적으로 관련자가 개별적이고 규율대상이 구체적인 것을 의미한다. ③ 처분은 법집행으로서의 공권력행사이다. 법집행행위라는 점에서 처분과 사법(판결)은 유사한 면을 갖는다. 처분은 법집행행위이므로 법정립행위인 입법과는 구별된다. ④ 처분은 적극적 또는 소극적 공권력행사이다. 공권력행사란 공법에 근거하여 행정청이 우월적 지위에서 일방적으로 행하는 일체의 행정작용으로 이해된다. 공권력행사의 거부는 공권력행사의 소극적 유형으로서 당연히 공권력행사에 포함된다.

## Ⅲ. 취소소송의 본질과 처분개념

### 1. 취소소송의 본질

취소소송의 본질은 일반적으로 위법성의 소급적 제거에 있는 것으로 이해되고 있다. 사실적인 것은 소급적인 제거가 불가능하지만, 법적 행위의 위법성은 소급적으로 제거할 수 있으므로, 취소소송의 대상이 되는 공권력행사(처분)는 법적 행위에 한정된다.

### 2. 판례의 태도

판례는 항고소송의 대상이 되는 행정처분이라 함은 행정청의 공법상의 행위로서 특정사항에 대하여 법규에 의한 권리의 설정 또는 의무의 부담을 명하거나 기타 법률상 효과를 발생하게 하는 등 국민의 구체적인 권리·의무에 직접적 변동을 초래하는 행위를 말한다. 판례의 태도는 취소소송의 대상이 되는 공권력행사는 법적 행위에 한정된다는 것을 의미한다.

## Ⅳ. 건축물표시변경신청거부처분

### 1. 처분개념 해당 여부

① 사하구청장은 행정소송법상 행정청에 해당하고, ② 甲에 대한 사하구청장의 거부처분은 특정인에 대한 것이고 내용은 구체적이므로 구체적 사실에 해당하고, ③ 사하구청장의 거부처분은 건축법 제38조 등에 근거한 것이므로 법집행에 해당하고, ④ 사하구청장이 건축법에 근거한 일방적인 행위로서 소극적인 것인바, 공권력행사의 거부에 해당한다.

### 2. 법적 행위 여부

건축물의 용도는 토지의 지목에 대응하는 것으로서 건물의 이용에 대한 공법상의 규제, 건축법상의 시정명령, 지방세 등의 과세대상 등 공법상 법률관계에 영향을 미치고, 건물소유자는 용도를 토대로 건물의 사용·수익·처분에 일정한 영향을 받게 되는 점 등을 고려하면, 건축물대장의 용도는 건축물의 소유권을 제대로 행사하기 위한 전제요건으로서 건축물 소유자의 실체적 권리관계에 밀접하게 관련되어 있으므로 소관청의 건축물대장 용도변경신청 거부행위는 국민의 권리관계에 영향을 미치는 것으로서 법적 효과의 부여를 거부하는 행위로서 법적인 행위에 해당한다.

## Ⅴ. 결    론

사하구청장의 건축물표시변경신청거부처분은 행정소송법상 처분개념에 해당할 뿐만 아니라, 甲의 관계에서 법적 효과를 가져오는 행위이므로 행정소송의 대상이 되는 처분에 해당한다.

[참고] 종래 판례는 각종 공적 장부에의 등재행위를 행정사무집행의 편의와 사실증명의 자료로 삼기 위한 것이고, 등재로 법적 효과를 가져오는 것은 아니라고 보았다.

## [설문]

A지방경찰청장은 음주운전을 이유로 B에 대하여 2015년 11월 24일자 면허정지처분통지서(집행예정일은 같은 해 12월 2일부터)를 C경찰서장을 통해 발송하였으나 주소불명으로 반송되었다. 이에 C경찰서장은 소재수사를 통해 B에게 이 사실을 통지하였다. B는 2016년 2월 6일 위 경찰서에 자진 출석하여 자기의 편의에 따라 다음 날부터 30일간 면허정지처분을 받겠다고 하고 그 정지기간을 2016년 2월 7일부터 같은 해 3월 8일까지로 구두통지 받았다. 그런데 B는 정지처분을 받고도 2월 7일 11일 00시~01시 30분경 당시 근무하던 X택시회사의 영업용택시를 운전하였다. 이 경우 B의 영업용택시 운전은 운전면허정지기간중의 운전에 해당하는가?

◇ 참고조문 ◇

도로교통법

제93조(운전면허의 취소·정지) ④ 지방경찰청장은 제1항 또는 제2항에 따라 운전면허의 취소처분 또는 정지처분을 하려고 하거나 제3항에 따라 연습운전면허 취소처분을 하려면 그 처분을 하기 전에 미리 행정자치부령으로 정하는 바에 따라 처분의 당사자에게 처분 내용과 의견제출 기한 등을 통지하여야 하며, 그 처분을 하는 때에는 행정자치부령으로 정하는 바에 따라 처분의 이유와 행정심판을 제기할 수 있는 기간 등을 통지하여야 한다. ….

도로교통법 시행규칙

제93조(운전면허의 정지·취소처분 절차) ① 지방경찰청장 또는 경찰서장이 법 제93조에 따라 운전면허의 취소 또는 정지처분을 하려는 때에는 별지 제81호서식의 운전면허정지·취소처분사전통지서를 그 대상자에게 발송 또는 발급하여야 한다. 다만, 그 대상자의 주소 등을 통상적인 방법으로 확인할 수 없거나 발송이 불가능한 경우에는 운전면허대장에 기재된 그 대상자의 주소지를 관할하는 경찰관서의 게시판에 14일간 이를 공고함으로써 통지를 대신할 수 있다.

③ 지방경찰청장 또는 경찰서장은 법 제93조에 따라 운전면허의 정지 또는 취소처분을 결정한 때에는 별지 제82호서식의 운전면허정지·취소처분결정통지서를 그 처분의

대상자에게 발송 또는 발급하여야 한다. 다만, 그 처분의 대상자가 소재불명으로 통지를 할 수 없는 때에는 운전면허대장에 기재된 그 대상자의 주소지를 관할하는 경찰관서의 게시판에 14일간 이를 공고함으로써 통지를 대신할 수 있다.

행정절차법

제24조(처분의 방식) ① 행정청이 처분을 할 때에는 다른 법령등에 특별한 규정이 있는 경우를 제외하고는 문서로 하여야 하며, 전자문서로 하는 경우에는 당사자등의 동의가 있어야 한다. 다만, 신속히 처리할 필요가 있거나 사안이 경미한 경우에는 말 또는 그 밖의 방법으로 할 수 있다. 이 경우 당사자가 요청하면 지체 없이 처분에 관한 문서를 주어야 한다.

[해설]

## Ⅰ. 논점의 정리

(1) 설문에 답하기 위해 2016년 2월 6일 구두로 B가 통지받았던 운전면허정지처분의 효력발생 여부를 검토할 필요가 있다. 왜냐하면 구두통지에 의한 운전면허정지처분이 적법하게 효력을 발생하였는가의 여부에 따라 B의 2월 7일자 영업용택시운전이 운전면허정지기간중의 운전에 해당하는가의 여부가 정해지기 때문이다.

(2) 행정행위가 적법하기 위해서는 주체요건·내용요건·절차요건·형식요건과 통지요건을 구비하여야 한다. 그런데 설문과 관련하여서는 운전면허정지처분이 문서가 아닌 구두로 통지되었다는 점에서 형식요건으로서 문서요건이 특히 문제되는바, 이에 대한 검토가 필요하다.

## Ⅱ. 적법요건으로서 문서요건

### 1. 법적 근거

도로교통법령은 운전면허의 취소 또는 정지의 통지는 별지 제82호 서식의 자동차운전면허취소·정지통지서에 의하도록 하고 있다(도로교통법 시행규칙 제93 조 제3항). 행정절차법상으로도 행정청이 처분을 하는 때에는 다른 법령에 특별한 규정이 있는 경우를 제외하고는 문서로 하여야 한다(행정절차법 제24조 제1항 본문). 다만, 신속을 요하거나 사안이 경미한 경우에는 구술 기타의 방법으로 할 수 있으며 이 경우 당사자의 요청이 있는 때에는 지체없이 처분에 관한 문서를 교부하여야 한다(행정절차법 제24조 제1항 단서). 자동차운전면허 취소·정지처분에 관한 한, 도로교통법령이 특별법이고, 행정절차법이 일반법이다. 따라서 자동차 운전면허 취소·정지처분에 관한 한 행정절차법 제24조 제1항 본문은 도로교통법과 함께 적용되지만, 행정절차법 제24조 제1항 단서는 적용될 여지가 없다.

## 2. 문서요건 의의

행정절차법 제24조 제1항이 행정청이 처분을 하는 때에는 다른 법령 등에 특별한 규정이 있는 경우를 제외하고는 문서로 하도록 규정한 것은 처분내용의 명확성을 확보하고 처분의 존부에 관한 다툼을 방지하기 위한 것이다(대판 2005. 7. 28. 2003두469).

## 3. 문서형식위반의 위법 여부

문서형식이 요구되는 취지에 비추어, 도로교통법 시행규칙 제93조 제3항 및 행정절차법 제24조 제1항 본문은 강행규정이다. B가 자신의 편의에 따라 면허정지처분을 받겠다는 의사를 표시하였다고 하더라도, 행정청이 강행규정을 위반하였다는 점에 아무런 영향을 미치지 아니한다. 왜냐하면 운전면허정지처분은 사인에 대한 국가의 일방적인 처분이지, 국가가 사인과 합의하여 정하는 처분은 아니기 때문이다. 따라서 도로교통법 시행규칙 제93조 제3항 및 행정절차법 제24조 제1항 본문에 반하는 행위는 강행규정위반행위로서 위법한 행위가 된다.

## 4. 문서형식위반의 효과

(1) 통설과 판례는 하자가 내용상 중대하고 동시에 외관상 명백한 경우에 한하여 무효사유로 보는 중대명백설의 입장이다. 이러한 입장에서 볼 때, 설문

에서 문서형식상의 하자는 외관상 명백하고, 문서형식이 요구되는 취지에 비추어 내용상 중대하므로, 무효의 사유가 된다.

(2) "행정행위의 무효사유를 판단하는 기준으로서의 명백성은 행정처분의 법적 안정성 확보를 통하여 행정의 원활한 수행을 도모하는 한편 그 행정처분을 유효한 것으로 믿은 제3자나 공공의 신뢰를 보호하여야 할 필요가 있는 경우에 보충적으로 요구되는 것으로서, 그와 같은 필요가 없거나 하자가 워낙 중대하여 그와 같은 필요에 비하여 처분 상대방의 권익을 구제하고 위법한 결과를 시정할 필요가 훨씬 더 큰 경우라면 그 하자가 명백하지 않더라도 그와 같이 중대한 하자를 가진 행정처분은 당연무효라고 보아야 한다"(대판 1995. 7. 11, 94누4615의 소수의견)는 명백성보충요건설의 입장을 따른다고 하여도 설문상의 하자는 무효사유이다.

## Ⅲ. 결    론

강행규정인 도로교통법 시행규칙 제93조 제3항 및 행정절차법 제24조 제1항 본문은 면허정지처분을 문서로 할 것을 규정하고 있으므로, 이에 위반한 2016년 2월 6일자 구두통지에 의한 면허정지처분은 위법하다. 그리고 그 위법의 하자는 외관상 명백하고 내용상 중대하므로, 무효의 사유가 된다. 따라서 2016년 2월 7일자 B의 영업용택시운전은 무효인 운전면허정지처분하에서 이루어진 운전이므로, 운전면허정지기간중의 운전에 해당하지 아니한다.

# 27 선결문제
[공매처분의 하자와 소유권이전등기 말소청구 등]

## [설문]

甲이 국세를 체납하자 관할 세무서장은 甲 소유의 건물에 대한 공매절차를 진행하였고, 이에 낙찰자 乙에게 소유권이전등기가 경료되었다. 그런데 甲은 그로부터 1년이 지난 후에 위 공매처분에 하자가 있음을 발견하였다. 甲은 공매처분의 하자를 이유로 乙을 상대로 하여 소유권이전등기의 말소등기절차의 이행을 구하는 민사소송을 바로 제기하였다. 법원은 원고승소판결을 할 수 있는가?

◇ 참고조문 ◇

국세징수법

제61조(공매) ① 세무서장은 압류한 동산, 유가증권, 부동산, 무체재산권등과 제41조 제2항에 따라 체납자를 대위하여 받은 물건[통화(通貨)는 제외한다]을 대통령령으로 정하는 바에 따라 공매한다.

행정소송법

제11조(선결문제) ① 처분등의 효력 유무 또는 존재 여부가 민사소송의 선결문제로 되어 당해 민사소송의 수소법원이 이를 심리·판단하는 경우에는 제17조, 제25조, 제26조 및 제33조의 규정을 준용한다.

제20조(제소기간) ② 취소소송은 처분등이 있은 날부터 1년(제1항 단서의 경우는 재결이 있은 날부터 1년)을 경과하면 이를 제기하지 못한다. 다만, 정당한 사유가 있는 때에는 그러하지 아니하다.

## [해설]

I. 논점의 정리

II. 공매처분
 1. 강제징수절차
 2. 공매처분의 성질
 3. 공매처분의 하자의 유형
 4. 공매처분의 하자가 소유권이전등기에 미치는 영향

III. 선결문제로서 하자 있는 행정처분과 민사 법원의 심리·판결권
 1. 선결문제가 무효인 경우
 2. 선결문제가 취소할 수 있는 경우

IV. 甲의 승소 가능성(결론)
 1. 공매처분이 무효인 경우
 2. 공매처분이 취소할 수 있는 경우

# Ⅰ. 논점의 정리

(1) 甲이 승소하기 위해서는 소송요건(본안판단의 전제요건)과 본안요건을 모두 구비하여야 한다. 그러나 설문의 표현상 공매처분의 하자가 주된 쟁점이라고 판단되므로, 공매처분의 하자를 중심으로 제기되는 문제점을 검토의 대상으로 한다.

(2) 설문은 민사소송의 선결문제로서 처분의 효력유무를 핵심적인 논점으로 한다. 왜냐하면 공매처분의 효력이 인정되면 공매처분을 원인으로 하는 소유권이전등기의 말소등기가 불가능하고, 공매처분의 효력이 인정되지 아니하면 소유권이전등기의 말소등기가 가능하기 때문이다. 공매처분의 유효·무효의 여부는 공매처분이 행정처분인지 또는 사법상 행위인지의 여부에 따라 달라지므로 설문에 답하기 위해 공매처분의 성질에 대한 검토가 필요하다.

# Ⅱ. 공매처분

## 1. 강제징수절차

국세를 미납하게 되면 강제징수절차가 개시된다. 강제징수절차는 독촉절차와 체납처분절차로 구성되고, 체납처분절차는 다시 압류·매각·청산의 절차로 구성된다. 매각은 공매 또는 수의계약에 의한다. 요컨대 공매는 압류한 동산 등을 공개적으로 매각하는 절차를 말한다(국세징수법 제61조 제1항).

## 2. 공매처분의 성질

공매절차는 공매결정·공매통지·공매공고·공매처분(현실적인 매각)으로 이루어진다. ① 공매에 붙이기로 하는 의사결정인 공매결정은 행정내부적인 행위에 불과하다. ② 판례는 2008. 11. 20. 종래의 입장을 변경하여 "체납자 등에 대한 공매통지는 국가의 강제력에 의하여 진행되는 공매에서 체납자 등의 권리 내지 재산상의 이익을 보호하기 위하여 법률로 규정한 절차적 요건이라고 보아야 하며, 공매처분을 하면서 체납자 등에게 공매통지를 하지 않았거나 공매통지를 하였더라도 그것이 적법하지 아니한 경우에는 절차상의 흠이 있어 그 공매처분은 위법하다"고 하여 공매통지를 처분으로 보았다(대판 2008. 11. 20, 2007 두18154 전원합의체). ③ 공매공고에 관한 판례는 찾아보기 어렵다. 공매통지에 관한 판례의 입장을 유추하면, 공매통지를 처분으로 볼 수 있다. ④ 매각행위인 공매처분 그 자체는 행정청인 과세관청이 구체적 사실에 관한 법집행으로 행하는 우월한 공권력의 행사이며, 동시에 소유권의 변동이라는 법적 효과를 가져오는바, 행정소송의 대상이 되는 행정처분에 해당한다. 판례의 입장도 같다(대판 1984. 9. 25, 84누201).

### 3. 공매처분의 하자의 유형

① 공매처분의 하자는 공매처분 그 자체가 국세징수법을 따르지 아니한 경우에 나타난다. 공매처분이 사인의 그릇된 신고 등에 기인하였다고 하여도 마찬가지이다. ② 행정처분(행정행위)의 하자의 효과로는 무효와 취소가 있다. 양자의 구별에 관한 통설·판례인 중대명백설의 입장에서 보면, 중대하고 명백한 하자는 무효사유가 되고, 중대하지만 명백하지 아니하거나, 명백하지만 중대하지 아니한 하자는 취소사유가 된다.

### 4. 공매처분의 하자가 소유권이전등기에 미치는 영향

공매처분이 무효라면 소유권이전등기의 효력에 영향을 미칠 수 있다. 그러나 공매처분이 취소사유에 불과하다면, 공매처분은 소유권이전등기의 효력에 영향을 미치지 아니한다. 왜냐하면 공매처분이 있은 지 1년이 지났고, 행정소송법 제20조 제2항은 처분이 있은 지 1년이 경과하면 처분을 다툴 수 없다고 규정하고 있으며, 동조 제2항 단서의 정당한 사유가 있는 것으로 보이지 아니하므로 공매처분의 효력을 더 이상 다툴 수 없기 때문이다.

## Ⅲ. 선결문제로서 하자 있는 행정처분과 민사법원의 심리·판결권

### 1. 선결문제가 무효인 경우

행정소송법 제11조 제1항은 처분등의 효력 유무 또는 존재 여부가 민사소송의 선결문제로 된 경우에 당해 민사소송의 수소법원이 심리·판단할 수 있음을 규정하고 있다. 따라서 수소법원은 소유권이전등기의 말소등기의 이행을 구하는 민사소송에서 공매처분의 무효를 판단할 수 있다.

## 2. 선결문제가 취소할 수 있는 경우

당사자의 소제기가 없는 한, 민사법원은 직권으로 유효한 행위의 효력을 부인할 수는 없다. 말하자면 당사자가 다투지 아니하는 한, 민사법원은 행정처분을 취소할 수 없다. 왜냐하면 행정소송법 제9조(재판관할)에 비추어 민사법원은 행정처분의 취소를 명할 권한을 가진 기관이 아니기 때문이다. 또한 제소기간이 경과하였다면, 당사자도 선결문제(공매처분)의 효력을 다툴 수 없다.

# Ⅳ. 甲의 승소 가능성(결론)

## 1. 공매처분이 무효인 경우

민사법원은 甲의 승소판결을 하여야 한다. 왜냐하면 무효인 공매처분으로 乙이 소유권을 취득할 수는 없는 것이고, 따라서 乙을 명의자로 하는 소유권이전등기는 위법하기 때문이다.

## 2. 공매처분이 취소할 수 있는 경우

법원은 甲의 패소판결을 하여야 한다. 왜냐하면 행정소송법 제9조(재판관할)에 비추어 공매처분의 취소권은 행정법원이 갖는 것이지 민사법원이 갖는 것은 아니어서 민사법원이 행정처분인 공매처분을 취소할 수는 없는 것이고, 동시에 공매처분에는 불가쟁력이 발생하였기에 당사자가 공매처분을 다투려는 소제기의 가능성도 없는바, 공매처분은 확정적으로 유효하기 때문이다.

# 선결문제

28 [형사법원의 무면허운전 여부의 판단가능성]

[설문]

S지방경찰청 소속 A경찰관(단속경찰관)은 2012. 4. 28. 운전 중인 甲의 음주 사실을 적발하고 음주측정을 한 결과 그 수치가 0.05%가 되었다(운전면허정지사유에 해당). 이에 단속경찰관은 자신의 명의로 내용·사유·근거 등을 기재하고 100일간의 운전면허를 정지시키는 처분을 하였다. 그런데 갑은 2012. 6. 9. 승용차를 운전하고 가다가 정지기간 중에 운전하였다는 이유로 적발되었다. 며칠 후 甲은 도로교통법 제152조의 무면허운전죄로 기소되었다. 형사법원은 유죄의 선고를 할 수 있는가?

◇ 참고조문 ◇

도로교통법

제43조(무면허운전 등의 금지) 누구든지 제80조에 따라 지방경찰청장으로부터 운전면허를 받지 아니하거나 운전면허의 효력이 정지된 경우에는 자동차등을 운전하여서는 아니 된다.

제44조(술에 취한 상태에서의 운전금지) ① 누구든지 술에 취한 상태에서 자동차등 … 을 운전하여서는 아니 된다.

제93조(운전면허의 취소·정지) ① 지방경찰청장은 운전면허(연습운전면허는 제외한다. 이하 이 조에서 같다)를 받은 사람이 다음 각 호의 어느 하나에 해당하면 행정자치부령으로 정하는 기준에 따라 운전면허(운전자가 받은 모든 범위의 운전면허를 포함한다. 이하 이 조에서 같다)를 취소하거나 1년 이내의 범위에서 운전면허의 효력을 정지시킬 수 있다. …

1. 제44조 제1항을 위반하여 술에 취한 상태에서 자동차등을 운전한 경우

19. 이 법이나 이 법에 따른 명령 또는 처분을 위반한 경우

제152조(벌칙) 다음 각 호의 어느 하나에 해당하는 사람은 1년 이하의 징역이나 300만원 이하의 벌금에 처한다.

1. 제43조를 위반하여 제80조에 따른 운전면허(원동기장치자전거면허는 제외한다. 이하 이 조에서 같다)를 받지 아니하거나(운전면허의 효력이 정지된 경우를 포함한다) 또는 제96조에 따른 국제운전면허증을 받지 아니하고(운전이 금지된 경우와 유효기간이 지난 경우를 포함한다) 자동차를 운전한 사람

[해설]

# Ⅰ. 논점의 정리

(1) 甲의 무면허운전죄를 형사법원이 판단을 함에 있어 먼저 해결되어야 할 문제는 甲의 행위가 무면허운전에 해당하는지, 즉 운전면허정지기간 중의 운전에 해당하는지가 문제되고, 운전면허정지기간 중의 운전이 되려면 운전면허정지처분이 효력을 유지하고 있어야 한다.

(2) 따라서 운전면허정지처분의 위법 여부와 효력을 살펴보고 형사법원에서의 무면허운전죄를 판단할 수 있는지를 검토한다. 만일 운전면허정지처분의 효력이 위법하지만 무효가 아니라면 甲의 운전은 무면허운전에 해당할 터이지만, 운전면허정지처분의 효력이 무효라면 운전면허정지기간 중의 운전이 아니므로 결국 단속경찰관명의의 운전면허정지처분의 위법성과 효력이 먼저 검토되어야 한다.

# Ⅱ. 단속경찰관 명의의 운전면허정지처분의 위법과 효과

## 1. 단속경찰관의 운전면허정지처분의 위법성

운전면허정지처분은 행정행위이며, 따라서 행정행위의 적법요건을 갖추어야 한다. 즉 주체·내용·형식·절차·통지의 측면에서 법률유보와 법률우위를 지켜야 한다. 설문의 경우는 단속경찰관 명의의 운전면허정지처분의 효력이 문제되는바, 주체상의 하자가 문제된다. 운전면허정지처분은 권한 있는 기관에 의해 이루어져야 하는데, 설문에서 권한 기관은 S지방경찰청장이므로 단속경찰관 명의의 운전면허정지처분은 위법하다.

## 2. 무효와 취소할 수 있는 행위의 구별기준

(1) 학    설    무효와 취소할 수 있는 행위의 구별기준으로 ① 행정행위의 적법요건면에서 중대한 하자가 있고, 그 하자가 외관상 명백하다면 무효이고, 중대하지만 명백하지 않거나 명백하지만 중대하지 않은 사유가 있다면 취소사유라는 중대명백설, ② 하자가 중대하면 무효이지만, 제3자나 공공의 신뢰보호의 필요가 있는 경우에는 명백성요건을 추가적으로 요구하는 명백성보충요건설 등이 있다.

(2) 판    례    대법원 판례는 중대명백설을 취한다. 다만 명백성보충요건설이 소수견해로 주장된 바 있다. 헌재의 경우 원칙적으로 중대명백설을 취하지만, 예외적으로 법적 안정성을 해치지 않는 반면 권리구제의 필요성이 큰 경우 무효를 인정하고 있다.

(3) 사    견    중대명백설에 대해서는 무효의 범위가 너무 좁아진다는 비판, 명백성보충요건설에 대해서는 무효의 인정범위가 너무 넓어 법적 안정성에 문제가 있다는 비판이 있다. 생각건대 법치행정의 요청과 사인의 신뢰보호의 요청의 조화를 고려할 때 중대명백설이 타당하다.

## 3. 단속경찰관의 운전면허정지처분의 효과(위법성의 정도)

중대명백설에 따라 판단해 보면, 단속경찰관 명의의 운전면허정지처분은 적법요건면에서 중대한 하자일 뿐 아니라 일반인의 관점에서도 명백한 하자이므로 무효라고 보아야 한다. 판례도 "운전면허에 대한 정지처분권한은 경찰청장으로부터 경찰서장에게 권한위임된 것이므로 원고가 음주운전으로 적발될 당시 단속 경찰관으로서는 관할 경찰서장의 명의로 운전면허정지처분을 대행처리할 수 있을지는 몰라도 자신의 명의로 이를 할 수 없다 할 것이므로, 단속경찰관이 자신의 명의로 운전면허행정처분통지서를 작성·교부하여 행한 운전면허정지처분은 비록 그 처분의 내용·사유·근거 등이 기재된 서면을 교부하는 방식으로 행하여졌다고 하더라도 권한 없는 자에 의하여 행하여진 점에서 무효의 처분이라고 할 것"이라고 한다.

## Ⅲ. 형사법원에서 甲의 무면허운전죄의 성립 여부를 판단할 수 있는지 여부

### 1. 선결문제

형사법원에서 무면허운전죄를 판단하기 위해 선결되어야 하는 문제는 甲에게 발령된 운전면허정지처분의 효력이 유효한지 아니면 무효인지의 여부이다. 이와 같이 본안판단(유죄 여부)의 판단을 위해 먼저 해결되어야 할 문제를 선결문제라 한다. 행정소송법 제11조는 민사소송과 관련하여 선결문제의 일부에 관해서만 규정하고 있을 뿐이다. 설문과 같은 기타 사항에 대해서는 학설과 판례에서 해결하여야 한다.

### 2. 선결문제로서 효력의 유무에 대한 형사법원의 판단권

무효인 행정행위는 누구에게도 효력이 발생하지 아니하므로, 형사법원도 행정행위의 무효는 확인할 수 있다는 것이 일반적인 견해와 판례의 입장이다.

### 3. 甲의 유죄 여부(소결)

단속경찰관의 운전면허정지처분이 무효이므로 甲의 운전은 운전면허의 효력이 정지된 상태에서 이루어진 운전이 아니다. 그런데 형사법원은 단속경찰관의 운전면허정지처분이 무효의 처분임을 확인할 수 있다. 따라서 형사법원은 甲이 운전면허정지기간의 운전을 구성요건으로 하는 무면허운전죄를 범하지 아니하였다고 판단하고 무죄를 선고하여야 한다.

<table>
<tr><td>29</td><td>**행정행위의 무효와 취소**<br>[처분 후 근거법률의 위헌 선언과 그 처분의 효과]</td></tr>
</table>

**[설문]**

　　강남세무서장은 2012년 2월 2일 상속세 및 증여세법 제A조에 근거하여 甲에게 1,000만원의 과세처분을 하였다. 그런데 헌법재판소는 2014년 2월 2일 상속세 및 증여세법 제A조가 헌법에 어긋난다고 하여 위헌결정을 하였다. 이에 甲은 강남세무서장을 상대로 부당이득반환청구소송을 제기하려고 한다. 甲의 판단은 타당한가?

　　◇ 참고조문 ◇
　행정소송법
　제11조(선결문제) ① 처분등의 효력 유무 또는 존재 여부가 민사소송의 선결문제로 되어 당해 민사소송의 수소법원이 이를 심리·판단하는 경우에는 제17조, 제25조, 제26조 및 제33조의 규정을 준용한다.

**[해설]**

<table>
<tr><td>Ⅰ. 논점의 정리</td><td>1. 하자의 중대성</td></tr>
<tr><td>Ⅱ. 무효와 취소의 구별기준</td><td>2. 하자의 명백성</td></tr>
<tr><td>　1. 학설</td><td>Ⅳ. 위헌법률에 근거한 행정처분의 효력</td></tr>
<tr><td>　2. 판례</td><td>　1. 대법원</td></tr>
<tr><td>　3. 검토</td><td>　2. 헌법재판소</td></tr>
<tr><td>　4. 중대·명백의 의의</td><td>Ⅴ. 결론</td></tr>
<tr><td>Ⅲ. 위헌법률에 근거한 처분의 하자</td><td></td></tr>
</table>

## Ⅰ. 논점의 정리

　　(1) 부당이득은 법률상 원인없이 타인의 재산 또는 노무로 인하여 이익을 얻고 이로 인하여 타인에게 손해를 가하는 것이므로(민법 제741조), 甲이 강남세무서장을 상대로 부당이득반환청구소송을 제기하려면 강남세무서장의 과세처분이 무효이어야 한다. 강남세무서장의 과세처분이 취소할 수 있는 행위라면,

취소처분이 있기 전까지는 강남세무서장의 이득이 부당이득이 아니다. 강남세무서장의 과세처분은 위헌법률에 근거하였으므로 하자가 있음은 분명한바, 그 하자가 무효사유인지 아니면 취소사유인지는 검토를 요한다.

　(2) 설문에서 과세처분의 무효 여부는 부당이득금반환청구소송의 선결문제가 된다. 과세처분의 무효 여부는 행정소송사항이지만, 부당이득금반환청구는 문제가 있다. 판례는 그것을 민사소송사항으로 보지만, 학설은 견해가 나뉜다. 판례에 따라 민사법원에서 부당이득금반환청구를 심리할 때, 행정소송사항인 과세처분의 무효 여부를 민사법원이 판단할 수 있는가의 문제가 있다. 행정소송법 제11조 제1항은 이를 긍정하고 있다. 설문과 관련하여서는 관할법원에 문제가 없는 것으로 한다.

## Ⅱ. 무효와 취소의 구별기준

### 1. 학　　설

　무효와 취소의 구별기준으로 학설은 ① 하자가 중대하고 동시에 명백한 행정행위만이 무효가 된다는 중대명백설, ② 기본적으로는 중대명백설의 입장에 서지만, 하자의 명백성을 완화하여 일반 국민에게 명백한 경우뿐만 아니라 관계공무원에게 명백한 경우도 명백한 것으로 보는 객관적 명백설, ③ 하자가 중대하면 원칙적으로 무효로 보되, 제3자나 공익을 보호할 필요가 있을 때 명백성을 보충적으로 요구하는 명백성보충요건설이 있다. 중대명백설이 통설이다.

### 2. 판　　례

　판례는 중대명백설을 취한다(대판 2015. 3. 20, 2011두3746; 대판 1995. 7. 11, 94누4615 전원합의체). 명백성보충요건설이 판례의 소수의견으로 주장된 바 있다. 명백성보충요건설은 '행정행위의 무효사유를 판단하는 기준으로서의 명백성은 행정처분의 법적 안정성 확보를 통하여 행정의 원활한 수행을 도모하는 한편 그 행정처분을 유효한 것으로 믿은 제3자나 공공의 신뢰를 보호하여야 할 필요가 있는 경우에 보충적으로 요구되는 것으로서, 그와 같은 필요가 없거나 하자가 워낙 중대하여 그와 같은 필요에 비하여 처분 상대방의 권익을 구제하고 위법한 결과를 시정할 필요가 훨씬 더 큰 경우라면 그 하자가 명백하지 않더라도 그와 같이 중대한 하자를 가진 행정처분은 당연무효라고 보아야 한다'는 입장을 취한다.

### 3. 검    토

법적 안정성의 원칙과 실질적 정의의 원칙의 조화를 꾀하고, 하자유형판단에 보다 객관적인 기준을 제시하는 중대명백설이 타당하다.

### 4. 중대·명백의 의의

① 하자가 중대하다는 것은 당해 행정행위의 적법요건의 면에서 하자가 중대하다는 것을 의미한다. 달리 말한다면 행정행위의 내용의 면에서 중대하다는 의미이다. ② 하자가 명백하다는 것은 행정행위에 하자 있음이 외관상 명백하다는 것을 의미한다. 명백성은 주의깊은 평균인이 즉시 인식할 수 있는가의 여부를 기준으로 판단한다.

## Ⅲ. 위헌법률에 근거한 처분의 하자

### 1. 하자의 중대성

내용면에서 볼 때, 무효인 법률에 근거하여 과세처분을 하였다는 것은 법률의 근거 없는 처분으로 인해 처분의 상대방에게 재산상의 침해를 가져온다는 점에서 중대한 흠을 갖는다. 따라서 강남세무서장의 2012년 2월 2일자 처분의 하자는 내용상 중대하다.

### 2. 하자의 명백성

법률은 언론과 국민의 감시하에서 그리고 국회에서 토론과정을 거쳐 제정·개정되기 때문에 그 내용은 일반적으로 합리적이고 객관적인 것으로 받아들여진다. 따라서 특정법률이 헌법재판소에 의해 위헌으로 결정되기 전에는 그 법률의 위헌성은 외관상 명백하다고 보기는 매우 어렵다. 따라서 강남세무서장의 2012년 2월 2일자 처분은 외관상 명백하지 않다.

## Ⅳ. 위헌법률에 근거한 행정처분의 효력

### 1. 대 법 원

헌법재판소의 위헌결정 전에 행정처분의 근거되는 당해 법률이 헌법에 위반된다는 사유는 특별한 사정이 없는 한 그 행정처분의 취소소송의 전제가 될 수 있을 뿐 당연무효사유는 아니라고 본다(대판 1994. 10. 28. 92누9463; 대판 2004. 11. 26. 2003두2403).

### 2. 헌법재판소

① 행정처분의 집행이 이미 종료되었고 그것이 번복될 경우 법적 안정성을 크게 해치게 되는 경우에는 후에 행정처분의 근거가 된 법규가 헌법재판소에서 위헌으로 선고된다고 하더라도 그 행정처분이 당연무효가 되지는 않음이 원칙이라고 할 것이나, 그 행정처분을 무효로 하더라도 법적 안정성을 크게 해치지 않는 반면에 그 하자가 중대하여 구제가 필요한 경우에 대하여서는 그 예외를 인정하여 이를 당연무효사유로 보아서 쟁송기간 경과 후에라도 무효확인을 구할 수 있는 것이라고 보아야 한다는 입장이다(헌재 1994. 6. 30. 92헌바23). 따라서 ② 원고가 무효를 이유로 헌법소원을 제기하면, 예외적으로 인용될 수 있다.

## Ⅴ. 결   론

(1) 강남세무서장의 2012년 2월 2일자 과세처분은 헌법재판소에 의해 위헌으로 선언된 법률에 근거하였으므로 위법한 처분이다. 그 위법의 하자는 甲의 재산권에 대한 침해를 가져오므로 내용상 중대하다. 그러나 헌법재판소에 의해 위헌으로 선언되기 전까지는 법률의 위헌성이 명백하지 아니하므로 그 위법의 하자는 외관상 명백하지 않다.

(2) 통설·판례의 입장에서 볼 때, 강남세무서장의 과세처분의 하자는 내용상 중대하지만 외관상 명백하지 아니하므로 그 처분은 취소할 수 있는 행위에 불과하다. 따라서 취소되기 전까지 그 처분은 유효하므로, A가 제기한 부당이득반환청구소송은 인용될 수 없다.

# 행정행위의 하자의 치유

**30**  [운전면허정지기간 중의 운전과 운전면허취소]

## [설문]

甲은 음주운전을 하다가 적발되어 운전면허정지처분 100일을 받고, 그 기간 중에 다시 운전을 하다가 적발되었다. 관할 지방경찰청장은 甲에게 운전면허정지기간 중의 운전을 이유로 도로교통법 제93조 제1항 제19호와 시행규칙 제91조와 [별표 28]에 의하여 운전면허취소처분을 내렸다. 운전면허정지처분에 대한 불복기간은 이미 경과하였다. 도로교통법과 동법시행규칙에 의하면 운전면허정지처분의 고지는 서면에 의하여야 하는데 지방경찰청장은 구두로 통보하였다.

(1) 甲은 운전면허취소처분에 대하여 불복하려 한다. 그 절차와 방법을 말하시오

(2) 甲이 불복절차를 밟고 있는 중에 지방경찰청장이 서면으로 통보하였다면 그 하자가 치유될 수 있는가?

◇ 참고조문 ◇
도로교통법
제43조(무면허운전 등의 금지) 누구든지 제80조에 따라 지방경찰청장으로부터 운전면허를 받지 아니하거나 운전면허의 효력이 정지된 경우에는 자동차등을 운전하여서는 아니된다.
제44조(술에 취한 상태에서의 운전 금지) ① 누구든지 술에 취한 상태에서 자동차등(「건설기계관리법」 제26조 제1항 단서에 따른 건설기계 외의 건설기계를 포함한다. 이하 이 조, 제45조, 제47조, 제93조제1항제1호부터 제4호까지 및 제148조의2에서 같다)을 운전하여서는 아니된다.
④ 제1항에 따라 운전이 금지되는 술에 취한 상태의 기준은 운전자의 혈중알코올농도가 0.05퍼센트 이상인 경우로 한다.
제93조(운전면허의 취소·정지) ① 지방경찰청장은 운전면허(연습운전면허는 제외한다. 이하 이 조에서 같다)를 받은 사람이 다음 각 호의 어느 하나에 해당하면 행정자치부령으로 정하는 기준에 따라 운전면허(운전자가 받은 모든 범위의 운전면허를 포함

한다. 이하 이 조에서 같다)를 취소하거나 1년 이내의 범위에서 운전면허의 효력을 정지시킬 수 있다.

1. 제44조 제1항을 위반하여 술에 취한 상태에서 자동차등을 운전한 경우

19. 이 법이나 이 법에 따른 명령 또는 처분을 위반한 경우

제142조(행정소송과의 관계) 이 법에 따른 처분으로서 해당 처분에 대한 행정소송은 행정심판의 재결(裁決)을 거치지 아니하면 제기할 수 없다.

도로교통법 시행규칙

제91조(운전면허의 취소·정지처분 기준 등) ① 법 제93조에 따라 운전면허를 취소 또는 정지시킬 수 있는 기준(교통법규를 위반하거나 교통사고를 일으킨 경우 그 위반 및 피해의 정도 등에 따라 부과하는 벌점의 기준을 포함한다)과 법 제97조제1항에 따라 자동차등의 운전을 금지시킬 수 있는 기준은 별표 28과 같다.

[별표 28]

2. 취소처분 개별기준

| 일련<br>번호 | 위반사항 | 적용법조(도로교통법) | 내용 |
|---|---|---|---|
| 10 | 운전면허 행정처분 기간중 운전행위 | 제93조 | 운전면허 행정처분 기간중에 운전한 때 |

제93조(운전면허의 정지·취소처분 절차) ① 지방경찰청장 또는 경찰서장이 법 제93조에 따라 운전면허의 취소 또는 정지처분을 하려는 때에는 별지 제81호서식의 운전면허정지·취소처분사전통지서를 그 대상자에게 발송 또는 발급하여야 한다. 다만, 그 대상자의 주소 등을 통상적인 방법으로 확인할 수 없거나 발송이 불가능한 경우에는 운전면허대장에 기재된 그 대상자의 주소지를 관할하는 경찰관서의 게시판에 14일간 이를 공고함으로써 통지를 대신할 수 있다.

[해설]

| | |
|---|---|
| Ⅰ. 불복절차와 방법 | 1. 하자 있는 행정행위의 치유 |
| 1. 불복절차 | 2. 치유사유와 설문 |
| 2. 불복방법 | 3. 치유시점과 설문 |
| Ⅱ. 하자의 치유 | |

# Ⅰ. 불복절차와 방법

## 1. 불복절차

甲이 운전면허취소처분을 다툴 수 있는 절차로 행정심판과 행정소송이 있

다. 행정소송법은 행정심판의 전치를 임의적인 절차로 규정하고 있으나(행정소송법 제18조), 도로교통법 제142조는 "이 법에 의한 처분으로서 해당 처분에 대한 행정소송은 행정심판의 재결을 거치지 아니하면 이를 제기할 수 없다"고 하여 행정심판의 전치를 필요적 절차로 규정하고 있다. 따라서 甲은 행정심판절차를 거친 후 행정소송을 제기할 수 있다. 행정심판과 행정소송의 제기에는 제소기간의 제한 등이 따른다.

### 2. 불복방법

(1) 甲은 운전면허취소처분 자체에 하자가 있는 경우에는 그 하자를 이유로 운전면허취소처분을 다툴 수 있다. 그 하자의 중대성·명백성 여하에 따라 운전면허취소처분취소소송 또는 운전면허취소처분무효확인소송을 제기할 수 있다.

(2) 甲은 운전면허취소처분 자체에 하자가 없다고 하여도 운전면허취소처분에 선행하였던 운전면허정지처분에 하자가 있었다면 그 하자를 이유로 운전면허취소처분을 다툴 수 있다. 그 하자가 무효사유에 해당한다면 운전면허취소처분무효확인소송을 제기할 수 있고, 그 하자가 취소사유에 불과하다면 '행정행위의 하자의 승계론'을 활용하여 운전면허취소처분취소소송을 제기할 수 있다.

## Ⅱ. 하자의 치유

### 1. 하자 있는 행정행위의 치유

(1) 행정행위가 발령 당시 적법요건을 완전히 구비한 것이 아니어서 위법하여도 사후에 흠결을 보완하게 되면, 발령 당시의 하자에도 불구하고 그 행위의 효과를 다툴 수 없도록 유지하는 것을 하자있는 행정행위의 치유라 한다.

(2) 하자의 치유를 인정하는 취지는 법생활의 안정과 신뢰보호, 불필요한 행정행위의 반복방지에 있다.

(3) 우리의 통설과 판례는 하자의 치유를 취소할 수 있는 행위에 인정하고, 무효인 행위에는 인정하지 아니한다.

## 2. 치유사유와 설문

(1) 강행규정인 도로교통법 시행규칙 제93조 제2항 및 행정절차법 제24조 제1항은 면허정지처분을 문서로 하도록 규정하고 있으므로, 구두통지에 의한 면허정지처분은 위법하다. 그 위법의 하자는 외관상 명백하고 내용상 중대하므로, 무효의 사유가 된다. 따라서 지방경찰청장의 구두에 의한 면허정지처분은 무효인 처분이다.

(2) 지방경찰청장의 甲에 대한 운전면허정지처분은 무효이므로 사후에 서면으로 고지하였다고 하여도 그 하자는 치유되지 아니한다. 사후에 서면으로 통보하였다면, 그 통보에 의해 비로소 새로운 운전면허정지처분이 발령되었다고 할 것이다.

## 3. 치유시점과 설문

(1) 만약 지방경찰청장의 甲에 대한 운전면허정지처분이 취소할 수 있는 행위라면, 하자의 치유의 대상이 된다. 이 경우에는 치유시점이 문제된다. 일부 학설은 사후추완(결여된 요건의 사후제시)은 행정심판단계에서 가능하고 행정소송단계에서는 불가능하지만, 사후보완(부족한 기존의 요건의 보충)은 행정소송단계에서도 가능하다고 한다. 판례는 하자의 추완이나 보완은 행정심판제기 이전에만 가능하다고 한다.

(2) 소송경제의 관점에서 볼 때, 소송절차의 종결 전까지 사후추완이나 사후보완을 모두 인정하는 것이 실제적이다. 물론 이러한 것도 처분의 동일성을 해하지 않는 범위 안에서만 가능하다고 본다.

# 31 행정행위의 하자의 승계
[광고물표시허가기간 연장허가신청의 거부와 대집행]

[설문]

2014. 7. 14 A는 허가청으로부터 다음 내용의 광고물표시허가를 받았다.
[규격: 가로 3m × 세로 1m, 허가기간: 2014. 7. 14 - 2016. 7. 13(2년)]

2016. 7 .8  A는 광고물표시허가의 기간연장허가를 신청하였다.

2016. 10. 5 허가청은 '가로 3m × 세로 1m' 크기의 광고물을 허용하지 아니
하는 옥외광고물등관리법 시행령 개정(개정일: 2015. 7. 14)을 이유로 A의 신
청을 반려하였다.

2017. 8. 5  허가청은 A에게 2017년 8월 15일까지 자진철거할 것을 명하고,
이를 이행하지 아니할 때에는 행정대집행법에 의하여 대집행을 한다는 뜻의
계고서를 발부하였고 A는 이틀 후에 이를 수령하였다.

2017. 9. 7  A가 자진철거를 아니하였으므로 허가청은 A에 대하여 2017년
10월 20일 10:00부터 18:00 사이에 대집행을 실시하겠다는 뜻의 대집행영장을
적법하게 발부하였다.

[물음 1] 계고처분은 적법유효한가? 행정대집행법 제3조 부분만 검토하라.

[물음 2] A는 2017년 12월 1일에 대집행영장발부통보처분의 위법을 주장할
수 있는가?

◇ 참고조문 ◇
행정대집행법
제3조(대집행의 절차) ① 전조의 규정에 의한 처분(이하 "대집행"이라 한다)을 하려함
에 있어서는 상당한 이행기한을 정하여 그 기한까지 이행되지 아니할 때에는 대집행을
한다는 뜻을 미리 문서로써 계고하여야 한다. 이 경우 행정청은 상당한 이행기한을 정
함에 있어 의무의 성질·내용 등을 고려하여 사회통념상 해당 의무를 이행하는 데 필
요한 기간이 확보되도록 하여야 한다.
② 의무자가 전항의 계고를 받고 지정기한까지 그 의무를 이행하지 아니할 때에는 당
해 행정청은 대집행영장으로써 대집행을 할 시기, 대집행을 시키기 위하여 파견하는
집행책임자의 성명과 대집행에 요하는 비용의 개산에 의한 견적액을 의무자에게 통지

하여야 한다.

행정심판법

제27조(심판청구의 기간) ① 행정심판은 처분이 있음을 알게 된 날부터 90일 이내에 청구하여야 한다.

행정소송법

제20조(제소기간) ① 취소소송은 처분등이 있음을 안 날부터 90일 이내에 제기하여야 한다. …

[해설]

Ⅰ.계고처분의 적법유효 여부
 1. 계고처분의 요건
 2. 상당한 이행기간 부여 여부
 3. 계고처분의 하자의 효과
Ⅱ. 대집행영장발부통보처분의 쟁송 가능성

 1. 문제상황
 2. 행정행위의 하자의 승계론
 3. 계고처분과 대집행영장발부통보처분의
    관계

# Ⅰ.계고처분의 적법유효 여부

## 1. 계고처분의 요건

행정대집행법 제3조 제1항을 보면, 대집행을 하려 함에 있어서는 상당한 이행기한을 정하여 그 기한까지 이행되지 아니할 때에는 대집행을 한다는 뜻을 미리 문서로써 계고하여야 한다. 따라서 '상당한 기간을 설정할 것'과 '문서방식에 의한 계고'가 계고의 요건이다. 설문에서 계고서가 발부되었다고 하므로 문서요건은 구비되었다.

## 2. 상당한 이행기간 부여 여부

설문상 자진철거기간 10일의 부여가 '상당한 기간'에 해당하는지의 여부가 문제된다. 상당한 기간이란 사회통념상 의무의 이행에 필요한 기간을 말한다. 설문의 광고물은 대형광고물이므로 철거에 비교적 많은 비용이 든다는 점, 적절한 철거전문가를 확보하는 데에도 얼마간의 기간이 필요할 것이라는 점 등을 고려할 때, 허가청이 A에게 자진철거기간으로 10일을 부여한 것은 상당한 이행기간을 부여한 것으로 보기 어렵다(대판 1992. 12. 8, 92누11626). 따라서 허가청의 계고처분은 위법하다.

## 3. 계고처분의 하자의 효과

통설과 판례인 중대명백설에 따르면, 중대하고 명백한 하자는 무효의 사유가 되고, 중대하지만 명백하지 아니한 하자나 명백하지만 중대하지 아니한 하자는 취소사유가 된다. 설문에서 이행기간을 10일간 부여한 것은 중대한 하자라 할 것이지만, 그 하자가 외관상 명백하다고 보기 어렵다. 따라서 허가청의 계고처분은 취소할 수 있는 행위이다.

# Ⅱ. 대집행영장발부통보처분의 쟁송 가능성

## 1. 문제상황

A가 대집행영장발부통보처분을 다투려는 2017년 12월 1일은 선행한 계고처분을 다툴 수 있는 기간을 경과한 후이다. 왜냐하면 2017년 12월 1일은 계고처분에 대한 취소심판이나 취소소송을 제기할 수 있는 기간인 '처분을 안 날 (2017. 8. 7)로부터 90일(행정심판법 제27조 제1항; 행정소송법 제20조 제1항 본문)을 경과한 후이기 때문이다. 따라서 [물음 2]에서는 행정행위의 하자의 승계문제, 즉 계고처분의 위법을 이유로 대집행영장발부통보처분을 다툴 수 있는지에 대한 검토를 필요로 한다.

## 2. 행정행위의 하자의 승계론

(1) 의　　의　　① 둘 이상의 행정행위가 연속적으로 행해지는 경우, 선행행위에 하자가 있으면 후행행위 자체에 하자가 없어도 후행행위에 영향을 미치는가에 관한 논리를 행정행위의 하자의 승계론이라 한다. ② 행정행위의 하자의 승계문제는 선행행위가 무효인 경우는 문제되지 아니한다. 왜냐하면 이 경우에는 선행행위 그 자체의 무효를 다투면 되기 때문이다. 선행행위가 불가쟁력을 발생하기 전에도 문제되지 아니한다. 왜냐하면 이 경우에는 바로 선행행위를 다툴 수 있기 때문이다. 따라서 행정행위의 하자의 승계문제는 선행행위에 무효원인이 아닌 하자가 있고, 또한 선행행위가 불가쟁력을 발생한 경우에 문제된다.

(2) 해결방법    전통적인 견해와 판례에 따르면, 선행행위와 후행행위가 상호관련적이지만 별개의 목적으로 행하여지는 경우에는 선행행위의 위법성이 후행행위에 승계되지 아니하지만, 선행행위와 후행행위가 일련의 절차를 구성하면서 하나의 효과를 목적으로 하는 경우에는 선행행위의 위법성이 후행행위에 승계된다고 한다.

### 3. 계고처분과 대집행영장발부통보처분의 관계

(1) 계고처분과 대집행영장발부통보처분은 모두 (준법률행위적) 행정행위에 해당한다. 일설은 계고처분을 작위하명으로 본다. 계고처분과 대집행영장발부통보처분은 모두 (준법률행위적) 행정행위에 해당하므로, 양자간에는 '행정행위의 하자의 승계'가 문제될 수 있는 전제를 갖추고 있다.

(2) 계고처분은 행정청이 의무자에게 발생된 의무의 이행을 종용하는 것이고, 대집행은 의무자가 발생된 의무를 불이행하는 경우에 행정청이 의무자를 대신하여 발생된 의무를 이행하는 것이므로, 계고처분과 대집행영장발부통보처분은 발생된 의무의 이행이라는 하나의 효과(목적)를 위해 단계적으로 진행되는 절차의 부분이다. 따라서 계고처분의 위법성은 대집행영장발부통보처분에 승계된다(대판 1996. 2. 9, 95누12507).

## 32 행정행위의 취소
[개발제한구역에서의 건축허가]

[설문]

　A시의 외곽에 토지를 소유하고 있는 甲은 A시장의 건축허가를 받아 이곳에 주택을 짓기 시작하였다. 건축허가를 받은 지 2개월 후 甲이 기초공사를 완료하였을 때 도의 감사과정에서 해당지역이 주택을 지을 수 없는 개발제한구역임이 밝혀졌다. 감독기관인 도지사는 A시장에게 甲에게 발급한 건축허가를 취소하라고 명령을 내렸다. 이에 따라 A시장은 청문절차를 거친 후 건축허가를 취소함과 동시에 철거명령을 내렸다. 건축허가취소에 대하여 甲은 전심절차를 거친 후 취소소송을 제기하였다. 인용 여부를 논하시오. 그리고 취소소송 이외의 다른 구제수단이 있다면 사안과 관련하여 간단히 논급하시오.

◇ 참고조문 ◇

개발제한구역의 지정 및 관리에 관한 특별조치법

제12조(개발제한구역에서의 행위제한) ① 개발제한구역에서는 건축물의 건축 및 용도변경, 공작물의 설치, 토지의 형질변경, 죽목(竹木)의 벌채, 토지의 분할, 물건을 쌓아놓는 행위 또는 「국토의 계획 및 이용에 관한 법률」 제2조제11호에 따른 도시·군계획사업(이하 "도시·군계획사업"이라 한다)의 시행을 할 수 없다. 다만, 다음 각 호의 어느 하나에 해당하는 행위를 하려는 자는 특별자치시장·특별자치도지사·시장·군수 또는 구청장(이하 "시장·군수·구청장"이라 한다)의 허가를 받아 그 행위를 할 수 있다.

[해설]

| I. 논점의 정리 | III. 손실보상의 청구 가능성 |
|---|---|
| II. 취소소송의 인용 가능성 | 1. 신뢰보호와 손실보상 |
| 　1. 행정행위의 적법요건 | 2. 설문과 손실보상 |
| 　2. 직권취소의 원인 | IV. 기타 구제수단 |
| 　3. 직권취소의 자유와 제한 | V. 결론 |
| 　4. 소결 | |

## Ⅰ. 논점의 정리

(1) 甲이 제기한 취소소송이 인용되기 위해서는 甲은 소송요건과 본안요건을 모두 구비하여야 한다. 설문상 원고적격 등의 소송요건과 관련하여 특별히 문제되는 것은 없어 보인다. 설문과 관련하여서는 본안요건, 즉 A시장의 건축허가취소처분의 적법 여부가 핵심논점이다.

(2) 취소소송 이외의 구제수단으로는 손실보상과 손해배상의 청구가 가장 중심적인 구제수단이고, 그 외에 청원·진정·여론에의 호소 등을 생각할 수 있다. 답안에서는 손실보상을 중심으로 살피기로 한다.

## Ⅱ. 취소소송의 인용 가능성

### 1. 행정행위의 적법요건

(1) 행정행위가 적법한 것이 되기 위해서는 주체·내용·형식·절차의 요건을 모두 구비하고, 상대방 있는 행위의 경우에는 상대방에게 통지되어야 한다.

(2) 설문의 경우, 주체요건과 절차요건에는 문제가 없어 보이고, 형식요건에 관해서는 언급된 바가 없기에 논외로 한다. 다만 내용요건과 관련하여 취소사유가 있는지, 만약 있다면 그 취소는 자유로운 것인지의 여부가 문제된다.

(3) 여기서 취소란 일단 유효하게 성립한 행정처분이 위법 또는 부당함을 이유로 소급하여 그 효력을 소멸시키는 별도의 행정처분을 말한다(대판 1999. 12. 28. 98두1895).

### 2. 직권취소의 원인

(1) 행정행위의 취소(직권취소)의 법리를 규율히는 일반법은 없다. 그러나 통설과 판례는 명문의 규정이 없어도 단순위법의 행위 또는 부당한 행위는 직권취소의 대상이 된다(대판 2014. 11. 27. 2013두16111). 단순위법의 행위란 무효원인이 아닌 하자 있는 행위를 말한다. 여기서 무효원인이 아닌 하자라 함은 중대하나 명백하지 아니한 하자 또는 명백하나 중대하지 아니한 하자를 말한다(중대명백설).

(2) 설문의 경우, 개발제한구역의 지정 및 관리에 관한 특별조치법 제12조

제1항에 의거하여 개발제한구역 안에서의 건축허가는 금지되는바, 개발제한구역 안에서 행한 A시장의 건축허가는 위법한 처분이다. 위법의 하자는 내용상 중대하지만 외관상 명백하지 않다. 따라서 A시장의 건축허가는 취소의 대상이 되는 행위이다.

### 3. 직권취소의 자유와 제한

(1) 취소의 사유가 있다고 직권취소가 언제나 자유로운 것은 아니다. 침익적 행위와 수익적 행위로 구분하여 살피기로 한다.

(2) 침익적 행위의 직권취소는 자유롭다. 왜냐하면 그 취소는 관계자에게 수익적이므로 관계자의 권익보호에 유익할 뿐만 아니라 그 취소는 또한 적법한 상태로의 회복이므로 법치국가의 요구에 부합하기 때문이다.

(3) 수익적 행위의 직권취소는 본질적으로 제한된다. 수익적 행위의 직권취소는 행정의 법률적합성의 원칙과 법적 안정성의 원칙의 조화에서 그 한계를 갖는다(대판 2014. 11. 27. 2013두16111). 관계자의 신뢰보호의 요청이 공익보다 큰 경우에는 취소가 곤란하고, 행위의 적법성의 요구가 큰 경우에는 취소가 가능하다.

(4) 설문의 경우, 개발제한구역의 보존으로 인한 이익은 건축허가에 대한 甲의 신뢰이익보다 크다. 말하자면 도시의 무질서한 확산을 방지하고 도시주변의 자연환경을 보전하여 도시민의 건전한 생활환경을 확보하기 위한 목적의 개발제한구역의 보존으로 인한 이익은 도시민 모두를 위한 공익적인 것으로서 甲의 건축허가에 대한 신뢰이익보다 크다고 할 것이므로, A시장은 건축허가를 취소할 수 있다.

### 4. 소    결

시장의 甲에 대한 건축허가취소처분은 적법하다. 따라서 A시장의 건축허가취소처분의 위법을 이유로 그 처분의 취소를 구하는 甲의 청구는 타당하지 않다. 甲의 청구는 인용되기 어렵다.

## Ⅲ. 손실보상의 청구 가능성

### 1. 신뢰보호와 손실보상

수익적 행위의 직권취소의 경우, 상대방의 신뢰가 취소에 따른 공익과 형량하여 보호할 필요가 있는 경우에는 그 상대방은 행정행위의 존속에 대한 신뢰를 바탕으로 재산상의 손실보상을 구할 수도 있어야 할 것이다.

### 2. 설문과 손실보상

① A시장의 위법한 건축허가의 발령에 甲의 귀책사유가 전혀 없다는 점, ② 甲이 건축허가를 받아 이미 기초공사를 완료하였다는 점 등을 고려할 때, 甲의 신뢰는 보호되어야 한다. 그 보호는 기초공사에 투하된 자본의 회수에 놓인다. 요컨대 A시는 건축허가취소처분으로 인해 甲이 받은 피해인 기초공사에 투하된 자본 등을 보상하여야 한다.

## Ⅳ. 기타 구제수단

(1) **국가배상청구 가능성**    A시장이 건축허가처분을 해준 것에 직무상 귀책사유가 인정된다면 국가배상법 제2조에 의한 배상청구가 가능하다.

(2) **청원·진정·여론에의 호소**    간접적·우회적인 구제수단으로 청원 또는 진정을 하거나 여론에 호소하는 방법을 생각할 수 있다.

## Ⅴ. 결    론

(1) A시장의 甲에 대한 건축허가취소처분은 적법한바, A시장의 건축허가취소처분의 취소를 구하는 甲의 청구는 인용되기 어렵다.

(2) A시는 건축허가취소처분으로 인해 甲이 받은 피해인 기초공사에 투하된 자본 등을 신뢰보호의 관점에서 보상하여야 한다.

(3) 한편, A시장에 직무상 귀책사유가 인정된다면 국가배상법 제2조에 의한 배상청구가 가능하고, 청원·진정·여론에의 호소도 간접적인 구제수단이 될 수 있다.

## 33 행정행위의 철회
[유통단지건설을 사유로 하는 건축허가의 철회]

**[설문]**

A는 2012년 12월 20일에 B시장으로부터 C지역에서 적법하게 다세대주택의 건축허가를 받았다. 그런데 B시는 2014년 4월 10일에 C지역과 D지역에 걸쳐 대규모유통단지를 건설하기로 결정하였다. 이제 A에 대한 건축허가는 유통단지건설에 중대한 장애요인이 되고 있다. B시장은 A에 대한 건축허가를 취소할 수 있는가? 건축법에 이에 관한 명시적 규정이 없는 것으로 한다.

**[해설]**

## Ⅰ. 논점의 정리

건축법에는 철회에 관한 규정을 두고 있지 않다. 대규모유통단지의 건설계획이 적법한 건축허가의 철회사유가 되는지의 여부는 학설과 판례가 정함에 따라야 한다. 건축허가의 철회는 수익적 행위의 철회이고, 수익적 행위의 철회는 침익적 효과를 가져오는바, 헌법 제37조 제2항(국민의 모든 자유와 권리는 국가안전보장·질서유지 또는 공공복리를 위하여 필요한 경우에 한하여 법률로써 제한할 수 있으며, 제한하는 경우에도 자유와 권리의 본질적인 내용을 침해할 수 없다)에 비추어 설문에 법률유보의 원칙이 적용되는가의 여부가 문제된다. 한편, 설문의 건축허가의 취소는 학문상 건축허가의 철회로 새겨야 한다.

## Ⅱ. 건축허가의 철회와 법률유보의 원칙

건축허가는 수익적인 행위일지라도 건축허가의 철회는 침익적인 행위이다. 건축허가는 제한되었던 건축상의 자유를 회복하는 것이지만, 건축허가의 철회는 회복되었던 건축의 자유가 다시 제한되는 것이기 때문이다. 건축허가는 기본권의 보장이고, 건축허가의 철회는 기본권의 제한에 해당한다. 따라서 헌법 제37조 제2항에 비추어 본다면, 건축허가의 철회는 기본권을 제한하는 것이기 때문에 명시적인 법률상의 근거를 필요로 한다. 그러나 건축법령상 설문과 관련한 명시적인 규정은 찾아보기 어렵다. 이와 관련하여 건축허가의 철회에 예외 없이 법적 근거가 있어야 하는가의 문제가 있다.

## Ⅲ. 철회의 법적 근거의 요부

### 1. 학    설

(1) 법적 근거불요설    행정법규가 완벽하지 아니한 상태에서 철회에 일일이 법률의 근거를 요한다고 하면 공익상 중대한 요청이 있는 경우에도 철회할 수 없게 되는바, 이것은 불합리하므로 명시적인 근거가 없어도 철회가 가능하다는 입장이다. 논자에 따라서는 법률에 철회의 근거가 있다고 하여도 그것은 제한적(열거적)이 아니라 예시적인 것으로 새겨야 한다고 하는데, 이것 역시 법적 근거불요설과 같은 취지이다.

(2) 법적 근거필요설    침익적인 행위의 철회는 수익적이므로 법률의 근거 없이도 가능하지만, 수익적 행위의 철회는 침익적이므로 헌법 제37조 제2항에 비추어 법률의 근거가 필요하다는 입장이다. 이 견해는 헌법 제37조 제2항에 충실한 견해이다.

(3) 제한적 긍정설    당사자에게 귀책사유가 있거나 철회권이 유보되어 있는 경우에는 법적 근거를 요하지 않으나, 공익상의 필요로 인한 경우는 법적 근거를 요한다는 견해이다.

## 2. 판    례

판례는 "행정행위를 한 처분청은 비록 그 처분 당시에 별다른 하자가 없었고, 또 그 처분 후에 이를 취소할 별도의 법적 근거가 없다 하더라도 원래의 처분을 존속시킬 필요가 없게 된 사정변경이 생겼거나 또는 중대한 공익상의 필요가 발생한 경우에는 그 효력을 상실케 하는 별개의 행정행위로 이를 취소할 수 있다고 할 것이다"(대판 1992. 1. 17, 91누3130)라고 하여 근거불요설의 입장을 취하고 있다. 판례의 이러한 입장은 계속되고 있다(대판 2004. 11. 26, 2003두10251·10268).

## 3. 검    토

법치주의원리 내지 법치행정을 강조하면 근거필요설을 취할 수밖에 없다. 그러나 행정법규의 불완전성, 행정의 탄력성확보 등 행정의 현실을 고려한다면 근거불요설을 택하지 않을 수 없다. 본서는 근거필요설의 입장을 취한다. 법적 근거가 없는 경우에는 행정지도 등을 통하여 행정목적을 달성할 수밖에 없다.

# Ⅳ. 철회의 사유

## 1. 사유의 예

근거불요설의 입장에서 법령상 명시적인 근거규정 없이도 행정행위의 철회가 가능하다고 하여도, 철회가 무제한 가능한 것은 아니다. 수익적 행위의 철회의 사유로는 ① 철회권의 유보가 있는 경우, ② 부담부행위에서 의무불이행이 있는 경우, ③ 사실관계의 변화, ④ 법적 상황의 변화, 그리고 ⑤ 그 밖에 공익상 중대한 필요성이 있는 경우 등을 들 수 있다.

## 2. 설문의 경우

근거필요설의 입장에서 보면, B시장은 A에 대한 건축허가를 철회할 수 없다. 그러나 근거불요설의 입장에서 보면, 명시적인 근거규정이 없더라도 B시장은 A에 대한 건축허가를 철회할 수는 있다. 왜냐하면 대규모유통단지는 시민생활의 편익을 위해 없어서는 아니 될 시설이고, 대규모유통단지의 조성은 국민의 경제생활의 안정을 위해 불가피하며, 또한 A에 대한 건축허가가 유통단지건설에 중대한 장애요인이 되고 있다고 판단되기 때문이다.

## V. 철회의 제한

### 1. 수익적 행위의 철회의 제한

침익적 행위의 철회는 수익적이므로 비교적 자유롭지만, 수익적 행위의 철회는 침익적이므로 자유로운 것이 아니다. 즉, 수익적 행위를 철회하더라도 수익적 행위를 신뢰한 사인을 위해 침해되는 사익과 실현하려는 공익과의 이익형량이 필요하며(대판 1997. 8. 22, 97누218; 대판 2004. 7. 22, 2003두7606), 또한 철회권을 행사함에 있어서도 비례원칙이 적용되므로 철회보다 경미한 침해수단을 사용하거나 일부철회가 가능한 경우 일부철회의 방법을 사용하여야 한다.

### 2. 설문의 건축허가취소의 제한 여부

A에 대한 건축허가의 취소(철회)는 결국 신뢰보호의 원칙이나 비례원칙에 위반하여 행사되어서는 아니된다. 설문의 경우 B시는 대규모유통단지를 건설하기로 한바 중대한 공익상의 요청이 있다고 생각되며 이러한 공익상의 필요는 사익을 능가하는 것으로 보인다. 그리고 건축허가가 유통단지건설에 중대한 장애요인이 되는바 행정지도와 같은 경미한 수단으로는 목적 달성이 어려우며, 가분성이 없어 일부철회도 불가능하므로 건축허가취소는 가능하다고 보여진다(대판 1964. 11. 10, 64누33).

## VI. 결    론

법적 근거필요설의 입장에서 보면, B시장은 A에 대한 건축허가를 철회할 수 없다. 그러나 법적 근거불요설의 입장에서 보면, 대규모유통단지의 건설을 이유로 B시장은 A에 대한 건축허가를 철회할 수 있다.

# 행정행위의 부관

**34** [유흥주점영업허가와 청소년인 유흥접객원 고용금지]

[설문]

A는 B군수로부터 식품위생법령이 정하는 바에 따라 유흥주점영업허가를 받았다. 그런데 동 영업허가에서 B군수는 다음을 조건으로 달았다. 다음의 각 조건들은 적법한가?

(1) 19세 미만의 자를 유흥접객원으로 고용하지 말 것.

(2) 손님차량의 주차를 위해 일정 주차공간을 허가일로부터 1개월 내에 확보할 것.

(3) 영업의 양도를 하지 말 것.

(4) 상기의 조건을 위반하면, 영업허가를 취소할 수 있음.

◇ 참고조문◇

식품위생법

제37조(영업허가 등) ② 식품의약품안전처장 또는 특별자치시장·특별자치도지사·시장·군수·구청장은 제1항에 따른 영업허가를 하는 때에는 필요한 조건을 붙일 수 있다.

제39조(영업 승계) ① 영업자가 영업을 양도하거나 사망한 경우 또는 법인이 합병한 경우에는 그 양수인·상속인 또는 합병 후 존속하는 법인이나 합병에 따라 설립되는 법인은 그 영업자의 지위를 승계한다.

제44조(영업자 등의 준수사항) ② 식품접객영업자는 「청소년 보호법」 제2조에 따른 청소년(이하 이 항에서 "청소년"이라 한다)에게 다음 각 호의 어느 하나에 해당하는 행위를 하여서는 아니된다.

1. 청소년을 유흥접객원으로 고용하여 유흥행위를 하게 하는 행위

제75조(허가취소 등) ① 식품의약품안전처장 또는 특별자치시장·특별자치도지사·시장·군수·구청장은 영업자가 다음 각 호의 어느 하나에 해당하는 경우에는 대통령령으로 정하는 바에 따라 영업허가 또는 등록을 취소하거나 6개월 이내의 기간을 정하여 그 영업의 전부 또는 일부를 정지하거나 영업소 폐쇄(제37조 제4항에 따라 신고한 영업만 해당한다. 이하 이 조에서 같다)를 명할 수 있다.

7. 제37조 … 제2항에 따른 조건을 위반한 경우

13. 제44조 제1항·제2항 및 제4항을 위반한 경우

청소년 보호법

제2조(정의) 이 법에서 사용하는 용어의 정의는 다음과 같다.

1. '청소년'이라 함은 19세 미만의 자를 말한다. 다만….

[해설]

## Ⅰ. 논점의 정리

조건의 적법성 여부는 조건(부관)의 가능성의 문제와 한계의 문제로 나누어서 검토할 필요가 있다. 그런데 식품위생법은 제37조 제2항에서 부관을 붙일 수 있음을 규정하고 있으므로, 부관의 한계문제만 검토하기로 한다

## Ⅱ. 부관의 한계

부관의 한계는 ① 부관이기 때문에 갖는 한계와 ② 부관도 법적 행위, 즉 행정행위의 일부분이기 때문에 갖는 한계로 나누어 볼 수 있다. 전자로는 사항적 한계, 목적상 한계, 성질상 한계를 들 수 있고, 후자로는 적법성의 한계, 가능성의 한계, 명확성의 한계, 행정법의 일반원칙(예, 비례원칙, 신뢰보호의 원칙, 부당결부금지의 원칙)에 따른 한계를 들 수 있다. ①과 ②의 구분이 반드시 명확한 것은 아니다.

## Ⅲ. 부관별 적법 여부 검토

### 1. 미성년자인 유흥접객원의 고용금지

(1) **법정부관**　　이 조건은 고용행위라는 법적 행위를 하지 말라는 것이므로 부작위를 내용으로 하는 부담으로서의 부관이다. 이 조건은 B군수의 처분내

용 중에 포함되어 있지만, 그것은 행정행위의 부관이 아니고 법정부관이다. 왜냐하면 이것은 식품위생법 제44조 제2항 제1호에서 직접 규정되고 있는 사항으로서, B군수가 영업허가시에 그대로 옮겨놓은 것에 불과하기 때문이다. 이 법정부관의 적법 여부는 식품위생법 제44조 제2항 제1호의 적법 여부의 문제가 된다.

(2) 식품위생법 제44조 제2항의 적법성 검토    19세 미만의 청소년은 도덕상·윤리상의 위험으로부터 두텁게 보호되어야 한다고 볼 때, 식품위생법 제44조 제2항 제1호는 적법하다.

### 2. 주차공간의 확보

(1) 작위부담    이 조건은 주차공간을 적극적으로 마련하라는 것이므로 작위의무를 내용으로 하는 부담으로서의 부관이다. 손님차량의 주차를 위해 일정 주차공간을 허가일로부터 1개월 내에 확보하여야 한다는 부관은 교통난해소, 교통질서확보, 용이한 교통소통을 위해 붙여진 것이라고 추론된다.

(2) 사항적 한계의 위반으로서 위법    부관은 주된 행위의 목적에 부합하여야 하고 아울러 주된 행위와 사항적 통일성을 가져야 한다. 유흥주점영업허가의 근거법인 식품위생법은 식품으로 인한 위생상의 위해를 방지하고 식품영양의 질적 향상을 도모함으로써 국민보건의 증진에 이바지함을 목적으로 하는 것이므로 주차공간의 확보는 유흥주점영업허가와 사항적인 관련성이 없다. 또한 주차공간의 확보라는 부관은 유흥주점영업허가의 목적의 범위를 벗어난다. 따라서 유흥주점영업허가의 부관으로 주차공간확보를 명한 것은 위법하다(참고: 주차공간의 확보명령은 주차장법 등 주차관련법령에 근거를 두고 발령되어야 한다).

### 3. 영업양도의 금지

(1) 부작위부담    이 조건은 영업양도라는 법률행위를 하지 말라는 것이므로 부작위의무를 내용으로 하는 부담으로서의 부관이다.

(2) 법령위반으로서 위법    식품위생법은 영업양도를 금지하고 있지 않다. 식품위생법은 제39조에서 영업양도의 경우에 양수인이 양도인의 지위를 승계한다고 규정하고 있는바, 이는 영업양도를 간접적으로 승인하고 있는 규정으

로 볼 수 있다. 따라서 영업의 양도를 금지하는 부관은 식품위생법에 위반된다.

### 4. 취소권(철회권)의 유보

**(1) 철회권의 유보**    이 조건은 철회권의 유보로서의 부관이다. 설문상으로 '취소'라는 용어가 사용되고 있으나, 그것은 철회의 의미로 이해되어야 한다. 왜냐하면 설문은 적법한 영업허가를 전제로 사후적으로 부관상의 의무를 불이행한 경우의 문제이기 때문이다.

**(2) 법적 근거**    철회권의 유보의 부관은 ① 19세 미만의 유흥접객원의 고용금지의 부관, ② 주차장확보의 부관, ③ 영업양도금지의 부관 모두를 철회사유로 하고 있으나, 살펴본 바와 같이 ②와 ③은 위법하므로 철회권의 유보의 부관은 다만 ①과 관련하여 의미를 갖는다. 철회권의 유보의 부관은 ①에 관한 한 적법하지만, ②와 ③에 관한 한 위법하다.

## Ⅳ. 결    론

앞에서 검토한 바를 요약하면, ① 19세 미만의 유흥접객원 고용금지의 부관은 적법하다. 그러나 ② 주차장확보의 부관과 ③ 영업양도금지의 부관은 위법하다. 한편 ④ 철회권유보의 부관은 ①과 관련하는 범위 안에서 적법하다.

**35** 확    약
[개인택시운송사업의 양도 · 양수와 내인가]

## [설문]

　　A와 B는 2020년 2월 2일에 A가 운영하는 개인택시운송사업에 관한 일체의 권리를 B에게 인계인수하기로 하는 개인택시운송사업 양도 · 양수계약을 체결하였다. 다음 날 A와 B는 관련법령이 요구하는 서류를 구비하여 C광역시장에게 개인택시운송사업 양도 · 양수의 인가를 신청하였다. 같은 해 2월 5일에 C광역시장은 일단 내인가를 하였다. 그런데 2월 6일에 C광역시장은 'A, B간의 개인택시운송사업 양도 · 양수계약은 A가 각종 세금을 포탈하기 위한 불법적인 목적의 허위계약'이라는 투서를 접하게 되었고, 이를 근거로 하여 2월 20일에 내인가가 없었던 것으로 한다는 내인가의 취소를 허가신청인 A와 B에게 통지하였다. 이에 A와 B는 C광역시장의 내인가취소처분의 취소를 구하는 행정소송을 제기하였다. 이에 법원은 "내인가는 행정처분이 아니기 때문에 행정소송의 대상이 되지 아니한다"고 각하판결을 하였다. 과연 내인가는 행정소송의 대상인 처분이 아닌가?

◇ 참고조문 ◇
여객자동차 운수사업법
제14조(사업의 양도 · 양수 등) ② 대통령령으로 정하는 여객자동차운송사업을 양도 · 양수하려면 제1항에도 불구하고 국토교통부령으로 정하는 바에 따라 국토교통부장관 또는 시 · 도지사의 인가를 받아야 한다. 이 경우 국토교통부장관 또는 시 · 도지사는 국토교통부령으로 정하는 일정 기간 동안 여객자동차운송사업의 양도 · 양수를 제한할 수 있다.
구 여객자동차 운수사업법 시행령
제10조(양도 · 양수시 인가를 받아야 하는 여객자동차운송사업) 법 제14조 제2항의 규정에 의하여 양도 · 양수의 인가를 받아야 하는 여객자동차운송사업은 개인택시운송사업으로 한다.

[참고] 구 여객자동차운수사업법 시행령 제10조는 폐지되었으나, 학습을 위하여 존치하는 것으로 보기로 한다.

[해설]

# Ⅰ. 논점의 정리

법원의 판단이 정당한가의 문제는 내인가가 행정소송법상 처분개념의 요소를 모두 구비하고 있는가의 문제가 된다. 이에 답하기 위해 먼저 내인가의 의미를 살펴보고, 이어서 행정소송법상 처분개념을 분석하고 내인가를 이에 대비시켜 보기로 한다.

# Ⅱ. 내 인 가

## 1. 의    의

내인가는 실정법상 용어는 아니지만, 행정실무상 사용되고 있다. 허가의 경우는 내허가라 불린다. 행정실무상 여객자동차운송사업양도·양수의 인가와 관련하여 내인가의 방식이 활용되고 있다. 내인가는 '인가를 한다'는 의사표시가 아니라 '특별한 사정의 변화가 없는 한 장래에 인가를 할 것'이라는 행정청의 자기구속적인 의사표시로 통용되고 있다.

## 2. 성    질

학문상 행정주체가 사인에 대하여 장차 어떠한 행정행위를 하거나 하지 않겠다는 일방 구속적인 의사표시를 확약으로 부른다. 확약은 행정청에 구속적인 효과를 갖는다. 내인가는 확약의 일종으로 이해된다.

## Ⅲ. 행정소송법상 처분개념

### 1. 규정내용

행정소송법상 처분은 행정청이 행하는 구체적 사실에 관한 법집행으로서의 공권력의 행사 또는 그 거부와 그 밖에 이에 준하는 행정작용으로 정의되고 있다(행정소송법 제2조 제1항 제1호).

### 2. 규정의 분석

① 처분은 행정청이 행하는 공권력행사이다. 행정청에는 법령에 의하여 행정권한의 위임 또는 위탁을 받은 행정기관, 공공단체 및 그 기관 또는 사인이 포함된다(행정소송법 제2조 제2항). ② 처분은 구체적 사실에 관한 공권력행사이다. 구체적 사실이란 기본적으로 관련자가 개별적이고 규율대상이 구체적인 것을 의미한다. ③ 처분은 법집행으로서의 공권력행사이다. 법집행행위라는 점에서 처분과 사법(판결)은 유사한 면을 갖는다. 처분은 법집행행위이므로 법정립행위인 입법과는 구별된다. ④ 처분은 적극적 또는 소극적 공권력행사이다. 공권력행사란 공법에 근거하여 행정청이 우월적 지위에서 일방적으로 행하는 일체의 행정작용으로 이해된다. 공권력행사의 거부는 공권력행사의 소극적 유형으로서 당연히 공권력행사에 포함된다.

## Ⅳ. 취소소송의 본질과 처분개념

### 1. 취소소송의 본질

취소소송의 본질은 일반적으로 위법성의 소급적 제거에 있는 것으로 이해되고 있다. 사실적인 것은 소급적인 제거가 불가능하지만, 법적 행위의 위법성은 소급적으로 제거할 수 있으므로, 취소소송의 대상이 되는 공권력행사(처분)는 법적 행위에 한정된다.

### 2. 판례의 태도

판례는 항고소송의 대상이 되는 행정처분이라 함은 행정청의 공법상의 행위로서 특정사항에 대하여 법규에 의한 권리의 설정 또는 의무의 부담을 명하거나 기타 법률상 효과를 발생하게 하는 등 국민의 구체적인 권리·의무에 직접적 변동을 초래하는 행위를 말한다. 판례의 태도는 취소소송의 대상이 되는 공권력행사는 법적 행위에 한정된다는 것을 의미한다.

## V. 내인가의 처분성

### 1. 처분개념 해당 여부

① C광역시장은 행정소송법상 행정청에 해당하고, ② A와 B에 대한 C광역시장의 거부처분은 특정인에 대한 것이고 내용은 구체적이므로 구체적 사실에 해당하고, ③ C광역시장의 거부처분은 여객자동차 운수사업법 제14조 제2항 등에 근거한 것이므로 법집행에 해당하고, ④ C광역시장의 일방적인 행위로서 공권력행사에 해당한다.

### 2. 법적 행위 여부

내인가는 확약의 일종으로 이해되므로 내인가를 내준 C광역시장은 특별한 사정변경이 없는 양도인과 양수인에게 인가를 내주어야 할 구속을 받는다. 내인가의 이러한 구속력으로 인해 내인가를 받은 양도인과 양수인은 상당한 범위 안에서 영업양도의 법적 효과를 갖게 된다. 따라서 내인가는 양도인과 양수인 사이에 이루어진 양도·양수계약의 법적 효과 발생에 직접적인 영향을 미친다고 할 것이므로 법적 행위에 해당한다.

## VI. 결　　론

C광역시장이 A와 B 사이의 개인택시운송사업 양도·양수계약에 대하여 내준 내인가는 행정소송법상 처분개념에 해당할 뿐만 아니라, A와 B 사이의 개인택시운송사업 양도·양수계약에 법적 효과를 가져오는 행위이므로 행정소송의 대상이 되는 처분에 해당한다. 따라서 내인가는 행정소송의 대상이 되는 처분에 해당하지 않는다는 법원의 판단은 정당하지 않다.

# 36 행정지도
[위법한 권고·지도에 따른 행위]

## [설문]

(1) B는 A시장의 권고를 받아 B가 건물을 신축하였으나, 건축토지가 그러한 건물을 신축할 수 없는 개발제한구역인 경우, B에 대한 처벌이 가능한가?

(2) A시장은 주민건강보호를 위해 B회사의 C상품이 주민의 건강을 해칠 수 있다고 경고함으로써 B회사가 도산하게 된 경우, B회사는 국가배상을 청구할 수 있는가?

(3) A시장이 B에게 이발요금을 인하할 것을 계속 종용하는 경우, B가 취소소송을 제기하면 승소할 수 있는가?

◇ 참고조문 ◇

행정절차법

제2조(정의) 이 법에서 사용하는 용어의 뜻은 다음과 같다.

3. "행정지도"란 행정기관이 그 소관 사무의 범위에서 일정한 행정목적을 실현하기 위하여 특정인에게 일정한 행위를 하거나 하지 아니하도록 지도, 권고, 조언 등을 하는 행정작용을 말한다.

개발제한구역의 지정 및 관리에 관한 특별조치법

제31조(벌칙) ② 다음 각 호의 어느 하나에 해당하는 자는 3년 이하의 징역 또는 3천만원 이하의 벌금에 처한다.

1. 영리를 목적으로 또는 상습으로 제12조 제1항 단서 또는 제13조에 따른 허가를 받지 아니하거나 허가의 내용을 위반하여 건축물의 건축 또는 용도변경, 공작물의 설치, 토지의 형질변경, 죽목 벌채, 토지분할, 물건을 쌓아놓는 행위 또는 도시·군계획사업의 시행을 한 자

국가배상법

제2조 (배상책임) ① 국가나 지방자치단체는 공무원 또는 공무를 위탁받은 사인(이하 "공무원"이라 한다)이 직무를 집행하면서 고의 또는 과실로 법령을 위반하여 타인에게 손해를 입히거나, 「자동차손해배상 보장법」에 따라 손해배상의 책임이 있을 때에는 이 법에 따라 그 손해를 배상하여야 한다. ….

행정소송법

제19조(취소소송의 대상) 취소소송은 처분등을 대상으로 한다 ….

[해설]

## Ⅰ. 논점의 정리

설문은 모두 A시장의 권유행위에 따른 B의 행위와 관련이 있다. 설문에 답하기 위해서는 먼저 A시장의 권유행위의 의미를 검토하고, 다음으로 권유에 따른 B의 행위의 성질을 검토할 필요가 있다. 특히 (1)은 B의 행위의 위법성조각 여부, (2)는 국가배상법 제2조의 요건의 구비 여부, (3)은 A시장의 권유행위의 처분성에 관해 검토를 요한다.

## Ⅱ. 권고의 성질(행정지도)

### 1. 권고의 의의

행정지도란 행정기관이 그 소관사무의 범위 안에서 일정한 행정목적을 실현하기 위하여 특정인에게 일정한 행위를 하거나 하지 아니하도록 지도·권고·조언 등을 하는 행정작용을 말한다(행정절차법 제2조 제3호). 설문의 권고·경고·종용 모두 특정한 행위를 지도·권장하는 행위이므로 행정지도에 해당한다.

### 2. 비권력적 행위

행정지도는 국민의 임의적인 협력을 전제로 하는 비권력적인 작용이다. 행정기관은 행정지도의 상대방의 의사에 반하여 부당하게 강요하여서는 아니된다(행정절차법 제48조 제1항 본문). 그리고 행정기관은 행정지도의 상대방이 행정지도에 따르지 아니하였다는 것을 이유로 불이익한 조치를 하여서는 아니된다(행정절차법 제48조 제2항). 설문의 권고·경고·종용 역시 비권력적인 행위이다. B가 따르지 않는다고 하여도 A시장은 강제할 수 없다.

## 3. 사실행위

행정지도는 일정한 법적 효과의 발생을 목적으로 하는 의사표시가 아니다. 그것은 상대방의 임의적인 협력을 통해 사실상의 효과를 기대할 뿐이다. B에 대한 A시장의 권고·경고·종용 역시 사실행위이다. 따라서 A시장의 권고·경고·종용으로써 A시장과 B 사이에 법률관계가 형성되는 것은 아니다.

## Ⅲ. 위법한 지도와 가벌성(제1문)

(1) 행정지도는 강제가 아니라 상대방의 임의적인 협력을 기대하는 행위이다. 사인이 행정지도를 따른다고 하여도, 그것은 사인의 자발적인 행위이지 강제된 행위는 아니다. 따라서 명문의 규정이 없는 한 위법한 행정지도에 따른 행위일지라도 위법성이 조각된다고 할 수는 없다(대판 1994. 6. 14, 93도3247).

(2) 따라서 설문의 경우, A시장의 권고가 개발제한구역의 지정 및 관리에 관한 특별조치법 제11조 제1항에 위반되어 위법하므로 B가 A시장의 권고를 받아 건물을 신축하였다고 하여도 그 범법행위가 정당화될 수 없다. 따라서 동법 제30조 제1호에 의하여 B에 대한 처벌이 가능하다.

## Ⅳ. 위법한 지도와 국가배상(제2문)

(1) 국가배상청구의 가능 여부는 국가배상법 제2조가 정하는 요건의 구비 여부에 의존한다. 국가배상법 제2조가 정하는 요건은 '공무원, 직무를 집행함에 당하여, 고의 또는 과실, 법령에 위반, 타인, 손해'로 구성된다.

(2) A시장은 공무원이고, A시장의 경고는 주민건강보호를 위한 것으로서 지방자치법 제9조 제2항 제2호 바목 등에서 정하는 직무를 집행함에 당하여 이루어진 것이고, A시장의 경고는 고의에 의한 것이며, B회사는 타인에 해당하고, 도산은 손해에 해당한다. 그리고 B회사의 도산이 A시장의 경고에 의한 것이므로 손해와 경고 사이에 인과관계도 존재한다. 그러나 A시장의 경고가 법령에 위반된 것인지의 여부는 설문상 불분명하다. 법령에 위반된다면 B는 국가배

상청구권을 갖는다.

## Ⅴ. 위법한 지도와 취소소송(제3문)

(1) 취소소송은 처분등을 대상으로 한다(행정소송법 제19조). 처분등이란 행정청이 행하는 구체적 사실에 관한 법집행으로서의 공권력의 행사 또는 그 거부와 그 밖에 이에 준하는 행정작용(이하 "처분"이라 한다) 및 행정심판에 대한 재결을 말한다(행정소송법 제2조 제1항 제1호). 또한 취소소송은 위법성의 소급적인 제거를 목적으로 하므로 취소소송의 대상은 법적 행위이어야 한다.

(2) 판례는 "항고소송의 대상이 되는 행정처분이라 함은 행정청의 공법상의 행위로서 특정사항에 대하여 법규에 의한 권리의 설정 또는 의무의 부담을 명하거나 기타 법률상 효과를 발생하게 하는 등 국민의 구체적인 권리·의무에 직접적 변동을 초래하는 행위를 말하는 것이고, 행정권 내부에서의 행위나 알선, 권유, 사실상의 통지 등과 같이 상대방 또는 기타 관계자들의 법률상 지위에 직접적인 법률적 변동을 일으키지 아니하는 행위 등은 항고소송의 대상이 될 수 없다"(대판 1995. 11. 21. 95누9099)고 한다.

(3) A시장이 B에게 이발요금을 인하할 것을 종용하는 것은 단순한 권유일 뿐, 아무런 법적 효과도 가져오지 아니한다(대판 1996. 3. 22. 96누433). 따라서 B는 권유행위를 대상으로 취소소송을 제기하여도 각하를 면하기 어렵다. 그러므로 B는 승소할 수 없다.

# 37 처분의 사전통지
[사전통지결여의 장례식장 건축허가 거부처분]

## [설문]

甲은 국토의 계획 및 이용에 관한 법률상의 도시지역으로서 녹지지역에 위치한 토지 위에 지하 1층 지상 2층(건축면적 324m², 연면적 1,285m²) 규모의 장례식장을 신축하는 내용의 건축허가신청을 하였다. 관할 행정청인 A시(市)의 시장 乙은 건축위원회의 심의를 거친 다음 甲에게 사전에 통지하지 아니하고 2005년 6월 1일 '관계법령에 규정된 허가요건들은 전부 구비되었지만, 위 장례식장이 신축될 경우 관광도시로서의 위상이 크게 손상되어 공익이 현저히 침해될 우려가 있을 뿐만 아니라, 허가신청서에 첨부된 주민동의서도 대부분 위조되었다'는 이유로 甲의 건축허가신청을 반려하였다. 시장의 처분에 절차상 위법이 없는가?

◇ 참고조문 ◇

행정절차법

제21조(처분의 사전 통지) ① 행정청은 당사자에게 의무를 부과하거나 권익을 제한하는 처분을 하는 경우에는 미리 다음 각 호의 사항을 당사자등에게 통지하여야 한다.

1. 처분의 제목

2. 당사자의 성명 또는 명칭과 주소

3. 처분하려는 원인이 되는 사실과 처분의 내용 및 법적 근거

4. 제3호에 대하여 의견을 제출할 수 있다는 뜻과 의견을 제출하지 아니하는 경우의 처리방법

5. 의견제출기관의 명칭과 주소

6. 의견제출기한

7. 그 밖에 필요한 사항

④ 다음 각 호의 어느 하나에 해당하는 경우에는 제1항에 따른 통지를 하지 아니할 수 있다.

3. 해당 처분의 성질상 의견청취가 현저히 곤란하거나 명백히 불필요하다고 인정될 만한 상당한 이유가 있는 경우

[해설]

# Ⅰ. 논점의 정리

행정절차법 제21조 제1항에 비추어 설문에서 「건축위원회의 심의를 거친 다음 甲에게 사전에 통지하지 아니하고 甲의 건축허가신청을 반려하였다」는 부분에서 사전통지를 하지 아니한 것이 행정절차법 제21조 제1항의 위반이 아닌가라는 의문이 제기된다. 설문의 해결은 행정절차법 제21조의 해석문제가 된다.

# Ⅱ. 사전통지의 제도

## 1. 제도의 취지

행정절차법 제21조 제1항에서 정하는 처분의 사전통지제도는 당사자에 불이익한 처분에 대하여 방어할 수 있는 기회를 사전에 마련해줌으로써 당사자를 절차적으로 보호하고, 아울러 처분의 공정성·신뢰성·투명성의 확보에 기여하는데 그 목적이 있다.

## 2. 의무를 과하거나 권익을 제한하는 처분의 의미

행정절차법 제21조 제1항은 행정청은 당사자에게 「의무를 과하거나 권익을 제한하는 처분」을 하는 경우에 일정 사항을 당사자 등에게 사전에 통지하여야 함을 규정하고 있다. 여기서 의무를 과하거나 권익을 제한한다는 의미가 문제된다. 예컨대 과태료를 부과하는 것은 의무를 과하는 처분이고, 운전면허를 취소하는 것은 권익을 제한하는 처분임은 분명하다. 그러나 설문의 건축허가의 거부는 수익적 행위의 거부에 해당하는데, 이것이 행정절차법 제21조 제1항에서 말하는 「의무를 과하거나 권익을 제한하는 처분」에 해당하는지의 여부는 불분명하다.

### 3. 수익적 행위의 거부처분과 행정절차법 제21조 제1항

(1) 학　설　　수익적 행위의 거부처분에 행정절차법 제21조 제1항이 적용되는가의 여부와 관련하여 학설은 소극설과 적극설로 나뉜다. ① 소극설은 ⓐ 거부처분은 기성(旣成)의 권익을 제한하는 것이 아니라는 점, ⓑ 상대방의 신청에 따른 것이므로 성질상 이미 의견진술의 기회가 부여된 것으로 볼 수 있다는 점을 논거로 한다. ② 적극설은 ⓐ 거부처분으로 인해 당사자의 권익은 여전히 제한된다는 점, ⓑ 행정절차법은 적극적 침익처분과 거부처분을 구별하고 있지 않다는 점을 논거로 한다.

(2) 판　례　　판례는 "신청에 따른 처분이 이루어지지 아니한 경우에는 아직 당사자에게 권익이 부과되지 아니하였으므로 특별한 사정이 없는 한 신청에 대한 거부처분이라고 하더라도 직접 당사자의 권익을 제한하는 것은 아니어서 신청에 대한 거부처분을 여기에서 말하는 '당사자의 권익을 제한하는 처분'에 해당한다고 할 수 없는 것이어서 처분의 사전통지대상이 된다고 할 수 없다(대판 2003. 11. 28, 2003두674)"고 하여 소극설을 취한다.

(3) 사례와 행정절차법 제21조 제1항　　적극설을 취할 때 국민의 권익보호가 보다 실질적인 것이 될 수 있다는 점과 적극설을 취할 때 행정청에 발생할 수 있는 과중한 부담은 "당해 처분의 성질상 의견청취가 현저히 곤란하거나 명백히 불필요하다고 인정될 만한 상당한 이유가 있는 경우"에는 사전통지를 아니할 수 있다는 행정절차법 제23조 제4항 제3호의 활용을 통해 완화할 수 있으므로 적극설이 타당하다고 본다. 더욱이 「허가신청서에 첨부된 주민동의서도 대부분 위조되었다」는 것을 거부처분의 이유로 하였는데, 이러한 이유는 甲의 건축허가신청 시에는 예상할 수 없었던 것임을 고려할 때, 「수익적 행위의 거부처분은 상대방의 신청에 따른 것이므로 성질상 이미 의견진술의 기회가 부여된 것으로 볼 수 있다」는 소극설의 두번째 논거는 설득력이 없다. 따라서 甲에게 사전통지를 하지 아니한 것은 위법하다. 물론 판례는 위법하지 않다고 하게 된다.

# Ⅲ. 결   론

① 거부처분으로 인해 당사자의 권익은 여전히 제한된다는 점과 ② 행정절차법은 적극적 침익처분과 거부처분을 구별하고 있지 않다는 점 등을 고려할 때 처분의 사전통지를 규정하는 행정절차법 제21조 제1항은 수익적 처분의 거부에도 적용된다고 본다. 따라서 A시의 시장 乙이 건축위원회의 심의를 거친 다음 甲에게 사전에 통지하지 아니하고 甲의 건축허가신청을 반려한 것은 위법하다. 그러나 판례는 수익적 처분의 거부에 행정절차법 제21조 제1항의 적용이 없다고 보는바, 乙의 반려처분은 적법하다고 보게 된다.

## 38 행정절차
[의견청취절차가 결여된 운전면허정지처분]

[설문]

A지방경찰청장은 운전을 업으로 하는 자인 甲이 음주운전을 하였을 뿐만 아니라 음주측정을 거부하였다는 이유로 의견청취의 절차를 밟지 아니하고 도로교통법 제93조에 의하여 6월의 운전면허정지처분을 하였다. 甲은 위 처분의 취소를 구하는 소를 제기하려고 한다. 甲은 처분의 절차와 관련하여 어떤 주장을 할 수 있을 것인가?

◇ 참고조문◇

도로교통법

제93조(운전면허의 취소·정지) ① 지방경찰청장은 운전면허(연습운전면허는 제외한다. 이하 이 조에서 같다)를 받은 사람이 다음 각 호의 어느 하나에 해당하면 행정자치부령으로 정하는 기준에 따라 운전면허(운전자가 받은 모든 범위의 운전면허를 포함한다. 이하 이 조에서 같다)를 취소하거나 1년 이내의 범위에서 운전면허의 효력을 정지시킬 수 있다. 다만, 제2호, 제3호, 제7호부터 제9호까지(정기 적성검사 기간이 지난 경우는 제외한다), 제12호, 제14호, 제16호부터 제18호까지, 제20호의 규정에 해당하는 경우에는 운전면허를 취소하여야 한다.

1. 제44조 제1항을 위반하여 술에 취한 상태에서 자동차등을 운전한 경우

3. 제44조 제2항 후단을 위반하여 술에 취한 상태에 있다고 인정할 만한 상당한 이유가 있음에도 불구하고 경찰공무원의 측정에 응하지 아니한 경우

제44조(술에 취한 상태에서의 운전 금지) ① 누구든지 술에 취한 상태에서 자동차등(「건설기계관리법」 제26조제1항 단서에 따른 건설기계 외의 건설기계를 포함한다. 이하 이 조, 제45조, 제47조, 제93조제1항제1호부터 제4호까지 및 제148조의2에서 같다)을 운전하여서는 아니된다.

② 경찰공무원은 교통의 안전과 위험방지를 위하여 필요하다고 인정하거나 제1항을 위반하여 술에 취한 상태에서 자동차등을 운전하였다고 인정할 만한 상당한 이유가 있는 경우에는 운전자가 술에 취하였는지를 호흡조사로 측정할 수 있다. 이 경우 운전자는 경찰공무원의 측정에 응하여야 한다.

③ 제2항에 따른 측정 결과에 불복하는 운전자에 대하여는 그 운전자의 동의를 받아 혈액 채취 등의 방법으로 다시 측정할 수 있다.

④ 제1항에 따라 운전이 금지되는 술에 취한 상태의 기준은 운전자의 혈중알코올농도가 0.05퍼센트 이상인 경우로 한다.

행정절차법

제2조(정의) 이 법에서 사용하는 용어의 뜻은 다음과 같다.

7. "의견제출"이란 행정청이 어떠한 행정작용을 하기 전에 당사자등이 의견을 제시하는 절차로서 청문이나 공청회에 해당하지 아니하는 절차를 말한다.

제22조(의견청취) ③ 행정청이 당사자에게 의무를 부과하거나 권익을 제한하는 처분을 할 때 제1항(청문) 또는 제2항(공청회)의 경우 외에는 당사자등에게 의견제출의 기회를 주어야 한다.

④ 제1항부터 제3항까지의 규정에도 불구하고 제21조제4항 각 호(처분의 사전통지를 아니하는 경우)의 어느 하나에 해당하는 경우와 당사자가 의견진술의 기회를 포기한다는 뜻을 명백히 표시한 경우에는 의견청취를 하지 아니할 수 있다.

[해설]

## Ⅰ. 논점의 정리

행정절차법 제22조 제1항 등에 비추어 설문에서 「의견청취의 절차를 밟지 아니하고 도로교통법 제93조에 의하여 6월의 운전면허정지처분을 하였다」라는 부분에서 의견청취의 절차를 밟지 아니한 것이 행정절차법 제22조 제1항의 위반이 아닌가라는 의문이 제기된다. 따라서 甲은 의견청취절차의 하자를 주장할 수 있을 것인지의 여부에 대한 검토가 필요하다. 요컨대 설문 행정절차법 제22조 제1항 등의 해석문제가 된다.

## Ⅱ. 의견청취절차(의견제출절차)

### 1. 의견제출절차의 의의

의견제출절차란 행정청이 어떠한 처분을 하기에 앞서 당사자 등의 의견을 직접 듣는 절차를 말한다. 의견제출절차는 국민주권의 실현, 국가의사결정의 정당성확보, 법적 분쟁의 사전방지, 적정한 행정결정 그리고 능률적인 행정결정에 기여한다. 의견청취절차는 행정절차 중에서 가장 중심적인 것이다.

## 2. 의견제출절차가 요구되는 경우

행정청이 당사자에게 의무를 과하거나 권익을 제한하는 처분을 함에 있어서 제1항(청문) 또는 제2항(공청회)의 경우 외에는 당사자 등에게 의견제출의 기회를 주어야 한다(행정절차법 제22조 제3항). 당사자가 의견진술의 기회를 포기한다는 뜻을 명백히 표시한 경우에는 의견청취를 아니할 수 있다(행정절차법 제22조 제4항).

## 3. 의견제출절차 결여의 효과

(1) 학 설　　의견제출절차 결여의 효과에 관하여 명문의 규정이 없는 경우에 그것이 독립의 위법사유가 되는가의 여부와 관련하여 학설이 나뉜다. ① 소극설은 절차규정은 적정한 행정결정의 확보를 위한 것인 점, 그리고 절차위반을 이유로 다시 처분한다고 하여도 전과 동일한 처분을 하면 행정상 경제에 반한다는 점 등을 근거로 한다. ② 적극설은 적정한 절차는 적정한 결정의 전제가 된다는 점, 다시 처분한다고 하여 반드시 전과 동일한 처분을 하는 것은 아니라는 점, 취소소송 등의 기속력이 절차의 위법을 이유로 하는 경우에 준용된다는 점 등을 근거로 하고 있다. ③ 의견제출제도의 취지에 비추어 적극설이 타당하다.

(2) 판 례　　판례는 적극설의 입장에서 법령상 요구되는 청문절차·의견청취절차의 결여를 위법사유로 보고 있다. 다만 과거에 예외가 없었던 것은 아니지만(대판 1984. 11. 11, 82누116), 법령상 근거 없이 단순히 훈령상 요구되는 청문절차를 결여한 것은 위법사유로 보지 아니한다.

## 4. 설문과 의견제출절차

(1) 의견제출절차의 요부　　도로교통법에는 의견청취절차에 관해 규정하는 바가 없다. 그러나 일반법인 행정절차법 제22조 제3항에 의거하여 운전면허

정지처분을 하기 위해서는 당연히 의견제출절차를 거쳐야 한다. 왜냐하면 운전면허정지처분은 동 조항에서 말하는 행정청이 당사자의 권익을 제한하는 처분에 해당하기 때문이다.

(2) **하자의 효과**(쟁송 가능성)      A지방경찰청장의 甲에 대한 면허정지처분은 의견제출절차를 결여하여 위법하다. 무효와 취소의 구별기준에 관한 통설·판례의 입장인 중대명백설의 관점에서 볼 때 의견제출절차결여의 하자는 외관상 명백하지만 내용상 중대한 것으로 보기에는 어려움이 있다. 따라서 의견절차결여의 하자는 취소의 사유가 된다.

# Ⅲ. 소    결

운전면허정지처분을 함에 있어서 의견제출절차를 거치지 않은 경우에 당해처분은 위법하고, 이 위법은 중대한 하자가 아니므로 취소의 사유가 된다(대판 2007. 9. 21, 2006두20631). 따라서 甲이 운전면허정지처분의 취소를 구하는 것은 정당하다. 법원은 의견제출절차의 결여를 이유로 하는 甲의 청구부분은 인용하여야 한다.

## 39  행정절차
[주민투표절차가 결여된 방사성폐기물 처분시설지역 선정]

**[설문]**

　　산업통상자원부장관은 중·저준위방사성폐기물 처분시설(이하 "처분시설"
이라 한다)이 설치될 지역을 관할하는 지방자치단체의 지역(이하 "유치지역"
이라 한다)에 대한 지원계획 및 유치지역지원시행계획을 수립한 후, 처분시설
의 유치지역을 선정하고자 하였다. 이에 A시와 A시로부터 20킬로미터 밖에
위치한 B군, C군 등 3개 지역이 처분시설의 유치를 신청하였다. 산업통상자
원부장관은 B군과 C군에 대하여 '중·저준위방사성폐기물 처분시설의 유치지
역지원에 관한 특별법' 제7조 제3항에 따른 설명회를 개최하였으나, A시에 대
하여는 주민반대를 이유로 설명회나 토론회를 개최하지 아니하였다. 그 뒤
위 3개 지역에 대하여 주민투표를 실시한 결과 A시가 81.35%, B군이 55.24%,
C군이 61.17%의 찬성을 얻게 되자, 산업통상자원부장관은 부지선정위원회의
자문을 거쳐 A시를 최종 유치지역으로 선정하였다. A시 주민 甲은 유치지역
선정과 관련하여 해당지역 주민들을 대상으로 설명회나 토론회를 개최하지
않아 행정절차의 하자(흠)가 있다고 주장한다. 이러한 甲의 주장은 타당한가?

◇ 참고조문 ◇

중·저준위방사성폐기물 처분시설의 유치지역지원에 관한 특별법

제1조(목적) 이 법은 중·저준위(中·低準位) 방사성폐기물 처분시설을 유치한 지역에
대한 지원체계를 마련하여 유치지역의 발전 및 주민의 생활 향상에 이바지함을 목적으
로 한다.

제7조(유치지역의 선정 등) ① 산업통상자원부장관은 「주민투표법」 제8조에 따른 주
민투표를 거쳐 유치지역을 선정하여야 한다.

② 산업통상자원부장관은 유치지역의 선정계획, 부지조사 결과, 선정과정 등을 공개적
이고 투명하게 진행하여야 한다.

③ 산업통상자원부장관은 유치지역의 선정과 관련하여 해당 지역 주민을 대상으로 설
명회 또는 토론회를 실시하여야 한다.

제8조(유치지역 특별지원금의 지원) ① 산업통상자원부장관은 「전기사업법」 제12조 제1항제3호에 따른 원자력발전사업자로 하여금 유치지역을 위한 특별지원금(이하 "지원금"이라 한다)을 관할지방자치단체에 지원하게 할 수 있다. 다만, 대통령령으로 정하는 바에 따라 설치지역으로부터 5킬로미터 이내에 위치하는 곳으로서 다른 시·군·자치구의 읍·면·동에 대하여도 지원금을 지원하게 할 수 있다.

제14조(지역주민의 우선 고용 및 참여) 처분시설의 설치, 운영 및 지원을 위하여 시행하는 사업에 유치지역의 주민을 우선하여 고용하거나 참여하게 할 수 있다.

주민투표법

제8조(국가정책에 관한 주민투표) ① 중앙행정기관의 장은 지방자치단체의 폐치(廢置)·분합(分合) 또는 구역변경, 주요시설의 설치 등 국가정책의 수립에 관하여 주민의 의견을 듣기 위하여 필요하다고 인정하는 때에는 주민투표의 실시구역을 정하여 관계 지방자치단체의 장에게 주민투표의 실시를 요구할 수 있다. 이 경우 중앙행정기관의 장은 미리 행정자치부장관과 협의하여야 한다.

## [해설]

| | |
|---|---|
| Ⅰ. 토론회·설명회의 취지 | Ⅲ. 토론회·설명회를 결한 유치지역선정행위 |
| Ⅱ. 행정절차상 하자와 독립의 위법사유 여부 | 의 위법 여부 |
|   1. 학설 |   1. 위법성 긍정설 |
|   2. 판례 |   2. 위법성 부정설 |
|   3. 사견 |   3. 결론(사례에 적용) |

# Ⅰ. 토론회·설명회의 취지

중·저준위방사성폐기물 처분시설의 유치지역지원에 관한 특별법(이하 '특별법'이라 부른다) 제7조 제3항이 "산업통상자원부장관은 유치지역의 선정과 관련하여 해당 지역 주민을 대상으로 한 설명회 또는 토론회를 실시하여야 한다"고 규정하고 있는 것은 유치지역 선정과정에 관련된 주민을 참여시키고(국민주권), 관련 주민의 의사를 반영하고(민주주의), 관련 주민의 법적 분쟁을 미연에 방지하고(법치주의), 적정한 행정결정을 가능하게 하고(행정의 적정성), 이로써 능률적으로 유치지역을 선정하고자(행정의 능률성) 하는데 그 의미가 있다.

## Ⅱ. 행정절차상 하자와 독립의 위법사유 여부

### 1. 학   설

의견제출절차의 결여가 독립의 위법사유인가의 여부와 관련하여 학설은 ① 절차규정은 적정한 행정결정의 확보를 위한 것인 점, 그리고 절차위반을 이유로 다시 처분한다고 하여도 전과 동일한 처분을 하면 행정상 경제에 반한다는 점 등을 근거로 하는 소극설과 ② 적정한 절차는 적정한 결정의 전제가 된다는 점, 다시 처분한다고 하여 반드시 전과 동일한 처분을 하는 것은 아니라는 점, 취소소송 등의 기속력이 절차의 위법을 이유로 하는 경우에 준용된다는 점 등을 근거로 하는 적극설이 있다. 적극설은 오늘날 일반적 견해이기도 하다.

### 2. 판   례

판례는 적극설의 입장에서 법령상 요구되는 청문절차·의견청취절차의 결여를 위법사유로 보고 있다. 다만 과거에 예외가 없었던 것은 아니지만 법령상 근거 없이 단순히 훈령상 요구되는 청문절차를 결여한 것은 위법사유로 보지 아니한다.

### 3. 사   견

의견제출제도의 취지에 비추어 적극설이 타당하다.

## Ⅲ. 토론회·설명회를 결한 유치지역선정행위의 위법 여부

특별법 제7조 제3항에 정한 토론회와 설명회의 절차를 결하면서 이루어진 유치지역선정의 위법 여부와 관련하여 위법성 긍정설과 위법성 부정설의 논리가 가능하다.

### 1. 위법성 긍정설

위법성 긍정설은 ① 특별법 제7조 제3항의 토론회·설명회의 의미는 확보되어야 한다는 점, ② 특별법 제7조 제3항의 토론회·설명회는 제도의 취지상 행정절차법에서 규정하는 공청회에 버금가는 절차라 할 수 있다는 점, ③ 특별법 제7조 제3항은 토론회 또는 설명회의 개최를 의무적인 것으로 규정하고 있다는 점 등을 고려할 때, 특별법 제7조 제3항에 정한 토론회와 설명회의 절차를 거치지 않고 이루어진 유치지역선정은 위법하다는 논리이다.

## 2. 위법성 부정설

위법성 부정설은 ① 특별법 제7조 제3항의 토론회·설명회는 산업통상자원부장관의 유치지역선정에 단순히 참고하기 위한 절차일 뿐이라는 점, ② 유치지역선정에 토론회·설명회에서 제시된 내용에 반드시 구속되는 것은 아니라는 점, ③ A시의 주민의 반대로 토론회·설명회가 이루어질 수 없었으나 A시에서도 주민투표가 실시되었다는 점 등을 고려할 때, 특별법 제7조 제3항에 정한 토론회와 설명회의 절차를 거치지 않고 이루어진 유치지역선정은 위법하지 않는다는 논리이다.

## 3. 결론(사례에 적용)

위법성 긍정설의 논리가 타당하다. 위법성 부정설의 논거 중 ③의 논거가 경청할 만하다. 그러나 ③에 대해서는 A시에서 나중에 주민투표가 있었다고 할지라도, 주민의 반대가 있었다고 할지라도 토론회·설명회가 이루어지지 아니한 것은 절차위반으로 보아야 한다. 산업통상자원부장관이 A시에서 토론회 설명회를 개최하는 것이 불가능한 것으로 볼 만한 사정은 없기 때문이다. 요컨대 토론회·설명회를 거치지 않고 산업통상자원부장관이 A시를 최종유치지역으로 선정한 것은 절차상 위법하다.

## 40 정보의 공개
[경기도지사의 교통행정정보공개의 거부]

[설문]

　A는 B여객자동차운수회사에서 근무하다가 해고된 자이다. B운수회사는 경기도지사로부터 사업인가를 받았다. A는 경기도지사에게 'B에 인가한 노선도와 운행시간표의 열람 및 사본'을 요구하는 행정정보공개청구서를 제출하였다. 그런데 경기도지사는 A에게 열람은 허용하였지만(그러나 A는 열람하지 않았다), 다음의 사유로 사본교부(복사요청)는 거부하였다.

　(1) A는 B회사로부터 해고된 자이므로, B에 대한 인가자료를 요구하는 것은 합당하지 않다.

　(2) A가 B회사에서도 쉽게 구할 수 있는 것을 행정기관에 요구하는 것은 부당하다.

　(3) 열람을 허락하였으니, 그것은 사본교부에 갈음할 수 있다.

　(4) 행정인력의 부족으로 사본교부신청에 일일이 응할 수는 없다.

　A는 경기도지사의 사본교부거부처분의 취소를 구하는 소송을 제기하려고 한다. 인용 가능성은?

◇ 참고조문 ◇
공공기관의 정보공개에 관한 법률
제5조(정보공개 청구권자) ① 모든 국민은 정보의 공개를 청구할 권리를 가진다.
제9조(비공개 대상 정보) ① 공공기관이 보유·관리하는 정보는 공개 대상이 된다. 다만, 다음 각 호의 어느 하나에 해당하는 정보는 공개하지 아니할 수 있다.
제20조(행정소송) ① 청구인이 정보공개와 관련한 공공기관의 결정에 대하여 불복이 있거나 정보공개 청구 후 20일이 경과하도록 정보공개 결정이 없는 때에는 「행정소송법」에서 정하는 바에 따라 행정소송을 제기할 수 있다.

[해설]

## Ⅰ. 논점의 정리

A의 청구가 인용되기 위해서는 소송요건·본안요건을 모두 갖추어야 하지만, 설문과 관련하여서는 ① 소송요건 중 원고적격의 문제로서 A가 개인적 공권(법률상 이익)으로서 정보공개청구권을 갖는가의 여부, ② 본안의 문제로서 경기도지사가 내세운 사본교부의 거부처분이 위법한 것인지의 여부에 대한 검토가 특히 필요하다.

## Ⅱ. A의 정보공개청구권의 존부

### 1. 정보공개청구권의 관념

(1) 정보공개청구권이란 국민이나 주민이 각종의 행정기관에 대하여 정보를 알려 줄 것을 요구할 수 있는 개인적 공권을 말한다.

(2) 설문과 관련있는 여객자동차 운수사업법에는 정보공개에 관한 규정을 발견할 수 없다. 설문의 해결을 위해서는 정보공개에 관한 일반법인 공공기관의 정보공개에 관한 법률(이하 '공개법'이라 부른다)을 살펴볼 필요가 있다.

### 2. A의 정보공개청구권의 인정 근거

(1) 공개법 제5조 제1항은 "모든 국민은 정보의 공개를 청구할 권리를 가진다"고 규정하고 있다. 그리고 공개법 제5조 제1항은 국민 개개인에게 개인적 공권으로서 정보공개청구권을 인정하는 근거규정이다.

(2) 정보공개청구권에는 일반 국민 누구나 국가에 대하여 보유·관리하고 있는 정보의 공개를 청구할 수 있는 일반적인 정보공개청구권도 포함되고(대판 1999. 9. 21, 97누5114), 자신의 권익보호와 직접 관련이 있는 정보의 공개를 청구할 수 있는 개별적 정보공개청구권도 포함된다(대판 1999. 9. 21, 98두3426).

(3) A는 공개법 제5조 제1항에 따라 경기도지사에 대하여 정보공개청구권을 갖는다.

## Ⅲ. 경기도지사의 사본교부 거부처분의 위법 여부

### 1. 공개법상 공개거부사유

공개법 제9조 제1항은 "공공기관은 다음 각호의 어느 하나에 해당하는 정보에 대하여는 이를 공개하지 아니할 수 있다"고 규정하여 비공개대상정보에 관해서 규정하고 있다. 따라서 공개법 제9조 제1항 각호에 규정되지 아니한 사유로 공개를 거부할 수는 없다. 아래에서 거부사유의 적법 여부를 살피기로 한다.

### 2. 해고가 거부사유에 해당하는지의 여부

경기도지사는 'A는 B회사로부터 해고된 자이므로, B에 대한 인가자료를 요구하는 것은 합당하지 않다'고 하였다. 그런데 공개법은 정보공개청구권자와 공개를 청구하는 정보의 내용 사이에 사적 이해관계가 있을 것을 요구하는 규정을 두고 있지 않다. 따라서 B회사와의 사적 이해관계의 부존재를 거부처분의 이유로 삼은 것은 정당하지 않다.

### 3. 사인에의 청구 가능성이 거부사유에 해당하는지의 여부

경기도지사는 'A가 B회사에서도 쉽게 구할 수 있는 것을 행정기관에 요구하는 것은 부당하다'고 하였다. 그러나 공개법은 공공기관이 보유·관리하는 정보의 공개에 관해 규정하고 있을 뿐, 사인이 보유·관리하는 정보에 관하여 규정하고 있지는 않다. 따라서 경기도지사는 자신이 보유·관리하는 정보의 공개 여부만을 판단할 수 있을 뿐이고, 사인인 B운수회사가 보유·관리하고 있는 정보에 대하여 청구할 것을 요구할 수 있는 권한은 갖지 아니한다. 따라서 A가 B

회사에서도 쉽게 구할 수 있는 것(정보)을 행정기관에 요구하는 것은 부당하다는 경기도지사의 주장은 정당하지 않다.

### 4. 열람의 허락이 거부사유에 해당하는지의 여부

경기도지사는 '열람을 허락하였으니, 그것은 사본교부에 갈음할 수 있다'고 하였다. 그러나 열람과 사본교부는 개념상 별개의 것인 점, 열람보다 사본교부가 사인의 알 권리의 실현에 보다 효과적이라는 점, 공개법 제13조 내지 제15조는 구술뿐만 아니라 서면에 의한 정보공개도 예정하고 있다는 점, 사본교부가 경기도지사의 업무를 과다하게 하는 것은 아니라는 점, 복사가 현실적으로 어려운 것은 아니라는 점, 특히 열람의 허용은 사본의 교부에 갈음한다는 규정도 없다는 점 등에 비추어 열람의 허락을 사본교부에 갈음할 수 있다는 경기도지사의 주장은 정당하지 않다.

### 5. 인력부족이 거부사유에 해당하는지의 여부

경기도지사는 '행정인력의 부족으로 사본교부신청에 일일이 응할 수는 없다'고 하였다. 그런데 공개법은 인력부족을 공개거부사유로 규정하고 있지 않으며 해석상으로도 인력부족을 거부처분의 사유로 삼을 수 없다. 따라서 경기도지사가 인력부족을 거부사유로 삼은 것은 정당하지 않다.

## Ⅳ. 결  론

A는 공개법 제5조 제1항에 의거하여 정보공개청구권을 가진다. 경기도지사는 공공기관의 정보공개에 관한 법률에 규정된 공개거부사유가 아닌 사유로 공개를 위법하게 거부하였다. 따라서 A는 경기도지사의 위법한 거부처분으로 권리가 침해되었으므로 A가 제기한 사본교부거부처분 취소청구소송은 인용될 수 있다.

# 대집행

[아파트단지 내의 무단시설과 대집행]

## [설문]

　A는 인천남부교육지원청장으로부터 유치원설립인가를 받아 유치원을 경영하고 있다. A는 유치원 남쪽에 접하고 있는 토지(이 토지는 원래 B아파트 주민의 휴식공간으로 사용하기 위해 설치된 조경시설임)의 수목을 임의로 제거하고 어린이 놀이시설을 설치한 다음 단지 내 도로와 유치원을 차단하는 철제울타리를 설치하였다. 이 때문에 일부 아파트주민이 위 시설의 철거를 구하는 민원을 제기하였다. 이에 권한을 가진 C행정청은 2020년 4월 13일과 같은 해 6월 8일 A에 대하여 주택법 제42조 제2항 등 위반을 이유로 원상복구를 지시하였고, A가 이에 불응하자 같은 해 7월 10일 동일한 이유로 같은 달 15일까지 원상복구할 것을 명하고, 만일 위 기한까지 이행하지 않을 때에는 B행정청이 이를 집행하거나 제3자로 하여금 집행하게 하고 이에 따른 비용은 원고로부터 징수하겠다는 내용의 계고처분을 문서로 통지하였다. C행정청의 계고처분은 적법한가?

◇ 참고조문 ◇

행정대집행법

제2조(대집행과 그 비용징수) 법률(법률의 위임에 의한 명령, 지방자치단체의 조례를 포함한다. 이하 같다)에 의하여 직접명령되었거나 또는 법률에 의거한 행정청의 명령에 의한 행위로서 타인이 대신하여 행할 수 있는 행위를 의무자가 이행하지 아니하는 경우 다른 수단으로써 그 이행을 확보하기 곤란하고 또한 그 불이행을 방치함이 심히 공익을 해할 것으로 인정될 때에는 당해 행정청은 스스로 의무자가 하여야 할 행위를 하거나 또는 제삼자로 하여금 이를 하게 하여 그 비용을 의무자로부터 징수할 수 있다.

제3조(대집행의 절차) ① 전조의 규정에 의한 처분(이하 "대집행"이라 한다)을 하려함에 있어서는 상당한 이행기한을 정하여 그 기한까지 이행되지 아니할 때에는 대집행을 한다는 뜻을 미리 문서로써 계고하여야 한다. 이 경우 행정청은 상당한 이행기한을 정함에 있어 의무의 성질·내용 등을 고려하여 사회통념상 해당 의무를 이행하는 데 필요한 기간이 확보되도록 하여야 한다.

**주택법**

제42조(공동주택의 관리 등) ② 공동주택의 입주자·사용자 또는 관리주체가 다음 각
호의 어느 하나에 해당하는 행위를 하려는 경우에는 허가 또는 신고와 관련된 면적,
세대수 또는 입주자 등의 동의 비율에 관하여 대통령령으로 정하는 기준 및 절차 등에
따라 시장·군수·구청장의 허가를 받거나 신고를 하여야 한다.
1. 공동주택을 사업계획에 따른 용도 외의 용도에 사용하는 행위

## [해설]

# Ⅰ. 논점의 정리

C행정청의 계고처분의 위법 여부는 행정대집행법 제3조의 규정내용에 비
추어 대집행요건의 구비 여부 및 계고처분 그 자체의 위법 여부와 관련된다.
대집행요건의 구비 여부는 행정대집행법 제2조가 정하는 요건, 즉 ① 공법상
의무의 불이행이 있을 것, ② 그 의무는 대체적 작위의무일 것, ③ 다른 방법이
없을 것, ④ 공익상의 요청이 있을 것에 대한 검토가 필요하고, 계고처분 그 자
체의 위법 여부는 행정대집행법 제3조가 정하는 요건, 즉 ① 상당한 이행기한,
② 문서의 요건에 대한 검토가 필요하다.

# Ⅱ. 행정대집행법 제2조 요건(대집행의 상황요건) 구비 여부

## 1. 공법상 의무의 불이행

**(1) 공법상 의무**　　　행정대집행법상 대집행은 '공법상' 의무의 불이행이
있는 경우에 가능하다. '사법상' 의무의 불이행은 행정대집행법의 적용대상이
아니다. 설문에서 문제되는 원상복구의무는 공법인 주택법상 문제이므로, 설문

은 '공법상' 의무의 부분을 구비하였다.

(2) 불 이 행    행정대집행법상 대집행은 공법상 대체적 작위의무의 '불이행'이 있는 경우에 가능하다. 의무의 이행이 있었다면 대집행은 이루어질 수 없다. 그러나 설문의 경우, 후술하는 바와 같이 대체적 작위의무 자체가 존재하지 않았으므로 불이행은 처음부터 문제될 여지가 없다.

## 2. 대체적 작위의무

(1) 대체적 작위의무의 부과근거    대체적 작위의무란 타인이 대신하여 행할 수 있는 의무를 말한다. 대집행의 대상이 되는 대체적 작위의무는 법률(법률의 위임에 의한 명령, 지방자치단체의 조례를 포함한다)에 의하여 직접 명령되었거나 또는 법률에 의거한 행정청의 명령에 의한 행위로서 부과된 경우에 발생한다(행정대집행법 제2조).

(2) 부작위의무와 대집행    주택법 제42조 제2항은 「신고 전」에는 용도 외의 용도에 사용하는 것을 금지할 뿐, 즉 부작위의무를 부과할 뿐, 대체적 작위의무를 부과하고 있지 않다. 따라서 C행정청이 주택법 제42조 제2항에 근거하여 발한 원상복구명령은 법적 근거가 없는 위법한 처분으로서 무효의 처분이다. 무효인 처분으로부터 대체적 작위의무가 나오지 않으므로 A에게는 공법상 대체적 작위의무가 존재하지 아니한다.

## 3. 다른 방법이 없을 것

다른 방법이란 비례원칙상 의무자에 대한 침해가 대집행보다 경미한 수단을 의미한다. '다른 방법이 없을 것'이란 불이행한 대체적 작위의무가 있음을 전제로 하는 것인데, 설문의 경우에는 대체적 작위의무가 존재하지 아니하기 때문에 이 요건을 논할 의미가 없다.

## 4. 공익상의 요청이 있을 것

'공익상 요청이 있을 것'이란 불이행한 대체적 작위의무가 있음을 전제로 하는데, 설문의 경우에는 대체적 작위의무가 존재하지 아니하기 때문에 이 요건을 논할 실익은 없다.

## 5. 결　　론

C행정청의 A에 대한 원상복구명령은 법적 근거가 없는 무권한의 행위이어서 무효이고, 무효인 원상복구명령으로부터는 아무런 대체적 작위의무도 나오지 아니하므로, C행정청의 계고처분은 행정대집행법 제2조의 대집행요건 중 '공법상 대체적 작위의무의 불이행이 있을 것'이라는 부분을 결하고 있다. 따라서 C행정청의 계고처분은 위법하다.

# Ⅲ. 행정대집행법 제3조 제1항 요건(계고처분) 구비 여부

## 1. 상당한 이행기한

상당한 이행기간이란 사회통념상 이행에 필요한 상당한 기간을 말한다. 설문에서 C행정청이 2020년 4월 13일과 같은 해 6월 8일에 주택법 제42조 제2항 등 위반을 이유로 A에게 원상복구를 지시하였다 하여도 그것이 계고요건(예. 문서요건)을 구비한 것이 아니라면 사실행위일 뿐 계고처분은 아니다. 한편, C행정청이 2020년 7월 10일에 계고처분을 하면서 이행기간을 2020년 7월 15일까지로 한 것은 사회통념에 비추어 상당한 기간을 부여하였다고 보기 어렵다.

## 2. 문　　서

계고는 문서로 하여야 한다. 구두에 의한 계고는 무효이다. 설문에서 C행정청은 2020년 7월 10일 계고처분을 문서로 통지하였다고 하는바, 문서요건은 구비하였다.

## 3. 결　　론

C행정청의 2020년 4월 13일과 같은 해 6월 8일의 원상복구 지시가 계고요건(예. 문서요건)을 구비한 것이 아닌 한, C행정청의 2020년 7월 10일 계고처분은 상당한 이행기간을 부여하지 아니하였으므로 위법하다.

# 42  행정상 강제징수
[한국자산관리공사의 공매결정·공매통지·공매공고의 성질]

## [설문]

　　A시장은 골프장을 준공·개업한 B에게 취득세 과세처분을 하였으나 B는 체납하였다. 이에 A시장은 동 부동산을 압류하였다. 그리고 A시장은 한국자산관리공사에 동 부동산의 공매대행을 의뢰하였다. 이에 한국자산관리공사는 2020년 9월 10일 동 부동산을 일괄경매의 입찰방식에 의하여 공매하기로 결정하였다(공매예정일: 2020. 10. 21). 한국자산관리공사는 2020년 9월 15일 B에게 상기 내용의 공매통지를 하였고, 또한 한국자산관리공사는 2020년 9월 16일 공매공고를 하였다. 한국자산관리공사의 여러 행위 중에서 취소소송의 대상이 될 수 있는 것은?

◇ 참고조문 ◇

국세징수법

제61조(공매) ⑤ 세무서장은 압류한 재산의 공매에 전문 지식이 필요하거나 그 밖에 특수한 사정이 있어 직접 공매하기에 적당하지 아니하다고 인정할 때에는 대통령령으로 정하는 바에 따라 한국자산관리공사로 하여금 공매를 대행하게 할 수 있으며 이 경우의 공매는 세무서장이 한 것으로 본다.

금융기관부실자산 등의 효율적 처리 및 한국자산관리공사의 설립에 관한 법률

제6조(설립) 금융회사등이 보유하는 부실자산의 정리 촉진과 부실징후기업의 경영정상화 등을 효율적으로 지원하기 위하여 한국자산관리공사(이하 "공사"라 한다)를 설립한다.

## [해설]

| | |
|---|---|
| Ⅰ. 논점의 정리 | 2. 판례의 태도 |
| Ⅱ. 행정소송법상 처분개념 | 3. 법적 행위 |
| 　1. 규정내용 | Ⅳ. 설문에의 적용 |
| 　2. 규정의 분석 | 　1. 행정소송법상 처분개념에 해당 여부 |
| Ⅲ. 취소소송의 본질과 처분개념 | 　2. 취소소송의 대상인 처분인지의 여부 |
| 　1. 취소소송의 본질 | |

# Ⅰ. 논점의 정리

설문의 해결을 위해 취소소송의 대상이 되는 행정소송법상 처분개념과 취소소송의 본질에 따른 처분개념을 검토한 후, 공매결정·공매통지·공매공고가 처분에 해당하는지의 여부를 검토하기로 한다.

# Ⅱ. 행정소송법상 처분개념

## 1. 규정내용

행정소송법상 처분은 행정청이 행하는 구체적 사실에 관한 법집행으로서의 공권력의 행사 또는 그 거부와 그 밖에 이에 준하는 행정작용으로 정의되고 있다(행정소송법 제2조 제1항 제1호).

## 2. 규정의 분석

① 처분은 행정청이 행하는 공권력행사이다. 행정청에는 법령에 의하여 행정권한의 위임 또는 위탁을 받은 행정기관, 공공단체 및 그 기관 또는 사인이 포함된다(행정소송법 제2조 제2항). ② 처분은 구체적 사실에 관한 공권력행사이다. 구체적 사실이란 기본적으로 관련자가 개별적이고 규율대상이 구체적인 것을 의미한다. ③ 처분은 법집행으로서의 공권력행사이다. 법집행행위라는 점에서 처분과 사법(판결)은 유사한 면을 갖는다. 처분은 법집행행위이므로 법정립행위인 입법과는 구별된다. ④ 처분은 적극적 또는 소극적 공권력행사이다. 공권력행사란 공법에 근거하여 행정청이 우월적 지위에서 일방적으로 행하는 일체의 행정작용으로 이해된다. 공권력행사의 거부는 공권력행사의 소극적 유형으로서 당연히 공권력행사에 포함된다.

# Ⅲ. 취소소송의 본질과 처분개념

## 1. 취소소송의 본질

취소소송의 본질은 일반적으로 위법성의 소급적 제거에 있는 것으로 이해되고 있다. 사실적인 것은 소급적인 제거가 불가능하지만, 법적 행위의 위법성은 소급적으로 제거할 수 있으므로, 취소소송의 대상이 되는 공권력행사(처분)는 법적 행위에 한정된다.

### 2. 판례의 태도

판례는 항고소송의 대상이 되는 행정처분이라 함은 행정청의 공법상의 행위로서 특정사항에 대하여 법규에 의한 권리의 설정 또는 의무의 부담을 명하거나 기타 법률상 효과를 발생하게 하는 등 국민의 구체적인 권리·의무에 직접적 변동을 초래하는 행위를 말한다. 판례의 태도는 취소소송의 대상이 되는 공권력행사는 법적 행위에 한정된다는 것을 의미한다.

### 3. 법적 행위

법적 행위란 외부적으로 직접적인 법효과를 의도하는 의사표시를 말한다. ① 법적 행위는 행정조직 내부를 넘어서 개인에 대해 직접적으로 권리·의무의 발생·변경·소멸 등의 법적 효과를 가져오는 행위를 말한다. 행정조직 내부행위는 법적 행위가 아니다. ② 법적 행위는 당해 행위로써 직접 법적 효과를 가져오는 행위이다. 법적 효과 없는 행위(예: 도로청소 등 순수사실행위, 행정지도)는 법적 행위가 아니다. ③ 법적 행위는 행정법상 의사표시를 주된 요소로 하고, 그에 따라 일정한 효과가 주어지는 행위이다. 단순히 어떠한 사실을 알리는 것은 법적 행위가 아니다. 처분은 의사표시이므로 외부에 알려져야만 효력을 발생한다.

## Ⅳ. 설문에의 적용

### 1. 행정소송법상 처분개념에 해당 여부

한국자산관리공사의 공매결정·공매통지·공매공고는 ① 국세징수법 제61조 제5항 및 행정소송법 제2조 제2항에 따라 행정청으로 간주되는 한국자산관리공사의 행위이므로, 행정청이 행한 공권력행사에 해당하고, ② 골프장의 준공·개업으로 부과된 취득세를 납부하지 아니한 B에 대한 것이므로 구체적 사실에 관한 공권력행사에 해당하고, ③ 국세징수법을 집행하기 위한 것이므로 법집행에 관한 공권력행사에 해당하며, ④ 공법인 국세징수법에 근거하여 일방적으로 행한 것이어서 공권력행사에 해당한다.

## 2. 취소소송의 대상인 처분인지의 여부

(1) **공매결정**　　공매결정은 행정내부적 행위에 불과하고 외부적 행위가 아니기 때문에 처분에 해당하지 아니한다(대판 1998. 6. 26, 96누12030),

(2) **공매통지**　　판례는 2008년 11월 20일 "체납자 등에 대한 공매통지는 국가의 강제력에 의하여 진행되는 공매에서 체납자 등의 권리 내지 재산상의 이익을 보호하기 위하여 법률로 규정한 절차적 요건이라고 보아야 하며, 공매처분을 하면서 체납자 등에게 공매통지를 하지 않았거나 공매통지를 하였더라도 그것이 적법하지 아니한 경우에는 절차상의 흠이 있어 그 공매처분은 위법하다"고 입장을 변경하였다(대판 2008. 11. 20, 2007두18154 전원합의체). 이러한 판례의 입장은 공매통지를 처분으로 본 것이라 말할 수 있다. 하여간 공매통지는 체납자 등의 소유권의 상실이라는 법적 효과를 가져오는 경매절차의 한 부분이므로, 공매공고 역시 법적 효과를 갖는 행위라 말할 수 있다.

(3) **공매공고**　　공매공고 역시 체납자 등의 권리 내지 재산상의 이익을 보호하기 위하여 법률로 규정한 절차적 요건으로서 체납자 등의 소유권의 상실이라는 법적 효과를 가져오는 경매절차의 한 부분이므로, 공매공고 역시 법적 효과를 갖는 행위라 말할 수 있다.

# 행정질서벌

43

[무등록자동차운행과 임시운행허가기간경과 후의 자동차운행에 따른 제재의 병과]

## [설문]

A는 프린스승용차의 소유자로서 그 자동차에 대하여 1994년 11월 18일부터 같은 달 27일까지 10일간 인천광역시장으로부터 신규등록신청을 위한 임시운행허가를 받고 그 기간이 끝난 같은 달 28일부터 1995년 5월 21일까지 자동차등록원부에 등록하지 아니한 채 자동차를 운행하다가 적발되었다. A는 임시운행기간경과 후의 운행을 이유로 이미 당시 자동차관리법 제75조 제2호 및 제26조 제3항에 의거하여 과태료부과처분을 받은 바 있는데, 다시 A는 무등록운행을 이유로 당시 자동차관리법 제71조 제1호, 제4조에 근거하여 형사처벌(행정형벌)을 받았다. A는 이중처벌을 받은 것이 아닌가?

◇ 참고조문 ◇

(자동차 등록부분)

당시 자동차관리법(1996. 7. 1.개정 전 법률) 제4조(등록) 자동차(이륜자동차를 제외한다. 이하 제43조까지 같다)는 자동차등록원부에 등록을 한 후가 아니면 이를 운행하지 못한다. 다만, 제26조제1항의 규정에 의하여 임시운행허가를 받은 때에는 그러하지 아니하다.

제71조 (벌칙) 다음 각호의 1에 해당하는 자는 5년이하의 징역 또는 500만원 이하의 벌금에 처한다.

1. 제4조의 규정에 의한 등록을 하지 아니한 자동차를 운행한 자

현행 자동차관리법 제5조(등록) 자동차(이륜자동차는 제외한다. 이하 이 조부터 제47조까지의 규정에서 같다)는 자동차등록원부(이하 "등록원부"라 한다)에 등록한 후가 아니면 이를 운행할 수 없다. 다만, 제27조제1항에 따른 임시운행허가를 받아 허가 기간 내에 운행하는 경우에는 그러하지 아니하다.

제80조(벌칙) 다음 각 호의 어느 하나에 해당하는 자는 2년 이하의 징역 또는 500만원 이하의 벌금에 처한다.

1. 제5조를 위반하여 등록하지 아니하고 자동차를 운행한 자

(임시운행 부분)

당시 자동차관리법 제26조 (임시운행의 허가) ① 자동차를 등록하지 아니하고 일시 운행을 하고자 할 때에는 그 자동차사용자는 대통령령이 정하는 바에 의하여 교통부장관 또는 시·도지사의 임시운행허가를 받아야 한다.

③ 임시운행허가를 받은 자동차는 그 목적과 기간의 범위 안에서 운행하여야 한다.

제75조 (과태료) ① 다음 각호의 1에 해당하는 자는 100만원 이하의 과태료에 처한다.

2. … 제26조 제3항·제4항의 규정에 위반한 자

현행 자동차관리법 제27조(임시운행의 허가) ① 자동차를 등록하지 아니하고 일시 운행을 하려는 자는 대통령령으로 정하는 바에 따라 국토교통부장관 또는 시·도지사의 임시운행허가(이하 "임시운행허가"라 한다)를 받아야 한다. …

③ 임시운행허가를 받은 자동차는 그 허가 목적 및 기간의 범위에서 임시운행허가증 및 임시운행허가번호판(제2항 단서의 경우는 제외한다)을 부착하여 운행하여야 한다

제84조(과태료) ② 다음 각 호의 어느 하나에 해당하는 자에게는 100만원 이하의 과태료를 부과한다.

11. 제27조 제3항을 위반하여 임시운행허가증 및 임시운행허가번호판을 부착하지 아니하고 운행한 자

12. 제27조 제4항을 위반하여 임시운행허가증 및 임시운행허가번호판을 반납하지 아니한 자

## [해설]

## Ⅰ. 논점의 정리

하나의 행위에 대하여 행정형벌과 행정질서벌이 병과될 수 있는지의 여부는 행정형벌과 행정질서벌의 개념과 목적 등을 고려하면서 판단되어야 한다. 따라서 설문의 해결을 위해 행정질서벌과 행정형벌의 성질을 검토하기로 한다.

## Ⅱ. 행정형벌과 행정질서벌의 비교

### 1. 공 통 점

형법에 규정되어 있는 명칭의 벌이 가해지는 행정형벌과 일반사회의 법익에 직접적인 영향을 미치지는 않으나 행정상의 질서에 장해를 야기할 우려가 있는 의무위반에 대해 과태료가 가해지는 제재로 이해되는 행정질서벌은 모두 행정벌의 일종이다.

### 2. 차 이 점

개념상 행정형벌과 행정질서벌을 구별하지만, 어떤 행정법규의 위반행위에 대하여 행정질서벌인 과태료를 과할 것인가 아니면 행정형벌을 과할 것인가의 법적 판단은 기본적으로 입법권자가 제반사정을 고려하여 결정할 입법재량에 속한다. 양자의 차이점은 다음과 같다.

|  | 목적<br>(보호대상) | 성질<br>(제재대상) | 형법적용여부 | 처벌절차법 |
|---|---|---|---|---|
| 행정형벌 | 일반사회법익 | 행정목적 정면위반 | 적용 있음 | 형사소송법 |
| 행정질서벌 | 공행정질서 | 단순 의무위반 | 적용 없음 | 질서위반행위규제법 |

## Ⅲ. 행정형벌과 행정질서벌의 병과가능성

### 1. 학    설

학설은 ① 행정질서벌과 행정형벌은 넓은 의미의 처벌이고, 동일한 위반행위에 대한 행정벌이라는 점에서 병과가 불가능하다는 부정설과 ② 동일인이라도 그 대상행위가 다른 경우에 양자를 각각 부과하는 것은 그 보호법익과 목적에서 차이를 갖게 되므로 이중처벌에 해당하지 않는다는 긍정설이 있다.

### 2. 판    례

종래의 대법원과 헌법재판소는 행정형벌과 행정질서벌은 모두 행정벌의 일종이지만, 그 목적이나 성질이 다르므로, 행정질서벌인 과태료부과처분 후에 행정형벌을 부과한다고 하여도 일사부재리의 원칙에 반하는 것은 아니라고 한 바 있다(대판 1996. 4. 12, 96도158; 헌재 1994. 6. 30, 92헌바38).

### 3. 사    견

① 행정형벌과 행정질서벌의 개념은 법익침해의 강약 등에 따른 처벌의 강약에 차이가 있다. 입법자는 특정 행위의 법익침해의 정도가 강하여 강한 처벌이 필요하면 행정형벌로 규정할 것이고, 미약하다면 행정질서벌로 규정할 것이다. 따라서 특정의 행위는 행정형벌의 대상이 되든지 아니면 행정질서벌의 대상이 되는 것이지, 동시에 행정형벌의 대상이 되면서 행정질서벌의 대상이 될 수는 없다(부정설). 그러나 ② 만약 입법자가 하나의 행위가 갖는 여러 의미를 분리하여 규정한다면 ─ 그러한 입법은 바람직한 것도 아니고 위헌이라 할 수도 없지만 ─ 양자의 병과는 가능하다고 볼 것이다

## Ⅳ. 결    론

(1) 임시운행허가기간을 경과한 후의 운행도 미등록 운행에 해당하므로 임시운행허가기간을 경과한 후의 운행에 대한 과태료의 부과와 미등록 운행에 대한 벌금의 부과는 동일한 행위에 대한 벌칙으로서 이중처벌에 해당한다고 볼수 있다. 그러나 임시운행허가기간을 경과한 후의 운행에 대한 제재는 임시운행허가 번호판을 악용하여 임시운행허가기간이 경과한 후에 운행하는 것을 방지하겠다는 취지도 갖는다고 본다면, 반드시 이중처벌이라 말하기 어렵다.

(2) 현행법은 임시운행허가기간을 경과한 후의 운행에 대하여 특별한 제재규정을 두고 있지 않다. 현행법의 이러한 태도는 임시운행허가기간을 경과한 후의 운행도 미등록상태에서의 운행의 한 종류로 본 것이라 하겠다.

## 44 관허사업의 제한
[국세체납과 단란주점영업허가정지처분]

## [설문]

A는 B구청장으로부터 허가를 받아 단란주점을 경영하고 있다. A는 납부기한을 2014년 12월 15일에 각각의 납세고지서로 부과된 2012년 1, 2기분 및 2013년 1, 2기분 부가가치세를 체납하였다. 체납된 부가가치세의 납부기한은 동일하였다. 관할 C세무서장은 2015년 2월 10일에 B구청장에 대하여 국세징수법 제7조가 정하는 바에 따라 국세체납(4회)을 이유로 A에 대한 단란주점 영업허가를 취소해 줄 것을 요구하였다. 이에 B구청장은 2015년 2월 15일에 허가의 취소 대신에 6월의 영업정지처분을 하였다. A는 2015년 2월 20일에 부가가치세를 전부 납부하였다. B구청장의 처분은 적법한가? 단, 내용요건만 검토하라.

◇ 참고조문 ◇

국세징수법

제7조(관허사업의 제한) ① 세무서장(지방국세청장을 포함한다. 이하 이 조 및 제7조의2제1항에서 같다)은 납세자가 대통령령으로 정하는 사유 없이 국세를 체납하였을 때에는 허가·인가·면허 및 등록과 그 갱신(이하 "허가등"이라 한다)이 필요한 사업의 주무관서에 그 납세자에 대하여 그 허가등을 하지 아니할 것을 요구할 수 있다.

② 세무서장은 허가등을 받아 사업을 경영하는 자가 국세를 3회 이상 체납한 경우로서 그 체납액이 500만원 이상일 때에는 대통령령으로 정하는 경우를 제외하고 그 주무관서에 사업의 정지 또는 허가등의 취소를 요구할 수 있다.

③ 세무서장은 제1항 또는 제2항의 요구를 한 후 해당 국세를 징수하였을 때에는 지체없이 그 요구를 철회하여야 한다.

④ 제1항 또는 제2항에 따른 세무서장의 요구가 있을 때에는 해당 주무관서는 정당한 사유가 없으면 요구에 따라야 하며, 그 조치결과를 즉시 해당 세무서장에게 알려야 한다.

국세징수법 시행령

제9조(체납횟수 계산과 관허사업 제한의 예외) ① 법 제7조제2항에 규정하는 3회의 체납횟수는 납세고지서 1통을 1회로 보아 계산한다.

## [해설]

## Ⅰ. 논점의 정리

(1) 헌법 제37조 제2항(국민의 모든 자유와 권리는 국가안전보장·질서유지 또는 공공복리를 위하여 필요한 경우에 한하여 법률로써 제한할 수 있으며, 제한하는 경우에도 자유와 권리의 본질적인 내용을 침해할 수 없다)에 비추어 국민의 자유(기본권)를 제한하기 위해서는 합헌적인 법률의 근거가 필요하다. 따라서 A의 직업의 자유를 제한하는 B구청장의 영업정지처분의 적법 여부를 검토하기 위해서는 우선 B구청장의 영업정지처분의 근거법률인 국세징수법 제7조 제2항의 합헌 여부에 대한 검토가 필요하다.

(2) 국세징수법 제7조 제2항이 합헌이라고 한다면, B구청장의 처분이 내용상 국세징수법 제7조 제2항 등에 따른 것인지에 대한 검토가 필요하다. 이와 관련하여 ① A의 부가가치세의 체납이 국세징수법 제7조 제2항에 해당하는가의 여부와 ② 국세징수법 제7조 제4항에 비추어 C세무서장의 영업허가취소의 요구에 대하여 B구청장이 영업허가의 취소가 아니라 영업허가의 정지를 할 수 있는가의 여부에 대한 검토가 필요하다.

## Ⅱ. 국세징수법 제7조의 위헌 여부

### 1. 규정내용

논자에 따라서는 '국세체납자에 대하여 세무서장이 주무관서에 당해 체납

자에 대해 허가 등을 제한하게 요구할 수 있는 국세징수법 제7조는 일반적으로
법치국가원리와 자의금지의 원칙에서 나온다고 이해되고 있는 부당결부금지의
원칙에 반하는 것이 아닌가?'라는 의문을 제기하기도 한다. 이에 대한 검토가
필요하다.

## 2. 관허사업의 제한

인가·허가 등을 받아 영업을 하는 자가 행정법상 의무를 위반한 경우, 그
인가·허가 등을 거부·정지·철회함으로써 위반자에게 불이익을 가하고, 이로
써 행정법상 의무의 이행을 간접적으로 확보하는 경우에 나타나는 인가·허가
등의 거부·정지·철회를 관허사업의 제한이라 부른다. 관허사업의 제한에는 인
가·허가 등의 거부·정지·철회 등이 의무위반사항과 직접 관련을 갖는 사업에
대한 관련사업의 제한(예, 식품위생법상 의무위반시 동법 제75조에 의한 영업허가의 취소)
과 인가·허가 등의 거부·정지·철회 등이 의무위반사항과 직접 관련을 갖지
않는 사업에 대한 무관련사업의 제한(국세징수법 제7조; 지방세법 제39조)이 있다.

## 3. 소  결

(1) 무관련사업의 제한에 있어서 세금의 체납과 인가·허가의 거부·정지·
철회 사이에는 인과관계상 관련성도 있다고 보기 어렵고(즉, 세금의 체납이 인가·
허가의 거부·정지·철회의 필연적인 원인이 된다고 보기 어렵다), 목적에 있어서도 실질적
인 관련성이 있다고 보기 어렵다(즉, 세금납부의 목적과 인가·허가의 목적이 상호 관련
적이라 보기도 어렵다). 따라서 국세징수법 제7조는 헌법상 원칙인 부당결부금지의
원칙에 위반된다고 볼 수도 있다.

(2) 그러나 부당결부금지의 원칙을 무조건적으로 적용한다면 국세징수의
행정(국세수입의 확보, 납세보전)이 무력화되거나 심히 어려운 상황에 놓이게 될 수
도 있다. 이것은 국가존립의 기초의 하나인 재정의 위기로 연결될 수 있다. 이
러한 상황을 극복하기 위한 장치를 확보하는 것도 헌법 제37조 제2항이 정하는
질서유지와 공공복리를 위해 필요한데, 국세징수법 제7조는 바로 이러한 시각
에서 입법자가 마련한 규정으로 이해될 수 있다. 말하자면 국세징수법 제7조
제2항이 "세무서장은 제1항의 허가 등을 받아 사업을 경영하는 자가 국세를 '3

회 이상 체납한 때'에는 대통령령이 정하는 경우를 제외하고 그 주무관서에 사업의 정지 또는 허가등의 취소를 요구할 수 있다"고 하여 3회 이상 체납을 요건으로 한 것도 국세징수의 행정(국세수입의 확보, 납세보전)이 무력화되거나 심히 어려운 상황에 놓이게 되는 것을 방지하기 위한 것이라 하겠다.

(3) 요컨대 부당결부금지의 원칙은 무조건적으로 적용되는 원칙은 아니라 할 것이고, 국세징수법 제7조는 국가재정의 안정을 위해 입법정책상 불가피한 것으로 보아야 할 것이므로 국세징수법 제7조는 위헌이 아니라 합헌으로 볼 것이다.

## Ⅲ. 3회 이상 체납의 의미(요건부분의 검토)

### 1. 규정내용

국세징수법 제7조 제2항은 '국세를 3회 이상 체납한 때'에 그 주무관서에 사업의 정지 또는 허가등의 취소를 요구할 수 있다고 규정하고 있고, 국세징수법 시행령 제9조는 "법 제7조 제2항에 규정하는 3회의 체납횟수는 납세고지서 1통을 1회로 보아 계산한다"고 규정하고 있다. 여기서 체납횟수 3회의 의미와 납부고지서 1통의 의미가 문제된다.

### 2. 체납횟수판단의 기준

3회 이상 체납이란 허가취소를 요구할 때에 3개 이상의 체납이 있어야 함을 뜻한다. 체납하였더라도 허가취소를 요구할 시점에 이미 납부하였다면, 그것은 체납에 해당하지 아니한다. 설문의 경우, 4회의 체납(2012년 두 번, 2013년 두 번)이 있었으므로 '3회 이상 체납'의 요건을 구비하였다(대판 1991 .9. 10, 90누8831).

### 3. 납부고지서 1통의 의미

설문상 A에게 발부된 납세고지서는 4개(2012년 두 개, 2013년 두 개)이지만, 그것들이 모두 동일한 일자에 발부되었고, 또한 납부기한도 동일하기 때문에 1개의 납세고지서로 보아야 할 것인가의 문제가 있다. 생각건대 A에게 발부된 4개의 납세고지서는 각각 과세연도를 달리하기 때문에 동일한 날짜에 발부되었다고 하여도, 그리고 납부기한이 동일하다고 하여도 별개의 과세처분으로 보아야 한다. 또한 국세징수법 시행령 제9조가 납세고지서 1통을 1회로 본다고 규정하고 있다. 따라서 '3회의 체납횟수는 납세고지서 1통을 1회로 보아 계산한다'는 요건도 구비하였다.

### 4. 허가취소의 요구 후 납부의 문제

처분은 원칙적으로 처분시의 법령에 따라야 한다. 따라서 처분의 위법 여부는 처분시를 기준으로 한다. 허가취소를 요구한 후에 체납세금을 납부하였다고 하여도 그것은 이미 이루어진 허가취소의 요구의 효과에는 영향을 미치지 아니한다. 그것은 다만, 국세징수법 제7조 제3항(세무서장은 제1항 또는 제2항의 요구를 한 후 당해 국세를 징수하였을 때에는 지체없이 그 요구를 철회하여야 한다)에 따라 허가취소요구를 철회하여야 하는 사유가 될 뿐이다.

### 5. 소    결

C세무서장이 B구청장에게 A에 대하여 영업허가를 취소할 것을 요구한 것은 국세징수법 제7조와 국세징수법 시행령 제9조에 부합하는 처분으로서 적법하다.

## Ⅳ. 취소요구와 정지처분(효과부분의 검토)

### 1. 규정내용

C세무서장이 B구청장에게 A에 대하여 영업허가를 취소할 것을 요구한 것이 국세징수법령에 적합하다고 하여도 B구청장의 처분내용은 반드시 C세무서장의 요구(설문의 경우, 영업허가의 취소)에 따라야 하는가의 문제가 있다. 국세징수법 제7조 제4항은 "제1항 또는 제2항에 따른 세무서장의 요구가 있을 때에는 해당 주무관서는 정당한 사유가 없으면 요구에 따라야 하며, 그 조치결과를 즉시 해당 세무서장에게 알려야 한다"고 규정하고 있는데, 여기서 '요구에 따라야 한다'는 것의 의미가 문제된다.

## 2. 취소요구 · 취소요구내용의 구속성 존부

국세징수법 제7조 제4항에서 '요구에 따라야 한다'는 것은 세무서장의 제재요구에 응하라는 것이지, 세무서장이 요구하는 제재의 구체적인 내용까지 따라야 한다는 것으로 볼 수는 없다. 만약 B구청장이 제재의 구체적인 내용까지 C세무서장의 요구에 따라 정하여야 한다면, 그것은 국세행정이 식품위생행정에 우위하는 결과를 가져오게 될 것인데, 이것은 국가행정에는 내용상 우열이 없다는 사고에 반하는 것이 될 것이다. 허가를 취소할 것인지 아니면 영업정지를 할 것인지의 여부는 B구청장이 정할 사항이다. 여기에는 비례원칙이 적용되어야 한다(대판 1985. 2. 26, 84누615).

## 3. 소    결

B구청장은 C세무서장이 요구한 처분의 구체적인 내용에는 구속되지 아니하므로 C세무서장이 영업허가의 취소를 요구하였음에도 불구하고 B구청장이 6월의 영업정지처분을 한 것은 적법하다.

# V. 결    론

국세징수법 제7조, 국세징수법 시행령 제9조는 부당결부금지의 원칙에 반하는 위헌적인 법률로 볼 수는 없다. A의 체납행위는 국세징수법 제7조, 국세징수법 시행령 제9조가 정하는 체납행위에 해당하므로 C세무서장이 B구청장에게 A에 대한 영업허가의 취소를 요구한 것은 적법하다. 제재의 구체적인 내용의 결정권은 B구청장이 갖는다고 볼 것이므로, B구청장이 C세무서장의 영업허가취소요구와 달리 6월의 영업정지처분을 한 것도 적법하다. 전체로서 B구청장의 A에 대한 6월의 영업정지처분은 내용상 적법하다.

# 공급중단
[시장의 단전기 · 단전화 요청의 성질]

## [설문]

　A시장은 B가 A로부터 건축허가를 받아 지은 다세대주택이 인접토지를 무단침범하고, 철거하여야 할 무허가건물을 불법으로 용도를 변경하였으며, 사용승인 전에 위 다세대주택을 사전 사용하고 있음을 이유로, 전기 · 전화의 공급자에 대하여 B에 대한 단전기 및 단전화를 요청하고 이를 B에게 통보하였다. 이에 B는 전기공급과 전화통화의 단절요청과 단절조치의 취소를 구하는 소송을 제기하려고 한다. 전기공급과 전화통화의 단절요청과 단절조치는 취소소송의 대상인가? 구 건축법 제69조 제2항에 따라 답하라.

◇ 참고조문 ◇
구 건축법
제69조(위반건축물 등에 대한 조치 등) ① 허가권자는 대지 또는 건축물이 이 법 또는 이 법의 규정에 의한 명령이나 처분에 위반한 경우에는 이 법의 규정에 의한 허가 또는 승인을 취소하거나 그 건축물의 건축주 · 공사시공자 · 현장관리인 · 소유자 · 관리자 또는 점유자(이하 "건축주 등"이라 한다)에 대하여 그 공사의 중지를 명하거나 상당한 기간을 정하여 그 건축물의 철거 · 개축 · 증축 · 수선 · 용도변경 · 사용금지 · 사용제한 기타 필요한 조치를 명할 수 있다.
② 허가권자는 제1항의 규정에 의하여 허가 또는 승인이 취소된 건축물 또는 제1항의 규정에 의한 시정명령을 받고 이행하지 아니한 건축물에 대하여는 전기 · 전화 · 수도의 공급자, 도시가스사업자 또는 관계행정기관의 장에게 전기 · 전화 · 수도 또는 도시가스 공급시설의 설치 또는 공급의 중지를 요청하거나 당해 건축물을 사용하여 행할 다른 법령에 의한 영업 기타 행위의 허가를 하지 아니하도록 요청할 수 있다. 다만, 허가권자가 기간을 정하여 그 사용 또는 영업 기타 행위를 허용한 주택과 대통령령이 정하는 경우에는 그러하지 아니하다.
③ 제2항의 규정에 의한 요청을 받은 자는 특별한 이유가 없는 한 이에 응하여야 한다.
현행 건축법
제79조(위반 건축물 등에 대한 조치 등) ② 허가권자는 제1항에 따라 허가나 승인이 취소된 건축물 또는 제1항에 따른 시정명령을 받고 이행하지 아니한 건축물에 대하여

는 다른 법령에 따른 영업이나 그 밖의 행위를 허가·면허·인가·등록·지정 등을 하지 아니하도록 요청할 수 있다. 다만, 허가권자가 기간을 정하여 그 사용 또는 영업, 그 밖의 행위를 허용한 주택과 대통령령으로 정하는 경우에는 그러하지 아니하다.

## [해설]

## Ⅰ. 논점의 정리

설문의 해결을 위해 취소소송의 대상이 되는 행정소송법상 처분개념과 취소소송의 본질에 따른 처분개념을 검토한 후, 전기공급 및 전화통화에 대한 단절요청과 단절조치가 처분에 해당하는지의 여부를 검토하기로 한다.

## Ⅱ. 행정소송법상 처분개념

### 1. 규정내용

행정소송법상 처분은 행정청이 행하는 구체적 사실에 관한 법집행으로서의 공권력의 행사 또는 그 거부와 그 밖에 이에 준하는 행정작용으로 정의되고 있다(행정소송법 제2조 제1항 제1호).

### 2. 규정의 분석

① 처분은 행정청이 행하는 공권력행사이다. 행정청에는 법령에 의하여 행정권한의 위임 또는 위탁을 받은 행정기관, 공공단체 및 그 기관 또는 사인이 포함된다(행정소송법 제2조 제2항). ② 처분은 구체적 사실에 관한 공권력행사이다. 구체적 사실이란 기본적으로 관련자가 개별적이고 규율대상이 구체적인 것을

의미한다. ③ 처분은 법집행으로서의 공권력행사이다. 법집행행위라는 점에서 처분과 사법(판결)은 유사한 면을 갖는다. 처분은 법집행행위이므로 법정립행위인 입법과는 구별된다. ④ 처분은 적극적 또는 소극적 공권력행사이다. 공권력행사란 공법에 근거하여 행정청이 우월적 지위에서 일방적으로 행하는 일체의 행정작용으로 이해된다. 공권력행사의 거부는 공권력행사의 소극적 유형으로서 당연히 공권력행사에 포함된다.

## Ⅲ. 취소소송의 본질과 처분개념

### 1. 취소소송의 본질

취소소송의 본질은 일반적으로 위법성의 소급적 제거에 있는 것으로 이해되고 있다. 사실적인 것은 소급적인 제거가 불가능하지만, 법적 행위의 위법성은 소급적으로 제거할 수 있으므로, 취소소송의 대상이 되는 공권력행사(처분)는 법적 행위에 한정된다.

### 2. 판례의 태도

판례는 항고소송의 대상이 되는 행정처분이라 함은 행정청의 공법상의 행위로서 특정사항에 대하여 법규에 의한 권리의 설정 또는 의무의 부담을 명하거나 기타 법률상 효과를 발생하게 하는 등 국민의 구체적인 권리·의무에 직접적 변동을 초래하는 행위를 말한다. 판례의 태도는 취소소송의 대상이 되는 공권력행사는 법적 행위에 한정된다는 것을 의미한다.

## Ⅳ. 단절요청과 단절조치의 처분성

### 1. 전기공급·전화통화의 단절요청

A시장의 전기공급·전화통화의 단절요청은 ① 행정청(시장)이 행한 공권력행사임은 분명하고, ② 특정인인 B의 다세대주택의 시정명령 및 원상회복조치와 관련된 것이므로, 구체적 사실에 관한 공권력행사에 해당한다. 또한 ③ 구 건축법 제69조 제2항을 집행하기 위한 것이므로 법집행에 관한 공권력행사에

해당하고, ④ 공법인 건축법에 근거하여 A시장이 일방적으로 행한 것이어서 공권력행사에 해당한다. 그러나 취소소송의 대상이 되는 공권력행사는 법적인 행위에 한정되므로 A시장의 전기공급·전화통화의 단절요청이 공권력행사라고 하여도 그것은 권고 내지 희망의 표현에 불과한 것으로서, 특정인에게 직접적인 법적 효과를 가져오는 의사표시가 아닌 점에서 법적 행위가 아니므로 처분에 해당하지 아니한다. 따라서 취소소송의 대상이 될 수 없다(대판 1996. 3. 22. 96누433).

### 2. 전기공급·전화통화의 단절조치

전기공급자(한국전력공사)와 전화공급자(한국통신 등)는 사인일 뿐 행정청이 아니며, 또한 행정청으로부터 행정권한을 위탁받은 것도 아니다. 따라서 전기공급자와 전화공급자의 행위는 행정처분이 아니다. 그것은 사적인 행위일 뿐이다. 여기서 전기·전화공급자의 단절조치는 행정청의 요청에 의한 것이므로, 일종의 공권력행사가 아닌가의 의문이 있을 수 있다. 그러나 전기·전화공급자의 단절조치는 행정청의 요청에 의해 강제된 것이 아니라 구 건축법 제69조 제3항에 의해 강제된 것이고, 그것은 사적 행위일 뿐이다. 공급업자에 의한 전기공급·전화통화의 단절조치는 행정소송법상 처분에 해당하지 아니하므로, 취소소송의 대상이 될 수 없다. 참고로, 판례는 단수처분을 항고소송의 대상이 되는 행정처분으로 보았다(대판 1979. 12. 28. 79누218).

## V. 결 론

(1) A시장의 전기공급·전화통화의 단절요청은 공권력행사에 해당하지만, 행정외부적으로 특정인에게 직접적인 법효과를 의도하는 의사표시가 아니고, 단순히 희망 내지 권고의 성격을 갖는 행위에 불과하므로 취소소송의 대상이 아니다.

(2) 공급업자에 의한 전기공급·전화통화의 단절조치는 행정청이 아닌 사인에 의한 행위인바, 행정소송법상 처분에 해당되지 아니하므로, 취소소송의 대상이 아니다.

## 46 명단공표
[위해식품판매 영업자명단의 공표]

[설문]

A는 관악구청장에게 식품위생법에 따른 식품접객업신고를 하고 급식식품을 제조하는 자로서, 서울 C고등학교와의 위탁계약에 의하여 고등학교에 급식을 제공하는 자이다. A는 급식식품을 제공하는 자임에도 불구하고, 불결한 환경에서 음식을 제조·보관하고, 음식재료 등도 위생이 불결한 장소에서 보관하여 최근 급식을 먹는 학생들이 복통을 호소하는 등의 문제가 발생하고 있다. 관악구청장이 A에 대한 영업소폐쇄명령과 동시에 식품위생법에 따라 '처분내용과 영업소 등을 공표'한 경우, A는 관악구청장의 공표에 대하여 행정소송을 제기할 수 있는가?

◇ 참고조문 ◇

식품위생법

제3조(식품 등의 취급) ① 누구든지 판매(판매 외의 불특정 다수인에 대한 제공을 포함한다. 이하 같다)를 목적으로 식품 또는 식품첨가물을 채취·제조·가공·사용·조리·저장·소분·운반 또는 진열을 할 때에는 깨끗하고 위생적으로 하여야 한다.

② 영업에 사용하는 기구 및 용기·포장은 깨끗하고 위생적으로 다루어야 한다.

제4조(위해식품등의 판매 등 금지) 누구든지 다음 각 호의 어느 하나에 해당하는 식품 등을 판매하거나 판매할 목적으로 채취·제조·수입·가공·사용·조리·저장·소분·운반 또는 진열하여서는 아니된다.

4. 불결하거나 다른 물질이 섞이거나 첨가(添加)된 것 또는 그 밖의 사유로 인체의 건강을 해칠 우려가 있는 것

제71조(시정명령) ① 식품의약품안전처장, 시·도지사 또는 시장·군수·구청장은 제3조에 따른 식품등의 위생적 취급에 관한 기준에 맞지 아니하게 영업하는 자와 이 법을 지키지 아니하는 자에게는 필요한 시정을 명하여야 한다.

제75조(허가취소 등) ① 식품의약품안전처장 또는 특별자치시장·특별자치도지사·시장·군수·구청장은 영업자가 다음 각 호의 어느 하나에 해당하는 경우에는 대통령령으로 정하는 바에 따라 영업허가 또는 등록을 취소하거나 6개월 이내의 기간을 정하여 그 영업의 전부 또는 일부를 정지하거나 영업소 폐쇄(제37조 제4항에 따라 신고한 영

업만 해당한다. 이하 이 조에서 같다)를 명할 수 있다.

1. 제4조부터 제6조까지, ….

⑤ 제1항 및 제2항에 따른 행정처분의 세부기준은 그 위반 행위의 유형과 위반 징도 등을 고려하여 총리령으로 정한다.

제84조(위반사실 공표) 식품의약품안전처장, 시·도지사 또는 시장·군수·구청장은 제 72조, 제75조, 제76조, 제79조, 제82조 또는 제83조에 따라 행정처분이 확정된 영업 자에 대한 처분 내용, 해당 영업소와 식품등의 명칭 등 처분과 관련한 영업 정보를 대 통령령으로 정하는 바에 따라 공표하여야 한다.

## [해설]

# Ⅰ. 논점의 정리

관악구청장의 명단공표에 대하여 행정소송을 제기할 수 있는가의 문제는 명단공표가 행정소송법상 처분에 해당하는가(대상적격)의 문제가 된다. 이하에서 명단공표의 법적 성격과 대상적격을 검토하기로 한다.

# Ⅱ. 명단공표

## 1. 의 의

명단공표란 행정법상 의무위반이 있는 경우 그 의무위반자의 명단·법위반 사실을 공중이 알 수 있도록 공표하는 것을 말한다. 공표제도는 개인의 명예심 내지 수치심을 자극함으로써 개인에게 제재를 가하고 아울러 간접적으로 의무 이행을 확보하기 위한 행정의 실효성확보수단이다.

## 2. 법적 근거

명단공표는 명예·프라이버시 등을 침해할 수 있는 침익적 작용에 해당되므로 법적 근거를 요한다는 것이 일반적 견해이다.

## 3. 법적 성격

(1) 학    설    명단공표의 법적 성질과 관련하여 ① 공표로서 어떠한 법적 효과가 발생하는 것은 아니라는 이유로 비권력적 사실행위라는 견해(일반적 견해)와 ② 명단공표는 행정기관에 의해 일방적으로 행해지고, 그로 인하여 명예·프라이버시권 등이 침해되므로 권력적 사실행위에 해당된다는 견해가 대립된다.

(2) 검    토    명단공표는 개인에게 물리력을 행사하는 것이 아니라는 점에서 공표행위 자체에 수인의무가 내포되어 있다고 볼 수 없으므로 비권력적 사실행위로 보는 것이 타당하다.

# Ⅲ. 명단공표가 항고소송의 대상인지 여부

## 1. 학    설

(1) 권력적 사실행위설의 경우    명단공표를 권력적 사실행위로 보는 견해에 따르면 명단공표가 계속되고 있거나 공표행위 종료 후에도 명단공표가 취소됨으로써 회복되는 이익, 즉 협의의 소익이 있는 한 항고소송을 제기할 수 있다고 볼 것이다.

(2) 비권력적 사실행위설의 경우    명단공표를 비권력적 사실행위로 보는 일반적 견해에 따른다면 처분에 해당하지 않는다고 보거나 처분개념에 해당한다고 하더라도 취소소송을 형성소송으로 보아 법적인 행위가 아니므로 항고소송의 대상이 되지 않는다고 할 것이다.

## 2. 판    례

판례는 명단공표에 대해서는 명시적인 입장이 없지만, 비권력적 사실행위의 경우에는 처분성을 명시적으로 부정하고 있다.

## 3. 검     토

취소소송은 형성소송이며 그 본질은 위법한 법적 효과의 소급적 제거에 있다고 보는 것이 타당하다. 이러한 관점에서 명단공표가 처분성이 인정되기 위해서는 ① 구체적 사실에 대한 법집행위로서의 공권력의 행사에 해당되어야 하고, ② 처분의 상대방의 권리·의무에 영향을 미치는 법적인 행위여야 한다. 설문의 명단공표는 A의 법위반이라는 구체적 사실에 대하여 식품위생법을 집행함에는 해당하지만, 우월한 지위에서 행한 일방적인 행위에는 해당하지 않는다. 그리고 명단공표는 A의 권리·의무를 구체적·직접적·개별적으로 규율하는 법적 효과가 인정되는 법적 행위도 아니므로 처분성이 부정된다고 할 것이다.

## Ⅳ. 처분개념의 확장론, 당사자소송 활용론 등

명단공표와 같은 비권력적 사실행위는 항고소송의 대상이 되는 처분이 아니지만 상대방에게 사실상의 불이익이나 지배력을 미칠 수 있어 항고소송 등의 권리구제수단이 다양하게 논의되는데 ① 쟁송법상의 처분개념을 정립하자는 견해, ② 형식적 행정행위를 인정하여 항고소송의 대상으로 보자는 견해, ③ 법적인 행위가 아니면서 쟁송법적인 처분개념에 해당하는 행위들은 항고소송이 아니라 무명항고소송으로 해결하자는 견해, ④ 취소소송의 본질을 확인소송으로 보는 견해, ⑤ 당사자소송을 활용하자는 견해 등이 그것이다. 이들 견해에 따르면 비권력적인 사실행위도 항고소송이나 무명항고소송, 당사자소송을 제기할 수 있게 된다.

## Ⅴ. 결     론

명단공표는 비권력적 사실행위이고, 비권력적 사실행위는 법적 행위가 아니므로 위법한 법적 효과의 제거를 본질로 하는 취소소송의 대상이 될 수 없다.

# 47 행정규칙위반과 국가배상
[위법한 영업허가의 취소와 손해배상책임]

## [설문]

서울특별시 A구청장은 '유흥음식점을 경영하는 B가 손님에게 음란행위를 알선하였다'는 단속공무원의 보고를 근거로 하여 B에 대한 유흥음식점영업의 허가를 취소하였다. 이에 대하여 B가 행정심판을 제기하였고, 서울특별시행정심판위원회는 B의 청구를 인용하였다. 인용이유는 B가 음란행위를 알선한 것이 아니라 음란예비행위를 하였음에도 불구하고 영업허가를 취소한 것은 비례원칙에 어긋난다는 것이었다. B는 A구에 손해배상을 청구하려고 한다. A구청장의 직무집행행위는 과실에 의한 위법한 행위인가? 단, 식품위생법 시행규칙의 제재적 처분기준에서는 '손님에게 윤락행위, 음란행위를 알선 또는 제공하거나 이에 대한 손님의 요청에 응한 때'에는 1차 위반이라고 하여도 영업허가를 취소하도록 규정하는 것으로 한다.

## [해설]

Ⅰ. 논점의 정리
Ⅱ. A구청장의 법령위반 여부
  1. 법령위반의 의의
  2. 제재적 행정처분기준의 성질
  3. 설문에 적용
Ⅲ. A구청장의 과실의 유무
  1. 과실의 의의
  2. 과실과 설문
Ⅳ. 결론

## Ⅰ. 논점의 정리

'A구청장의 직무집행행위는 과실에 의한 위법한 행위인가?'에 답하기 위해 과실부분과 위법(법령 위반)부분을 나누어서 검토한다. 법령위반은 특히 제재적 처분기준의 성격과 관련하여 검토할 필요가 있다.

## Ⅱ. A구청장의 법령위반 여부

### 1. 법령위반의 의의

법령위반은 법령과 위반의 개념으로 구성된다. ① 법령이란 법률과 명령을 말하며, 그것은 외부적 구속효를 가진 일체의 법규를 의미한다. 성문법은 물론이고 불문법 및 비례원칙 등 행정법의 일반원칙도 포함된다. ② 위반이란 법령에 위배됨을 말한다. 위반의 태양에는 적극적인 작위에 의한 위반과 소극적인 부작위에 의한 위반이 있다. 물론 부작위에 의한 위반의 경우에는 작위의무가 있어야 한다. 재량행위의 경우에는 재량권의 남용이나 일탈이 있으면 법령위반으로서 위법이 된다.

### 2. 제재적 행정처분기준의 성질

**(1) 법규명령설**　　다수 견해는 식품위생법 시행규칙상 행정처분기준은 식품위생법의 위임에 의한 것이고, 이것은 총리령에 관해 규정하는 헌법 제95조에 따른 것으로서 법규명령인 총리령에 해당한다고 본다. 법규명령설에서 보면, 식품위생법(제75조 제1항)에서 행정청에 주어진 재량은 식품위생법(제75조 제5항)에 근거한 행정입법을 통해 구체화된다. 그리고 구체화된 재량(행정처분기준)은 그 자체가 기속적인 것이어서 행정처분시에 구속적인 기준으로 적용된다. 그러나 행정처분기준 자체가 사정에 따라 제재를 가중하거나 감경할 수 있다고 규정하면, 처분기준은 재량적일 수 있다. 행정처분기준을 재량규정으로 보게 되면, 재량하자의 유무에 따라 위법 여부가 정해진다.

**(2) 행정규칙설**　　판례는 식품위생법 시행규칙상 행정처분기준이 식품위생법(제75조 제5항)에 따른 행정처분의 기준을 정하였다고 하더라도, 이는 형식이 총리령으로 되어 있을 뿐, 그 성질은 행정기관 내부의 사무처리준칙을 정한 것으로서 행정명령의 성질을 가지는 것이라 한다. 행정규칙설에서 보면, 처분의 적법 여부는 식품위생법 시행규칙상 행정처분기준에 적합한 것인가의 여부에 따라 판단하는 것이 아니고 식품위생법(제75조 제1항)과 그 취지에 적합한 것인지의 여부에 따라 판단되어야 한다. 한편, 판례는 행정처분기준이 대통령령인

경우에는 법규명령으로 보고 있다(대판 1997. 12. 26, 97누15418).

### 3. 설문에 적용

**(1) 법규명령설의 입장**　식품위생법 시행규칙상 제재적 처분기준을 법규명령으로 보면, A구청장이 제재적 처분기준에 따라 영업허가를 취소한 것은 법령에 따른 적법한 행위이다. 왜냐하면 식품위생법 시행규칙상 제재적 처분기준은 음란행위의 알선의 경우에 기속적으로 취소할 것을 규정하고 있기 때문이다.

**(2) 행정규칙설의 입장**

① 식품위생법 시행규칙상 제재적 처분기준을 행정규칙으로 보면, 그 행정처분기준에 따라 영업허가를 취소한 것이 반드시 적법하다고 말할 수는 없다. 왜냐하면 이 경우의 위법 여부는 식품위생법을 기준으로 판단하여야 하기 때문이다.

② A구청장의 B에 대한 유흥음식점업허가의 취소는 식품위생법 시행규칙상 행정처분기준에 따른 것이지만, 서울특별시행정심판위원회에 의해 비례원칙을 위반한 재량권남용의 행위임이 판명되었다. 따라서 A구청장의 B에 대한 유흥음식점업허가의 취소는 식품위생법 제75조 제1항을 위반한 행위이다.

## Ⅲ. A구청장의 과실의 유무

### 1. 과실의 의의

과실이란 공무원의 직무집행상의 과실이란 공무원이 그 직무를 수행함에 있어 당해 직무를 담당하는 평균인이 통상 갖추어야 할 주의의무를 게을리하는 것을 말한다(대판 1987. 9. 22, 87다카1164). 과실의 유무는 당해 공무원을 기준으로 하여 판단하여야 한다.

### 2. 과실과 설문

**(1) 문 제 점**　서울특별시행정심판위원회가 취소재결한 것은 B에게 음란예비행위는 있었지만 음란예비행위만을 이유로 영업허가를 취소하는 것은 비례원칙에 어긋나기 때문이라는 것이다. 음란예비행위 역시 음란행위의 한 부분

이다. 여기서 비례원칙에 어긋나는 처분을 한 위법이 A구청장의 과실에 의한 것인가의 여부가 문제된다.

　　(2) **공무원의 법령준수**　　식품위생법 시행규칙상 행정처분기준을 행정규칙으로 본다고 하여도, 그것은 내부적 구속효를 가지는바, 공무원은 그것에 따라야 한다(국가공무원법 제57조). 만약 공무원이 식품위생법 시행규칙에 따르지 아니하면 징계책임이 부과될 수 있다(국가공무원법 제78조). 공무원이라면 통상 그 직무를 수행함에 있어서 식품위생법 시행규칙을 준수하지 않을 수 없다. 설문의 경우에 공무원이 행정규칙에 따른 것을 과실이 있다고 말하기는 어렵다.

## Ⅳ. 결　　론

　　(1) 판례의 입장을 따를 때, 식품위생법 시행규칙상 행정처분기준은 행정규칙이므로 국가배상법 제2조 제1항에서 말하는 법령이 아니다. 따라서 A구청장의 취소처분의 적법 여부는 식품위생법을 기준으로 판단하여야 한다. A구청장의 취소처분은 서울특별시행정심판위원회에 의해 비례원칙을 위반한 재량권 일탈(남용)의 행위임이 판명되었는바, A구청장의 취소처분은 식품위생법 제75조 제1항을 위반한 행위이다.

　　(2) 식품위생법 시행규칙상 행정처분기준이 행정규칙이라 하여도, 그것은 내부적 구속효를 갖는 내부법이므로 공무원은 그것에 따라야 한다. 공무원이라면 통상 그 직무를 수행함에 있어서 식품위생법 시행규칙을 준수하지 않을 수 없는바 식품위생법 시행규칙상 행정처분기준에 따른 A구청장의 취소처분에 과실이 있다고 보기 어렵다.

# 48 부작위와 국가배상
[경찰관의 위험발생방지조치의 불이행과 배상책임]

## [설문]

 B 등 농민들이 농산물시장개방확대를 반대하는 시위를 하자, A경찰서 소속 경찰관들은 해질 무렵에 이들을 해산시켰다. 그러나 경찰관들은 농민들이 도로에 세워 둔 대형트랙터 1대는 치우지 않고 그대로 철수하였다. 그 트랙터는 고장이 났고 너무 무거웠기 때문이었다. 심야에 그 도로를 달리던 C는 뒤늦게 트랙터를 발견하고 이를 피하려다가 도로를 이탈하면서 전복하는 사고를 당하였다. 이 사고로 C는 중상을 입었다. C는 국가배상청구권을 갖는가? 단, 국가배상법 제5조의 적용문제는 논외로 한다.

◇ 참고조문 ◇
경찰관 직무집행법
제5조(위험 발생의 방지 등) ① 경찰관은 사람의 생명 또는 신체에 위해를 끼치거나 재산에 중대한 손해를 끼칠 우려가 있는 천재(天災), 사변(事變), 인공구조물의 파손이나 붕괴, 교통사고, 위험물의 폭발, 위험한 동물 등의 출현, 극도의 혼잡, 그 밖의 위험한 사태가 있을 때에는 다음 각 호의 조치를 할 수 있다.
1. …필요한 경고를 하는 것
3. … 위해를 방지하기 위하여 필요하다고 인정되는 조치를… 하는 것

## [해설]

| | |
|---|---|
| Ⅰ. 논점의 정리 | 4. 고의 또는 과실 |
| Ⅱ. 배상책임의 성립요건별 검토 | 5. 법령을 위반 |
|   1. 공무원 | 6. 타인 |
|   2. 직무 | 7. 손해 |
|   3. 집행하면서 | Ⅲ. 결론 |

## Ⅰ. 논점의 정리

 C가 국가배상청구권을 갖는가의 여부는 국가배상법 제2조 제1항(국가나 지

방자치단체는 공무원 또는 공무를 위탁받은 사인(이하 "공무원"이라 한다)이 직무를 집행하면서 고의 또는 과실로 법령을 위반하여 타인에게 손해를 입히거나, … 이 법에 따라 그 손해를 배상하여야 한다. … )의 요건을 구비하는가의 여부에 달린 문제이다. 그 요건을 '공무원', '직무', '집행하면서', '고의 또는 과실', '법령을 위반', '타인', '손해'로 나누어 검토할 필요가 있다.

## Ⅱ. 배상책임의 성립요건별 검토

### 1. 공 무 원

(1) 공무원이란 행정부와 입법부 및 사법부 소속의 공무원까지 포함한다. 국가공무원·지방공무원을 가리지 않는다. 공무를 위탁받은 사인도 해당한다.

(2) 경찰관들은 국가공무원으로 국가배상법 제2조 제1항의 공무원에 해당한다.

### 2. 직    무

(1) **직무의 개념**    1) 직무의 개념과 관련하여 학설은 ① 직무를 공법상의 작용 중 권력작용으로 보는 협의설, ② 직무를 권력작용 외에 국가배상법 제5조에서 규정된 것을 제외한 공법상 비권력작용을 포함하는 것으로 보는 광의설, ③ 직무를 공법상의 작용뿐만 아니라 사법상의 작용까지 포함하는 것으로 보는 최광의설로 나뉜다. 광의설이 다수설이고 판례의 입장이기도 하다(대판 2004. 4. 9. 2002다10691). 국가의 사법(私法)작용으로 인한 불법행위는 민법상 불법행위책임을 부담하여야 한다고 볼 때, 광의설이 타당하다.

2) 도로상에서 운전자의 안전을 확보하는 것은 경찰관 직무집행법상 위험발생방지의 직무이므로 국가배상법 제2조 제1항의 직무에 해당한다.

(2) **직무의 사익보호성**    1) 판례는 국가배상법 제2조 제1항의 직무를 공무원의 모든 직무가 아니라 사익보호성을 갖는 직무만으로 새긴다(대판 2015. 5. 28. 2013다41431). 직무의 사익보호성의 문제를 위법성의 문제로 보는 견해(사익을 보호하거나, 공익뿐만 아니라 사익도 보호하는 경우에만 그 직무 위반이 국가배상법에 위법한 것이 된다는 견해)도 있고 손해의 문제(사익을 보호하거나, 공익뿐만 아니라 사익도 보호하

는 경우에 발생하는 피해만이 국가배상법상 손해에 해당한다는 견해)로 보는 견해가 있고, 판례는 인과관계의 문제로 본다. 본서는 직무의 문제로 검토한다.

2) 경찰관 직무집행법 제5조 제1항에 따른 경찰관의 위험발생의 방지조치의 직무는 공공의 안전을 위한 것이지만 동시에 국민 개개인의 생명·신체상의 안전이라는 이익을 위한 것이므로, 국가배상법 제2조 제1항의 직무에 해당한다.

### 3. 집행하면서

(1) 집행'하면서'란 직무집행행위와 아울러 외형상 직무집행과 관련 있는 행위를 포함하는 의미로 이해된다(외형설). 외형설은 통설과 판례의 입장이다.

(2) C의 피해는 경찰이 농민들을 해산시킨 후에 발생된 것으로서 경찰이 트랙터를 치우지 아니한 것과 밀접한 관련이 있고, 경찰이 트랙터를 치우지 아니한 것은 직무집행의 불이행이므로 '집행하면서'의 요건은 구비되었다.

### 4. 고의 또는 과실

(1) 고의란 위법행위의 발생가능성을 인식하고 그 결과를 인용하는 것을 말하고, 과실이란 부주의로 인해 위법한 결과를 초래하는 것을 말한다. 공무원의 직무집행상의 과실이란 공무원이 그 직무를 수행함에 있어 당해 직무를 담당하는 평균인이 통상 갖추어야 할 주의의무를 게을리하는 것을 말한다.

(2) C의 피해는 경찰이 트랙터를 치우지 아니한 것에서 비롯되었고 그것은 경찰의 부주의에 의한 것이므로 '고의 또는 과실' 요건은 구비되었다.

### 5. 법령을 위반

(1) 법령이란 성문법 외에 불문법과 행정법의 일반원칙도 포함된다(대판 2015. 8. 27, 2012다204587). 행정규칙은 원칙적으로 포함되지 않지만, 법률보충규칙은 포함된다. 한편, 법령위반에는 적극적인 작위에 의한 위반 외에 소극적인 부작위에 의한 위반이 있다(판례). 부작위에 의한 위반의 경우에는 작위의무가 있어야 한다. 재량행위의 경우에 재량권남용이나 일탈은 법령위반에 해당하지만, 부당한 재량행사는 이에 해당하지 아니한다.

(2) 경찰관 직무집행법 제5조가 경찰관의 위험발생방지조치를 재량적인 것으로 규정하고 있지만, 설문의 경우에 소속경찰관은 위험표지판을 세우는 등

사고예방조치를 하여야 함에도 아무런 안전조치도 취하지 아니한 것(부작위)이 지나치게 불합리하다고 인정되므로 재량권의 불행사라는 의미에서 재량권을 남용하였다(사고예방조치를 반드시 하여야 한다는 점에서 재량권이 0으로 수축되는바, 사고예방조치는 기속적인 것이고 따라서 부작위는 기속위반의 위법이 된다고 볼 수도 있다). 따라서 '법령을 위반' 요건도 구비하였다.

### 6. 타    인

(1) 타인이란 위법한 행위를 한 자나 그 행위에 가담한 자를 제외한 모든 제3자를 말한다. 자연인 외에 법인도 피해자가 될 수 있다.

(2) 설문의 경우, C가 타인임은 분명하다. 따라서 '타인' 요건도 구비하였다.

### 7. 손    해

(1) 손해란 가해행위로부터 발생한 일체의 손해를 말한다. 손해는 법익침해로서 불이익을 말하고, 반사적 이익의 침해는 여기의 손해에 해당하지 아니한다. 재산상의 손해인가 생명·정신·신체상의 손해인가를 가리지 아니한다. 그러나 가해행위인 직무집행행위와 손해의 발생 사이에는 상당인과관계가 있어야 한다. 상당인과관계의 유무의 판단은 관련법령의 내용, 가해행위의 태양, 피해의 상황 등 제반사정을 복합적으로 고려하면서 이루어져야 한다(판례).

(2) C는 중상을 입었으므로 신체상의 손해를 입었다. 또한 그 사고가 경찰관이 도로상의 트랙터를 치우지 아니한 것에 기인하므로 경찰의 부작위와 C의 피해 사이에는 상당인과관계도 존재한다. 따라서 '손해' 요건도 구비하였다.

## Ⅲ. 결    론

'공무원'인 경찰이 도로상에서 운전자의 안전을 확보하는 '직무를 집행함에 당하여' 사고를 예견할 수 있음에도 불구하고 트랙터를 치우지 아니한 '고의 또는 과실'로 경찰관직무집행법 제5조가 정하는 위험발생방지조치의무를 재량불행사의 부작위를 통해 '법령에 위반하여' '타인'인 C에게 신체상의 '손해'를 가하였고, 그 부작위와 손해 사이에 상당인과관계가 있다. 따라서 C는 국가배상법 제2조 제1항에 근거하여 국가를 상대로 손해배상청구권을 갖는다.

# 49 비용부담자의 배상책임
[위법한 감차처분에 따른 손해배상책임의 주체]

## [설문]

A시장은 B에게 감차(사업면허일부취소)처분을 하였다. 이에 B는 A시장의 감차처분이 위법하여 불법행위를 구성한다고 주장하면서 A시에 손해배상을 청구하였다. 이에 대해 원심법원은 자동차운수사업의 면허 및 그 취소는 국토교통부장관이 관장하는 국가사무이며, B에 대한 감차처분은 A시장이 국토교통부장관으로부터 도지사에게 위임된 사무를 도지사로부터 재위임받아 지방자치단체의 장이 아닌 국가행정기관의 지위에서 한 것인바, 그 처분이 불법행위를 구성한다고 하여도 지방자치단체인 A시는 배상책임이 없다는 이유로 B의 청구를 배척하였다. 원심법원의 판단은 정당한가?

◇ 참고조문 ◇
국가배상법
제6조 (비용부담자 등의 책임) ① 제2조(배상책임)·제3조(배상기준)·제5조(공공시설 등의 하자로 인한 책임)에 따라 국가나 지방자치단체가 손해를 배상할 책임이 있는 경우에 공무원의 선임·감독 또는 영조물의 설치·관리를 맡은 자와 공무원의 봉급·급여, 그 밖의 비용 또는 영조물의 설치·관리 비용을 부담하는 자가 동일하지 아니하면 그 비용을 부담하는 자도 손해를 배상하여야 한다.
② 제1항의 경우에 손해를 배상한 자는 내부관계에서 그 손해를 배상할 책임이 있는 자에게 구상할 수 있다.

## [해설]

| | |
|---|---|
| Ⅰ. 논점의 정리 | 2. 비용부담자의 의의 |
| Ⅱ. 배상책임자로서 사무의 귀속주체 | 3. 설문과 비용부담자 |
| Ⅲ. 배상책임자로서 비용부담자 | Ⅳ. 결   론 |
| 　 1. 국가배상법 제6조 제1항 | |

## Ⅰ. 논점의 정리

국가배상법상 배상책임의 주체는 동법 제2조·제5조·제6조에서 나타난다. 설문은 기관위임사무에 관한 것이므로 제6조와 관련한다. 말하자면 국가사무를 재위임받은 A시장이 그 사무를 집행함에 당하여 불법행위를 한 경우에 그 시장이 소속한 지방자치단체가 국가배상법상 배상책임을 부담하는가의 여부가 문제된다. 이를 판단하기 위해서는 A시가 국가배상법 제6조 제1항의 비용부담자에 해당하는가에 관한 검토를 요한다.

## Ⅱ. 배상책임자로서 사무의 귀속주체

(1) 국가배상법 제2조 제1항은 "국가 또는 지방자치단체는 공무원이 그 직무를 집행함에 당하여 고의 또는 과실로 법령에 위반하여 타인에게 손해를 가한 … 때에는 이 법에 의하여 그 손해를 배상하여야 한다"고 규정하고 있다. 이것은 공무원이 자기의 직무를 집행함에 당하여 불법행위를 범한 경우에 국가 또는 지방자치단체는 각각 사무의 귀속주체로서 배상책임을 진다는 것을 뜻한다.

(2) 자동차운수사업의 면허 및 그 취소는 국토교통부장관이 관장하는 국가사무인바, 국가는 본조에 의해 사무의 귀속주체로서 배상책임을 진다. 따라서 기관위임사무를 수행하는 A시장의 배상책임은 본조로부터 나오지 아니한다.

## Ⅲ. 배상책임자로서 비용부담자

### 1. 국가배상법 제6조 제1항

국가배상법 제6조 제1항은 "제2조, 제3조 및 제5조의 규정에 의하여 국가 또는 지방자치단체가 손해를 배상할 책임이 있는 경우에 공무원의 선임·감독 또는 영조물의 설치·관리를 맡은 자와 공무원의 봉급·급여 기타의 비용 또는 영조물의 설치·관리의 비용을 부담하는 자가 동일하지 아니한 경우에는 그 비용을 부담하는 자도 손해를 배상하여야 한다"고 규정하고 있다. 본조로부터 비용부담자의 배상책임이 나온다. 국가배상법 제6조가 적용되는 경우에도 국가배상법 제2조 제1항에서 규정하는 국가나 지방자치단체가 사무의 귀속주체로서 부담하는 배상책임이 배제되는 것은 아니다.

## 2. 비용부담자의 의의

(1) 판례는 "지방자치단체의 장이 기관위임된 국가행정사무를 처리하는 경우 그에 소요되는 경비의 실질적·궁극적 부담자는 국가라고 하더라도 당해 지방자치단체는 국가로부터 내부적으로 교부된 금원으로 그 사무에 필요한 경비를 대외적으로 지출하는 자이므로, 이러한 경우 지방자치단체는 국가배상법 제6조 제1항 소정의 비용부담자로서 공무원의 불법행위로 인한 위법에 의한 손해를 배상할 책임이 있다"고 한다(대판 1994. 12. 9, 94다3887).

(2) 또한, 판례는 '공무원의 봉급·급여 기타의 비용을 부담하는 자'의 의미를 "공무원의 인건비만을 가리키는 것이 아니라 당해 사무에 필요한 일체의 경비를 의미한다고 할 것이고, 적어도 대외적으로 그러한 경비를 지출하는 자는 경비의 실질적·궁극적 부담자가 아니더라도 그러한 경비를 부담하는 자에 포함된다"고 새기고 있다. 즉, 판례는 비용부담자의 판단에 행정외부관계에서 경비를 부담하는 명의를 기준으로 한다.

(3) 비용부담자의 의미에 관해 ① 실질적 비용부담자설, ② 비용부담자란 단순히 대외적으로 비용을 부담하는 자를 의미한다는 형식적 비용부담자설, ③ 피해자보호를 위해 실질적 비용부담자와 형식적 비용부담자를 포함한다는 병합설이 있으며, ④ 판례는 병합설을 취한다. ⑤ 피해자 보호와 형식적 비용부담과 실질적 비용부담의 구별이 곤란하다는 점, 행정의 실제상 지방공무원의 봉급·급여는 특별회계가 아니라 일반회계에서 나온다는 점을 고려할 때 병합설이 타당하다.

(4) 요컨대 위임사무의 경우, 위임자는 사무의 귀속주체이자 근원적인 비용부담자로서 배상책임을 부담하고, 수임자는 소속공무원의 봉급 등 비용부담자로서 배상책임을 부담한다는 것이 판례의 입장이다. 결국 판례는 공무원의 선임·감독자를 위임자로, 봉급 등 비용부담자를 수임자로 새기는데, 이러한 해석은 다소 문제가 있어 보인다. 왜냐하면 공무원의 선임·감독자와 위임자를 동일한 개념으로 보기 어렵고, 봉급 등 비용부담자와 수임자를 역시 동일한 개념

으로 보기는 어렵기 때문이다.

### 3. 설문과 비용부담자

(1) 감차처분권한은 여객자동차 운수사업법상 국토교통부장관에 속한다. 이 권한은 도지사에게 위임되고, 다시 시장에게 재위임된 것이다. 따라서 A시장의 B에 대한 감차처분은 A시장이 국가의 기관위임사무를 처리한 것이다.

(2) 기관위임사무의 경우에는 위임자가 원칙적인 배상책임자가 된다. 왜냐하면 그 사무는 기관위임을 한 자의 사무이고, 비용은 지방재정법상 위임자가 부담하게 되어 있으며(지방재정법 제18조 제2항), 손해배상금은 그 비용에 포함된다고 볼 것이기 때문이다. 따라서 이 경우에 원 위임자인 국토교통부장관이 속한 국가(대한민국)는 당연히 사무의 귀속주체로서 손해배상책임을 부담한다.

(3) 한편, 기관위임사무의 경우에 수임자도 보충적으로 배상책임을 부담한다는 판례의 입장을 따르게 되면, A시도 손해배상책임을 면할 수 없다. 왜냐하면 A시는 A시장 등 소속공무원에게 봉급을 지급하고 있고, 그 봉급은 수임자의 명의와 비용으로 지급되기 때문이다.

## Ⅳ. 결    론

A시는 A시장 등 소속공무원의 봉급·급여 기타의 비용을 부담하는 자이기 때문에, 국가배상법 제6조 제1항에 의거하여 비용부담자로서 기관위임된 감차처분과 관련된 손해배상책임을 부담하여야 한다. 따라서 지방자치단체인 A시는 배상책임이 없다는 원심판단은 정당하지 않다.

# 50 공무원의 배상책임
[군용지프의 사고로 사망한 병사의 손해배상청구의 상대방]

## [설문]

운전병 A가 직무집행행위로서 군용버스를 운전하던 중에 과실로 철길건널목 부근에서 군용지프를 들이받자 그 충격으로 군용지프가 다시 봉고트럭을 들이받고, 이어서 그 군용지프가 다시 운행중이던 열차와 충돌하게 되었고, 이로 인해 그 지프에 타고 있던 B가 즉사하게 되었다. 그러자 B의 유가족이 A를 상대로 손해배상청구소송을 제기하였다. 원심법원은, 원고인 B의 유가족은 국가를 상대로 불법행위로 인한 손해배상을 청구할 수 있을 뿐, 공무원 개인인 피고 A에 대하여 손해배상을 청구할 수 없다는 이유로 원고의 청구를 기각하였다. 원심법원의 판단은 정당한가?

◇ 참고조문 ◇
대한민국헌법
제29조 ① 공무원의 직무상 불법행위로 손해를 받은 국민은 법률이 정하는 바에 의하여 국가 또는 공공단체에 정당한 배상을 청구할 수 있다. 이 경우 공무원 자신의 책임은 면제되지 아니한다.
국가배상법
제2조(배상책임) ② 제1항 본문의 경우에 공무원에게 고의 또는 중대한 과실이 있으면 국가나 지방자치단체는 그 공무원에게 구상(求償)할 수 있다.

## [해설]

## Ⅰ. 논점의 정리

공무원 개인인 피고 A에 대하여 손해배상을 청구할 수 없다는 원심법원의 판단이 정당한가의 여부가 문제되는바, 이는 국가배상법상의 요건을 충족하는 경우, 국가 외에 귀책사유 있는 공무원 개인에게 직접 배상청구를 할 수 있는지의 문제이다. 이를 선택적 청구의 문제라 한다. 설문의 해결을 위해 먼저 이론적인 관점에서 선택적인 청구가 가능한지의 여부를 살펴보고, 다음으로 판례의 입장을 살피기로 한다(설문은 실제 사건인 대판 1996. 2. 15, 95다38677의 사실관계를 요약하여 정리한 것이다). 우선 선택적 청구의 논의의 전제가 되는 국가배상책임의 성질에 대해 살펴본다.

## Ⅱ. 국가배상책임의 성질

### 1. 학설·판례

(1) 학  설  국가배상책임의 성질과 관련하여 학설은 ① 국가의 배상책임의 성질을 국가나 지방자치단체의 자신의 책임으로 이해하는 자기책임설, ② 배상책임은 원래 공무원의 책임이나 국가가 이를 대신하여 부담하는 것이 국가배상책임이라는 대위책임설, ③ 공무원의 고의·중과실에 의한 경우의 국가의 배상책임은 대위책임이나, 경과실에 의한 경우의 국가의 배상책임은 자기책임의 성질을 갖는다는 중간설, ④ 공무원의 경과실에 의한 경우의 국가의 배상책임은 자기책임의 성질을 갖지만, 공무원의 고의·중과실에 의한 경우의 국가의 배상책임은 기본적으로 국가의 대위책임의 성질을 갖지만 국민의 두터운 보호라는 정책적 관점에서 국가도 책임을 부담한다는 절충설이 있다.

(2) 판  례  절충설의 입장을 취한다(대판 1996. 2. 15, 95다38677).

### 2. 검  토

국가가 공무원에게 직무권한의 행사를 하게 한 것에는 공무원의 위법한 권한행사의 가능성까지 고려한 것인바, 공무원의 불법행위에 대한 국가의 배상책임은 이러한 위험한 환경을 마련한 국가의 자기책임으로 볼 것이다.

## Ⅲ. 선택적 청구의 가능 여부

### 1. 학 설

**(1) 선택적 청구를 긍정하는 견해**　① 자기책임설에 따르면, 피해자는 국가나 지방자치단체 외에 가해공무원에 대해서도 선택적으로 배상을 청구할 수 있다. ② 대위책임설에서도 선택적 청구가 가능하다는 입장이 있다.

**(2) 선택적 청구를 부정하는 견해**　① 대위책임설을 따르게 되면, 피해자는 국가나 지방자치단체에 대해서만 배상을 청구할 수 있다. ② 자기책임설의 입장에 서면서도 대외적으로 국가책임만 인정하는 견해도 있다.

**(3) 선택적 청구를 제한적으로 긍정하는 견해**　① 중간설을 따르면, 고의 또는 중과실의 경우에는 선택적 청구를 할 수 있지만, 경과실의 경우에는 선택적 청구를 할 수 없다. 중간설의 입장에서 선택적 청구를 부인하는 견해도 있다. ② 판례의 입장인 절충설을 따르면, 고의 또는 중과실의 경우에는 선택적 청구를 할 수 있지만, 경과실의 경우에는 선택적 청구를 할 수 없다.

### 2. 판 례

**(1) 판례의 변화**　판례의 입장은 3단계로 변하고 있다. ① 처음에는 공무원의 귀책사유의 정도에 관계없이 공무원 개인도 손해배상책임을 진다(대판 1972. 10. 10, 69다701)고 하였다가, ② 그후에는 공무원의 귀책사유의 정도에 관계없이 공무원 개인은 손해배상책임을 지지 아니한다(대판 1994. 4. 12, 93다11807)고 하였다가, ③ 공무원에게 경과실이 있을 뿐인 경우에는 공무원 개인은 손해배상책임을 부담하지 아니하지만, 고의·중과실이 있을 때에는 공무원 개인에게도 청구할 수 있다고 하고 있다(대판 1996. 2. 15, 95다38377). 현재로서 판례는 일종의 절충설을 취하고 있다.

**(2) 선택적 청구를 제한적으로 긍정하는 판결요지**　절충설을 취한 최초의 판례의 요지를 옮긴다. "공무원이 직무수행중 불법행위로 타인에게 손해를 입힌 경우에 국가 등이 국가배상책임을 부담하는 외에 공무원 개인도 고의 또는 중과실이 있는 경우에는 불법행위로 인한 손해배상책임을 진다고 할 것이지만,

공무원에게 경과실뿐인 경우에는 공무원 개인은 손해배상책임을 부담하지 아니한다고 해석하는 것이 헌법 제29조 제1항 본문과 단서 및 국가배상법 제2조의 입법취지에 조화되는 올바른 해석이라 할 것이다 …. 공무원의 직무상 불법행위로 국민에게 손해를 입힌 경우에 공무원의 귀책사유의 정도에 관계없이 공무원 개인이 손해배상책임을 진다고 판시한 당원 1972년 10월 10일 선고, 69다701 판결 등과 공무원의 귀책사유의 정도에 관계없이 공무원 개인은 손해배상책임을 지지 아니한다고 판시한 당원 1994년 4월 12일 선고, 93다11807 판결은 이를 모두 변경하기로 한다"(대판 1996. 2. 15, 95다38677).

### 3. 검    토

국가배상책임의 본질을 위험설적 자기책임으로 볼 때, 피해자의 선택적 청구는 불가하다고 본다. 말하자면 피해자는 국가나 지방자치단체에 대해서만 배상청구가 가능하다고 본다. 선택적 청구의 배제는 ① 피해자에게는 담보력이 충분한 국가에 의한 배상의 보장을, ② 가해자인 공무원에게는 피해자로부터 직접적인 배상청구를 피함으로써 공무집행에 전념하게 하는 이점을 가져다준다.

## Ⅳ. 결    론

공무원에게 경과실이 있을 뿐인 경우에는 공무원 개인은 손해배상책임을 부담하지 아니하지만, 고의·중과실이 있을 때에는 공무원 개인에게도 청구할 수 있다는 대법원의 입장에서는 선택적 청구를 전면적으로 부인하는 원심법원의 판단은 부당하다. 그러나 국가배상책임의 본질은 대위책임에 있다고 보는 저자의 입장에서는 피해자의 선택적 청구는 불가능하다고 보는바 원심법원의 판단은 정당하다.

## 51 영조물과 배상책임
[누수로 인한 도로결빙과 도로관리상의 하자]

[설문]

정읍시의 한 도로의 지하에 매설되어 있는 상수도관에 균열이 생겨 그 틈으로 새어 나온 물이 도로 위까지 유출되고 낮은 기온으로 인하여 노면이 결빙되었다. 이러한 사정을 모른 채 A가 택시운행중 미끄러지면서 반대차선에서 오던 화물차와 충돌하여 사망하였다. A의 유족은 정읍시에 대하여 손해배상청구권을 갖는다?

◇ 참고조문 ◇
국가배상법
제5조(공공시설 등의 하자로 인한 책임) ① 도로·하천, 그 밖의 공공의 영조물(營造物)의 설치나 관리에 하자(瑕疵)가 있기 때문에 타인에게 손해를 발생하게 하였을 때에는 국가나 지방자치단체는 그 손해를 배상하여야 한다. ….

[해설]

| | |
|---|---|
| Ⅰ. 논점의 정리 | 3. 타인 |
| Ⅱ. 배상책임의 성립요건별 검토 | 4. 손해 |
| 1. 영조물 | Ⅲ. 결론 |
| 2. 설치나 관리의 하자 | |

## Ⅰ. 논점의 정리

A의 유족이 국가배상청구권을 갖는가의 여부는 국가배상법 제5조의 요건을 구비하는가의 여부에 달린 문제이다. 그 요건을 '영조물', '설치나 관리에 하자', '타인', '손해'로 나누어 검토할 필요가 있다.

## Ⅱ. 배상책임의 성립요건별 검토

### 1. 영 조 물

(1) 국가배상법 제5조 제1항에서 말하는 영조물이란 공적 목적에 제공된 물건, 즉 강학상 공물을 의미한다. 공물에는 자연공물과 인공공물이 있으며, 공공용물과 공용물도 있다. 사소유물이라도 공물일 수 있다.

(2) A의 사고와 관련된 도로는 국가배상법 제5조 제1항에서 영조물의 하나로 예시되고 있다. 따라서 설문은 '영조물' 요건을 구비하였다.

### 2. 설치나 관리의 하자

(1) **설치·관리의 의의**   설치란 설계에서 건조까지를 말하고, 관리란 건조 후의 유지·수선을 의미한다.

(2) **하자의 의의**

(가) **학   설**   ① 주관설은 공물의 설치·관리의 하자를 '공물주체가 안전확보의무 내지 관리의무를 게을리한 잘못'으로 이해한다. 즉 주관설은 설치·관리상의 하자로 이해한다. 국가배상제도상의 과실을 객관적 관념, 즉 국가작용의 흠으로 파악하고 주관설을 채택하는 입장도 있다. ② 객관설은 공물의 설치·관리의 하자를 '공물 자체가 항상 갖추어야 할 객관적인 안전성의 결여'로 이해한다. 객관설은 관리자의 고의·과실을 문제삼지 아니한다. ③ 절충설은 영조물 자체의 하자뿐만 아니라 관리자의 관리의무위반이라는 주관적 요소도 부가하여 하자의 의미를 이해하는 입장이다. ④ 안전의무위반설은 행정주체가 물건을 공용개시를 통해 일반의 사용에 제공·노출시킨 경우는 타인에게 위험이 발생하지 않도록 안전조치를 취할 법적 의무를 부담하는데, '영조물의 설치·관리의 하자'란 관리주체의 이러한 안전의무위반을 의미하며, 국가배상법이 '영조물의 하자'로 표기하지 않고 '영조물의 설치·관리의 하자'라고 표기하고 있으므로 '물적 상태책임'이 아니라 '행위책임'이며 국가배상법 제5조가 고의·과실을 요건으로 하고 있지 않으므로 과실책임도 아니라는 입장이다.

(나) **판   례**   판례는 기본적으로 객관설을 취한다. 그러나 일부 판례에

서는 객관설을 취하면서도 주관적 가정을 고려하는 수정된 객관설을 취하기도 한다.

(다) 검  토    규정의 표현형식상 국가배상법 제5조의 하자는 주관설에 입각한 것으로 보이지만, 제2조와의 체계상 객관설을 취할 때 국가의 무과실책임이 인정될 것인바, 객관설이 타당하다.

(3) **면책사유**    객관적 안전성을 갖춘 이상 불가항력의 경우에는 면책이 된다. 그러나 불가항력이 있어도 영조물의 설치·관리에 객관적 안전성을 결여하였다면, 그 결여로 인해 피해가 확대된 범위 내에서는 국가가 책임을 져야 한다. 예산의 부족은 배상액산정의 참작사유는 될지언정 안전성의 판단의 사유는 될 수 없다.

(4) **설문의 경우**    A의 사고는 도로의 결빙이 직접적인 원인이 되어 발생하였다. 그런데 도로가 결빙되었다는 것은 도로가 안전운행에 적합한 상태에 있지 못하였다는 것을 뜻하는 것이고, 이것은 '공물인 도로 자체가 항상 갖추어야 할 객관적인 안전성을 결여하였음'을 뜻한다. 한편, 도로가 결빙되는 것을 방지하는 것이 불가능하다고 말하기도 어렵다. 객관설의 입장에서 볼 때, 결국 정읍시의 도로의 관리에 하자가 있었다고 하겠다.

### 3. 타  인

(1) 타인이란 영조물을 설치·관리하는 자 이외의 자로서 모든 제3자를 말한다. 자연인 외에 법인도 피해자가 될 수 있다.

(2) A가 타인임은 분명하다. 따라서 설문은 '타인' 요건을 구비하였다.

### 4. 손  해

(1) 손해란 영조물의 설치·관리상의 하자로 인해 발생한 일체의 손해를 말한다. 손해는 법익침해로서 불이익을 말한다. 재산상의 손해인가 생명·정신·신체상의 손해인가를 가리지 아니한다. 그러나 영조물의 설치·관리의 하자와 손해의 발생 사이에는 상당인과관계가 있어야 한다. 상당인과관계의 유무의 판단은 관련법령의 내용, 가해행위의 태양, 피해의 상황 등 제반사정을 복합적으로 고려하면서 이루어져야 한다.

(2) A의 사망은 생명침해의 손해이다. 또한 그 사고가 도로관리상 하자인 도로의 결빙에 기인하므로 도로의 관리상의 하자와 A의 피해(사망) 사이에는 상당인과관계도 존재한다. 따라서 설문은 '손해' 요건도 구비하였다.

## Ⅲ. 결  론

① A의 사고는 도로, 즉 영조물에서 발생하였고, ② 그 도로가 안전운행에 적합하게 관리되지 못하고 결빙되었다는 점에서 도로의 관리에 하자가 있었고, ③ A가 영조물을 설치·관리하는 자 이외의 자로서 타인에 해당하고, ④ A가 피해(사망)를 입었고 아울러 도로의 관리상의 하자와 A의 피해(사망) 사이에는 상당인과관계도 존재하므로, A의 사고는 국가배상법 제5조 제1항 제1문의 배상책임요건을 모두 구비한다. 따라서 A는 국가배상법 제5조 제1항 제1문에 근거하여 손해배상청구권을 갖는다.

## 52 손실보상절차와 권리구제
[공익사업을 위한 토지 등의 취득 및 보상에 관한 법률상 토지수용과 보상]

[설문]

서울특별시장은 대규모 축산물시장을 세우기 위하여 공익사업을 위한 토지 등의 취득 및 보상에 관한 법률이 정한 사업인정절차 등을 거친 후 피수용자인 甲과 협의에 들어갔으나, 협의가 이루어지 않았다. 후속절차에 관해 약술하라.

[해설]

## Ⅰ. 논점의 정리

설문은 공익사업을 위한 토지 등의 취득 및 보상에 관한 법률(이하 "토상법"이라 한다)이 정하는 보상절차를 개관할 것을 묻고 있는바, 이 법률이 정하는 절차를 살피기로 한다.

## Ⅱ. 재결신청

### 1. 사업시행자의 재결신청

토상법 제26조에 따른 협의가 성립되지 아니하거나 협의를 할 수 없을 때(제26조 제2항 단서에 따른 협의 요구가 없을 때를 포함한다)에는 사업시행자는 사업인정고시가 된 날부터 1년 이내에 대통령령으로 정하는 바에 따라 관할 토지수용위원회에 재결을 신청할 수 있다(토상법 제28조 제1항).

### 2. 사업시행자가 신청하지 않는 경우

**(1) 토지소유자 등의 재결신청의 청구**　　사업인정고시가 된 후 협의가 성립되지 아니하였을 때에는 토지소유자와 관계인은 대통령령으로 정하는 바에 따라 서면으로 사업시행자에게 재결을 신청할 것을 청구할 수 있다(토상법 제30조 제1항).

**(2) 사업시행자의 신청**　　사업시행자는 제1항에 따른 청구를 받았을 때에는 그 청구를 받은 날부터 60일 이내에 대통령령으로 정하는 바에 따라 관할 토지수용위원회에 재결을 신청하여야 한다. 이 경우 수수료에 관하여는 제28조 제2항을 준용한다(토상법 제30조 제2항).

### 3. 재　　결

토지수용위원회는 ① 수용하거나 사용할 토지의 구역 및 사용방법, ② 손실보상, ③ 수용 또는 사용의 개시일과 기간, ④ 그 밖에 이 법 및 다른 법률에서 규정한 사항에 관하여 재결한다(토상법 제50조 제1항). 토지수용위원회의 재결은 서면으로 한다(토상법 제34조 제1항). 제1항에 따른 재결서에는 주문 및 그 이유와 재결일을 적고, 위원장 및 회의에 참석한 위원이 기명날인한 후 그 정본(正本)을 사업시행자, 토지소유자 및 관계인에게 송달하여야 한다(토상법 제34조 제2항).

## Ⅲ. 이의신청

### 1. 신　　청

중앙토지수용위원회의 토상법 제34조에 따른 재결에 이의가 있는 자는 중앙토지수용위원회에 이의를 신청할 수 있다(토상법 제83조 제1항). 지방토지수용위원회의 제34조에 따른 재결에 이의가 있는 자는 해당 지방토지수용위원회를 거쳐 중앙토지수용위원회에 이의를 신청할 수 있다(토상법 제83조 제2항). 제1항 및 제2항에 따른 이의의 신청은 재결서의 정본을 받은 날부터 30일 이내에 하여야 한다(토상법 제83조 제3항).

## 2. 재　결

(1) **취소재결·변경재결**　　중앙토지수용위원회는 토상법 제83조에 따른 이의신청을 받은 경우 제34조에 따른 재결이 위법하거나 부당하다고 인정할 때에는 그 재결의 전부 또는 일부를 취소하거나 보상액을 변경할 수 있다(토상법 제84조 제1항).

(2) **증액보상금의 지급**　　제1항에 따라 보상금이 늘어난 경우 사업시행자는 재결의 취소 또는 변경의 재결서 정본을 받은 날부터 30일 이내에 보상금을 받을 자에게 그 늘어난 보상금을 지급하여야 한다. 다만, 제40조 제2항 제1호·제2호 또는 제4호에 해당할 때에는 그 금액을 공탁할 수 있다(토상법 제84조 제2항).

(3) **효　력**　　토상법 제85조 제1항에 따른 기간 이내에 소송이 제기되지 아니하거나 그 밖의 사유로 이의신청에 대한 재결이 확정된 때에는「민사소송법」상의 확정판결이 있은 것으로 보며, 재결서 정본은 집행력 있는 판결의 정본과 동일한 효력을 가진다(토상법 제86조 제1항). 사업시행자, 토지소유자 또는 관계인은 이의신청에 대한 재결이 확정되었을 때에는 관할 토지수용위원회에 대통령령으로 정하는 바에 따라 재결확정증명서의 발급을 청구할 수 있다(토상법 제86조 제2항).

## Ⅳ. 행정소송의 제기

### 1. 제소기간

사업시행자, 토지소유자 또는 관계인은 토상법 제34조에 따른 재결에 불복할 때에는 재결서를 받은 날부터 60일 이내에, 이의신청을 거쳤을 때에는 이의신청에 대한 재결서를 받은 날부터 30일 이내에 각각 행정소송을 제기할 수 있다(토상법 제85조 제1항 본문). 30일의 단기 제소기간은 헌법위반이 아니다.

### 2. 소의 대상

수용재결에 불복하여 취소소송을 제기하는 때에는 이의신청을 거친 경우에도 수용재결을 한 중앙토지수용위원회 또는 지방토지수용위원회를 피고로 하여 수용재결의 취소를 구하여야 하고, 다만 이의신청에 대한 재결 자체에 고유한 위법이 있음을 이유로 하는 경우에는 그 이의재결을 한 중앙토지수용위원회를 피고로 하여 이의재결의 취소를 구할 수 있다고 보아야 한다(대판 2010. 1. 28, 2008두1504).

## 3. 보상금증감소송의 특례

토상법 제85조 제1항에 따라 제기하려는 행정소송이 보상금의 증감(增減)에 관한 소송인 경우 그 소송을 제기하는 자가 토지소유자 또는 관계인일 때에는 사업시행자를, 사업시행자일 때에는 토지소유자 또는 관계인을 각각 피고로 한다(토상법 제85조 제2항). 보상금증감소송에서 토지수용위원회는 소송당사자가 아니다.

# 53 보상규정이 없는 법률과 손실보상청구권

[자연공원 내 사유지의 사용·수익의 제한과 손실보상]

## [설문]

X행정청은 자연공원법의 규정에 의하여 국립공원 내 A의 사유지에 대해서 사용 및 수익을 제한하면서, 자연공원법에는 보상에 관한 규정이 없다는 이유로 이에 대한 보상을 하지 않았다. A는 국립공원 내 사유지의 보상을 구할 수 있는가?

◇ 참고조문 ◇

대한민국헌법

제23조(재산권의 보장과 제한) ③ 공공필요에 의한 재산권의 수용·사용 또는 제한 및 그에 대한 보상은 법률로써 하되, 정당한 보상을 지급하여야 한다.

자연공원법

제1조(목적) 이 법은 자연공원의 지정·보전 및 관리에 관한 사항을 규정함으로써 자연생태계와 자연 및 문화경관 등을 보전하고 지속 가능한 이용을 도모함을 목적으로 한다.

제23조(행위허가) ① 공원구역에서 공원사업 외에 다음 각 호의 어느 하나에 해당하는 행위를 하려는 자는 대통령령으로 정하는 바에 따라 공원관리청의 허가를 받아야 한다. 다만, 대통령령으로 정하는 경미한 행위는 대통령령으로 정하는 바에 따라 공원관리청에 신고하고 하거나 허가 또는 신고 없이 할 수 있다.

1. 건축물이나 그 밖의 공작물을 신축·증축·개축·재축 또는 이축하는 행위

제29조(영업 등의 제한 등) ① 공원관리청은 공원사업의 시행이나 자연공원의 보전·이용·보안 및 그 밖의 관리를 위하여 필요한 경우에는 대통령령으로 정하는 바에 따라 공원구역에서의 영업과 그 밖의 행위를 제한하거나 금지할 수 있다.

## [해설]

## Ⅰ. 논점의 정리

설문에 답하기 위해 A의 사유지의 사용 및 수익을 제한하는 '공원지정의 법적 성질'을 검토한 후, '보상규정의 미비시 손실보상청구가능성의 문제'와 그 가능성이 인정된다고 할 경우, '손실보상청구권의 성립요건'에 대하여 검토한다.

## Ⅱ. 공원지정의 법적 성질

공원지정이 있게 되면 공원구역에서 공원사업 외의 건축물의 신축·증축 등 일정한 행위들이 금지된다(자연공원법 제23조). 그리고 자연공원 안에서는 일정한 영업행위가 제한된다(자연공원법 제29조). 따라서 공원지정으로 사소유자의 사용·수익의 권리는 제한을 받는바, 공원지정행위는 공용제한의 성질을 갖는다. 한편, 자연공원법상 공원지정은 법령에서 직접 규정되는 것이 아니라 행정청의 공용지정행위에 의해 이루어진다. 자연공원법상 공용지정행위는 물적 행정행위로서 일반처분의 일종에 해당한다.

## Ⅲ. 공원지정과 손실보상청구 가능성

### 1. 문 제 점

공공필요에 의한 재산권의 수용·사용 또는 제한 및 그에 대한 보상은 법률로써 하되, 정당한 보상을 지급하여야 한다(헌법 제23조 제3항). 그러나 자연공원법은 공공필요에 의한 재산권의 수용·사용 또는 제한에 대하여 보상규정을 두고 있지 않다. 여기서 보상규정이 없는 경우에 헌법을 근거로 손실보상을 청구할 수 있는지에 대해 견해는 나뉘고 있다.

### 2. 학　　설

(1) **방침규정설**　　헌법상 손실보상에 관한 규정은 입법의 방침을 정한 것에 불과한바, 손실보상에 관한 구체적인 사항이 법률에서 정해져야만 사인은

손실보상청구권을 갖는다는 견해이다. 현재 이 견해를 취하는 학자는 없다.

(2) **위헌무효설**    손실보상청구권은 헌법이 아니라 법률에 근거하는 것인바, 보상규정이 없는 수용법률에 의거하여 수용된다면 그 법률은 위헌무효의 법률이고, 따라서 수용은 위법한 행위가 되는 것이다. 따라서 사인은 손해배상청구권을 갖게 된다는 견해이다.

(3) **직접효력규정설**    손실보상청구권은 헌법 제23조 제3항으로부터 직접 나온다는 견해이다. 즉 헌법 제23조 제3항은 국민에 대해 직접적인 효력이 있는 규정이라는 것이다.

(4) **유추적용설**    헌법 제23조 제1항 및 제11조(평등원칙)에 근거하고 헌법 제23조 제3항 및 관계규정의 유추해석을 통해 보상을 청구할 수 있다는 견해이다. 이 견해는 손실보상청구권이 여러 조항의 해석의 결과 도출된다고 하여 간접효력규정설이라고 부르기도 한다.

## 3. 판    례

(1) **대법원 입장**    대법원은 (구) 도시계획법 제21조에 따른 개발제한구역(Green Belt) 안에 있는 토지의 소유자가 받는 재산상의 권리행사의 제한은 공공의 복리를 위하여 감수하지 아니하면 안 될 정도의 것이라고 하면서, (구) 도시계획법 제21조에 의하여 개발제한구역으로 지정되었다고 하더라도 헌법 제23조 제3항에 근거하여 손실보상을 청구할 수 없다(대판 1996. 6. 28, 94다54511)고 하였다.

(2) **헌법재판소 입장**    헌법재판소는 개발제한구역 내에서 건물의 건축 등을 금지하고 있는 그린벨트제도는 원칙적으로 합헌이지만, 개발제한구역의 지정으로 인하여 예외적으로 토지를 종래의 목적대로 사용할 수 없게 되거나 토지의 사용 가능성이 없게 된 경우에까지 보상을 하지 않는 것은 위헌이라고 판시하고 아울러 입법자에게 보상입법의무가 있음을 판시하였을 뿐(헌재 1998. 12. 24, 89헌마214등), 헌법에 근거하여 직접 손실보상을 청구할 수 있음을 판시하지는 아니하였다.

## 4. 검    토

방침규정설은 기본권으로 보장되는 재산권에 대한 이해와 상충되며, 위헌무효설은 국가에 의한 희생(헌신)의 문제인 손실보상청구권을 국가에 의한 불법의 문제인 손해배상청구권으로 보는 점에 문제가 있고, 또한 공무원의 과실을 인정하기 어려울 것이므로 손해배상청구권을 인정하기 어려울 것이다. 직접효력규정설은 보상을 법률로 하라는 헌법 제23조 제3항에 비추어 문제가 있다. 논리상 유추적용설이 합리적이다.

[참고] 우리의 간접효력규정설과 독일의 수용유사침해의 법리는 내용상 유사하다. 그러나 그 인정근거는 상이하다. 우리의 간접효력규정설은 손실보상의 근거를 헌법에서 도출하지만, 독일의 수용유사침해법리의 인정근거는 프로이센일반란트법에서 유래하는 일반적 희생사상에서 나온다. 이 사상은 헌법적 관습법으로 이해되고 있다. 그러나 우리의 간접효력규정설과 독일의 수용유사침해의 법리가 그 내용에 있어서 다른 것은 아님을 유의하여야 한다.

## Ⅳ. 보상청구권의 성립요건

간접효력규정설에 따라 보상규정이 없다고 하여도 헌법에 따라 보상을 청구할 수 있는바, 그 손실보상청구권의 성립요건이 문제된다. 그 요건으로 헌법 제23조 제3항에 비추어 '공공필요', '재산권', '침해', '특별한 희생'을 들 수 있다.

### 1. 공공필요

(1) 공공필요란 도로·항만건설 등 일정한 사업만을 의미하는 것이 아니고, 널리 일반공익을 위한 것이면 공공필요에 해당한다. 다만 순수한 국고목적(영리목적)은 여기서의 공공필요에 해당하지 아니한다.

(2) 자연공원의 지정은 "자연공원의 지정·보전·이용 및 관리에 관한 사항을 규정함으로써 자연생태계와 자연 및 문화경관 등을 보전하고 지속 가능한 이용을 도모함을 목적으로 한다"는 자연공원법 제1조의 목적에 비추어 공공필요를 위한 것이다.

## 2. 재 산 권

(1) 재산권이란 재산적 가치있는 모든 공권과 사권을 말한다. 공법상 권리인가 사법상 권리인가를 가리지 아니한다. 물권인가 채권인가도 가리지 아니한다. 다만 장래의 가치는 이에 포함되지 않고, 학술적 가치는 특별한 사정이 없는 한 손실보상의 대상이 아니다.

(2) A의 사유지의 사용·수익의 권리는 재산권에 해당한다.

## 3. 침      해

(1) 침해란 재산권을 박탈하는 '수용', 일시 사용하는 '사용', 개인의 사용을 한정하는 '제한'을 말한다. 침해는 법률에 의한 직접적인 침해와 법률에 근거하여 이루어지는 행정행위에 의한 침해가 있다.

(2) 국립공원 내 A의 사유지에 대한 사용 및 수익의 제한은 공용제한에 해당한다.

## 4. 특별한 희생

(1) 특별한 희생이란 재산권의 사회적 구속성을 넘어서 법이 보호하는 이익이 침해되는 것을 말한다. 어떠한 희생이 특별한 희생에 해당하는가 또는 아닌가의 구별과 관련하여 개별행위설(침해된 자가 특정인인가 또는 일반인인가를 기준으로 한다)·특별희생설(평등성과 수인 가능성을 기준으로 한다)·중대설(침해의 중대성과 범위 및 수인 가능성을 기준으로 한다) 외에도 여러 학설(보호가치설, 수인설, 사적 이용설, 실체감소설, 목적위배설, 상황구속성의 이론) 등이 주장되고 있다. 우리의 일반적인 견해는 이상의 여러 견해를 종합적으로 고려하는 절충설을 취하고 있다. 절충설의 논리방식이 합리적이다.

(2) 자연공원법상 사소유자인 A가 공용제한으로 인해 받는 불이익은 공공의 복리를 위하여 수인하여야 할 정도의 것으로 인정되고, 아울러 그 불이익이 개발제한구역의 지정 및 관리에 관한 특별조치법상 개발제한구역 안의 토지소유자의 재산권에 가해지는 제한보다 과중한 것으로는 보기 어렵다고 판단되는바, 사소유자인 A가 제한으로 인해 받는 불이익은 특별한 희생에 해당하지 않는다.

5. 소   결

공원지정이 공공필요를 위한 것이고, 공원지정으로 A의 재산권이 제한을 받지만, 그로 인해 A가 받는 불이익은 특별한 희생에 해당한다고 말하기는 어려우므로 A는 보상을 청구할 수 없다.

# V. 결   론

공원지정은 공물법상 공용지정으로서 공용제한의 성질을 갖는다. 자연공원법에 보상규정이 없다고 하여도, 공공필요에 의한 재산권의 제한이 있고, 그로 인해 특별한 희생을 당하였으면 헌법을 근거로 손실보상을 청구할 수 있다. 그런데 A의 불이익은 공공복리를 위하여 수인하여야 할 정도의 것이므로, 특별한 희생에 해당한다고 보기 어렵고, 따라서 A는 손실보상청구권을 갖지 아니한다.

# 54  비재산권침해에 대한 보상청구권
[사인의 공무 원조행위로 인한 사망과 보상]

## [설문]

해변가를 순찰중인 경찰관 A는 모래사장에서 음독자살을 기도하고 있는 X
를 발견하고 이를 처리하던 중 혼자 힘으로 처리하기가 어려워 소속경찰서에
경찰관의 파견을 요청함과 아울러, 마침 그곳을 산책하면서 지나가던 시민 B
에게도 협조를 요청하였다. B가 A와 함께 사고처리를 하던 중 30분이 지난
시점에 해일이 일어 A와 B는 바다 속으로 휩쓸려 실종되었고, 그 다음 날 A
와 B는 사체로 발견되었다. B의 유가족은 피해구제를 청구할 수 있는가? 단,
국가배상법 제2조에 따른 국가책임의 문제는 논외로 한다.

◇ 참고조문 ◇

경범죄 처벌법
제3조(경범죄의 종류) ① 다음 각 호의 어느 하나에 해당하는 사람은 10만원 이하의
벌금, 구류 또는 과료(科料)의 형으로 처벌한다.
29. (공무원 원조불응) 눈·비·바람·해일·지진 등으로 인한 재해, 화재·교통사고·범
죄, 그 밖의 급작스러운 사고가 발생하였을 때에 현장에 있으면서도 정당한 이유 없이
관계 공무원 또는 이를 돕는 사람의 현장출입에 관한 지시에 따르지 아니하거나 공무
원이 도움을 요청하여도 도움을 주지 아니한 사람

## [해설]

# Ⅰ. 논점의 정리

먼저 B의 희생의 성격을 검토하고, 이어서 B의 유가족에게 비재산권침해(B 의 생명의 침해)에 대한 보상청구권이 있는지의 여부를 검토한다.

# Ⅱ. B의 희생의 성격

## 1. 공법영역에서의 행위(공공의 필요)

경찰관 A가 B에게 협조를 요청한 것은 공법인 경찰관 직무집행법 제4조 제1항 제1호의 보호조치를 위한 작용과 관련된 것이므로, B의 협조행위는 공공 의 필요에 부응하기 위한 것이다.

## 2. 강제된 행위

경범죄 처벌법 제3조 제29호에 비추어 경찰관 A의 협조요청에 불응하면 벌칙이 가해지므로 경찰관 A의 협조요청은 권력적인 성질을 갖는다. 따라서 B 의 협조행위는 강제된 행위이다.

## 3. 적법한 행위의 결과

(1) B의 사망은 경찰관 A의 적법한 직무상 협조요청에 기인하였으므로, B 의 사망은 적법한 행위의 결과이다. 따라서 B의 피해에 대한 구제는 손해배상 의 문제는 아니다.

(2) B의 희생의 직접적인 원인이 해일이라는 자연재해일지라도 경찰관 A 의 협조요청이 없었다면 B는 사망하지 아니하였을 것이므로  B의 사망은 경찰 관 A의 협조요청 사이에 인과관계가 존재한다고 볼 수밖에 없다.

## 4. 특별한 희생

B의 사망은 특별한 희생에 해당한다. 왜냐하면 B의 사망은 공동체의 구성 원으로서 B가 당연히 수인하여야 하는 범위를 넘은 것이기 때문이다. 어느 누 구에게도 공동체를 위한 사망에 대하여 무보상의 수인을 요구할 수는 없다.

## 5. 비재산권에 대한 침해

B의 사망은 생명권의 침해이며, 재산권에 대한 침해가 아닌 것은 자명하다. 따라서 B의 사망에 대한 피해구제는 '공공필요에 의한 재산권의 수용·사용 또는 제한 및 그에 대한 보상'의 문제인 손실보상제도와는 거리가 멀다.

## 6. 소  결

앞에서 분석한 바를 종합하면, ① B의 행위는 공법의 영역에서 이루어진 것이고, ② B의 행위는 경찰법규상의 강제규정에 의한 것이며, ③ B의 희생(사망)은 적법한 행위에 기한 것이고, ④ B의 희생(사망)은 B가 수인하여야 하는 정도를 넘은 특별한 희생이고, 또한 ⑤ 희생된 법익은 생명이라는 비재산권으로 요약된다.

# Ⅲ. 보상청구권

## 1. 보상청구권의 법적 근거

보상청구권을 규정하는 일반법은 없다. 다만 개별법률상으로는 감염병의 예방 및 관리에 관한 법률 제71조 등에서 보상청구권을 규정하고 있다. 개별 법률이 없는 영역에서는 학설 및 판례에 의해 보충될 수밖에 없다.

## 2. 보상청구권의 인정 여부

(1) **직접효력규정설**    직접효력규정설이란 공공필요에 의한 생명·신체에 대한 적법한 침해로 특별한 희생을 받은 자는 헌법상 기본권규정(제10조, 제12조)과 평등조항(제11조)을 직접근거로 하여 보상을 청구할 수 있다는 견해를 말한다.

(2) **간접효력규정설**    간접효력규정설은 공공필요에 의한 생명·신체 등 비재산권에 대한 적법한 침해로 특별한 희생을 받은 자에 대한 보상근거는 헌법상의 생명권(제10조)·신체권(제12조)·기본권 제한의 법률유보(제37조 제2항) 등의 규정의 해석상 간접적으로 도출된다고 보는 견해이다.

(3) **사  견**    적법한 침해가 사인이 수인할 수 없는 정도의 특별한 희생

을 가져오는 경우, 명문의 보상제도가 없다고 하여 보상이 부인되어야 한다고
볼 수는 없다. 그것은 우리의 헌법이 기본권 존중주의·실질적 법치주의를 취하
고 있기 때문이다. 논리상 간접효력규정설이 합리적이라고 본다.

### 3. 보상청구권의 성립 여부

(1) **성립요건**　　비재산권침해에 대한 보상제도나 손실보상제도가 모두 공
공의 필요에 부응하기 위하여 사인이 부담하는 특별한 희생에 대한 이해의 조
절제도인 점에서 차이가 없고, 다만 차이가 있다고 하면, 그것은 침해의 대상뿐
이다. 따라서 비재산권침해에 대한 보상청구권의 성립요건도 손실보상청구권
의 성립요건에 준한다고 본다. 말하자면 ① 공공의 필요, ② 비재산권, ③ 침해,
④ 특별한 희생이 그것이다.

(2) **설문의 적용**　　① B의 행위는 공법(경찰법)의 영역에서 강제성 있는 공
권력의 행사에 기인하여 이루어진 것으로서 공공의 필요를 위한 것이고, ② 그
희생은 생명이라는 비재산권이며, ③ 침해는 적법한 경찰법규의 집행에 따른
결과이고, ④ 그 희생은 생명의 상실로서 사인이 수인하여야 할 정도를 넘는
특별한 희생인바, 설문의 B는 보상청구권의 성립요건을 다 구비하였다.

## Ⅳ. 결　　론

헌법과 개별 법률에 명문의 규정은 없으나, 헌법 제10조, 제12조, 제37조
등 여러 규정의 종합적인 해석상 비재산권침해에 대한 보상청구권은 인정된다
고 판단되고, 또한 B의 희생은 보상청구권의 성립요건을 구비하였는바, B의 유
가족은 국가를 상대로 보상청구권을 갖는다.

## 행정청의 개념과 피고적격

55

[한국토지주택공사와 행정청]

[설문]

한국토지주택공사는 정부투자기관의 회계관련 규정에 의거하여 A에게 2014년 6월 7일부터 2014년 12월 7일까지 입찰참가자격을 제한하는 내용의 부당업자제재처분을 하였다. 이에 A가 한국토지주택공사를 상대로 제재처분의 취소를 구하는 행정소송을 제기하려고 한다. 부당업자제재처분을 행한 한국토지주택공사는 행정소송법상 행정청에 해당하는가?

◇ 참고조문 ◇
행정소송법
제2조(정의) ① 이 법에서 사용하는 용어의 정의는 다음과 같다.
1. "처분등"이라 함은 행정청이 행하는 구체적 사실에 관한 법집행으로서의 공권력의 행사 또는 그 거부와 그 밖에 이에 준하는 행정작용(이하 "처분"이라 한다) 및 행정심판에 대한 재결을 말한다.
② 이 법을 적용함에 있어서 행정청에는 법령에 의하여 행정권한의 위임 또는 위탁을 받은 행정기관, 공공단체 및 그 기관 또는 사인이 포함된다.

[해설]

<table>
<tr><td>Ⅰ. 논점의 정리</td><td>Ⅳ. 한국토지주택공사와 행정청개념</td></tr>
<tr><td>Ⅱ. 행정조직법상 행정청의 개념</td><td>　1. 행정조직법상 행정청개념과 한국토지주</td></tr>
<tr><td>　1. 의의</td><td>　　택공사</td></tr>
<tr><td>　2. 행정소송법 제2조 제1항 제1호의 행정청</td><td>　2. 기능상 의미의 행정청과 한국토지주택</td></tr>
<tr><td>Ⅲ. 기능상 행정청의 개념</td><td>　　공사</td></tr>
<tr><td>　1. 의의</td><td>Ⅴ. 결론</td></tr>
<tr><td>　2. 행정소송법 제2조 제2항의 행정청</td><td></td></tr>
</table>

## Ⅰ. 논점의 정리

설문에 답하기 위해 행정소송법상 행정청의 개념을 분석하고, 이어서 한국토지주택공사가 행정청에 해당하는지의 여부를 검토하기로 한다. 행정법학에서 행정청의 개념은 다양하게 사용되고 있으나, 기본적으로 조직법상 의미와 기능상 의미로 구분된다

## Ⅱ. 행정조직법상 행정청의 개념

### 1. 의    의

행정조직법상 행정청의 의미는 전통적 행정(관)청개념과 포괄적 행정(관)청 개념으로 구분된다. 전통적으로 행정청이란 의사기관, 즉 행정에 관한 행정주체의 의사를 결정하고 표시하는 권한을 가진 기관(예, 법무부장관)으로 이해하여 왔다. 한편, 다수의 직으로 구성되는 조직상의 단일체(예, 법무부)를 포괄적 행정청이라 부르기도 한다. 포괄적 행정청개념에서 그 우두머리가 전통적 의미의 행정청에 해당한다. 행정조직법상 행정청의 개념은 일반적으로 직접국가행정조직에서의 개념이며, 간접국가행정조직에서 사용되고 있는 개념은 아니다.

### 2. 행정소송법 제2조 제1항 제1호의 행정청

행정소송법 제2조 제1항 제1호에서 말하는 행정청은 행정소송법 제2조 제2항에 비추어 행정조직법상 행정청의 개념에 해당한다.

## Ⅲ. 기능상 행정청의 개념

### 1. 의    의

기능상 의미의 행정청이란 외부관계에서 공법상 구체적인 행정상 처분을 행할 수 있는 모든 기관을 의미한다. 조직법상 의미의 행정청은 이러한 기관개념에 해당하지만, 조직법상 의미의 행정청이 아니라고 하여도 권한의 위임 등에 의해 행정행위를 발하거나 기타 공법상의 개별처분을 외부에 행하는 기관도 기능상 의미의 행정청에 해당한다.

### 2. 행정소송법 제2조 제2항의 행정청

(1) 행정소송법 제2조 제2항은 "이 법을 적용함에 있어서 행정청에는 법령에 의하여 행정권한의 위임 또는 위탁을 받은 행정기관, 공공단체 및 그 기관 또는 사인이 포함된다"고 규정하여 공공기관이나 사인까지도 행정청이 될 수 있음을 규정하고 있다. 본조항의 행정청은 기능상 의미의 행정청에 해당한다. 위임·위탁을 받는 행정기관, 공공단체 및 그 기관 또는 사인에는 특별한 제한이 없다.

(2) 본조항에서 말하는 행정권한이란 공법상의 권한만을 의미하고 사법상의 권한은 포함되지 아니한다. 왜냐하면 행정소송은 공법상 분쟁의 해결절차이기 때문이다. 본조항은 법령에 의해 권한이 위임 또는 위탁된 경우에만 적용되는 것이고, 내부위임과 같이 사실로서의 위임의 경우에는 적용이 없다.

## Ⅳ. 한국토지주택공사와 행정청의 개념

### 1. 행정조직법상 행정청개념과 한국토지주택공사

(1) 국가의 행정은 자신의 조직, 즉 직접국가행정조직으로 이루어지는 것이 원칙이다. 그러나 국가는 행정임무의 효율성·전문성·기술성 등을 고려하여 국가로부터 독립된 기구(공법인)를 설치하고 그로 하여금 행정임무를 수행하게 하기도 한다. 그러한 기구를 간접국가행정조직이라 한다. 한국토지주택공사는 이러한 간접국가행정조직의 한 부분이며, 간접국가행정조직은 행정조직법상 행정청의 개념에 해당하지 아니한다(대판 1995. 2. 28, 94두36).

(2) 실정법상 한국토지주택공사를 행정청으로 규정(또는 간주)하는 법률도 없다. 또한 한국토지주택공사에 대해 직무권한(행정권한)으로서 '부당업자제재처분권'을 시원적으로 부여하는 법률도 찾아볼 수 없다. 말하자면 실정법상으로도 부당업자제재와 관련되는 한 한국토지주택공사를 행정청으로 규정하는 법률은 없다.

## 2. 기능상 의미의 행정청과 한국토지주택공사

한국토지주택공사가 기능적 의미의 행정청에 해당하기 위해서는 법령에 의하여 행정권한을 위임 또는 위탁받아야 한다. 그러나 현재로서는 행정권한으로서 '부당업자제재처분'의 권한을 한국토지주택공사에 위임하는 법령은 찾아볼 수 없다. 따라서 한국토지주택공사의 부당업자제재처분의 권능은 위임·위탁에 따른 것이 아니므로, 설문에서의 한국토지주택공사를 기능상 의미의 행정청으로 볼 수도 없다.

## V. 결   론

한국토지주택공사는 간접국가행정조직에 해당할 뿐 직접국가행정조직에 속하는 것이 아니므로 행정조직법상 행정청의 개념에 해당하지 아니한다. 또한 한국토지주택공사는 법령상 부당업자제재처분의 행정권한을 위임·위탁받은 바도 없다. 따라서 한국토지주택공사는 행정소송법 제2조 제2항의 의미 내지 기능상 의미의 행정청으로 볼 수 없다. 결국 한국토지주택공사는 행정소송법상 행정청에 해당하지 아니한다.

# 56 행정심판의 요건
[송달과 행정심판의 청구기간]

[설문]

다음의 사례에서 행정심판은 적법한 기간 내에 청구된 것인가?

(1) 2013년 9월 6일에 서울특별시 서초구청장은 A에게 대집행영장발부통보처분의 통보서를 등기우편으로 송달하였고, A는 그 송달일로부터 90일간의 행정심판청구기간이 지난 같은 해 12월 6일에 행정심판을 청구하였다. 그런데 A는 같은 해 9월 6일에 미국에 있는 자신의 아들집에 가 있었으며, 자기 집에 돌아온 것은 9월 10일이었다. 주소지에는 그 동안 아무도 살지 아니하였다.

(2) C는 2013년 2월 1일에 B시장으로부터 건축허가를 받았다. C에 이웃하여 주택을 갖고 있는 D는 그 동안 미국에 머무르다가 2013년 8월 2일 돌아와 이러한 사실을 알게 되었다. D는 C에 대한 건축허가로 자신의 일조권·환경권이 침해된다고 보아 같은 해 9월 1일에 건축허가의 취소를 구하는 행정심판을 청구하였다. 주소지에는 그 동안 아무도 살지 아니하였다.

◇ 참고조문 ◇

행정심판법

제27조(심판청구의 기간) ① 행정심판은 처분이 있음을 알게 된 날부터 90일 이내에 청구하여야 한다.

③ 행정심판은 처분이 있었던 날부터 180일이 지나면 청구하지 못한다. 다만, 정당한 사유가 있는 경우에는 그러하지 아니하다.

[해설]

| | |
|---|---|
| Ⅰ. 논점의 정리 | Ⅲ. 행정심판법 제27조 제3항(있었던 날) |
| Ⅱ. 행정심판법 제27조 제1항(알게 된 날) | 1. 의의 |
| 1. 의의 | 2. 설문 |
| 2. 설문 | Ⅳ. 결론 |

# Ⅰ. 논점의 정리

행정심판법 제27조 제1항과 제3항의 기간 중 어느 기간이라도 하나가 경과하면 행정심판은 청구할 수 없다. 따라서 설문에 답하기 위해 양 조항을 모두 검토할 필요가 있다. 행정심판청구기간에 제한을 둔 것은 '국가행정처분을 무제한 또는 장기간 불확정상태에 두는 것은 국가시책에 중대한 영향을 미치게 되므로 불변기간을 경과하면 동 행정처분은 확정되어 관계인으로서는 다시 다툴 수 없는 상태에 두어 행정의 안정을 기하기 위한 것'이다.

# Ⅱ. 행정심판법 제27조 제1항(알게 된 날)

## 1. 의    의

심판청구는 처분이 있음을 알게 된 날부터 90일 이내에 청구하여야 한다. 처분이 있음을 알게 된 날이란 처분이 있음을 현실적으로 안 날을 의미한다(대판 2002. 8. 27, 2002두3850). 달리 말한다면 처분이 있음을 알게 된 날이란 통지·공고 기타의 방법에 의하여 당해 처분이 있었다는 사실을 현실적으로 안 날을 의미한다.

## 2. 설    문

(1) 사례 1의 경우    서초구청장의 통지일자가 9월 6일이고, A가 귀국한 날이 9월 10일인데, 이 중에서 알게 된 날이란 A가 귀국한 날로 보아야 한다. 왜냐하면 A가 귀국하기 전에는 현실적으로 알 수가 없었기 때문이다. 민법 제157조의 초일불산입의 원칙에 따라 9월 11일부터 기산하면, A가 행정심판을 제기한 것은 9월의 20일, 10월의 31일, 11월의 30일이 경과하고, 12월은 6일째, 즉 처분이 있음을 알게 된 날부터 87일(20+31+30+6)만이므로, A의 행정심판청구는 처분이 있음을 안게 된 날부터 90일 이내에 이루어진 것이므로 일단 적법하다.

(2) 사례 2의 경우    D가 귀국한 날인 8월 2일을 D가 건축허가를 알게 된 날로 보아야 한다(대판 1995. 11. 24, 95누11535). 따라서 D가 행정심판을 청구

한 9월 1일은 D가 귀국한 날인 8월 2일부터 90일이 경과하지 아니한 것은 분명하다. 일단은 적법하다.

## Ⅲ. 행정심판법 제27조 제3항(있었던 날)

### 1. 의    의

심판청구는 처분이 있었던 날부터 180일이 지나면 청구하지 못한다. 처분이 있었던 날이란 상대방 있는 행정행위의 경우에는 특별한 규정이 없는 한 의사표시의 일반적 법리에 따라 그 행정처분이 상대방에게 고지되어 효력을 발생한 날을 의미한다(대판 1990. 7. 13, 90누2284). 한편, 정당한 사유가 있는 경우에는 180일의 제한을 받지 아니한다.

### 2. 설    문

(1) 사례 1의 경우    효력발생일을 서초구청장의 통지일자인 9월 6일로 본다고 하여도 A가 행정심판을 청구한 같은 해 12월 6일은 처분이 있었던 날로부터 180일이 지나기 전임은 분명하다. 제27조 제3항 단서는 문제되지 아니한다.

(2) 사례 2의 경우    D가 행정심판을 청구한 9월 1일은 건축허가처분이 있었던 2월 1일부터 180일이 지난 것임은 분명하다. 그러나 D가 처분의 상대방이 아니라 제3자인 점을 고려할 때, D가 180일의 기간을 준수하지 아니한 데에 정당한 사유가 있다고 볼 것이다. 따라서 D의 행정심판청구는 제27조 제3항 단서에 의해 적법하다.

## Ⅳ. 결    론

(1) 사례 1의 경우, A의 행정심판청구는 처분이 있음을 알게 된 날부터 90일 이내에 청구된 것이고, 동시에 그것은 처분이 있었던 날부터 180일이 지나기 전에 청구된 것이므로, A의 행정심판청구는 적법한 기간 내에 청구된 것이다.

(2) 사례 2의 경우, D의 행정심판청구는 처분이 있었던 날부터 180일이 지난 후에 청구된 것이지만, D는 C에 대한 건축허가처분의 제3자이므로 행정심판법 제27조 제3항 단서에 의해 D의 행정심판청구는 적법하다.

## 57 취소소송의 대상
[취소재결 후에 발령된 취소처분의 성격]

[설문]

2013. 3. 21 보건복지부장관은 A제약에 대하여 B의약품제조품목허가처분을 하였다.

2013. 5. 21 제3자인 C제약이 위의 허가처분은 이미 자신에게 허가한 의약품과 동일·유사한 명칭을 사용하는 의약품에 대한 허가이어서, 위법함을 이유로 중앙행정심판위원회에 행정심판을 제기하였다.

2013. 9. 11 중앙행정심판위원회는 심의·의결을 거쳐 위 허가에 관한 보건복지부장관의 위 처분을 취소하는 내용의 취소재결을 하였다.

2013. 11. 23 보건복지부장관은 다시 A제약에 대하여 의약품제조품목허가처분을 취소하였다.

11월 23일자 처분은 취소소송의 대상이 되는가?

◇ 참고조문 ◇

행정심판법

제43조(재결의 구분) ③ 위원회는 취소심판의 청구가 이유가 있다고 인정하면 처분을 취소 또는 다른 처분으로 변경하거나 처분을 다른 처분으로 변경할 것을 피청구인에게 명한다.

행정소송법

제2조(정의) ① 이 법에서 사용하는 용어의 정의는 다음과 같다.

1. "처분등"이라 함은 행정청이 행하는 구체적 사실에 관한 법집행으로서의 공권력의 행사 또는 그 거부와 그 밖에 이에 준하는 행정작용(이하 "처분"이라 한다) 및 행정심판에 대한 재결을 말한다.

제19조(취소소송의 대상) 취소소송은 처분등을 대상으로 한다. 다만, 재결취소소송의 경우에는 재결 자체에 고유한 위법이 있음을 이유로 하는 경우에 한한다.

[해설]

## Ⅰ. 논점의 정리

11월 23일자 처분의 성격은 9월 11일자 재결의 성격과 관련을 갖는다. 따라서 11월 23일자 처분의 성격을 규명하기 위해서는 행정소송법상 처분개념과 아울러 9월 11일자 재결의 성격을 살펴볼 필요가 있다.

## Ⅱ. 9월 11일자 재결의 성격

### 1. 취소재결의 형성력

취소심판의 인용재결 중 행정심판위원회가 처분을 다른 처분으로 변경할 것을 피청구인에게 명하는 경우에는 피청구인인 처분청이 처분을 하여야만 기존 법률관계의 변동을 가져오지만, 행정심판위원회가 스스로 처분을 취소하거나 다른 처분으로 변경하면, 그것만으로 기존 법률관계의 변동을 가져온다. 말하자면 형성력을 갖는다.

### 2. 9월 11일자 재결의 성질

9월 11일자의 재결에서 "처분을 취소하는 내용의 취소재결을 하였다"는 부분에 비추어 중앙행정심판위원회의 재결은 취소재결에 해당한다.

## Ⅲ. 행정소송법상 처분개념과 취소소송의 본질

### 1. 행정소송법상 처분개념

(1) **규정내용**  행정소송법상 처분은 행정청이 행하는 구체적 사실에 관한 법집행으로서의 공권력의 행사 또는 그 거부와 그 밖에 이에 준하는 행정작용으로 정의되고 있다(행정소송법 제2조 제1항 제1호).

(2) **규정의 분석**  ① 처분은 행정청이 행하는 공권력행사이다. 행정청에는 법령에 의하여 행정권한의 위임 또는 위탁을 받은 행정기관, 공공단체 및 그 기관 또는 사인이 포함된다(행정소송법 제2조 제2항). ② 처분은 구체적 사실에 관한 공권력행사이다. 구체적 사실이란 기본적으로 관련자가 개별적이고 규율대상이 구체적인 것을 의미한다. ③ 처분은 법집행으로서의 공권력행사이다. 법집행행위라는 점에서 처분과 사법(판결)은 유사한 면을 갖는다. 처분은 법집행행위이므로 법정립행위인 입법과는 구별된다. ④ 처분은 적극적 또는 소극적 공권력행사이다. 공권력행사란 공법에 근거하여 행정청이 우월적 지위에서 일방적으로 행하는 일체의 행정작용으로 이해된다. 공권력행사의 거부는 공권력행사의 소극적 유형으로서 당연히 공권력행사에 포함된다. ⑤ 그 밖에 이에 준하는 행정작용의 의미는 분명하지 않다.

### 2. 취소소송의 본질과 처분개념

(1) **취소소송의 본질**  취소소송의 본질은 일반적으로 위법성의 소급적 제거에 있는 것으로 이해되고 있다. 사실적인 것은 소급적인 제거가 불가능하지만, 법적 행위의 위법성은 소급적으로 제거할 수 있으므로, 취소소송의 대상이 되는 공권력행사(처분)는 법적 행위에 한정된다.

(2) **판례의 태도**  판례는 항고소송의 대상이 되는 행정처분을 행정청의 공법상의 행위로서 특정사항에 대하여 법규에 의한 권리의 설정 또는 의무의 부담을 명하거나 기타 법률상 효과를 발생하게 하는 등 국민의 구체적인 권리·의무에 직접적 변동을 초래하는 행위로 본다(대판 2015. 12. 10. 2011두32515). 판례의 태도는 취소소송의 대상이 되는 공권력행사는 법적 행위에 한정된다는 것을 의

미한다.

    **(3) 법적 행위**    법적 행위란 외부적으로 직접적인 법효과를 의도하는 의사표시를 말한다. ① 법적 행위는 행정조직 내부를 넘어서 개인에 대해 직접적으로 권리·의무의 발생·변경·소멸 등의 법적 효과를 가져오는 행위를 말한다. 행정조직 내부행위는 법적 행위가 아니다. ② 법적 행위는 당해 행위로써 직접 법적 효과를 가져오는 행위이다. 법적 효과 없는 행위(예. 도로청소 등 순수사실행위, 행정지도)는 법적 행위가 아니다. ③ 법적 행위는 행정법상 의사표시를 주된 요소로 하고, 그에 따라 일정한 효과가 주어지는 행위이다. 단순히 어떠한 사실을 알리는 것은 법적 행위가 아니다.

## Ⅳ. 11월 23일자 취소의 취소소송 대상 여부

### 1. 사실행위

    11월 23일에 보건복지부장관이 다시 A제약에 대하여 의약품제조품목허가처분을 취소한 것은 9월 11일자 취소재결의 상대방이 아니어서 취소재결의 내용을 모르고 있는 A에게 취소재결의 내용을 단순히 알려주는 사실행위에 불과하다. 왜냐하면 하나의 행위를 두 번 취소할 수는 없는 것이기 때문이다. 11월 23일자 취소는 단순한 사실행위에 불과하므로 취소소송의 대상이 되지 않는다.

### 2. 결    론

    행정소송법 제2조 제1항 제1호의 처분 개념과 "항고소송의 대상이 되는 행정처분이라 함은 행정청의 공법상의 행위로서 특정사항에 대하여 법규에 의한 권리의 설정 또는 의무의 부담을 명하거나 기타 법률상 효과를 발생하게 하는 등 국민의 구체적인 권리의무에 직접적 변동을 초래하는 행위를 말하는 것"이라는 판례의 입장에 비추어 11월 23일자 취소는 9월 11일자 취소재결의 형성력으로 인해 'A제약에 한 B의약품제조품목허가처분'이 실효하였음을 A제약에 알려 주는 단순한 사실행위에 불과하기 때문에 법적인 행위를 대상으로 하는 취소소송의 대상이 아니다.

## 58 거부처분과 신청권
[계획변경신청에 대한 거부처분의 처분성]

[설문]

　甲은 경기도지사에게 도시계획시설로 고시되어 있는 A토지를 도시계획에서 제외하여 달라는 도시계획시설결정 변경신청을 하였다. 경기도지사는 甲에게 변경할 수 없음을 통보하였다. 甲에 대한 경기도지사의 거부통보는 취소소송의 대상이 되는가?

◇ 참고조문 ◇

국토의 계획 및 이용에 관한 법률

제26조(도시·군관리계획 입안의 제안) ① 주민(이해관계자를 포함한다. 이하 같다)은 다음 각 호의 사항에 대하여 제24조에 따라 도시·군관리계획을 입안할 수 있는 자에게 도시·군관리계획의 입안을 제안할 수 있다. 이 경우 제안서에는 도시·군관리계획 도서와 계획설명서를 첨부하여야 한다.

1. 기반시설의 설치·정비 또는 개량에 관한 사항

2. 지구단위계획구역의 지정 및 변경과 지구단위계획의 수립 및 변경에 관한 사항

3. 개발진흥지구 중 공업기능 또는 유통물류기능 등을 집중적으로 개발·정비하기 위한 개발진흥지구로서 대통령령으로 정하는 개발진흥지구의 지정 및 변경에 관한 사항

[해설]

| | |
|---|---|
| Ⅰ. 논점의 정리 | Ⅳ. 거부처분과 신청권 |
| Ⅱ. 거부처분의 개념규정 | 　1. 판례 |
| 　1. 행정소송법상 제2조 제1항 제1호의 구성 | 　2. 학설 |
| 　2. 거부처분의 개념 | 　3. 사견 |
| Ⅲ. 행정소송법상 처분개념과 취소소송의 본질 | Ⅴ. 결론(사례에 적용) |

## Ⅰ. 논점의 정리

　설문은 경기도지사의 계획변경불가의 통보, 즉 계획변경거부처분이 취소

소송의 대상이 되는가의 여부를 묻고 있다. 이의 해결을 위해 행정소송법상 처분개념과 거부처분의 처분성에 관한 판례의 입장을 검토할 필요가 있다.

## Ⅱ. 거부처분의 개념규정

### 1. 행정소송법 제2조 제1항 제1호의 구성

행정소송법 제2조 제1항 제1호는 "'처분등'이라 함은 행정청이 행하는 구체적 사실에 관한 법집행으로서의 공권력의 행사 또는 그 거부와 그 밖에 이에 준하는 행정작용(이하 "처분"이라 한다) 및 행정심판에 대한 재결을 말한다"고 규정하고 있다. 행정소송법 제2조 제1항 제1호는 '공권력의 행사 또는 그 거부'라는 표현을 사용하여 '공권력의 행사'와 '공권력 행사의 거부'를 구분하고 있다. '공권력 행사의 거부' 부분이 거부처분을 규정한 것으로 해석된다.

### 2. 거부처분의 개념

행정소송법 제2조 제1항 제1호에서 말하는 거부처분은 '행정청이 행하는 구체적 사실에 관한 법집행으로서의 공권력의 행사의 거부'를 말한다. 따라서 거부처분은 '행정청이 행하는 구체적 사실에 관한 법집행으로서의 공권력의 행사'를 전제로 하는 개념이다. 이에 관해서는 아래의 Ⅲ에서 살피기로 한다. 거부처분은 단순한 부작위가 아니라 공권력 행사의 요청을 받아들이지 아니한다는 적극적 의사표시를 말한다.

## Ⅲ. 행정소송법상 처분개념과 취소소송의 본질

'사례 57. 취소소송의 대상'의 'Ⅲ. 행정소송법상 처분개념과 취소소송의 본질'과 동일하다.

## Ⅳ. 거부처분과 신청권

### 1. 판　　례

판례는 "행정청이 국민의 신청에 대하여 한 거부행위가 항고소송의 대상이 되는 행정처분에 해당하려면, 행정청의 행위를 요구할 법규상 또는 조리상의 신청권이 그 국민에게 있어야 하고, 이러한 신청권의 근거 없이 한 국민의 신청을 행정청이 받아들이지 아니한 경우에는 그 거부로 인하여 신청인의 권리나 법적 이익에 어떤 영향도 주지 아니하므로 이를 항고소송의 대상이 되는 행정처분이라고 할 수 없다"(대판 2015. 12. 10. 2013두20585)고 한다.

## 2. 학　　설

① 판례를 긍정적으로 보는 견해도 있고, ② 신청권을 소송요건의 문제로 보면, '본안판단의 선취'가 된다고 하면서 신청권의 존부는 본안에 가서야 판단될 수 있다고 한다. ③ 신청권을 원고적격의 문제로 보는 견해도 있다.

## 3. 사　　견

어떠한 거부행위가 행정소송의 대상이 되는 처분에 해당하는가의 여부는 "그 거부된 행위가 행정소송법 제2조 제2항 제1호의 처분에 해당하는가"의 여부에 따라 판단하는 것이 논리적이다. 그래야만 행정소송법이 제2조 제2항 제1호에서 처분개념에 관한 정의규정을 두고 있는 취지에 부합할 것이다. 행정소송법 제2조 제2항 제1호는 신청권에 관해 규정하는 바가 없다. 따라서 판례는 거부행위의 처분 해당 여부에 관한 판단에 있어서 신청권(신청에 따른 행정행위를 요구할 수 있는 법규상 또는 조리상 권리)의 유무를 처분성의 문제가 아니라 원고적격(행정소송법 제12조)의 문제로 처리하여야 할 것이다.

## V. 결론(사례에 적용)

(1) ① 경기도지사의 계획변경거부처분은 관할관청에 의한 것이라는 점에서 행정청에 의한 것이고, ② 甲의 A토지의 계획변경신청에 관련된 것이라는 점에서 구체적 사실에 관한 것이고, ③ 국토의 계획 및 이용에 관한 법률 제26조 등의 집행이라는 점에서 법집행에 관한 것이고, ④ 행정청이 우월한 입장에서 일방적으로 행하는 의사결정이라는 점에서 공권력행사에 관한 것이라는 점에서 행정소송법상 처분개념에 해당한다. 또한 계획변경거부처분은 A토지소유

권행사의 자유를 종국적·개별적·구체적으로 규제하여 국민의 구체적인 권리의무에 직접적 변동을 초래하는 행위라는 점에서 법적인 행위에도 해당한다. 따라서 계획변경거부처분은 항고소송의 대상이 되는 행정처분에 해당하므로 취소소송의 대상이 된다.

(2) 거부처분의 처분성을 인정하기 위해서는 신청권이 있어야 한다는 판례의 입장에서 보면, 계획변경청구권이 인정되지 않는 한 경기도지사의 계획변경거부처분은 취소소송의 대상이 되는 처분이 아니라 하게 된다.

## 59  취소소송의 원고적격(상대방)
[도로점용허가거부처분취소소송과 도로점용의 권리]

[설문]

　A는 도로에 가판대를 설치하기 위해 도로법이 정하는 바의 요건을 갖추어 도로점용허가를 신청하였다. 권한행정청인 B는 '도로점용허가를 일체 하지 말라'는 감독청의 지시를 이유로 점용허가를 거부하였다. 이에 A는 취소소송을 제기하고자 한다. A는 원고적격을 갖는가?

　　◇ 참고조문 ◇

　도로법

　제61조(도로의 점용 허가) ① 공작물·물건, 그 밖의 시설을 신설·개축·변경 또는 제거하거나 그 밖의 사유로 도로(도로구역을 포함한다. 이하 이 장에서 같다)를 점용하려는 자는 도로관리청의 허가를 받아야 한다. …

　행정소송법

　제12조(원고적격) 취소소송은 처분등의 취소를 구할 법률상 이익이 있는 자가 제기할 수 있다. 처분등의 효과가 기간의 경과, 처분등의 집행 그 밖의 사유로 인하여 소멸된 뒤에도 그 처분등의 취소로 인하여 회복되는 법률상 이익이 있는 자의 경우에는 또한 같다.

[해설]

　Ⅰ. 논점의 정리
　Ⅱ. 행정소송법 제12조 제1문
　　1. 규정내용
　　2. 법률상 이익
　Ⅲ. A의 법률상 이익의 존부
　　1. 행정청의 의무의 존재
　　2. 사익보호성의 존재

　　3. 결론
　Ⅳ. 이른바 무하자재량행사청구권(A의 법률상 이익의 특징)
　　1. 의의
　　2. 무하자재량행사청구권으로서 A의 법률상 이익

## Ⅰ. 논점의 정리

　A에게 원고적격이 인정되는가의 여부는 A가 행정소송법 제12조 제1문이

규정하는 법률상 이익을 갖는가의 문제이다. 한편, 판례는 거부처분취소소송에 있어서 처분성과 관련하여 신청권의 존재를 요건으로 하고 있다. 차례로 검토한다

## Ⅱ. 행정소송법 제12조 제1문

### 1. 규정내용

행정소송법 제12조 제1항 제1문은 "취소소송은 처분등의 취소를 구할 법률상 이익이 있는 자가 제기할 수 있다"고 규정하고 있다. 여기서 원고적격의 개념요소로서 '법률상 이익'의 의미와 '자'의 의미가 문제된다.

### 2. 법률상 이익

(1) 의　　의　　취소소송은 법률상 이익의 구제를 목적으로 하는 소송인바, 취소소송의 원고적격의 의미에서 법률상 이익이란 법률상 보호되는 이익으로 이해된다. 법률상 보호되는 이익은 당해 처분의 근거 법규 및 관련 법규에 의하여 보호되는 개별적·직접적·구체적 이익을 말한다(대판 2015. 7. 23, 2012두19496·19502).

(2) 성립요건

1) 법규에 의해 법률상 이익이 인정되기 위해서는 2요소, 즉 행정청의 의무의 존재와 사익보호성이 필요하다. 이를 2요소론이라 한다. 바꾸어 말하면, 법률에서 바로 법률상 이익이 성립된다고 하기 위해서는 ① 법률이 국가 또는 그 밖의 행정주체에 행위의무를 부과하고 있고(강제규범성), 아울러 ② 법률이 사익의 보호를 의도하고 있어야 한다(사익보호성). 법률이 사익을 공익과 동시에 추구하고 있는 경우에도 사익보호성은 인정된다.

2) 방침규정·훈시규정이 아닌 규정들은 대체로 행위의무를 부과하는 것으로 볼 수 있다. 재량행위의 경우에도 하자 없는 재량행사 그 자체는 의무적이다. 한편, 사익보호 여부의 판단은 처분의 근거되는 법률과 관련 법률 규정의 취지, 그리고 기본권을 고려하여 이루어져야 한다.

(3) 자(者)　　'자'는 법률상 이익의 주체로서 자연인과 법인, 그리고 상대

방과 제3자가 포함된다. 법인에는 사법인 외에 공법인도 포함된다.

## Ⅲ. A의 법률상 이익의 존부

### 1. 행정청의 의무의 존재

개인적 공권이 성립하기 위해서는 우선 행정청에 의무가 존재하여야 한다. 행정청의 의무는 기속행위뿐만 아니라 재량행위에도 존재한다. 설문상 A의 도로점용허가신청의 근거가 된 도로법 제61조 제1항은 도로상 공공복리의 실현을 위해 반드시 적용되어야 하는 강행규정으로 이해되는바, 권한행정청(B)은 점용허가신청에 대하여 어떠한 처분을 하여야 할 의무를 부담한다. 따라서 개인적 공권성립에 요구되는 제1의 요소는 구비되었다.

### 2. 사익보호성의 존재

개인적 공권이 성립하기 위해서는 또한 사익보호성이 인정되어야 한다. 사익보호성의 유무의 판단은 관련법령의 합리적인 해석의 문제가 된다. 도로법 제61조 제1항은 무분별한 도로점용으로부터 나타날 수 있는 도로의 유지·관리의 어려움을 방지하고, 아울러 도로이용의 효율성을 증대하기 위하여 도로점용허가제를 규정한 것으로 이해되는바, 도로법 제61조 제1항은 공익실현을 주된 목적으로 하는 규정이다. 그러나 또 한편으로 공익에 특별한 지장을 주지 아니하는 범위 안에서 권한행정청(B)은 도로법 제61조 제1항에 근거하여 사인에게 독점적인 도로점용의 지위를 부여할 수도 있다고 판단된다(예, 전신주설치를 위하여 전력공급회사에 도로점용을 허락하는 경우). 설문의 경우, A가 가판대를 설치하기 위하여 도로점용허가를 신청한 것도 독점적인 도로점용의 지위를 부여받기 위한 것이므로, 이러한 범위 안에서 도로법 제61조 제1항은 사익보호성을 갖는다.

### 3. 결    론

도로법 제61조 제1항으로부터 권한행정청(B)의 행위의무와 A에 대한 사익보호성이 추론되는바, 도로법 제61조 제1항에 근거하여 A는 도로점용과 관련하여 법률상 이익을 갖는다.

## Ⅳ. 이른바 무하자재량행사청구권(A의 법률상 이익의 특징)

### 1. 의    의

사인이 요건을 구비하여 신청하면, 기속행위의 경우에는 특정한 행위를 할 의무가 행정청에 존재하지만, 재량행위의 경우에는 특정한 행위가 아니라 재량행사 그 자체를 하여야 할 의무가 행정청에 생긴다. 달리 말한다면, 요건을 구비하여 신청하면, 기속행위의 경우에는 사인이 행정청에 대하여 특정한 행위를 구할 권리를 갖지만, 재량행위의 경우에는 특정한 행위가 아니라 무하자재량행사를 전제로 특정한(어떠한) 행위를 구할 수 있는 권리를 갖는 것으로 이해된다. 여기서 재량행위의 경우에 문제되는 '무하자재량행사를 전제로 특정한(어떠한) 행위를 구할 수 있는 권리'가 소위 무하자재량행사청구권이라 불리고 있다.

### 2. 무하자재량행사청구권으로서 A의 법률상 이익

도로법 제61조는 도로점용허가의 성질(기속행위·재량행위)에 관해 명시적으로 규정하는 바가 없다. 원칙적으로 관련법령에 대한 종합적인 판단을 전제로 기속행위와 재량행위를 구별하는 판례의 입장(종합설)을 취한다고 하여도 기속행위와 재량행위의 구별이 명백하지 아니하다면, 헌법 제10조와 제37조 제2항을 기준으로 판단하여야 한다. 그리하여 기본권의 보장이 보다 강하게 요구되는 영역에서는 기본권의 최대한의 보장의 관점에서, 공익의 실현이 보다 강하게 요구되는 영역에서는 공익의 효과적인 실현의 관점에서 판단되어야 한다(기본권기준설). 도로법 제61조 제1항은 공익의 실현이 보다 강하게 요구되는 경우인바, 효과적인 공익실현을 위해 도로법 제61조 제1항에 의한 도로점용허가는 재량행위로 볼 것이다. 도로점용허가를 재량행위로 볼 때, A가 갖는 법률상 이익은 무하자재량행사청구권의 성질을 갖는다.

# 60 취소소송의 원고적격(제3자)
[화장장의 설치와 주민의 권리침해]

## [설문]

 A시는 시설노후와 인근에의 주택밀집 등을 이유로 기존의 공설화장장을 폐쇄하고, 대체화장장을 설치하기 위해 A시가 소유자로서 운영하고 있는 공설묘지인 B공원 내에 부지를 선정하였다. 이 부지는 A시의 C구·D구의 일부 지역에 급수되는 E수원지에 인접한 곳으로서 수도법 제5조에 의거 상수원보호구역으로 지정되어 있는 곳이다. A시는 일련의 법정절차를 거쳐 그 부지를 상수원보호구역에서 제외시키는 상수원보호구역 변경처분을 하고 이어서 그 부지상에 기반시설의 하나인 화장장을 설치하기로 하는 도시·군관리계획을 결정하였다. B공원으로부터 300미터의 거리에 살고 있는 주민 甲 등은 이러한 A시의 처분을 취소소송으로 다툴 수 있는 법률상 이익을 갖는가?

◇ 참고조문 ◇

행정소송법

제12조(원고적격) 취소소송은 처분등의 취소를 구할 법률상 이익이 있는 자가 제기할 수 있다. ….

장사 등에 관한 법률

제17조(묘지 등의 설치 제한) 다음 각 호의 어느 하나에 해당하는 지역에는 묘지·화장시설·봉안시설 또는 자연장지를 설치·조성할 수 없다.

2.「수도법」제7조제1항에 따른 상수원보호구역. 다만, 기존의 사원 경내에 설치하는 봉안시설 또는 대통령령으로 정하는 지역주민이 설치하거나 조성하는 일정규모 미만의 개인, 가족 및 종중·문중의 봉안시설 또는 자연장지인 경우에는 그러하지 아니하다.

수도법

제7조(상수원보호구역 지정 등) ① 환경부장관은 상수원의 확보와 수질 보전을 위하여 필요하다고 인정되는 지역을 상수원 보호를 위한 구역(이하 "상수원보호구역"이라 한다)으로 지정하거나 변경할 수 있다.

## [해설]

# Ⅰ. 논점의 정리

화장장을 설치하기로 하는 도시·군관리계획을 결정으로 인해 甲 등이 입게 되는 이익이 행정소송법 제12조에서 규정하는 법률상 이익에 해당하는가의 여부를 쟁점으로 한다. 이에 답하기 위해 먼저 행정소송법 제12조의 의미를 '법률상 이익'과 '있는 자'로 나누어서 검토한 후, 甲 등이 행정소송법 제12조가 정하는 법률상 이익을 갖는지의 여부를 검토하기로 한다.

# Ⅱ. 법률상 이익의 의미(취소소송의 본질)

## 1. 학 설

법률상 이익의 의미와 관련하여 학설은 ① 취소소송의 목적이 위법한 처분으로 인해 침해된 권리의 회복에 있다고 보아 권리가 침해된 자만이 취소소송을 제기할 수 있다는 권리구제설, ② 법이 보호하는 이익이 침해된 자는 취소소송을 제기할 수 있다는 법률상 보호이익설, ③ 법에 의해 보호되는 이익이 아니라도 그 이익의 실질적인 내용이 재판상 보호할 가치가 있다고 판단되면, 그러한 이익이 침해된 자는 취소소송을 제기할 수 있다는 보호가치 있는 이익설, ④ 침해된 이익의 성질이 아니라 그릇된 행정처분의 시정 내지 적법성 확보에 가장 밀접한 이해관계가 있는 자가 원고적격을 갖는다는 적법성 보장설로 나뉜다.

## 2. 사 견

법원은 입법기관이 아닌 점에 비추어 보호가치 있는 이익설은 채택하기 어렵고, 행정소송은 주관적인 소송임에 비추어 적법성 보장설도 채택하기 어렵다. 권리개념을 넓게 이해하면 권리구제설과 법률상 보호이익설의 내용에는 차이가 없고, 이 견해가 가장 합리적이다.

## Ⅲ. 법률상 이익의 주체

(1) 행정소송법 제12조에서 말하는 '자'에는 자연인 외에 법인이 포함되며, 상대방 외에 제3자도 포함된다(대판 2015. 12. 10, 2011두32515). 특히 제3자효를 수반하는 행정행위에 대한 행정심판청구에 있어서, 그 청구를 인용하는 내용의 재결로 인하여 비로소 권리이익을 침해받게 되는 자는 재결의 당사자가 아니라고 하더라도 그 인용재결의 취소를 구하는 소를 제기할 수 있다.

(2) 설문의 경우에 甲 등은 자연인으로서 법률상 이익의 주체가 될 수 있다.

## Ⅳ. 법률상 이익의 성립

### 1. 성립요건

(1) 법률상 이익은 헌법·법률 등 성문법규에 의해 성립하기도 하고, 관습법에 의해 성립하기도 한다. 법률에 의해 개인적 공권이 인정되기 위해서는 ① 근거법령 또는 관련법령이 행정청에게 의무를 부과하고, ② 동시에 근거법령 또는 관련법령이 사익보호를 목적으로 하고 있어야 한다. 근거법령 또는 관련법령은 처분의 상대방이 아닌 제3자의 보호를 목적으로 하는 경우도 있을 수 있다.

(2) 설문의 경우, 근거규정인 수도법 제7조, 국토의 계획 및 이용에 관한 법률 제43조, 그리고 장사 등에 관한 법률 제17조는 단순한 방침규정이 아니라 강행규정인데, 이들 조항을 재량조항으로 본다고 하여도 재량행사의무는 있으므로 이들 조항으로부터 행위의무는 인정된다. 따라서 문제의 핵심은 사익보호성의 존부에 놓인다.

### 2. 설문과 사익보호성의 존부

#### (1) 甲 등의 사익보호성 긍정설

(가) 수도법과 사익보호성        상수원보호구역설정의 근거가 되는 수도법

제7조 제1항은 상수원의 확보와 수질보전을 목적으로 할 뿐이다. 이 규정은 상수원에서 급수를 받고 있는 지역주민들이 가지는 상수원의 오염을 막아 양질의 급수를 받을 이익을 직접적이고 구체적으로는 보호하고 있지 않다. 따라서 甲 등이 가지는 이익은 상수원의 확보와 수질보호라는 공공의 이익이 달성됨에 따라 반사적으로 얻게 되는 이익에 불과하므로 甲 등은 상수원보호구역변경처분의 취소를 구할 법률상 이익을 갖고 있지 않다.

(나) 국토의 계획 및 이용에 관한 법률 및 장사 등에 관한 법률과 사익보호성

도시·군관리계획결정의 근거는 국토의 계획 및 이용에 관한 법률 제43조 제1항인데 동법상 도시·군계획시설 인근주민들의 이익을 배려하는 규정은 찾아볼 수 없으므로, 결정처분이 장사 등에 관한 법률 제17조 제2호를 위배하였다 하더라도 장사 등에 관한 법률은 결정처분의 근거법률이 아니어서 도시·군관리계획결정시 고려하여야 할 사항에 불과하다. 따라서 도시·군관리계획결정에 관하여 인근주민들이 가지는 이익은 사실적·경제적 이익에 불과하므로 甲 등은 도시·군관리계획결정처분에 대하여 취소를 구할 법률상의 이익을 가지지 아니한다.

(2) 甲 등의 사익보호성 부정설     도시·군관리계획의 내용이 화장장의 설치에 관한 것일 때에는 국토의 계획 및 이용에 관한 법률 제43조뿐만 아니라 장사 등에 관한 법률 제17조 제2호 역시 그 근거법률이 된다고 보아야 한다. 판례의 입장이기도 하다(대판 2004. 8. 16, 2003두2175, 법률신문 2004. 9. 9). 또한 장사 등에 관한 법률이 상수원보호구역에 화장장의 설치를 제한하고 있는 것은 국민보건상 위해를 끼칠 우려가 있는 지역에 공설화장장 설치를 금지함으로써 공공의 이익을 확보함과 아울러 그 구역의 주민들의 식수의 보호와 쾌적한 생활환경의 보호등 생활상의 이익을 도모하려는 것인바, 甲 등의 이익은 도시·군관리계획결정처분의 근거법률에 의하여 보호되는 법률상 이익이다.

(3) 결    론     원고적격의 확대화 현상 및 반사적 이익의 공권화경향에 비추어 사익보호긍정설이 타당하다. 따라서 甲 등은 행정소송법 제12조가 정하는 법률상 이익을 갖는다.

# 61 지방자치단체의 원고적격
[서울특별시장에 대한 강남구의 정보공개거부처분취소소송]

## [설문]

서울특별시장은 A연구소에 의뢰하여 서울특별시 구역 안의 25개 자치구의 반부패지수를 조사토록 하여 그 결과를 발표하였다. 최하위권에 속하는 것으로 발표된 강남구는 서울특별시장에 대하여 반부패지수조사와 관련한 자료의 공개를 요청하였다. 피고 서울특별시장은 그 자료를 자신이 관리하고 있는 자료가 아니므로 공공기관의 정보공개에 관한 법률에서 정한 정보에 해당하지 않는다고 하여 거부하였다. 이에 강남구는 서울특별시장을 상대로 정보공개거부처분의 취소를 구하는 소송을 제기하려고 한다. 강남구는 원고적격을 갖는가?

◇ 참고조문 ◇

행정소송법

제12조(원고적격) 취소소송은 처분등의 취소를 구할 법률상 이익이 있는 자가 제기할 수 있다. ….

공공기관의 정보공개에 관한 법률

제2조(정의) 이 법에서 사용하는 용어의 뜻은 다음과 같다.

1. "정보"란 공공기관이 직무상 작성 또는 취득하여 관리하고 있는 문서(전자문서를 포함한다. 이하 같다)·도면·사진·필름·테이프·슬라이드 및 그 밖에 이에 준하는 매체 등에 기록된 사항을 말한다.

제5조(정보공개 청구권자) ① 모든 국민은 정보의 공개를 청구할 권리를 가진다.

② 외국인의 정보공개 청구에 관하여는 대통령령으로 정한다.

제20조(행정소송) ① 청구인이 정보공개와 관련한 공공기관의 결정에 대하여 불복이 있거나 정보공개 청구 후 20일이 경과하도록 정보공개 결정이 없는 때에는 「행정소송법」에서 정하는 바에 따라 행정소송을 제기할 수 있다.

지방자치법

제3조(지방자치단체의 법인격과 관할) ① 지방자치단체는 법인으로 한다.

[해설]

## Ⅰ. 논점의 정리

설문은 서울특별시장의 정보공개로 인해 강남구가 침해당하는 이익이 행정소송법 제12조에서 규정하는 법률상 이익에 해당하는가의 여부를 쟁점으로 한다. 이에 답하기 위해 먼저 행정소송법 제12조의 의미를 '법률상 이익'의 주체와 내용으로 나누어서 검토한 후, 甲 등이 행정소송법 제12조가 정하는 법률상 이익을 갖는지의 여부를 검토하기로 한다.

## Ⅱ. 법률상 이익

### 1. 법률상 이익의 주체

행정소송법 제12조에서 말하는 '자'에는 자연인 외에 법인이 포함된다. 법인에는 공법인도 포함되며, 공법인에는 지방자치단체도 포함된다. 그리고 상대방 외에 제3자도 포함된다. 다수인도 법률상 이익의 주체가 될 수 있다.

### 2. 법률상 이익의 의미(취소소송의 본질)

**(1) 학 설**　　법률상 이익의 의미와 관련하여 학설은 ① 취소소송의 목적이 위법한 처분으로 인해 침해된 권리의 회복에 있다고 보아 권리가 침해된 자만이 취소소송을 제기할 수 있다는 권리구제설, ② 법이 보호하는 이익이 침해된 자는 취소소송을 제기할 수 있다는 법률상 보호이익설, ③ 법에 의해 보호되는 이익이 아니라도 그 이익의 실질적인 내용이 재판상 보호할 가치가 있다고 판단되면, 그러한 이익이 침해된 자는 취소소송을 제기할 수 있다는 보호

가치 있는 이익설, ④ 침해된 이익의 성질이 아니라 그릇된 행정처분의 시정 내지 적법성 확보에 가장 밀접한 이해관계가 있는 자가 원고적격을 갖는다는 적법성 보장설로 나뉜다.

(2) 사    견    법원은 입법기관이 아닌 점에 비추어 보호가치 있는 이익 설은 채택하기 어렵고, 행정소송은 주관적인 소송임에 비추어 적법성 보장설도 채택하기 어렵다. 권리개념을 넓게 이해하면 권리구제설과 법률상 보호이익설 의 내용에는 차이가 없고, 이 견해가 가장 합리적이다.

### 3. 법률상 이익의 성립요건

법률상 이익은 헌법상 보장되는 기본권(예, 접견권) 외에 법률·법규명령·자 치법규 등 법규에 의해 보호되는 것도 있다. 법규에 의해 개인적 공권이 인정 되기 위해서는 ① 관련법령이 행정청에게 의무를 부과하고, ② 동시에 관련법 령이 사익보호를 목적으로 하고 있어야 한다. 관련법령은 처분의 상대방이 아 닌 제3자의 보호를 목적으로 하는 경우도 있을 수 있다.

## Ⅲ. 강남구의 법률상 이익의 존부

### 1. 강남구와 법률상 이익의 주체

(1) **지방자치의 헌법적 보장**    헌법 제117조는 지방자치를 보장하고 있다. 지방자치를 헌법적으로 보장한다는 것은 지방자치를 제도로서 보장하고(포괄적 사무의 보장, 고유책임성의 보장, 자치권의 보장), 지방자치단체에 권리주체성을 보장하 고(법인격의 보장), 지방자치단체에 주관적 지위를 보장하는 것(독자적 지위의 보장) 으로 이해된다. 주관적 지위의 보장으로부터 사법적 보호 내지 재판청구권의 인정이 가능해진다.

(2) **지방자치와 행정쟁송권의 보장**    지방자치법 제3조 제1항에 따라 지방 자치단체는 법인이다. 법인으로서 지방자치단체는 국가나 다른 지방자치단체 와의 관계에서 갖는 독자적인 인격과 가치를 갖는다. 지방자치단체가 갖는 인 격과 가치가 국가나 다른 지방자치단체로부터 침해를 받는다면, 침해받는 인격 과 가치를 다툴 수 있어야 지방자치를 헌법적으로 보장하는 의미는 확보될 수

있다. 따라서 지방자치단체 역시 행정소송법 제12조 제1항 제1문에서 말하는 법률상 이익의 주체가 될 수 있다. 요컨대 지방자치단체도 행정소송법 제12조 제1항 제1문에서 말하는 "자"에 해당한다.

(3) **법률상 이익의 주체로서 강남구**   기초지방단체의 하나인 강남구는 행정소송법 제12조 제1항 제1문에서 말하는 법률상 이익이 있는 "자"에 해당한다. 그런데 지방자치법 제101조는 "지방자치단체의 장은 지방자치단체를 대표하고, 그 사무를 총괄한다"고 규정하고 있으므로 행정소송의 제기는 지방자치단체의 대표인 지방자치단체의 장에 의해 이루어진다.

## 2. 강남구와 법률상 이익의 내용

공공기관의 정보공개에 관한 법률 제5조 제1항은 "모든 국민은 정보의 공개를 청구할 권리를 가진다"고 정보공개청구권을 명시적으로 규정하고 있다. 여기서 말하는 국민에는 자연인 외에 법인도 포함되며, 법인에는 지방자치단체도 포함된다고 본다. 따라서 강남구는 공공기관의 정보공개에 관한 법률 제5조 제1항에 의거하여 정보공개청구권이라는 법률상 이익을 갖는다.

## 3. 결   론

강남구는 행정소송법 제12조에서 정하는 법률상 이익의 주체에 해당할 뿐만 아니라, 설문에서 강남구가 침해당한 이익인 정보공개청구권은 법률상 이익(권리)이므로, 강남구는 원고적격을 갖는다.

# 62 소송참가
[체납자의 공매처분취소소송과 경락인의 소송참가]

## [설문]

甲이 재산세를 체납하자 관할 행정청은 甲의 토지를 압류한 후 공매하였고, 乙이 그 토지를 경락받아 소유하고 있다. 그 후 甲은 공매처분에 하자가 있다고 주장하면서 관할 행정청을 상대로 취소소송을 제기하였다. 경락의 취소를 우려한 乙은 甲이 제기한 공매처분취소소송에 행정소송법상의 소송참가를 하려고 한다. 가능한가?

◇ 참고조문◇

행정소송법

제16조(제3자의 소송참가) ① 법원은 소송의 결과에 따라 권리 또는 이익의 침해를 받을 제3자가 있는 경우에는 당사자 또는 제3자의 신청 또는 직권에 의하여 결정으로써 그 제3자를 소송에 참가시킬 수 있다.

② 법원이 제1항의 규정에 의한 결정을 하고자 할 때에는 미리 당사자 및 제3자의 의견을 들어야 한다.

③ 제1항의 규정에 의한 신청을 한 제3자는 그 신청을 각하한 결정에 대하여 즉시항고할 수 있다.

④ 제1항의 규정에 의하여 소송에 참가한 제3자에 대하여는 민사소송법 제67조의 규정을 준용한다.

제29조(취소판결등의 효력) ① 처분등을 취소하는 확정판결은 제3자에 대하여도 효력이 있다.

제38조(준용규정) ① 제9조, 제10조, 제13조 내지 제17조, 제19조, 제22조 내지 제26조, 제29조 내지 제31조 및 제33조의 규정은 무효등 확인소송의 경우에 준용한다.

② 제9조, 제10조, 제13조 내지 제19조, 제20조, 제25조 내지 제27조, 제29조 내지 제31조, 제33조 및 제34조의 규정은 부작위위법확인소송의 경우에 준용한다.

[해설]

## Ⅰ. 논점의 정리

행정소송법 제16조는 제3자의 소송참가를 규정하고 있다. 따라서 설문에서 행정소송법상의 소송참가를 할 수 있는가의 물음은 공매처분의 상대방인 乙이 행정소송법 제16조의 소송참가를 할 수 있는지를 묻는 것이 된다. 이의 해결을 위해서는 취소판결등의 효력을 규정하는 행정소송법 제29조 제1항 등을 살펴볼 필요가 있다.

## Ⅱ. 소송참가와 판결의 형성력

### 1. 문제상황

공매처분의 상대방인 乙이 행정소송법 제16조에 따른 소송참가를 할 수 있는 '권리 또는 이익의 침해를 받을 제3자'에 해당하는지가 문제된다. 일반적으로 제3자에게 소송참가를 인정하는 근거를 판결의 형성력에서 찾고 있으므로, 결국 乙이 판결의 형성력을 받는 제3자(행정소송법 제29조 제1항)인가를 살펴보아야 한다.

### 2. 제3자의 소송참가의 의의

제3자의 소송참가란 소송의 결과에 따라 권리 또는 이익의 침해를 받을 제3자가 있는 경우에는 당사자 또는 제3자의 신청 또는 직권에 의하여 법원이 결정으로써 그 제3자를 소송에 참가시키는 것을 말한다(행정소송법 제16조). 이는 판결에 영향을 받을 제3자의 권익을 보호하기 위한 규정이다.

### 3. 소송참가를 할 수 있는 제3자

(1) 의    의    소송에 참가할 수 있는 제3자란 소송(판결)의 결과에 따라 권리 또는 이익의 침해를 받을 제3자를 말한다. '소송의 결과에 따라 권리 또는 이익을 침해 받는다'라는 것은 일반적으로 취소판결의 형성력에 의해 권리 또는 이익을 침해당하는 경우를 말한다. 결국 乙이 소송에 참가할 수 있는지는 乙이 취소판결의 형성력에 의해 권리 또는 이익을 침해당하는 제3자인지가 문제될 것이다.

(2) 기속력에 따른 새로운 처분의 경우    취소판결의 기속력에 따라 행정청이 새로운 처분을 함으로써 권리 또는 이익을 침해당하는 경우를 포함할 수 있다는 견해도 있다. 예를 들어 경원자소송에서 처분을 받지 못한 자가 본인에 대한 거부처분취소소송을 제기한 경우 소송의 결과—처분을 받지 못한 자가 승소한 경우 판결의 기속력에 따라 처분을 받았던 자의 처분이 취소될 수 있으므로—에 따라 처분을 받았던 자는 권리나 이익을 침해당할 수 있으므로 이러한 자는 소송에 참가할 수 있다는 것이다. 설문의 경우에는 이러한 상황이 문제되지 않는다.

### 4. 乙이 형성력을 받는 제3자에 포함될 수 있는지 여부

(1) 행정소송법 제29조 제1항의 의미    행정소송법 제29조 제1항은 "처분 등을 취소하는 확정판결은 제3자에 대해서도 효력이 있다"고 규정하여 취소판결의 효력은 제3자에 대해서도 발생한다. 확정판결이 제3자에게 효력이 있다는 의미는 취소판결의 존재와 그 판결로 형성되는 법률관계를 제3자도 용인해야 함을 의미한다.

(2) 제3자의 의미    형성력이 미치는 제3자란 일반적으로 원고가 처분의 취소판결을 받음으로 인해 상대방에게 불이익을 초래하는 경우를 말한다. 따라서 제3자효 있는 행정행위에서 처분을 받은 자는 처분을 받지 못한 자 등이 제기한 소송에서 인용판결이 난 경우에는 당연히 형성력을 받는 제3자이다(예, 경원자소송에서 처분을 받은 자). 따라서 소송참가를 할 수 있다.

(3) 설문에 적용    설문의 乙과 같은 경락인도 甲이 제기한 취소소송의

결과에 대해 당연히 판결의 효력을 받는 제3자이며, 따라서 乙은 甲의 공매처분취소소송에 소송참가를 할 수 있다.

## Ⅲ. 결    론

乙과 같은 경락인도 취소소송의 결과에 대해 당연히 판결의 효력을 받는 제3자에 해당하므로, 乙은 소송참가를 할 수 있다.

# 63 행정심판의 전치
[목욕장영업정지처분에 대한 불복절차]

## [설문]

甲은 A시장으로부터 2월의 목욕장영업정지처분을 받았다. 甲은 A시장의 처분에 불복하여 취소소송을 제기하려고 한다. 밟을 절차에 대하여 설명하라. 단, 집행정지신청절차는 논외로 하라.

◇ 참고조문 ◇

공중위생관리법

제11조(공중위생영업소의 폐쇄등) ① 시장·군수·구청장은 공중위생영업자가 이 법 또는 이 법에 의한 명령에 위반하거나 또는 「성매매알선 등 행위의 처벌에 관한 법률」·「풍속영업의 규제에 관한 법률」·「청소년 보호법」·「의료법」에 위반하여 관계행정기관의 장의 요청이 있는 때에는 6월 이내의 기간을 정하여 영업의 정지 또는 일부 시설의 사용중지를 명하거나 영업소폐쇄등을 명할 수 있다. ….

행정심판법

제27조(심판청구의 기간) ① 행정심판은 처분이 있음을 알게 된 날부터 90일 이내에 청구하여야 한다.

② 청구인이 천재지변, 전쟁, 사변(事變), 그 밖의 불가항력으로 인하여 제1항에서 정한 기간에 심판청구를 할 수 없었을 때에는 그 사유가 소멸한 날부터 14일 이내에 행정심판을 청구할 수 있다. 다만, 국외에서 행정심판을 청구하는 경우에는 그 기간을 30일로 한다.

③ 행정심판은 처분이 있었던 날부터 180일이 지나면 청구하지 못한다. 다만, 정당한 사유가 있는 경우에는 그러하지 아니하다.

행정소송법

제18조(행정심판과의 관계) ① 취소소송은 법령의 규정에 의하여 당해 처분에 대한 행정심판을 제기할 수 있는 경우에도 이를 거치지 아니하고 제기할 수 있다. 다만, 다른 법률에 당해 처분에 대한 행정심판의 재결을 거치지 아니하면 취소소송을 제기할 수 없다는 규정이 있는 때에는 그러하지 아니하다.

제20조(제소기간) ① 취소소송은 처분등이 있음을 안 날부터 90일 이내에 제기하여야 한다….

② 취소소송은 처분등이 있은 날부터 1년(제1항 단서의 경우는 재결이 있은 날부터 1

년)을 경과하면 이를 제기하지 못한다. 다만, 정당한 사유가 있는 때에는 그러하지 아니하다.

[해설]

# Ⅰ. 논점의 정리

영업정지처분을 받은 후 취소소송의 제기 시까지 甲이 밟을 절차로 행정심판절차와 행정소송제기절차가 있는바, 이에 대한 검토가 필요하다. 한편, 2월의 정지기간은 본안판결을 받기 전에 쉽게 경과할 수 있다는 점에서 집행정지의 신청도 검토할 필요가 있지만, 설문에 따라 이에 대한 검토는 논외로 한다.

# Ⅱ. 행정심판의 청구

## 1. 행정심판전치의 의의

① 행정심판의 전치란 행정소송의 제기에 앞서서 피해자가 행정청에 대해 먼저 행정심판의 제기를 통해 처분의 시정을 구하고, 그 시정에 불복이 있을 때 소송을 제기하는 것을 말한다. 행정심판의 전치는 행정소송과 행정심판의 제도적 결합을 의미한다. ② 행정심판전치는 행정권의 자기통제, 법원의 부담경감, 개인의 권리보호를 목적으로 한다. ③ 행정심판전치의 헌법적 근거는 헌법 제107조 제3항이고, 행정심판전치에 관한 일반법으로는 행정소송법 제18조가 있다.

## 2. 임의적 행정심판전치의 원칙(행정소송법 제18조)

행정소송법 제18조 제1항은 "취소소송은 법령의 규정에 의하여 당해 처분에 대해 행정심판을 제기할 수 있는 경우에도 이를 거치지 아니하고 제기할 수 있다. 다만, 다른 법률에 당해 처분에 대한 행정심판의 재결을 거치지 아니하면 취소소송을 제기할 수 없다는 규정이 있는 때에는 그러하지 아니하다"고 하여, 임의적 행정심판의 전치를 원칙으로 하고, 필요적 행정심판의 전치를 예외적인 것으로 하고 있다.

### 3. 설문에 적용

(1) 임의적 심판전치　　목욕장영업정지처분에 관해 규정하는 공중위생관리법상 "영업정지처분에 대해 취소소송을 제기하기 위해서는 행정심판을 거쳐야 한다"는 규정은 보이지 아니한다. 따라서 甲은 행정소송법 제18조 제1항 본문에 따라 행정심판을 거쳐 목욕장영업정지처분의 취소를 구하는 소송을 제기할 수도 있고, 행정심판을 거치지 아니하고 목욕장영업정지처분의 취소를 구하는 소송을 제기할 수도 있다.

(2) 심판청구기간　　甲이 목욕장영업정지처분의 취소를 구하는 행정심판을 제기하려고 한다면 처분이 있음을 알게 된 날부터 90일 이내에 청구하여야 한다(행정심판법 제27조 제1항). 그리고 행정심판은 처분이 있었던 날부터 180일이 지나면 청구하지 못한다. 다만, 정당한 사유가 있는 경우에는 그리하지 아니하다(행정심판법 제27조 제3항). 그리고 심판청구는 서면으로 하여야 하며(행정심판법 제19조 제1항), 심판청구서는 재결청 또는 피청구인인 행정청에 제출하여야 한다(행정심판법 제17조 제1항).

## Ⅲ. 행정소송의 제기

### 1. 제소기간

취소소송은 처분등이 있음을 안 날부터 90일 이내에 제기하여야 한다(행정소송법 제20조 제1항 본문). 다만, 제18조 제1항 단서에 규정한 경우와 그 밖에 행정심판청구를 할 수 있는 경우 또는 행정청이 행정심판청구를 할 수 있다고 잘못 알린 경우에 행정심판청구가 있은 때의 기간은 재결서의 정본을 송달받은 날부터 기산한다(행정소송법 제20조 제1항 단서). 한편, 취소소송은 처분등이 있은 날부터 1년(제1항 단서의 경우는 재결이 있은 날부터 1년)을 경과하면 이를 제기하지 못한다(행정소송법 제20조 제2항 본문). 다만, 정당한 사유가 있는 때에는 그러하지 아니하다(행정소송법 제20조 제2항 단서).

### 2. 설문에 적용

목욕장영업정지처분을 甲이 알고 있으므로, 甲이 목욕장영업정지처분의 취소를 구하는 행정심판을 제기한다면 재결서의 정본을 송달받은 날부터 90일 이내에, 행정심판을 거치지 아니하고 목욕장영업정지처분의 취소를 구하는 소송을 제기하려면 처분이 있음을 안 날부터 90일 이내에 제기하여야 한다. 다만, 재결서의 정본을 송달받은 날 또는 처분이 있음을 안 날로부터 90일 내라고 하더라도 처분이 있은 날로부터 1년이 경과한 후라면 행정소송의 제기는 부적법한 것이 된다.

## Ⅳ. 결  론

(1) 甲은 행정소송법 제18조에 따라 행정심판을 거쳐 목욕장영업정지처분의 취소를 구하는 소송을 제기할 수도 있고, 행정심판을 거치지 아니하고 목욕장영업정지처분의 취소를 구하는 소송을 제기할 수도 있다.

(2) 甲이 목욕장영업정지처분의 취소를 구하는 행정심판을 제기한다면 재결서의 정본을 송달받은 날부터 90일 이내에 취소를 구하는 소송을 제기하여야 하고, 행정심판을 거치지 아니하고 목욕장영업정지처분의 취소를 구하는 소송을 제기하려면 처분이 있음을 안 날부터 90일 이내에 제기하여야 한다.

## 64 권리보호의 필요
[단란주점영업허가정지기간의 경과와 권리보호]

[설문]

2020. 4. 27 원고는 17세의 청소년에게 주류를 제공하였음을 이유로 피고 (대구광역시 동구청장)로부터 2020년 4월 28일~2020년 7월 27일까지 3개월간의 단란주점업의 영업정지처분을 받고 영업정지 처분의 취소를 구하는 소송을 제기하였다.

2020. 5. 8 원심법원으로부터 본안판결 선고시까지 위 처분의 효력을 정지한다는 결정을 받았다.

2020. 6. 8 원고패소판결이 선고되었다. 이에 원고가 불복 항소하였다.

2020. 9. 30 고등법원은 판결을 선고하려고 한다. 고등법원은 어떠한 판결을 선고하여야 하는가?

권리보호의 필요(협의의 소의 이익)의 관점에서 답하라.

◇ 참고조문 ◇

식품위생법

제75조(허가취소 등) ① 식품의약품안전처장 또는 특별자치시장·특별자치도지사·시장·군수·구청장은 영업자가 다음 각 호의 어느 하나에 해당하는 경우에는 대통령령으로 정하는 바에 따라 영업허가 또는 등록을 취소하거나 6개월 이내의 기간을 정하여 그 영업의 전부 또는 일부를 정지하거나 영업소 폐쇄(제37조 제4항에 따라 신고한 영업만 해당한다. 이하 이 조에서 같다)를 명할 수 있다.

⑤ 제1항 및 제2항에 따른 행정처분의 세부기준은 그 위반 행위의 유형과 위반 정도 등을 고려하여 총리령으로 정한다.

식품위생법 시행규칙

제89조(행정처분의 기준) 법 제71조, 법 제72조, 법 제74조부터 법 제76조까지 및 법 제80조에 따른 행정처분의 기준은 별표 23과 같다.

[별표 23] 행정처분 기준(제89조 관련)

Ⅱ. 개별기준

3. 식품접객업

| 위반사항 | 행정처분기준 | | |
|---|---|---|---|
| 11. 법 제42조 제1항 또는 법 제44조 제2항을 위반한 경우<br>라. 청소년에게 주류를 제공하는 행위(출입하여 주류를 제공한 경우 포함)를 한 경우 | 1차 위반 | 2차 위반 | 3차 위반 |
| | 영업정지 2개월 | 영업정지 3개월 | 영업허가 취소 또는 영업소 폐쇄 |

행정소송법

제12조(원고적격) 취소소송은 처분등의 취소를 구할 법률상 이익이 있는 자가 제기할 수 있다. 처분등의 효과가 기간의 경과, 처분등의 집행 그 밖의 사유로 인하여 소멸된 뒤에도 그 처분등의 취소로 인하여 회복되는 법률상 이익이 있는 자의 경우에는 또한 같다.

[해설]

# Ⅰ. 논점의 정리

항소심 계속중에 단란주점업의 영업정지기간이 전부 경과한 경우에 고등법원은 본안심리를 하여야 하는지 아니면 요건심리를 하여야 하는지 문제된다. 즉, 단란주점업의 영업정지기간이 경과한 후에도 영업정지를 당한 자는 후일에 있을지도 모를 행정상의 불이익을 방지하기 위하여 영업정지처분의 취소를 구할 수 있는 권리보호의 필요(협의의 소의 이익)가 존재하는가의 여부에 대한 검토가 필요하다. 설문에 답하기 위해 권리보호의 필요에 관한 법리부터 검토한다.

# Ⅱ. 권리보호의 필요의 법리

## 1. 권리보호의 필요의 관념

(1) 재판은 원고의 관념적 만족만으로는 불충분하다. 취소판결의 경우, 취

소로 인해 현실로 실현될 수 있는 상황이 있어야 권리보호의 필요가 있는 것이된다. 권리보호의 필요는 협의의 소의 이익이라 불리기도 한다.

　(2) 행정소송에 있어서 소의 이익이라는 개념은 국가의 행정재판제도를 국민이 이용할 수 있는 한계를 구획하기 위하여 생겨난 것으로 그 인정을 인색하게 하면 실질적으로는 재판의 거부와 같은 부작용을 낳게 될 것이다(대판 1989. 12. 26, 87누308). 말하자면 권리보호의 필요의 개념은 사인의 남소방지와 이로 인한 법원·행정청의 부담 완화, 그리고 원활한 행정작용을 위한 것이다.

　[참고]　일설은 행정소송법 제12조 제2문을 권리보호의 필요에 관한 조항으로 새기지만, 제12조 제1문과 마찬가지로 원고적격에 관한 조항으로 보아야 한다. 왜냐하면 처분이 소멸하면 취소의 대상인 처분이 존재하지 아니하므로 논리상 취소소송을 인정할 수가 없다. 따라서 행정소송법 제12조 제2문은 처분이 소멸한 후에도 원고적격을 갖는다는 특례를 규정한 것으로 보아야 한다. 한편, 처분의 소멸 전후를 불문하고 권리보호의 필요의 문제는 행정소송법에서 규정되고 있지 아니한바, 현재로서 그것은 학설과 판례에서 정해질 사항이다.

### 2. 권리보호의 필요가 없는 경우

　권리보호의 필요는 넓게 인정되는 것도 의미가 있겠으나, ① 원고가 추구하는 목적을 소송이 아닌 보다 간편한 방법으로 달성할 수 있는 경우(예, 항소 대신에 판결의 정정), ② 원고가 추구하는 권리보호가 오로지 이론상으로만 의미 있는 경우(예, 후술하는 처분의 효력이 소멸한 경우), ③ 원고가 오로지 부당한 목적으로 소구하는 경우에는 권리보호의 필요가 없다.

### 3. 기간경과와 권리보호의 필요의 유무

　(1) 원　　칙　　처분등의 효력이 소멸하면 권리보호의 필요는 없게 됨이 원칙이다. 행정처분에 그 효력기간이 정하여져 있는 경우에는 그 처분의 효력 또는 집행이 정지된 바 없다면, 그 기간의 경과로 그 행정처분의 효력은 상실되는 것이므로 그 기간경과 후에는 그 처분이 외형상 잔존함으로 인하여 어떠한 법률상 이익이 침해되었다고 볼 만한 별다른 사정이 없는 한, 그 처분의 취소 또는 무효확인을 구할 법률상 이익(권리보호의 필요)이 없다(대판 1990. 10. 23, 90

누3119).

(2) 예　　외　　판례는 제재적 행정처분에 있어서 제재기간 경과 후에 권리보호의 필요가 있는가의 여부와 관련하여 ① 가중요건이 법률에 규정되어 있는 경우(예, 건축사법 제28조 제1항 제5호)에는 법률상 이익(권리보호의 필요)이 있고(대판 1990. 10. 23. 90누3119), ② 가중요건이 대통령령에 규정되어 있는 경우에도 권리보호의 필요가 있다고 한다(대판 1997. 12. 26. 97누15418). 한편 ③ 설문의 경우와 같이 가중요건이 부령인 시행규칙상 처분기준으로 규정되어 있는 경우, 종래의 판례는 법률상 이익(권리보호의 필요)이 없는 것으로 보았고(대판 1995. 10. 17. 94누14148), 동시에 종래의 판례는 이러한 처분기준을 그 법형식은 부령이지만, 그 법적 성질은 행정규칙으로 보았다(대판 1995. 10. 17. 94누14148). 그리고 종래의 판례는 가중요건이 훈령에 규정되어 있는 경우에도 권리보호의 필요는 없다고 하였다(대판 1982. 9. 28. 82누2). 그러나 대법원은 대판 2006. 6. 22, 2003두1864를 통해 판례를 변경하였다. 즉, "선행처분을 가중사유 또는 전제요건으로 하는 후행처분을 받을 우려가 현실적으로 존재하는 경우에는, 선행처분을 받은 상대방은 비록 그 처분에서 정한 제재기간이 경과하였다고 하더라도 그 처분의 취소소송을 통하여 그러한 불이익을 제거할 권리보호의 필요성이 충분히 인정된다"고 하였다. 그러나 행정처분기준의 성질에 대해서는 밝히지 아니하였다.

## Ⅲ. 설문에 적용

### 1. 영업정지기간의 경과

(1) 원고의 패소판결이 선고된 후 원고가 불복·항소하였으나, 다시 영업정지처분의 집행이나 효력이 정지된 바 없으므로, 위 영업정지처분의 효력의 정지결정은 2020년 6월 8일에 당연히 실효되고 일시 정지된 영업정지처분의 효력은 다시 살아나게 되어 그때부터 집행된 기간(2015. 4. 28~2015. 5. 8)을 공제한 나머지 영업정지기간이 진행함으로써 2020년 9월 중순경에 그 영업정지기간이 전부 경과하였다. 따라서 상고심 계속중에 숙박업의 영업정지기간은 전부 경과하였다.

(2) 행정처분에 효력기간이 정하여져 있는 경우, 그 처분의 효력 또는 집행

이 정지된 바 없다면 그 기간 경과 후에는 그 처분이 외형상 잔존함으로 인하여 어떠한 법률상 이익이 침해되고 있다고, 즉 권리보호의 필요가 있다고 볼 만한 별다른 사정이 없는 한 그 처분의 취소를 구할 법률상의 이익이 없다고 할 것이다. 그러나, 설문과 관련하여서는 식품위생법상 제재적 행정처분에 있어서 위반횟수에 따라 가중요건의 적용이 있기 때문에 특별한 검토를 요한다.

## 2. 가중요건과 권리보호의 필요의 유무

**(1) 문 제 점**　　식품위생법 제75조 제1항 및 제4항에 따라 식품위생법 시행규칙은 제89조 및 [별표 23]에서 위반횟수의 증가에 따라 제재적 행정처분의 내용을 보다 강하게 규정하고 있다. 따라서 영업정지기간이 경과하였다고 하여도 다시 위반하게 되면 현실적으로 보다 강한 제재적 행정처분이 가해지게 되므로, 정지기간이 경과된 처분도 다툴 수 있는 것이 아닌가, 즉 권리보호의 필요가 있는 것이 아닌가의 문제가 생겨난다. 이와 관련하여 처분기준이 법규인지 아니면 행정규칙인지의 여부가 문제된다.

**(2) 처분기준의 성질**　　① 종래의 판례는 식품접객업자의 위반행위에 대한 행정처분기준을 규정하고 있는 식품위생법 시행규칙 제89조의 [별표 23]는 관할행정청이 단란주점업의 영업정지 및 영업장폐쇄명령 등의 사무처리를 함에 있어서 필요한 처리기준과 방법 등의 세부사항을 규정한 행정명령의 성질을 가진 내부적 사무처리지침에 불과하다고 보았으나(대판 1994. 10. 14, 94누4370) 기술한 바와 같이 대법원은 대판 2006. 6. 22, 2003두1684에서는 법적 성질에 대해서는 입장을 밝히지 아니하였다. 소수견해는 법규명령으로 보았다. 한편, ② 학설도 나뉘고 있는데, 일부의 견해는 법규명령으로 보고, 일부의 견해는 행정규칙으로 본다.

**(3) 권리보호의 필요**　　① 판례는 "제재적 행정처분의 가중사유나 전제요건에 관한 규정이 법령이 아니라 규칙의 형식으로 되어 있다고 하더라도, 그러한 규칙이 법령에 근거를 두고 있는 이상 그 법적 성질이 대외적·일반적 구속력을 갖는 법규명령인지 여부와는 상관없이… 규칙이 정한 바에 따라 선행처분을 가중사유 또는 전제요건으로 하는 후행처분을 받을 우려가 현실적으로 존재하는 경우에는, 선행처분을 받은 상대방은 비록 그 처분에서 정한 제재기간이

경과하였다 하더라도 그 처분의 취소소송을 통하여 그러한 불이익을 제거할 권리보호의 필요성이 충분히 인정된다"(대판 2006. 6. 22, 2003두1684)고 하였다. 종전의 판례는 법률상의 이익이 없다고 하였다(대판 2002. 7. 26, 2000두7254; 대판 2004. 7. 8, 2002두1946). ② 처분기준을 법규명령으로 보아도, 판례와 동일한 결론이 나온다. 만약 처분기준을 행정규칙으로 본다면, 종래의 판례와 같이 권리보호의 필요를 인정하기 어려울 것이다.

## Ⅳ. 결    론

식품위생법 시행규칙 제89조 및 [별표 23]에서 규정하고 있는 제재적 행정처분기준에 따라 "선행처분을 가중사유 또는 전제요건으로 하는 후행처분을 받을 우려가 현실적으로 존재하는 경우에는, 선행처분을 받은 상대방은 비록 그 처분에서 정한 제재기간이 경과하였다 하더라도 그 처분의 취소소송을 통하여 그러한 불이익을 제거할 권리보호의 필요성이 충분히 인정된다"는 판례의 입장에서 볼 때, A는 항소심에서 영업정지처분의 취소를 구하는 데 요구되는 '권리보호의 필요'의 요건을 구비하고 있다. 따라서 고등법원은 기타의 소송요건에 불비가 있다면 각하를, 소송요건을 구비하였고 청구에 이유가 있다면 인용판결을, 소송요건을 구비하였지만 청구에 이유가 없다면 기각판결을 하여야 한다. 식품위생법 시행규칙 제89조 및 [별표 23]에서 규정하고 있는 제재적 행정처분기준을 법규명령으로 보는 경우도 같은 결론이다.

# 65 집행정지
[지방의회의원제명의결 무효확인청구소송과 의결효력정지신청]

## [설문]

2022. 6. 27 신청인 A는 B시의회 의원으로 당선되었다.

2024. 4. 14 B시의회는 지방자치법이 정한 바에 따라 A의 제명을 의결하였다.

2024. 4. 15 B시의회는 4월 14일자 의결내용을 A에게 통지하였다.

2024. 4. 17 A는 C법원에 의원제명의결무효확인청구의 소를 제기한 후, 본안이 계속중인 동 법원에 이유소명과 함께 제명의결의 효력정지를 구하는 신청을 제기하였다. A의 신청의 인용가능성을 검토하라. 행정소송법 제23조에 규정된 요건만을 검토하라.

◇ 참고조문 ◇

행정소송법

제23조(집행정지) ② 취소소송이 제기된 경우에 처분등이나 그 집행 또는 절차의 속행으로 인하여 생길 회복하기 어려운 손해를 예방하기 위하여 긴급한 필요가 있다고 인정할 때에는 본안이 계속되고 있는 법원은 당사자의 신청 또는 직권에 의하여 처분등의 효력이나 그 집행 또는 절차의 속행의 전부 또는 일부의 정지(이하 "집행정지"라 한다)를 결정할 수 있다. 다만, 처분의 효력정지는 처분등의 집행 또는 절차의 속행을 정지함으로써 목적을 달성할 수 있는 경우에는 허용되지 아니한다.

③ 집행정지는 공공복리에 중대한 영향을 미칠 우려가 있을 때에는 허용되지 아니한다.

④ 제2항의 규정에 의한 집행정지의 결정을 신청함에 있어서는 그 이유에 대한 소명이 있어야 한다.

## [해설]

I. 논점의 정리

II. 집행정지의 요건별 검토

1. 본안이 계속 중일 것

2. 처분이 존재할 것

3. 회복하기 어려운 손해를 예방하기 위한 것일 것

4. 긴급한 필요가 있을 것

5. 당사자의 신청이 있을 것

6. 이유소명이 있을 것

7. 공공복리에 중대한 영향이 없을 것

8. 본안청구의 이유 없음이 명백하지 않을 것

III. 결론

## Ⅰ. 논점의 정리

A의 청구가 인용되기 위해서는 행정소송법 제23조 제2항·제3항·제4항이 규정하는 집행정지의 요건인 ① 본안이 계속 중일 것, ② 처분이 존재할 것, ③ 회복하기 어려운 손해를 예방하기 위한 것일 것, ④ 긴급한 필요가 있을 것, ⑤ 당사자의 신청이 있을 것, ⑥ 이유 소명이 있을 것, ⑦ 공공복리에 중대한 영향이 없을 것, ⑧ 본안청구의 이유 없음이 명백하지 않을 것이 구비되어야 한다.

## Ⅱ. 집행정지의 요건별 검토

### 1. 본안이 계속 중일 것

(1) 효력정지의 신청은 본안소송의 계속을 전제로 한다(대결 1980. 4. 30, 79두10). 본안에 이유 있음을 요하는 것은 아니다. 그러나 본안청구 그 자체는 적법한 것이어야 한다(판례).

(2) 설문의 경우, 본안이 계속중임은 분명하고, 본안청구 그 자체의 위법 여부는 문제되지 아니하므로 '본안이 계속될 것'이라는 요건을 구비하고 있다.

### 2. 처분이 존재할 것

(1) 효력정지를 신청하기 위해서는 처분이 존재하여야 한다. 왜냐하면 처분이 존재하지 않는다면, 집행정지의 대상이 없기 때문이다. 처분은 행정소송법상 "행정청이 행하는 구체적 사실에 관한 법집행으로서의 공권력의 행사 또는 그 거부와 그 밖에 이에 준하는 행정작용"으로 정의되고 있다(동법 제2조 제1항 제1호).

(2) 설문의 경우, ① A에 대한 제명의결이 구체적 사실에 대한 법집행으로서의 공권력행사이다. ② 제명의결의 주체인 지방의회는 일종의 행정기관이다. 왜냐하면 지방자치단체는 궁극적으로 집행권에 귀속되는데, 지방의회는 그러한 지방자치단체의 한 구성부분이기 때문이다. ③ 제명의결은 행정처분이다. 왜냐하면 제명의결은 (ㄱ) 행정청(지방의회)이 행하는 구체적 사실에 관한 법집행으로서의 공권력 행사이고, (ㄴ) 공권력행사로서의 합의제기관인 지방의회의 일

방적(합성적)인 의사표시이고, (ㄷ) A의 의원직의 박탈이라는 법적 효과를 가져오는바, 제명의결은 권력적 단독행위로서 행정행위의 성격을 갖기 때문이다. 따라서 설문은 처분의 존재라는 요건을 구비하였다.

### 3. 회복하기 어려운 손해를 예방하기 위한 것일 것

(1) 집행정지는 "처분등이나 그 집행 또는 절차의 속행으로 인하여 생길 회복하기 어려운 손해를 예방하기 위한 것"이어야 한다. 회복하기 어려운 손해란 판례상 "특별한 사정이 없는 한 금전으로 보상할 수 없는 손해로서 이는 금전보상이 불능인 경우 내지는 금전보상으로는 사회관념상 행정처분을 받은 당사자가 참고 견딜 수 없거나 또는 참고 견디기가 현저히 곤란한 경우의 유형·무형의 손해"로 이해되고 있다(대결 2010. 5. 14, 2010무48).

(2) 지방의회의원의 직무상 활동은 금전적으로 환산되거나 금전으로 평가될 수 있는 성질의 것이 아니다. 제명처분의 효력이 정지되지 아니한 채 본안소송이 진행되고, 또한 본안소송에서 원고가 승소한다면, 원고는 승소시까지 주민의 대표자로서의 지방의회의원의 직분을 수행하지 못하는데, 이와 같이 원고가 받게 되는 손해는 회복하기 어려운 손해에 해당한다.

### 4. 긴급한 필요가 있을 것

(1) 집행정지가 인용되기 위해서는 본안판결까지 기다릴 수 없는 긴급한 필요가 있어야 한다.

(2) 설문의 경우, A가 배제된 가운데 의사절차가 진행되어버리면, 그 후에 A가 승소한다고 하여 이미 이루어진 의사절차를 다시 할 수는 없는 것이므로, 본안판결이 내려지기까지 모든 절차에 A를 참여시키는 것이 필요하다. 따라서 A의 신청은 그 손해를 예방하여야 할 긴급한 필요성을 갖는다.

### 5. 당사자의 신청이 있을 것

(1) 집행정지결정절차는 당사자의 신청 또는 법원의 직권에 의해 개시된다.
(2) 설문의 경우, A가 효력정지신청을 하고 있음이 명백하다.

6. 이유소명이 있을 것

(1) 집행정지결정을 신청함에 있어서는 그 이유에 대한 소명이 있어야 한다.

(2) 설문의 경우, A가 이유소명을 하였음은 분명하다.

7. 공공복리에 중대한 영향이 없을 것

(1) 집행정지는 공공복리에 중대한 영향을 미칠 우려가 있을 때에는 허용되지 아니한다.

(2) 설문의 경우, 효력정지가 공공복리에 중대한 영향을 미칠 우려가 있어 보이지 아니한다. 왜냐하면 A에 대한 제명처분의 효력정지가 바로 지방의회의 활동 내지 기능행사에 장해를 가져온다고 볼 수도 없고, 또한 그것이 지방의회에 대한 주민의 신뢰에 중대한 영향을 미친다고 보기도 어렵기 때문이다.

8. 본안청구의 이유 없음이 명백하지 않을 것

(1) 행정소송법상 명문의 규정이 없지만, 판례는 본안청구의 이유의 유무, 즉 본안으로 다투는 처분의 적법 여부는 집행정지신청을 다루는 재판부의 판단대상이 아니라고 하면서도, 본안청구의 이유 없음이 명백하지 않을 것을 집행정지의 또 하나의 요건으로 하고 있다(대결 1992. 8. 7. 92두30). 왜냐하면 본안소송에서 처분의 취소가능성이 없음에도 불구하고 처분의 효력정지나 집행정지를 인정하는 것은 제도의 취지에 반하기 때문이다.

(2) 설문의 경우, '본안소송이 이유 없음'이 명백하지 아니하다.

Ⅲ. 결  론

설문상 A는 행정소송법 제23조 제2항·제3항·제4항이 규정하고 있는 집행정지의 요건을 모두 구비하였으므로 A의 청구는 인용될 것이다.

# 66 처분이유의 사후변경
[무자료주류판매와 무면허업자에 대한 주류판매]

[설문]

　　서초세무서장은 A의 무자료주류판매 및 위장거래금액이 부가가치세 과세 기간별 총 주류판매액의 100분의 20 이상에 해당한다는 이유로 A에게 유보된 취소권을 행사하여 주류면허를 취소하였다. 그런데 서초세무서장은 소송절차에서 위 면허의 취소이유를 무면허판매업자에게 주류를 판매한 때에 해당한다는 것으로 변경하였다. 서초세무서장의 이러한 주장이 과연 재판절차에서 허용되는가?

◇ 참고조문 ◇

행정절차법

제23조(처분의 이유 제시) ① 행정청은 처분을 할 때에는 다음 각 호의 어느 하나에 해당하는 경우를 제외하고는 당사자에게 그 근거와 이유를 제시하여야 한다.

1. 신청 내용을 모두 그대로 인정하는 처분인 경우

2. 단순·반복적인 처분 또는 경미한 처분으로서 당사자가 그 이유를 명백히 알 수 있는 경우

3. 긴급히 처분을 할 필요가 있는 경우

② 행정청은 제1항 제2호 및 제3호의 경우에 처분 후 당사자가 요청하는 경우에는 그 근거와 이유를 제시하여야 한다.

행정소송법

제26조(직권심리) 법원은 필요하다고 인정할 때에는 직권으로 증거조사를 할 수 있고, 당사자가 주장하지 아니한 사실에 대하여도 판단할 수 있다.

[해설]

I. 논점의 정리

II. 처분사유의 사후변경

　1. 의의

2. 인정 가능성

3. 설문에 적용

III. 결론

## Ⅰ. 논점의 정리

행정청이 처분을 하는 때에는 원칙적으로 그 근거와 이유를 제시하여야 한다(행정절차법 제23조). 그런데, 설문은 처분절차에서 제시하지 아니하였던 새로운 이유를 재판절차에서 주장하는 것이 허용될 것인가의 여부, 즉 처분이유(사유)의 사후변경의 가능성을 논점으로 하는바, 이하에서 처분이유의 사후변경에 관한 일반원리를 검토한 후 설문의 내용을 검토하기로 한다.

## Ⅱ. 처분이유의 사후변경

### 1. 의    의

(1) 개    념    처분이유(사유)의 사후변경이란 행정결정의 발령시에 존재하는 사실상 또는 법적 상황이 결정의 근거로 사용되지 않았으나, 사후에 행정소송절차에서 행정청이 그 사유를 새로이 제출하거나 법원이 직권으로 회부하여 고려하는 것을 말한다.

(2) 구별개념    ① 처분이유의 사후변경은 결정 당시에 고려하지는 않았지만 처분시에 존재하였던 사실상 또는 법적 상황의 고려이므로, 처분 후에 발생한 새로운 사정의 고려와 구별된다. ② 처분이유의 사후변경은 행위의 이유만의 변경이므로, 새로운 행위를 가져오는 행정행위의 사후변경과 구별된다. ③ 처분이유의 사후변경은 행위는 그대로 두고 처분의 이유만 변경하는 것이므로 하자있는 행위를 다른 새로운 행위로 대체하는 행정행위의 전환과도 구별된다.

### 2. 인정 가능성

(1) 학    설    처분이유의 사후변경의 인정 여부와 관련하여 ① 처분이유의 사후변경은 처분의 상대방에게 예기하지 못한 불이익을 가져올 수 있으므로 인정될 수 없다는 부정설, ② 처분이유의 사후변경을 부정한다고 하여도 행정청은 새로운 사유로 새로운 처분을 할 수 있으므로 처분이유의 사후변경을 부정할 실익이 없다는 긍정설, ③ 처분의 상대방 보호와 소송경제의 요청을 고려할 때, 제한적 범위 내에서 처분이유의 사후변경을 인정하여야 한다는 제한

적 긍정설이 대립하는바 제한적 긍정설이 통설이다.

(2) 판　례　　취소소송에서 행정청은 당초 처분의 근거로 삼은 사유와 기본적 사실관계가 동일성이 있다고 인정되는 한도 내에서만 다른 사유를 새로 추가하거나 변경할 수 있을 뿐, 기본적 사실관계가 동일하다고 인정되지 않는 별개의 사실을 들어 처분사유로 주장할 수 없다는 것이 판례의 입장이다(대판 2009. 11. 26. 2009두15586). 판례의 입장은 재판절차상 사후보완은 인정하지만, 사후추완은 인정하지 아니한다는 입장인 셈이다. 판례는 처분이유의 사후변경은 처분 이후는 물론 소송 도중이라도 사실심 변론종결시까지 처분의 동일성이 유지되는 범위 내에서 가능하다고 한다(대판 2000. 2. 11. 98두342).

(3) 검　토　　행정의 법률적합성의 보장과 소송경제 및 분쟁의 일회적 해결 등의 관점에서 볼 때 처분이유의 사후변경은 인정될 필요가 있다. 그러나 상대방의 보호와 관련하여 그 범위는 제한적이어야 한다. 따라서 판례의 태도는 정당하다. 판례의 태도는 ① 처분이유의 사후변경 후에도 처분의 요건·내용·효과에는 본질적인 변경이 없어야 하고, ② 처분이유의 사후변경으로 원고의 권리방어가 침해되지 않아야 하며, ③ 재량하자는 처분이유의 사후변경으로 치유되는 것은 아니므로 다툼 있는 행위가 하자 있는 재량행사는 아니어야 한다는 것을 내포하고 있는 것으로 판단된다.

### 3. 설문에 적용

(1) 서초세무서장이 면허취소시에 제시한 이유인 '무자료주류판매 및 위장 거래금액이 부가가치세 과세기간별 총 주류판매액의 100분의 20 이상에 해당함'과 재판절차에서 제시한 사유인 '무면허판매업자에 주류판매'는 그 내용이 상호 관련성이 전혀 없는바, 양자는 기본적 사실관계가 다르다. 따라서 판례의 입장을 따를 때, 서초세무서장이 재판절차에서 '무면허판매업자에 주류판매'의 사유를 제시하는 것은 허용될 수 없다.

(2) 한편, 서초세무서장이 재판절차에서 제시한 '무면허판매업자에 주류판매'의 사유가 면허취소시에 이미 존재하고 있었고 당사자도 그 사실을 알고 있었다고 해서 당초의 처분사유와 동일성이 있는 것이라고 볼 수도 없다(대판 1996. 9. 6. 96누7427).

# Ⅲ. 결  론

서초세무서장이 면허취소시에 제시한 이유인 '무자료주류판매 및 위장거래금액이 부가가치세 과세기간별 총 주류판매액의 100분의 20 이상에 해당함'과 재판절차에서 제시한 이유인 '무면허판매업자에 주류판매'는 기본적인 사실관계가 동일하다고 볼 수 없으므로, 서초세무서장이 재판절차에서 '무면허판매업자에 주류판매'의 사유를 제시하는 것은 허용되지 아니한다.

# 67 주장·입증책임
[자료제출명령불응과 위법판단]

## [설문]

　도시·군관리계획결정취소청구소송에서 원심법원은 A도시·군관리계획결정이 그 입안과정에서의 기초조사의 흠결로 위법하다고 판단하였다. 그런데 원고는 원심 변론절차에서 그러한 기초조사의 흠결에 관하여 아무런 주장을 하지 아니하였음에도 불구하고 원심법원이 직권으로 피고(B시장)에 대하여 그에 대한 자료 제출을 명하였다가 그 자료 제출이 없다는 이유로 위와 같은 판단을 하였다. 본건 상고심에서 대법원은 원심의 조치는 원고가 아무런 주장을 하지 아니한 처분의 위법사유에 관하여 석명을 구한 후 그에 대한 판단을 하기에 이른 것이어서 변론주의의 원칙에 위배되고 석명권 행사의 한계를 일탈한 것이라고 아니할 수 없다고 하였다. 대법원의 판단을 논평하라.

◇ 참고조문 ◇

행정소송법

제8조(법적용예) ② 행정소송에 관하여 이 법에 특별한 규정이 없는 사항에 대하여는 법원조직법과 민사소송법 및 민사집행법의 규정을 준용한다.

제26조(직권심리) 법원은 필요하다고 인정할 때에는 직권으로 증거조사를 할 수 있고, 당사자가 주장하지 아니한 사실에 대하여도 판단할 수 있다.

## [해설]

Ⅰ. 논점의 정리
Ⅱ. 행정소송법 제26조의 성질
　1. 입법례
　2. 판례
　3. 사견

Ⅲ. 주장책임과 입증책임
Ⅳ. 입증책임의 분배
　1. 학설
　2. 검토

## Ⅰ. 논점의 정리

행정소송에 관하여 행정소송법에 특별한 규정이 없는 사항에 대하여는 법원조직법과 민사소송법의 규정이 준용되는바(행정소송법 제8조 제2항), 행정소송에도 민사소송법상 원칙인 변론주의가 적용된다. 그런데 행정소송법 제26조는 "법원은 필요하다고 인정할 때에는 직권으로 증거조사를 할 수 있고, 당사자가 주장하지 아니한 사실에 대하여도 판단할 수 있다"고 하여 직권탐지주의를 규정하고 있다. 여기서 변론주의와 직권탐지주의의 관계가 문제된다.

## Ⅱ. 행정소송법 제26조의 성질

### 1. 입 법 례

행정소송상 소송자료의 수집에 대한 책임분배의 원칙으로서 변론주의를 택할 것인가 아니면 직권탐지주의를 택할 것인가는 입법정책적으로 정할 문제이다. 입법례로는 변론주의를 채택하면서 민사소송법상 보충적 직권증거조사를 인정하는 경우(일본 행정사건소송법 제23조 제1문: 재판소는 필요하다고 인정하는 때에는 직권으로 증거조사를 할 수 있다)와 직권탐지주의를 인정하는 경우(독일 행정법원법 제86조 제1항 제1문: 법원은 사실관계를 직권으로 탐지한다)가 있다.

### 2. 판      례

대법원은 종래부터 "법원의 석명권행사는 사안을 해명하기 위하여 당사자에게 그 주장의 모순된 점이나 불완전, 불명료한 부분을 지적하여 이를 정정·보충할 수 있는 기회를 주고, 또 계쟁사실에 대한 증거의 제출을 촉구하는 것을 그 내용으로 하는 것이며 당사자가 주장하지도 않는 법률효과에 관한 요건사실이나 공격방어의 방법을 시사하여 그 제출을 권유함과 같은 행위는 변론주의의 원칙에 위배되는 것으로 석명권행사의 한계를 일탈하는 것이 된다"(대판 1990. 4. 27, 89다카756301: 대판 2005. 1. 14, 2002두7234)고 하여 행정소송법상 직권탐지주의를 변론주의와의 관계에서 보충적인 것으로 새겨왔다.

## 3. 사 견

(1) 법원은 변론주의의 원칙하에서(이 점에서 직권탐지주의를 취하는 독일과 다르다) 행정소송법 제26조를 근거로 하여 사실자료에 대한 직권탐지도 할 수 있고(이 점에서 보충적 직권증거조사만을 인정하는 일본과 다르다), 행정소송법 제8조 제2항에 의하여 준용되는 민사소송법 제292조(법원은 당사자가 신청한 증거에 의하여 심증을 얻을 수 없거나, 그 밖에 필요하다고 인정한 때에는 직권으로 증거조사를 할 수 있다)의 보충적 직권증거조사를 넘어서서 독자적으로 직권으로 증거조사를 할 수도 있다. 요컨대 행정소송법 제26조는 소송자료에 대한 책임을 일차적으로 당사자에게 인정하면서 동시에 공익을 고려하여 직권으로 탐지할 수 있도록 하고 있는바, 일본과 독일의 절충형을 취하고 있다.

(2) 확실히 행정소송은 공익과 직결된 소송이므로 직권탐지주의의 적용이 필요한 것도 사실이다. 그러나 당사자가 분쟁대상 및 소송절차의 개시와 종료에 대하여 결정할 수 있다는 소송법상 원칙인 처분권주의가 행정소송을 지배하는 원칙으로 이해되는 한, 직권탐지주의는 처분권주의를 침해하지 않는 범위에서 인정되어야 한다. 이 때문에 직권탐지주의는 처분권주의의 연장선상에 놓이는 변론주의가 갖는 한계를 보충하는 범위 안에서만 허용된다고 볼 수밖에 없다. 따라서 판례의 태도는 정당하다.

## Ⅲ. 주장책임과 입증책임

대법원은 취소소송과 관련하여 주장책임과 입증책임(어떠한 사실관계에 대한 명백한 입증을 하지 아니함으로 인해 불이익을 부담하지 않기 위하여 증거를 제출하여야 할 책임)의 주체에 관한 입장도 밝히고 있다. 즉, ① 행정처분의 위법을 들어 그 취소를 청구함에 있어서는 직권조사사항을 제외하고는 그 취소를 구하는 자가 위법사유에 해당하는 구체적인 사실을 먼저 주장하여야 하고, 다음으로 ② 특단의 사정이 있는 경우를 제외하면 당해 행정처분의 적법성에 관하여는 당해 처분청이 이를 주장·입증하여야 한다는 것이다. 이러한 대법원의 입장은 종래부터 유지되어 온 것이다(대판 1981. 6. 23, 80누510).

## Ⅳ. 입증책임의 분배

### 1. 학   설

입증책임과 관련하여 학설로 ① 행정행위에는 공정력이 있어서 처분의 적법성이 추정되므로 입증책임은 원고에 있다는 원고책임설, ② 법치행정의 원리상 국가행위의 적법성은 국가가 담보하여야 하므로, 행위의 적법성의 입증책임은 국가가 진다는 피고책임설, ③ 특별한 규정이 없는 한 민사소송법상의 입증책임분배의 원칙에 따라야 한다는 입증책임분배설이 있다.

### 2. 검   토

공정력은 처분의 내용의 적법성의 추정이 아니라 정책적 견지에서 인정되는 절차상의 통용력에 불과하므로(즉 공정력은 처분의 내용의 적법성과는 무관한 개념이므로) 원고책임설은 타당하지 않다. 또한 입증책임을 피고가 전담한다는 피고책임설 역시 타당하지 않다. 왜냐하면 입증책임을 오로지 피고에게만 전담시키는 것은 원고의 보호에는 유익할 수 있으나, 실체적 진실(적법과 위법)의 발견에는 오히려 지장을 초래할 수 있기 때문이다. 따라서 입증책임을 원고와 피고에게 모두 적정하게 부과하여 원고와 피고가 모두 진실의 발견에 참여토록 하는 입증책임분배설이 타당하다. 대상판결도 이러한 입증책임분배설에 따른 것으로 판단된다.

## 68 처분의 위법성 판단의 기준시
[자동차등록사항에 관한 법령개정과 자동차등록직권말소처분]

[설문]

A회사는 경기도지사에게 신규등록을 하고 자동차 20대로 자동차대여사업을 하고 있는 자이다. A회사를 대리한 B 등은 자동차등록신청서에 중형승합자동차로 기재하였다. 신청서에는 탑승인원수를 기재하게 되어 있으나, 기재가 누락되어 있었다. 경기도지사 소속 차량등록사업소 소속공무원인 C는 대여사업용 자동차로서 중형승합자동차는 승차정원 15인 이하의 것만 해당한다는 것을 잘 알지 못하고 신청서의 기재만을 믿고 자동차등록원부에 신규등록하였다. 그후 경기도지방경찰청장은 A회사가 등록한 중형승합자동차 승차정원이 18인인 것을 적발하고, 이를 경기도지사에게 통보하였다. 경기도지사는 A회사의 등록이 자동차관리법 제13조 제3항 제4호의 속임수나 그 밖의 부정한 방법으로 등록을 한 경우에 해당한다고 하여 직권으로 말소등록을 하였다. 이에 A회사는 자동차등록 직권말소처분 취소청구소송을 제기하였다. 경기도지사의 말소등록은 적법한가?

단, 제소 후에 18인승 중형승합자동차도 자동차대여사업에 사용할 수 있도록 법령이 개정된 것으로 한다.

◇ 참고조문 ◇
여객자동차 운수사업법
제28조(등록) ① 자동차대여사업을 경영하려는 자는 사업계획을 작성하여 국토교통부령으로 정하는 바에 따라 시·도지사에게 등록하여야 한다.
제30조(대여사업용 자동차의 종류) 자동차대여사업에 사용할 수 있는 자동차의 종류는 국토교통부령으로 정한다.
여객자동차운수사업법 시행규칙
제67조(대여사업용 자동차의 종류) 자동차대여사업에 사용할 수 있는 자동차의 종류는 「자동차관리법 시행규칙」 별표 1에 따른 자동차 중 다음 각 호의 것으로 한다.
1. 승용자동차
1의2. 경형승합자동차

2. 소형승합자동차

3. 중형승합자동차(승차정원 15인승 이하의 것만 해당한다)

자동차관리법

제3조(자동차의 종류) ① 자동차는 다음 각 호와 같이 구분한다.

1. 승용자동차: 10인 이하를 운송하기에 적합하게 제작된 자동차

2. 승합자동차: 11인 이상을 운송하기에 적합하게 제작된 자동차. 다만, 다음 각 목의 어느 하나에 해당하는 자동차는 승차인원에 관계없이 이를 승합자동차로 본다. (각목 생략)

3. 화물자동차: 화물을 운송하기에 적합한 화물적재공간을 갖추고, 화물적재공간의 총 적재화물의 무게가 운전자를 제외한 승객이 승차공간에 모두 탑승했을 때의 승객의 무게보다 많은 자동차

4. 특수자동차: 다른 자동차를 견인하거나 구난작업 또는 특수한 작업을 수행하기에 적합하게 제작된 자동차로서 승용자동차·승합자동차 또는 화물자동차가 아닌 자동차

5. 이륜자동차: 총배기량 또는 정격출력의 크기와 관계없이 1인 또는 2인의 사람을 운송하기에 적합하게 제작된 이륜의 자동차 및 그와 유사한 구조로 되어 있는 자동차

제5조(등록) 자동차(이륜자동차는 제외한다. 이하 이 조부터 제47조까지의 규정에서 같다)는 자동차등록원부(이하 "등록원부"라 한다)에 등록한 후가 아니면 이를 운행할 수 없다. 다만, 제27조제1항에 따른 임시운행허가를 받아 허가 기간 내에 운행하는 경우에는 그러하지 아니하다.

제13조(말소등록) ③ 시·도지사는 다음 각 호의 어느 하나에 해당하는 경우에는 직권으로 말소등록을 할 수 있다.

4. 속임수나 그 밖의 부정한 방법으로 등록된 경우

④ 시·도지사는 제3항에 따라 직권으로 말소등록을 하려는 경우에는 그 사유 및 말소등록 예정일을 명시하여 그 1개월 전까지 등록원부에 적힌 자동차 소유자 및 이해관계인에게 알려야 한다. 다만, ….

[해설]

# Ⅰ. 논점의 정리

설문을 보면, 제소 후에 18인승 중형승합자동차도 자동차대여사업에 사용

할 수 있도록 법령이 개정되었다. 따라서 판결시를 기준으로 한다면, 원고의 차
량은 자동차대여사업에 사용할 수 있는 자동차에 해당한다. 여기에서 경기도지
사의 말소등록의 위법 여부를 판단하는 시점이 문제된다.

## Ⅱ. 처분의 위법성 판단의 기준시점

### 1. 학    설

(1) 판결시기준설    항고소송은 구체적인 행정처분이 법규에 대하여 적합
한가의 여부를 판단의 대상으로 하는 것이므로, 그 법규는 판결시의 법규이어
야 한다는 견해이다. 판결시기준설은 법원을 일종의 행정감독기관으로 만들며,
판결의 지체 여하에 따라서 판결의 내용도 달라질 수 있다는 문제점을 갖는다.

(2) 처분시기준설    법원의 기능상 법원은 객관적 입장에서 처분등의 위
법 여부를 사후심사할 수 있을 뿐이라는 견해이다. 처분시 이후의 사정 고려는
법원에 의한 행정권의 고유권한의 침해를 의미하게 된다고 본다. 이 견해는 취
소소송이 처분의 적법성의 사후심사제도임을 전제로 한다.

(3) 절 충 설    원칙적으로 처분시기준설을 취하면서, 예외적으로 계속효
있는 행위(예. 교통표지판의 설치)의 경우에는 판결시설을 취하는 견해이다. 말하자
면 법원의 최종사실심의 구두변론 종결시까지의 사실 상태와 법적 상태를 고려
하는 입장이다.

### 2. 판    례

판례는 처분시기준설을 취한다(대판 2015. 5. 28, 2015두36256).

### 3. 검    토

소송의 본질의 중점을 행정법규의 정당한 적용과 실현에 둔다면 판결시가
기준이 될 것이고, 개인의 권익구제에 둔다면 처분시가 기준이 될 것이다. 행정
소송의 본질은 개인의 권익구제에 중점을 두고 있다고 보아 처분시기준설이 타
당하다. 다만, 부작위위법확인소송, 사정판결, 또는 당사자소송의 경우에는 판
결시가 기준이 된다(대판 1990. 9. 25, 89누47580).

## Ⅲ. 처분 후 법령개정과 말소등록의 위법 여부(결론)

위법판단의 기준시점을 처분시로 보아야 하므로, 경기도지사의 말소등록처분 후(A회사의 제소 후)에 발생한 법령의 개정은 경기도지사의 말소등록처분의 위법 여부의 판단에 영향을 미치지 아니한다.

## 69 사정판결
[위법한 육군훈련장사업계획과 사정판결]

[설문]

국방부 산하 육군 제A부대장은 2020년 4월경 강원 철원군 김화읍 도창리 산 B번지 인근 부지에 박격포 사격장을 설치하기로 하는 "도창리 백골종합훈련장 피탄지조성사업계획(이하 "이 사건 사업계획"이라 한다)"을 수립하고, 사업실시계획신청서를 국방부장관에게 제출하였고, 이에 장관은 2020년 12월 4일에 국방·군사시설사업에 관한 법률 제4조에 따라 사업계획에 대한 승인을 하였다. 이에 인근주민들은 의견수렴절차의 결여 등을 이유로 사업계획승인처분의 무효를 다투는 소송을 제기하였다. 소송계속 중 국방부장관은 사업계획승인처분무효확인소송 중 비록 사업계획승인처분이 위법하다고 하나 '이미 육군의 훈련장 중·장기 종합발전계획에 따라 사단 자체적으로 사격장을 운용하고 있으며, 강원 철원군 김화읍 청양리 지역에 위치한 기존의 박격포 사격장을 확장하는 것'은 공익상 매우 중요하므로 사정판결을 하여야 한다고 주장한다. 장관의 주장은 정당한가?

◇ 참고조문 ◇

환경영향평가법

제22조(환경영향평가의 대상) ① 다음 각 호의 어느 하나에 해당하는 사업(이하 "환경영향평가 대상사업"이라 한다)을 하려는 자(이하 이 장에서 "사업자"라 한다)는 환경영향평가를 실시하여야 한다.

18. 환경에 영향을 미치는 시설로서 대통령령으로 정하는 시설의 설치사업

제13조(주민 등의 의견 수렴) ① 개발기본계획을 수립하려는 행정기관의 장은 개발기본계획에 대한 전략환경영향평가서 초안을 공고·공람하고 설명회를 개최하여 해당 평가 대상지역 주민의 의견을 들어야 한다. 다만, 대통령령으로 정하는 범위의 주민이 공청회의 개최를 요구하면 공청회를 개최하여야 한다.

제27조(환경영향평가서의 작성 및 협의 요청 등) ① 승인기관장등은 환경영향평가 대상사업에 대한 승인등을 하거나 환경영향평가 대상사업을 확정하기 전에 환경부장관에게 협의를 요청하여야 한다. 이 경우 승인기관의 장은 환경영향평가서에 대한 의견

을 첨부할 수 있다.

② 승인등을 받지 아니하여도 되는 사업자는 제1항에 따라 환경부장관에게 협의를 요청할 경우 환경영향평가서를 작성하여야 하며, 승인등을 받아야 하는 사업자는 환경영향평가서를 작성하여 승인기관의 장에게 제출하여야 한다.

행정소송법

제28조(사정판결) ① 원고의 청구가 이유있다고 인정하는 경우에도 처분등을 취소하는 것이 현저히 공공복리에 적합하지 아니하다고 인정하는 때에는 법원은 원고의 청구를 기각할 수 있다. 이 경우 법원은 그 판결의 주문에서 그 처분등이 위법함을 명시하여야 한다.

② 법원이 제1항의 규정에 의한 판결을 함에 있어서는 미리 원고가 그로 인하여 입게 될 손해의 정도와 배상방법 그 밖의 사정을 조사하여야 한다.

③ 원고는 피고인 행정청이 속하는 국가 또는 공공단체를 상대로 손해배상, 제해시설의 설치 그 밖에 적당한 구제방법의 청구를 당해 취소소송등이 계속된 법원에 병합하여 제기할 수 있다.

제38조(준용규정) ① 제9조, 제10조, 제13조 내지 제17조, 제19조, 제22조 내지 제26조, 제29조 내지 제31조 및 제33조의 규정은 무효등 확인소송의 경우에 준용한다.

## [해설]

# Ⅰ. 논점의 정리

무효확인소송에서 사정판결을 주장하는바 사정판결이 무효확인소송에 준용규정이 없으므로 유추적용될 수 있는지가 문제된다.

# Ⅱ. 사정판결의 가능성

## 1. 의 의

사정판결이란 원고의 청구가 이유있다고 인정하는 경우에도 처분등을 취소하는 것이 현저히 공공복리에 적합하지 아니하다고 인정하는 때에는 법원이 원고의 청구를 기각할 수 있는 판결제도를 의미한다(행정소송법 28조).

2. 요    건

(1) 요건의 개관    행정소송법 제28조에 비추어 사정판결을 하기 위해서는 ① 처분등이 위법하여야 하고, ② 처분등을 취소하는 것이 현저히 공공복리에 적합하지 아니하여야 한다. 그러나 ③ 사정판결을 구하는 피고의 신청이 있어야 하는지에 관해 학설의 대립이 있지만, 판례는 행정소송법 제26조를 근거로 직권으로 사정판결을 할 수 있다고 한다.

(2) 설문의 경우    원고의 청구를 기각하고 사격장을 운용·확장하는 것이 공공복리실현을 위한 해결책인지 여부는 설문만으로는 분명하지 않다. 다만, 설문의 경우 무효확인소송에서 사정판결을 주장하는바 사정판결을 무효확인소송에 준용하는 규정이 없으므로 유추적용될 수 있는지가 문제된다.

3. 무효등 확인소송에 유추적용 여부

(1) 학    설    학설은 ① 사정판결은 법치주의의 예외이므로 가능한 범위를 축소할 필요가 있고, 취소판결은 처분의 효력을 부정함에 반해 사정판결은 처분의 효력이 부정되지는 않지만 위법성을 확인하는 것이므로 처분이 무효인 경우 사정판결로 유지될 처분의 효력이 없어 부정함이 타당하고, 또한 준용규정이 없음을 논거로 하는 부정설과 ② 사정판결은 기성사실을 백지화하는 것이 적합한가, 아니면 기성사실을 그대로 두고 다른 방법에 의한 구제를 강구하는 것이 공공복리에 적합한가라는 각도에서 판단해야지 처분의 효력 유무를 갖고 사정판결 여부를 판단해서는 아니된다는 긍정설이 대립된다.

(2) 판    례    판례는 당연무효인 행정처분을 소송목적물로 하는 행정소송에서는 존치시킬 효력이 있는 행정행위가 없기 때문에 행정소송법 제28조 소정의 사정판결을 할 수 없다(대판 1996. 3. 22, 95누5509)고 한다.

(3) 검    토    논리적으로 보면 부정설이 타당하나 현실적인 필요에서 보자면 긍정설이 타당하다. 따라서 긍정설에 따른다면 만일 원고의 청구를 기각하고 사격장을 운용·확장하는 것이 공공복리실현을 위한 해결책이라면 사정판결의 가능성은 있다.

## Ⅲ. 결  론

사정판결이 무효등확인소송에 유추적용되는지가 문제되나 긍정함이 타당하며, 다른 요건이 구비된다면 사정판결은 가능하다.

# 판결의 기속력

70 [도시관리계획결정취소판결 후 동일한 도시관리계획결정의 가부]

[설문]

행정청 乙의 관할 구역 내에 있는 A도시공원을 찾는 등산객이 증가하고 있다. 등산객들이 공원입구를 주차장처럼 이용하여 공원의 경관과 이미지를 훼손하고 있다. 이에 관할 행정청 乙은 이곳에 휴게 광장을 조성하여 주민들에게 만남의 장소를 제공하고, 도시 경관을 향상시키기 위해 갑의 토지를 포함한 일단의 지역에 대해서 광장의 설치를 목적으로 하는 도시관리계획을 입안·결정하였다. 그런데 행정청 乙은 지역 발전에 대한 의욕이 앞선 나머지 인구, 교통, 환경, 토지이용 등에 대한 기초조사를 하지 않고 도시관리계획을 입안·결정하였다. 甲은 자신의 토지 전부를 광장에 포함시키는 乙의 도시관리계획 입안·결정이 절차법적으로 문제가 있다고 보고, 위 도시관리계획결정의 취소를 구하는 소송을 제기하였다. 甲의 청구가 절차상 위법을 이유로 인용되는 경우, 행정청 乙은 동일한 내용의 도시관리계획결정을 할 수 있는가?

◇ 참고조문 ◇

국토의 계획 및 이용에 관한 법률

제13조(광역도시계획의 수립을 위한 기초조사) ① 국토교통부장관, 시·도지사, 시장 또는 군수는 광역도시계획을 수립하거나 변경하려면 미리 인구, 경제, 사회, 문화, 토지 이용, 환경, 교통, 주택, 그 밖에 대통령령으로 정하는 사항 중 그 광역도시계획의 수립 또는 변경에 필요한 사항을 대통령령으로 정하는 바에 따라 조사하거나 측량하여야 한다.

제27조(도시·군관리계획의 입안을 위한 기초조사 등) ① 도시·군관리계획을 입안하는 경우에는 제13조를 준용한다. 다만, 대통령령으로 정하는 경미한 사항을 입안하는 경우에는 그러하지 아니하다.

[해설]

## Ⅰ. 논점의 정리

甲의 청구가 절차상 위법을 이유로 인용된 경우, 행정청이 동일한 내용의 도시관리계획결정을 할 수 있는가의 문제는 동일한 내용의 도시계획결정이 취소의 확정판결의 기속력에 반하는 것이 아닌가의 문제가 된다.

## Ⅱ. 동일한 내용의 도시관리계획결정의 가부

### 1. 기속력의 의의

기속력은 처분등을 취소하는 확정판결이 당사자인 행정청과 관계행정청에 대하여 판결의 취지에 따라야 할 실체법상의 의무를 발생시키는 효력을 말한다 (행정소송법 제30조 제1항).

### 2. 기속력의 법적 성질

① 기속력은 기판력과 동일하다는 기판력설과 기속력은 판결 그 자체의 효력이 아니라 취소판결의 효과의 실질적인 보장을 위해 행정소송법이 특별히 인정한 효력이라는 특수효력설이 대립된다. ② 판례의 입장은 불분명하다. ③ 기속력은 취소판결에서의 효력이지만 기판력은 모든 본안판결에서의 효력이라는 점, 기속력은 당사자인 행정청과 그 밖의 관계행정청에 미치지만 기판력은 당사자와 후소의 법원에 미친다는 점, 기속력은 일종의 실체법적 효력이지만 기판력은 소송법상 효력이라는 점에서 양자는 상이하므로, 특수효력설이 타당하다.

### 3. 기속력의 내용

(1) 기속력은 ① 당사자인 행정청과 그 밖의 관계 행정청이 확정판결에 저촉되는 처분을 할 수 없는 반복금지의무와 ② 행정청에 대하여 판결의 취지에 따라 신청에 대한 새로운 처분을 하여야 할 의무를 부과하는 재처분의무(행정소송법 제30조 제2항·제3항) 그리고 ③ 취소소송의 경우에도 인용판결이 있게 되면, 행정청은 위법처분으로 인해 야기된 상태를 제거하여야 할 의무인 결과제거의무를 그 내용으로 한다.

(2) 갑이 어떠한 처분을 신청한 경우가 아니라, 행정청 을이 발령한 도시관리계획결정취소소송을 제기하여 인용판결을 받은 경우이므로 설문에서는 반복금지의무 위반 여부만이 문제된다.

### 4. 기속력의 범위

(1) **주관적 범위**    기속력은 그 사건(취소된 처분)에 관하여 당사자인 행정청과 그 밖의 관계 행정청을 기속한다. 여기서 그 밖의 관계 행정청이란 당해판결에 의하여 취소된 처분등에 관계되는 어떠한 처분권한을 가지는 행정청, 즉 취소된 처분등을 기초로 하여 그와 관련되는 처분이나 부수되는 행위를 할 수 있는 행정청을 총칭하는 것이다.

(2) **객관적 범위**    기속력은 판결주문 및 그 전제가 된 요건사실의 인정과 효력의 판단에만 미치고, 판결의 결론과는 직접 관련 없는 방론이나 간접사실의 판단에는 미치지 않는다. 기속력은 기판력과 달리 '판결로 적시된 개개의 위법사유'에 관해서만 발생하므로 법원이 위법이라고 판단한 것과 동일한 이유나 자료를 바탕으로 동일인에 대하여 동일행위를 하는 것을 금할 뿐이다. 구체적으로 보면, 판결에 적시된 개개의 위법사유는 처분사유의 추가·변경과의 관계로 인해 판결에 적시된 기본적 사실관계가 동일한 위법사유를 말한다. 따라서 기본적 사실관계가 동일하지 아니한 별도의 이유에 기하여 동일한 내용의 처분을 하는 것은 기속력에 위반되지 않는다.

(3) **시간적 범위**    기속력은 처분시까지의 법관계·사실관계를 판단의 대상으로 한다. 따라서 처분시에 존재하던 위법한 사유로 동일한 처분이나 거부

처분을 할 수는 없다.

(4) 검　토　　설문의 경우 주관적 범위는 문제되지 않고, 객관적 범위와 시간적 범위가 문제될 수 있다.

## Ⅲ. 사례에 적용(결론)

### 1. 확정판결 후 적법한 절차를 거치지 않은 경우

甲의 청구가 단지 절차상의 위법만을 이유로 인용된 경우 행정청 乙이 당해 절차를 거치지 않고 동일한 내용의 도시관리계획결정을 하였다면 이는 판결의 기속력에 위반되는 행위로 위법한 도시관리계획결정이며, 중대명백한 하자로 당연무효라는 것이 다수설, 판례의 입장이다.

### 2. 확정판결 후 적법한 절차를 거친 경우

甲의 청구가 단지 절차상의 위법만을 이유로 인용된 경우, 행정청 乙이 확정판결 후 적법한 절차를 거치고 동일한 내용의 도시관리계획결정을 하였다면, 판결에 적시된 위법사유에 포함되지 않아 동일한 내용의 도시관리계획결정을 할 수도 있다. 판례도 "확정판결의 기판력은 거기에 적시된 절차 내지 형식의 위법사유에 한하여 미치는 것이므로 과세관청은 그 위법사유를 보완하여 다시 새로운 과세처분을 할 수 있고 그 새로운 과세처분은 확정판결에 의하여 취소된 종전의 과세처분과는 별개의 처분이라 할 것이어서 확정판결의 기판력에 저촉되는 것이 아니다"(대판 1987. 2. 10. 86누91)라고 하여 같은 입장이다.

## 71 간접강제
[여관건축허가 거부처분취소판결의 기속력]

[설문]

　甲은 여관을 건축하기 위하여 관할 군수 乙에게 건축허가신청을 하였으나 乙은 관계법령에 근거가 없다는 사유를 들어 거부처분을 하였다. 이에 甲은 乙을 상대로 거부처분취소소송을 제기하여 승소하였고 이 판결은 확정되었다. 그런데도 乙은 위 판결의 취지에 따른 처분을 하지 아니하였다. 乙이 위 판결의 취지에 따른 처분을 하지 않고 있는 동안 甲이 강구할 수 있는 행정소송법상 구제방법은?

◇ 참고조문 ◇

건축법

제11조(건축허가) ④ 허가권자는 제1항에 따른 건축허가를 하고자 하는 때에 「건축기본법」 제25조에 따른 한국건축규정의 준수 여부를 확인하여야 한다. 다만, 다음 각 호의 어느 하나에 해당하는 경우에는 이 법이나 다른 법률에도 불구하고 건축위원회의 심의를 거쳐 건축허가를 하지 아니할 수 있다.

1. 위락시설이나 숙박시설에 해당하는 건축물의 건축을 허가하는 경우 해당 대지에 건축하려는 건축물의 용도·규모 또는 형태가 주거환경이나 교육환경 등 주변 환경을 고려할 때 부적합하다고 인정되는 경우(제2호 생략)

행정소송법

제30조(취소판결등의 기속력) ① 처분등을 취소하는 확정판결은 그 사건에 관하여 당사자인 행정청과 그 밖의 관계행정청을 기속한다.

② 판결에 의하여 취소되는 처분이 당사자의 신청을 거부하는 것을 내용으로 하는 경우에는 그 처분을 행한 행정청은 판결의 취지에 따라 다시 이전의 신청에 대한 처분을 하여야 한다.

③ 제2항의 규정은 신청에 따른 처분이 절차의 위법을 이유로 취소되는 경우에 준용한다.

제34조(거부처분취소판결의 간접강제) ① 행정청이 제30조제2항의 규정에 의한 처분을 하지 아니하는 때에는 제1심수소법원은 당사자의 신청에 의하여 결정으로써 상당한 기간을 정하고 행정청이 그 기간내에 이행하지 아니하는 때에는 그 지연기간에 따라 일정한 배상을 할 것을 명하거나 즉시 손해배상을 할 것을 명할 수 있다.

[해설]

## Ⅰ. 논점의 정리

설문은 거부처분에 대한 취소판결의 효력 중 기속력과 관련한다. 따라서 우선 기속력에 대하여 살펴본 후, 강제수단으로서 간접강제에 관해 검토한다.

## Ⅱ. 취소판결의 기속력

### 1. 의　의

처분등을 취소하는 확정판결은 그 사건에 관하여 당사자인 행정청과 그 밖의 관계행정청을 기속하는바(행정소송법 제30조 제1항), 이를 기속력이라 한다. 기속력은 당사자인 행정청과 관계행정청에 대하여 판결의 취지에 따라야 할 실체법상의 의무를 발생시키는 효력이다. 기속력을 구속력으로 부르는 경우도 있다. 자박력·확정력·형성력과 달리 기속력은 민사소송에서는 찾아볼 수 없다.

### 2. 내　용

(1) **소극적인 관점에서 기속력**(반복금지효)　이것은 당사자인 행정청은 물론이고 그 밖의 관계행정청(예. 재결취소소송에서 원처분청)도 확정판결에 저촉되는 처분을 할 수 없음을 의미한다. 판결에서 적시된 위법사유(예. 형식·절차상 하자)를 보완하여 행한 새로운 처분은 확정판결에 의하여 취소된 종전의 처분과는 별개의 처분으로서 확정판결의 기속력에 저촉되는 것은 아니다. 기속력은 취소사유로 된 위법에만 미치기 때문이다.

(2) **적극적인 관점에서 기속력**(재처분의무)　이것은 행정청이 판결의 취지에 따른 처분을 하여야 함을 의미한다. 이에 관하여 행정소송법 제30조 제2항

은 "판결에 의하여 취소되는 처분이 당사자의 신청을 거부하는 것을 내용으로 하는 경우에는 그 처분을 행한 행정청은 판결의 취지에 따라 다시 이전의 신청에 대한 처분을 하여야 한다"고 규정하고 있고, 또한 제30조 제3항은 "제2항의 규정은 신청에 따른 처분이 절차의 위법을 이유로 취소되는 경우에 준용된다"고 규정하고 있다. 설문과 관련하여서는 제2항이 문제된다.

### 3. 재처분의무

(1) 의  의  ① 재처분의무는 판결의 취지에 따라야 한다. 따라서 취소된 거부처분과 다른 사유를 들거나 거부처분사유에 존재하는 위법사유를 보완하여 다시 거부처분을 할 수 있다(대판 2005. 1. 14, 2003두13045). 기속력은 취소사유로 된 위법에만 미치기 때문이다. ② 행정청의 재처분은 당사자의 신청 없이 행정청이 당연히 하여야 한다.

(2) 사실심 변론종결 이후의 새로운 사정과 재처분  행정청의 거부처분을 취소하는 판결이 확정되어 행정소송법 제30조 제2항에 따라 그 처분을 행한 행정청이 판결의 취지에 따라 이전의 신청에 대하여 재처분을 할 경우, 확정판결의 당사자인 처분 행정청은 그 행정소송의 사실심 변론종결 이후 발생한 새로운 사유를 내세워 다시 이전의 신청에 대하여 거부처분을 할 수 있으며, 그러한 처분도 이 조항에 규정된 재처분에 해당한다.

(3) 절차위법이 이유인 경우  신청에 따른 처분이 절차의 위법을 이유로 취소되는 경우에도 행정청에 재처분의무가 부과된다(행소법 제30조 제3항). 이러한 경우는 신청이 받아들여짐으로써 불이익을 받는 제3자에 의한 소제기에서 취소판결이 주어지는 경우에 해당한다. 물론 이러한 경우에도 재처분의 내용은 원고의 신청이 아니라 판결의 취지에 따른다. 따라서 원래의 처분이 받아들여질 수도 있다.

### 4. 기속력위반의 효과

취소판결의 기속력에 반하는 행위, 즉 취소판결에 반하는 행정청의 처분은 위법한 행위로서 무효이다. 행정소송법상 기속력에 관한 규정은 강행규정으로서 일종의 효력규정이다.

## Ⅲ. 간접강제

### 1. 행정소송법 제30조 제2항

행정소송법 제34조 제1항은 "행정청이 세30조 제2항의 규정에 의한 처분을 하지 아니하는 때에는 제1심 수소법원은 당사자의 신청에 의하여 결정으로써 상당한 기간을 정하여 행정청이 그 기간 내에 이행하지 아니하는 때에는 그 지연기간에 따라 일정한 배상을 할 것을 명하거나 즉시 손해배상을 할 것을 명할 수 있다"고 규정하고 있다.

### 2. 판결의 취지에 따른 처분의 부작위

① 설문에서 판결로 취소되는 처분은 甲의 건축허가신청을 거부하는 것을 내용으로 하는 것이므로 군수 乙은 행정소송법 제30조 제2항에 의거하여 판결의 취지에 따라 다시 이전의 신청에 대한 처분을 하여야 함에도 불구하고 하지 아니하였다. ② 숙박시설인 여관의 건축허가는 건축법 제11조 제4항의 적용을 받는데, 동 조항은 숙박시설의 건축허가를 재량행위로 규정하고 있는바, 거부처분의 취소판결의 사유는 재량권남용으로 보인다.

### 3. 간접강제의 신청(결론)

甲은 행정소송법 제34조 제1항이 정하는 바에 제1심법원에 간접강제를 신청할 수 있다. 한편, 입법론적으로 본다면 현행 행정소송법상 간접강제의 방식보다는 의무이행소송을 인정하여 법원이 판결로써 의무이행(허가발령)을 할 것을 명하는 제도가 국민의 권익보호에 보다 기여할 것으로 생각된다. 요컨대 의무이행소송제도의 도입이 절실하다.

# 72 부작위위법확인소송
[시행령의 미제정과 항고소송]

## [설문]

'저수지개발촉진법(가상의 법률임)'이 2020년 1월 1일부터 시행중에 있다. 동법은 '① 국가 또는 지방자치단체의 저수지개발로 인해 농지·임야·가옥 등이 수몰되거나 기타의 손실을 받은 자가 있을 때에는 국토교통부장관은 대통령령이 정하는 바에 의하여 적정한 보상을 하여야 한다. ② 대단위 저수지 부근 1km 내의 토지 위에는 건축을 할 수 없다'는 것을 주요 내용으로 하고 있다. 현재까지 동법시행령은 마련되어 있지 않다.

한편, 국토해양부는 2024년 3월 3일 A의 토지가 접한 지역에 대단위 저수지를 개발하였다. 이로 인해 A의 토지의 이용이 제한을 받게 되었는바, A는 같은 날 국토해양부장관에게 손실보상을 청구하였으나, 국토해양부장관은 시행령이 제정되지 않았다는 이유로 손실의 보상을 거부하였다. 이에 A는 2024년 9월 3일 행정입법부작위위법확인소송을 제기하였다. A의 승소가능성은? 부작위개념을 중심으로 검토하라.

◇ 참고조문 ◇
행정소송법
제2조(정의) ① 이 법에서 사용하는 용어의 정의는 다음과 같다.
1. "처분등"이라 함은 행정청이 행하는 구체적 사실에 관한 법집행으로서의 공권력의 행사 또는 그 거부와 그 밖에 이에 준하는 행정작용(이하 "처분"이라 한다) 및 행정심판에 대한 재결을 말한다.
2. "부작위"라 함은 행정청이 당사자의 신청에 대하여 상당한 기간내에 일정한 처분을 하여야 할 법률상 의무가 있음에도 불구하고 이를 하지 아니하는 것을 말한다
제4조(항고소송) 항고소송은 다음과 같이 구분한다.
3. 부작위위법확인소송: 행정청의 부작위가 위법하다는 것을 확인하는 소송
제36조(부작위위법확인소송의 원고적격) 부작위위법확인소송은 처분의 신청을 한 자로서 부작위의 위법의 확인을 구할 법률상 이익이 있는 자만이 제기할 수 있다.

[해설]

# Ⅰ. 논점의 정리

설문은 저수지개발촉진법시행령의 미제정이 행정소송법상 부작위에 해당하는가의 여부를 논점으로 한다. 따라서 행정소송법상 부작위의 개념요소를 분석할 필요가 있다.

# Ⅱ. 부작위의 개념요소

## 1. 개    관

행정소송법상 부작위는 "행정청이 당사자의 신청에 대하여 상당한 기간 내에 일정한 처분을 하여야 할 법률상 의무가 있음에도 불구하고 이를 하지 아니하는 것을 말한다"(행정소송법 제2조 제1항 제2호). 따라서 행정소송법이 말하는 부작위가 성립하기 위해서는 ① 당사자의 신청이 있고, ② 상당한 기간이 경과하고, ③ 행정청에 일정한 처분을 하여야 할 법률상 의무가 있어야 하고, 또한 ④ 행정청이 아무런 처분도 하지 않았어야 한다.

## 2. 당사자의 신청

**(1) 신청의 내용**    ① 처분에 대한 신청이 있어야 한다. ② 신청의 내용이 질서행정상의 것인지 복리행정상의 것인지 여부를 가리지 않는다. ③ 신청의 내용이 되는 처분은 행정소송법 제2조 제1항 제1호에서 의미하는 처분을 말한다(대판 1991. 11. 8, 90누9391).

**(2) 신청의 적법성**    신청은 반드시 적법한 것일 필요는 없다고 본다. 부적법한 신청이면 그에 상응하게 응답하여야 할 의무가 행정청에 있다고 볼 것

이기 때문이다.

(3) 신청권의 유무

(가) 학    설    당사자의 신청이 있다고 하기 위해서는 당사자에게 신청권이 요구된다는 견해(적극설)와 요구되지 아니한다는 견해(소극설)로 나뉜다. 적극설은 신청의 근거는 명문으로 규정된 경우뿐만 아니라 법령의 해석상 신청권이 있는 것으로 판단되는 경우도 포함된다는 입장이다. 적극설이 다수설이다.

(나) 판    례    적극설을 취하는 판례의 입장에서 보면, 당사자에게 처분을 구할 수 있는 신청권은 있어야 한다. 이때 신청의 근거는 명문으로 규정된 경우뿐만 아니라 법령의 해석상 신청권이 있는 것으로 판단되는 경우도 포함된다. 이러한 권리에 의하지 아니한 신청을 행정청이 받아들이지 아니하였다고 해서, 이 때문에 신청인의 권리나 법적 이익에 어떤 영향을 준다고 할 수 없다. 즉 이러한 행위는 위법한 부작위가 아니라는 것이다(대판 1990. 5. 25, 89누5768; 대판 1999. 12. 7, 97누17568). 엄밀히 말해 판례는 신청권의 존부의 문제를 대상적격의 문제로 보는 동시에 원고적격의 문제로 보기도 한다.

(다) 검    토    행정소송법은 부작위의 개념에 신청권의 유무에 관해 언급하는 바가 없다. 그럼에도 신청권의 유무를 부작위개념의 요소로 보는 것은 부작위의 개념을 해석상 제한하는 것으로서 사인의 권리보호의 확대의 이념에 반하는 것이 된다. 신청권의 유무의 문제는 원고적격의 문제로 보는 것이 타당하다. 일정한 처분을 신청한 것으로 신청은 존재한다.

(라) 소    결    A의 신청은 손실보상금의 신청이지 처분의 신청이 아니다. 따라서 신청요건은 미비되었다.

3. 상당한 기간의 경과

(1) 상당한 기간이란 어떠한 처분을 함에 있어 통상 요구되는 기간을 의미한다. 상당한 기간의 판단에는 처분의 성질·내용 등이 고려되어야 한다. 업무의 폭주, 인력의 미비같은 점은 고려될 성질의 것이 아니다.

(2) 설문의 경우, 모법의 제정이 2020년의 일이고, 설문의 소송이 2024년에 제기되었는바, 동법시행령은 상당한 기간이 경과하도록 제정되고 있지 아니하다. 그러나 행정소송법상 상당한 기간이란 당사자의 신청 후부터의 상당기간

을 말한다. 따라서 설문의 경우에 상당한 기간이 경과하였는가의 여부는 당연히 2024년 3월 3일을 기준으로 하여 판단하여야 한다. 따라서 상당한 기간의 경과라는 요건은 미비되었다.

## 4. 행정청의 처분의무

(1) 부작위는 행정청이 처분을 하여야 할 법률상 의무가 있음에도 처분을 하지 않는 경우에 문제된다. 여기서 처분이란 "행정청이 행하는 구체적 사실에 관한 법집행으로서의 공권력의 행사 또는 그 거부와 그 밖에 이에 준하는 행정작용"을 말한다(행정소송법 제2조 제1항 제1호).

(2) 문제는 설문에서 말하는 시행령의 미제정이 처분에 해당하는가의 여부이다. 행정입법인 시행령의 제정은 행정소송법상 처분개념에 해당하지 않는다. 따라서 처분의무의 요건은 미비되었다.

## 5. 처분의 부존재

(1) 행정청이 인용처분을 하거나 거부처분을 하였다면 부작위의 문제는 생기지 아니한다. 거부처분이 있었다면 취소소송을 제기하여야 한다.

(2) 설문의 경우, 시행령의 제정이 없다는 것은 분명하다. 그렇지만 A의 신청이 시행령의 제정이 아니라 손실보상금의 신청이라는 점을 유의하여야 한다. 따라서 처분의 부존재의 요건도 미비되었다.

## Ⅲ. 결 론

시행령의 제정은 행정소송법상 처분개념에 해당하지 아니하고, A가 신청한 것은 시행령의 제정이 아니라 보상금의 지급이며, 또한 신청권의 요건과 상당한 기간의 요건도 미비되었는바, A가 부작위위법확인의 소로 시행령 미제정을 다투는 것은 부적법하다. 따라서 A는 승소하기 어렵다.

# 73 무효확인소송의 보충성
[부당이득반환청구를 위한 보험료부과처분무효확인소송]

## [설문]

국민건강보험공단은 甲이 국민건강보험법 규정에 따라 건강보험의 직장가입자로서의 요건을 갖추고 있음에도 그 자격이 누락되어 있음을 확인하고 甲에게 보험료부과처분을 하였다. 이에 甲은 이를 전액 납부하였으나, 나중에 위 보험료부과처분에 하자가 있다는 사실을 알게 되었다. 보험료부과처분에 무효사유에 해당하는 하자가 있는바 甲이 이미 납부한 보험료를 돌려받기 위하여 무효확인소송을 제기하였다면, 수소법원은 어떠한 판단을 하여야 하는가?

◇ 참고조문 ◇
행정소송법
제35조(무효등 확인소송의 원고적격) 무효등 확인소송은 처분등의 효력 유무 또는 존재 여부의 확인을 구할 법률상 이익이 있는 자가 제기할 수 있다.

## [해설]

| | |
|---|---|
| Ⅰ. 논점의 정리 | 2. 판례 |
| Ⅱ. 확인의 이익과 확인소송의 보충성 | 3. 사견 |
|   1. 학설 | Ⅲ. 결론 |

## Ⅰ. 논점의 정리

(1) 보험료부과처분에 무효사유에 해당하는 하자가 있는 경우, 甲이 이미 납부한 보험료를 돌려받기 위하여 다툴 수 있는 방법으로는 ① 부험료부과처분의 무효확인을 구하는 소의 제기와 아울러 부당이득반환청구의 소를 병합하여 제기하거나, 보험료부과처분의 무효확인을 구하는 소를 제기한 후 승소하면 부당이득반환청구의 소를 제기하는 방법, ② 부험료부과처분의 무효확인을 구하

는 소를 제기함이 없이 바로 보험료부과처분의 무효를 청구이유로 하는 부당이
득반환청구의 소를 제기하는 것을 생각할 수 있다. 설문은 甲이 간편한 ②의
방식이 아니라 2중의 절차를 거치는 ①의 방식을 선택한 것에 대하여 법원이
어떠한 판단을 하여야 하는지를 묻고 있다.

(2) 설문이 문제가 되는 것은 행정소송법 제35조가 "무효등 확인소송은 처
분등의 효력 유무 또는 존재 여부의 확인을 구할 법률상 이익이 있는 자가 제
기할 수 있다"라고 규정하고 있는데, 여기서 '확인을 구할 법률상 이익'이라는
것이 다른 적절한 구제수단이 없는 경우에만 인정되는 것인지 아니면 다른 적
절한 구제수단이 있는 경우에도 인정되는 것인지의 여부와 관련한다. 다른 적
절한 구제수단이 없는 경우에만 무효확인소송이 인정된다는 입장에서는 무효
확인소소송은 보충적인 구제수단이라 하게 된다. 무효확인소송의 이러한 성질
은 무효확인소송의 보충성이라 불리고 있다. 아래에서 무효확인소송의 보충성
을 인정할 것인지의 여부를 검토한다.

## Ⅱ. 확인의 이익과 확인소송의 보충성

### 1. 학  설

(1) **긍정설**(즉시확정이익설)    이 견해는 취소소송의 경우와 달리 행정소송
법 제35조는 원고적격에 관한 규정일 뿐만 아니라 권리보호필요성(협의의 소익)
에 관한 의미도 가지고 있는 것이며, 따라서 민사소송에서의 확인의 이익과 같
이 무효확인소송의 경우에도 「즉시확정의 이익」이 필요하며, 또한 무효를 전제
로 하는 현재의 법률관계에 관한 소송으로 구제되지 않을 때에만 무효확인소송
이 보충적으로 인정된다고 본다.

(2) **부정설**(법적이익보호설)    이 견해는 무효확인소송의 원고적격에 있어
서 요구되는 '법률상 이익'의 개념을 취소소송에서의 법률상 이익과 동일하게
본다. 그 논거로는 ① 무효확인소송도 본질적으로 취소소송과 같이 처분을 다
투는 항고소송이며, ② 우리의 무효확인소송은 일본과 달리 보충성의 원칙이
규정이 없으며, ③ 무효확인소송에서는 취소판결의 기속력을 준용하므로 민사
소송과 달리 무효판결 자체로도 판결의 실효성 확보가 가능하므로 민사소송에

서와 같이 분쟁의 궁극적 해결을 위한 확인의 이익여부를 논할 이유가 없다는
점을 들고 있다.

## 2. 판    례

① 종전의 판례는 무효확인의 소에 있어서 법률상 이익은 원고의 권리 또
는 법률상 지위에 현존하는 불안·위험이 있고, 그 불안·위험을 제거함에는 확
인판결을 받는 것이 '가장 유효적절한 수단일 때' 인정된다고 하여 무효확인소
송에서도 확인소송의 일반적 요건인 「즉시확정의 이익」이 요구된다고 하였다.
이러한 판례의 입장에서는 다른 효과적이고 직접적인 소송이 인정되는 경우에
무효확인소송을 허용하지 아니하였다(무효확인소송의 보충성을 필요로 한다고 보았다).
② 그러나 그 후 대법원은 행정소송은 민사소송과는 목적·취지 및 기능 등을
달리하며, 무효확인소송에도 확정판결의 기속력규정(행정소송법 제38조, 제30조)을
준용하기에 무효확인판결만으로도 실효성확보가 가능하다는 등의 이유로 무효
확인소송의 보충성이 요구되지 않는다고 판례를 변경하였다.

## 3. 사    견

종래의 판례의 입장을 긍정적으로 평가하는 견해도 있었으나, 저자는 행정
소송법상 특별한 제한규정이 없음에도 판례가 이렇게 제한적으로 새기는 것에
대하여 부정적인 입장을 취하여 왔다. 왜냐하면 행정행위의 하자가 무효사유인
지 아니면 취소사유인지의 구분이 용이한 것도 아니고, 행정행위의 무효와 부
존재는 예외적인 현상이기 때문에 보충성을 배제한다고 하여 남소의 가능성이
큰 것도 아니고, 또한 원고가 무효등확인소송을 남용한다면, 법원은 권리보호
의 필요의 요건의 해석을 통해 제한을 가할 수 있다고 보았기 때문이다. 판례
가 무효확인소송에 보충성이 요구된다고 한 종전의 입장을 폐기한 것은 바람직
하다.

# Ⅲ. 결    론

무효확인소송을 보충적인 것으로 볼 이유가 없다는 부정설(법적 이익보호설)

의 입장에서 볼 때, 甲은 보험료를 이미 납부한 경우에도 부담금부과처분의 무효확인을 구할 협의의 소의 이익이 있다고 하겠다. 따라서 수소법원은 甲의 청구를 인용하여야 한다.

[참고]　**무효확인소송의 보충성요건을 폐기한 판례**

[사건개요] 한국토지공사로부터 토지를 매수하여 그 위에 건물을 신축한 이후 수원시장의 하수도원인자부담금 부과처분에 따라 이를 납부한 원고가 그 처분의 무효를 주장하여 부당이득반환청구소송을 제기하고 아울러 그 처분에 대하여 무효확인을 구하는 예비적 청구를 한 사건이다.

[판결요지] 행정소송은 행정청의 위법한 처분등을 취소·변경하거나 그 효력 유무 또는 존재 여부를 확인함으로써 국민의 권리 또는 이익의 침해를 구제하고 공법상의 권리관계 또는 법 적용에 관한 다툼을 적정하게 해결함을 목적으로 하므로 대등한 주체 사이의 사법상 생활관계에 관한 분쟁을 심판대상으로 하는 민사소송과는 목적, 취지 및 기능 등을 달리한다. 또한 행정소송법 제4조에서는 무효확인소송을 항고소송의 일종으로 규정하고 있고, 행정소송법 제38조 제1항에서는 처분등을 취소하는 확정판결의 기속력 및 행정청의 재처분 의무에 관한 행정소송법 제30조를 무효확인소송에도 준용하고 있으므로 무효확인판결 자체만으로도 실효성을 확보할 수 있다. 그리고 무효확인소송의 보충성을 규정하고 있는 외국의 일부 입법례와는 달리 우리나라 행정소송법에는 명문의 규정이 없어 이로 인한 명시적 제한이 존재하지 않는다. 이와 같은 사정을 비롯하여 행정에 대한 사법통제, 권익구제의 확대와 같은 행정소송의 기능 등을 종합하여 보면, 행정처분의 근거 법률에 의하여 보호되는 직접적이고 구체적인 이익이 있는 경우에는 행정소송법 제35조에 규정된 '무효확인을 구할 법률상 이익'이 있다고 보아야 하고, 이와 별도로 무효확인소송의 보충성이 요구되는 것은 아니므로 행정처분의 무효를 전제로 한 이행소송 등과 같은 직접적인 구제수단이 있는지 여부를 따질 필요가 없다고 해석함이 상당하다(대판 2008. 3. 20. 2007두6342).

# 무명항고소송
[건축허가 이전 단계에서 권리구제방법]

## [설문]

甲은 건축법령상 고도제한으로 자기 소유의 대지상에 2층 건물밖에 지을 수 없다는 것을 알고 속이는 방법으로 고도기준선을 낮춰 잡아 관할 행정청에 3층 건물에 대한 건축허가를 신청하였다. 이에 위 대지의 바로 북쪽에 가옥을 소유하고 있는 乙은 위 건물이 완공될 경우 일조권이 침해되므로 위 건물에 대한 건축허가와 공사를 막고자 한다. 건축허가가 나오기 전에 乙이 그 구제방법으로 생각할 수 있는 항고소송에는 어떤 것이 있는가?

◇ 참고조문 ◇

건축법

제11조(건축허가) ① 건축물을 건축하거나 대수선하려는 자는 특별자치시장·특별자치도지사 또는 시장·군수·구청장의 허가를 받아야 한다. 다만, 21층 이상의 건축물 등 대통령령으로 정하는 용도 및 규모의 건축물을 특별시나 광역시에 건축하려면 특별시장이나 광역시장의 허가를 받아야 한다.

제60조(건축물의 높이 제한) ① 허가권자는 가로구역[(街路區域): 도로로 둘러싸인 일단(一團)의 지역을 말한다. 이하 같다]을 단위로 하여 대통령령으로 정하는 기준과 절차에 따라 건축물의 높이를 지정·공고할 수 있다. 다만, 특별자치시장·특별자치도지사 또는 시장·군수·구청장은 가로구역의 높이를 완화하여 적용할 필요가 있다고 판단되는 대지에 대하여는 대통령령으로 정하는 바에 따라 건축위원회의 심의를 거쳐 높이를 완화하여 적용할 수 있다.

② 특별시장이나 광역시장은 도시의 관리를 위하여 필요하면 제1항에 따른 가로구역별 건축물의 높이를 특별시나 광역시의 조례로 정할 수 있다

제61조(일조 등의 확보를 위한 건축물의 높이 제한) ① 전용주거지역과 일반주거지역 안에서 건축하는 건축물의 높이는 일조(日照) 등의 확보를 위하여 정북방향(正北方向)의 인접 대지경계선으로부터의 거리에 따라 대통령령으로 정하는 높이 이하로 하여야 한다.

행정소송법

제4조(항고소송) 항고소송은 다음과 같이 구분한다.

1. 취소소송: 행정청의 위법한 처분등을 취소 또는 변경하는 소송

2. 무효등 확인소송: 행정청의 처분등의 효력 유무 또는 존재여부를 확인하는 소송
3. 부작위위법확인소송: 행정청의 부작위가 위법하다는 것을 확인하는 소송

**[해설]**

| | |
|---|---|
| Ⅰ. 논점의 정리(무명항고소송으로서 예방적 소송) | 1. 의의 |
| | 2. 인정여부 |
| Ⅱ. 예방적 부작위소송 | Ⅳ. 예방적 확인소송 |
| 1. 의의 | 1. 의의 |
| 2. 인정여부 | 2. 인정여부 |
| Ⅲ. 예방적 의미의 거부처분을 구하는 소송 | Ⅴ. 결론 |

## Ⅰ. 논점의 정리(무명항고소송으로서 예방적 소송)

건축허가가 나오기 전 단계에서 乙이 생각할 수 있는 구제방법은 관할 행정청이 甲에 대하여 건축허가를 발령하지 못하게 하는 소송을 제기하는 방법이다. 그런데 현행 행정소송법은 이러한 소송형식을 규정하는 바가 없다. 따라서 이 단계에서는 행정소송법에 정함이 없는 무명항고소송으로서 예방적 부작위소송, 예방적 의미의 거부처분을 구하는 소송과 예방적 확인소송의 인정 여부에 대해 검토한다.

## Ⅱ. 예방적 부작위소송

### 1. 의 의

예방적 부작위소송이란 장래에 있을 특정의 행정행위의 발동을 방지하는 것을 구하는 소송이다. 설문의 경우에는 예방적 목적으로 관할 행정청의 甲에 대한 건축허가의 저지를 위해 관할 행정청의 부작위를 구하는 소송이다.

### 2. 인정여부

(1) 학    설    학설로는 ① 행정소송법 제4조의 소송의 종류는 예시적인 것으로 이해하고, 사인의 권리보호의 확대를 위해 예방적 부작위소송을 긍정하는 견해, ② 행정소송법 제4조의 소송의 종류는 한정적인 것으로 이해하고, 아

울러 행정작용에 대한 일차적 판단권이 행정권에 있다는 시각에서 예방적 부작위소송을 부정하는 견해, ③ 권력분립의 원칙 및 행정청의 1차적 판단권의 존중의 관점에서 일반적으로 인정할 수는 없으나 일정한 요건하에서 예외적으로 인정하는 견해가 있다. 즉, 첫째 처분이 행해질 개연성이 현저하고, 둘째 처분요건이 일의적으로 규정되어 있으며, 셋째 미리 구제하지 않으면 회복할 수 없는 손해발생의 우려가 있고, 넷째 다른 구제수단이 없는 경우에는 예외적으로 이를 인정할 수 있다는 견해이다. ④ 예방적 부작위소송을 무명항고소송이 아닌 당사자소송으로 실현하는 것이 무리가 없다는 견해도 있다.

(2) 판  례   판례는 신축건물의 준공처분을 하여서는 아니된다는 내용의 부작위를 구하는 원고의 예비적 청구는 행정소송에서 허용되지 않는 것이므로 부적법하다(대판 1987. 3. 24. 86누182)고 하여 부정적인 입장이다.

(3) 사  견   생각건대 헌법상 기본권인 국민의 재판청구권을 실효성 있게 보장한다는 관점에서 ①의 견해가 타당하다. ①과 ③은 실제상 별 차이가 없어 보인다.

## Ⅲ. 예방적 의미의 거부처분을 구하는 소송

### 1. 의    의

예방적 의미의 거부처분을 구하는 소송이란 장래에 있을 특정의 위협적인 행정행위의 발동을 방지하기 위해 거부처분의 발령을 구하는 소송이다. 설문의 경우에는 예방적 목적으로 관할 행정청이 甲의 건축허가신청에 대하여 거부처분을 할 것을 구하는 소송이다.

### 2. 인정여부

예방적 부작위소송을 긍정하는 견해의 논거와 동일한 논거로 예방적 의미의 거부처분을 구하는 소송을 극히 제한적으로 긍정할 필요가 있다. 판례는 이러한 소송형태와 관련하여 직접적으로 판시한 바는 없다.

## Ⅳ. 예방적 확인소송

### 1. 의    의

예방적 확인소송이란 "행정청은 장래에 어떠한 처분을 발령하거나 부작위할 권한이 없다"는 확인을 구하는 소송이다. 예방적 확인소송에는 현재의 법률관계의 존재가 필요하다. 여기서 법률관계란 구체적인 법률관계를 말한다. 예방적 확인소송의 한 경우로서 "행정청은 장래에 특정의 행정행위를 발령하여야 하는 의무를 부담한다"는 법률관계의 확인을 구하는 소송형태가 주장되기도 한다. 행정청에 거부하여야 할 의무의 존재확인을 구하는 소송도 예방적 확인소송의 하나로 생각될 수 있다.

### 2. 인정여부

사인의 권리보호의 확대라는 관점에서 권한의 부존재의 확인이나 의무존재의 확인을 구하는 소송형태가 필요하다고 보지만, 현행 행정소송법상 항고소송은 모두 처분과 재결을 대상으로 하는바, 권한의 부존재의 확인이나 의무존재의 확인을 구하는 소송형태를 인정하기는 어렵다.

## Ⅴ. 결    론

건축허가의 전 단계에서 乙은 해석상 무명항고소송으로 예방적 부작위소송, 예방적 의미의 거부처분을 구하는 소송을 제기할 수 있다고 본다. 판례가 이러한 소송형태를 인정한 선례는 없다.

| 75 | **권한의 재위임** |
|---|---|
| | [국토교통부장관의 기관위임과 서울특별시장의 재위임] |

## [설문]

　　조달청은 A구조물설치공사를 위해 B회사와 공사도급계약을 체결하였다. 그런데 B회사는 무단으로 C회사에 전부 하도급을 주었다. 이에 서울특별시 서대문구청장은 건설산업기본법 등에 따라 B회사에 대하여 일정기간 영업을 정지하는 처분(이 사건 처분)을 하였다. 다음의 건설산업기본법의 규정내용을 전제로 하고, 권한의 관점에서 이 사건 처분의 효과를 말하라.

　　[건설산업기본법의 내용] 전부 하도급이 금지되고 있다. 이를 위반하면 영업정지처분등이 가해질 수 있다. 처분권자인 국토교통부장관은 건설산업기본법이 정하는 바에 따라 위 처분권한을 서울특별시장에게 위임하였다. 서울특별시장은 행정권한의 위임 및 위탁에 관한 규정 제4조에 따라 국토교통부장관의 재위임 승인을 받고, 서울특별시 사무위임 조례가 정하는 바에 따라 이를 서대문구청장에게 재위임을 하였다. 재위임에 관한 규정은 없다.

◇ 참고조문 ◇

정부조직법

제6조(권한의 위임 또는 위탁) ① 행정기관은 법령으로 정하는 바에 따라 그 소관사무의 일부를 보조기관 또는 하급행정기관에 위임하거나 다른 행정기관·지방자치단체 또는 그 기관에 위탁 또는 위임할 수 있다. 이 경우 위임 또는 위탁을 받은 기관은 특히 필요한 경우에는 법령으로 정하는 바에 따라 위임 또는 위탁을 받은 사무의 일부를 보조기관 또는 하급행정기관에 재위임할 수 있다.

행정권한의 위임 및 위탁에 관한 규정

제1조(목적) 이 영은 「정부조직법」 제6조제1항 및 그 밖의 법령에 따라 행정능률의 향상, 행정사무의 간소화와 행정기관의 권한 및 책임의 일치를 위하여 법률에 규정된 행정기관의 권한 중 그 보조기관 또는 하급행정기관의 장에게 위임하거나 다른 행정기관의 장 또는 지방자치단체의 장에게 위임 또는 위탁할 권한을 정하고, 「정부조직법」 제6조제3항 및 그 밖의 법령에 따라 행정 간여(干與)의 범위를 축소하여 민간의 자율적인 행정 참여의 기회를 확대하기 위하여 법률에 규정된 행정기관의 소관 사무 중 지

방자치단체가 아닌 법인·단체 또는 그 기관이나 개인에게 위탁할 사무를 정함을 목적으로 한다.

제4조(재위임) 특별시장·광역시장·특별자치시장·도지사 또는 특별자치도지사(특별시·광역시·특별자치시·도 또는 특별자치도의 교육감을 포함한다. 이하 같다)나 시장·군수 또는 구청장(자치구의 구청장을 말한다. 이하 같다)은 행정의 능률향상과 주민의 편의를 위하여 필요하다고 인정될 때에는 수임사무의 일부를 그 위임기관의 장의 승인을 받아 규칙으로 정하는 바에 따라 시장·군수·구청장(교육장을 포함한다) 또는 읍·면·동장, 그 밖의 소속기관의 장에게 다시 위임할 수 있다.

## [해설]

| | |
|---|---|
| Ⅰ. 논점의 정리 | Ⅲ. 위법의 효과 |
| Ⅱ. 권한의 재위임의 위법여부 |   1. 무효와 취소의 구별기준 |
|   1. 권한의 재위임의 의의 |   2. 재위임의 하자의 효과 |
|   2. 권한의 재위임의 법적 근거와 설문 | Ⅳ. 결론 |
|   3. 권한의 재위임의 방식과 설문 | |

# Ⅰ. 논점의 정리

설문은 서대문구청장의 이 사건 처분의 효과를 묻고 있는데, 이에 답하기 위해서는 ① 처분권한을 위임받은 서울특별시장이 서대문구청장에게 재위임할 수 있는지 여부, ② 있다면 기관위임사무를 지방자치단체의 조례로 재위임할 수 있는지 여부, ③ 만약 할 수 없다고 하면 그 하자는 무효사유인지 아니면 취소사유인지가 문제된다. ①과 ②는 권한의 재위임의 위법여부의 문제가 되고, ③ 위법의 효과의 문제가 된다.

# Ⅱ. 권한의 재위임의 위법여부

## 1. 권한의 재위임의 의의

행정관청이 자기에게 주어진 권한을 스스로 행사하지 않고 법에 근거하여 타자에게 사무처리권한의 일부를 실질적으로 이전하여 그 자의 이름과 권한과 책임으로 특정의 사무를 처리하게 하는 것을 권한의 위임이라 하고, 권한의 위임을 받은 자가 특히 필요한 때, 법령이 정하는 바에 의하여 위임받은 사무의 일부를 보조기관 또는 하급행정기관 등에 다시 위임하는 것을 말한다.

## 2. 권한의 재위임의 법적 근거와 설문

(1) **필 요 성**   권한의 위임이 위임자의 권한을 법률상 수임자에게 이전하는 것을 뜻하는 것은 아니라고 할지라도 권한의 위임은 법률에서 정한 권한분배가 대외적으로 변경됨을 가져오고, 이로 인해 법적 지위가 상이한 수임자로 하여금 새로운 책임과 의무를 부담시키므로 권한의 위임과 재위임은 법적 근거를 요한다(일반적 견해). 판례의 입장도 같다(대판 1995. 11. 28, 94누6475; 대판 1992. 4. 24, 91누5792).

(2) **개별법상 근거**   단행법률이 개별적으로 권한의 위임을 규정하는 경우가 적지 않다(예, 식품위생법 제91조(권한의 위임) 이 법에 따른 식품의약품안전처장의 권한은 대통령령으로 정하는 바에 따라 그 일부를 시·도지사 또는 지방식품의약품안전청장에게, 시·도지사의 권한은 그 일부를 시장·군수·구청장 또는 보건소장에게 각각 위임할 수 있다). 이와 같이 개별법에 위임규정이 있는 경우에는 위임이 가능함은 분명하다.

(3) **일반법상 근거**

(가) **문제상황**   정부조직법 제6조 제1항은 "행정기관은 법령으로 정하는 바에 따라 그 소관사무의 일부를 보조기관 또는 하급행정기관에 위임하거나 다른 행정기관·지방자치단체 또는 그 기관에 위탁 또는 위임할 수 있다. 이 경우 위임 또는 위탁을 받은 기관은 특히 필요한 경우에는 법령으로 정하는 바에 따라 위임 또는 위탁을 받은 사무의 일부를 보조기관 또는 하급행정기관에 재위임할 수 있다"고 규정하고 있다. 여기서 개별 법률에 위임조항이 없는 경우에 정부조직법 제6조 제1항과 행정권한의 위임 및 위탁에 관한 규정을 근거로 위임이 가능한가의 문제가 있다.

(나) **학   설**   학설은 ① 정부조직법 제6조와 행정권한의 위임 및 위탁에 관한 규정 등은 행정관청의 권한은 위임이 가능하다는 일반원칙을 선언한 것에 불과하여 권한의 위임의 근거규정으로 볼 수 없다는 소극설과 ② 행정조직에 관한 것은 국민의 권리 또는 의무에 직접적으로 관련이 없어 포괄적인 위임도 가능하며, 동 법령에 따라 중앙행정기관의 권한이 지방에 이전될 수 있는 장점을 근거로 하는 적극설로 나뉘고 있다.

(다) 판　　례　　판례는 정부조직법 제6조 등을 권한의 위임 및 재위임의 근거조항으로 본다. 즉 동조를 위임과 재위임의 일반적 근거규정으로 본다(대판 1995. 7. 11, 94누4615).

(라) 사　　견　　정부조직법 제6조 등이 권한의 위임의 일반적인 근거가 된다고 하면, 그것은 권한을 법령으로 명확히 정하라는 행정조직법정주의에 상치되는 결과를 가져오고, 아울러 시민의 입장에서는 권한의 소재를 판단하는 데에 많은 어려움을 갖게 된다. 따라서 소극설이 타당하다.

(4) 설문에 적용　　건설산업기본법에 따라 국토교통부장관의 권한사항이 서울특별시장에게 위임되었을 뿐 서울특별시장이 서대문구청장에게 재위임할 수 있는 근거규정은 없으나, 판례의 입장에 의할 때, 정부조직법 제6조 제1항과 이에 기한 행정권한의 위임 및 위탁에 관한 규정 제4조에 재위임에 관한 일반적인 근거규정이 있으므로 서울특별시장은 서대문구청장에게 재위임할 수 있다. 물론 소극설에 의하면 할 수 없다.

## 3. 권한의 재위임의 방식과 설문

(1) 기관위임사무의 재위임의 방식　　국가의 기관위임사무의 재위임의 방식은 정부조직법 제6조 제1항과 행정권한의 위임 및 위탁에 관한 규정 제4조가 정하는 바에 의한다. 서울특별시 사무위임 조례는 서울특별시 자치사무의 위임에 관한 규정이지 국가의 기관위임사무의 위임에 관한 규정이 아니다.

(2) 설문에 적용　　설문의 영업정지처분에 관한 사무는 국토교통부장관이 관장하는 국가사무로서 지방자치단체의 장에게 위임된 이른바 기관위임사무에 해당하므로, 서울특별시장은 서울특별시 사무위임 조례에 의하여 이를 서대문구청장에게 재위임할 수는 없고, 행정권한의 위임 및 위탁에 관한 규정 제4조에 의하여 위임기관의 장의 승인을 얻은 후 서울특별시장이 규칙이 정하는 바에 따라 재위임하는 것만이 가능하다. 따라서 서울특별시장이 서울특별시 사무위임조례가 정하는 바에 따라 이를 서대문구청장에게 재위임한 것은 위법하다.

## Ⅲ. 위법의 효과

### 1. 무효와 취소의 구별기준

**(1) 학 설**    무효와 취소의 구별기준으로 학설은 ① 하자가 중대하고 동시에 명백한 행정행위만이 무효가 된다는 중대명백설, ② 기본적으로는 중대명백설의 입장에 서지만, 하자의 명백성을 완화하여 일반 국민에게 명백한 경우뿐만 아니라 관계공무원에게 명백한 경우도 명백한 것으로 보는 객관적 명백설, ③ 하자가 중대하면 원칙적으로 무효로 보되, 제3자나 공익을 보호할 필요가 있을 때 명백성을 보충적으로 요구하는 명백성보충요건설이 있다. 중대명백설이 통설이다.

**(2) 판 례**    판례는 중대명백설을 취한다(대판 1995. 7. 11, 94누4615 전원합의체판결). 앞의 판결에서 명백성보충요건설이 소수의견으로 주장된 바 있다.

**(3) 검 토**    법적 안정성의 원칙과 실질적 정의의 원칙의 조화를 꾀하고, 하자유형판단에 보다 객관적인 기준을 제시하는 중대명백설이 타당하다.

### 2. 재위임의 하자의 효과

**(1) 하자의 중대성**    조례 제정권의 범위를 벗어나 국가사무를 대상으로 한 무효인 서울특별시 사무위임조례에 근거하여 서대문구청장이 영업정지처분을 한 경우, 그 처분은 적법한 위임 없이 권한 없는 자에 의하여 행하여진 것으로서 그 하자가 중대하다.

**(2) 하자의 명백성**    지방자치단체의 사무에 관한 조례와 규칙은 조례가 규칙보다 상위규범이라고 할 수 있고, 또한 헌법 제107조 제2항의 "규칙"에는 지방자치단체의 조례와 규칙이 모두 포함되는 등 이른바 규칙의 개념이 경우에 따라 상이하게 해석되는 점 등에 비추어 보면 위 처분의 위임 과정의 하자가 객관적으로 명백한 것이라고 할 수 없다.

**(3) 소 결**    서대문구청장의 이 사건 영업정지처분은 하자가 중대하지만 명백하지는 않다. 따라서 서대문구청장의 이 사건 영업정지처분은 취소할 수 있는 행위에 해당한다.

## Ⅳ. 결  론

(1) 건설산업기본법에 재위임에 관한 명시적 근거규정은 없으나, 판례에 의할 때, 정부조직법 제6조 제1항과 이에 기한 행정권한의 위임 및 위탁에 관한 규정 제4조에 재위임에 관한 일반적인 근거규정이 있으므로 서울특별시장은 서대문구청장에게 재위임할 수 있다.

(2) 설문의 영업정지처분에 관한 사무는 서울특별시장에게 위임된 이른바 기관위임사무이므로 서울특별시장은 행정권한의 위임 및 위탁에 관한 규정 제4조에 의하여 위임기관의 장인 국토교통부장관의 승인을 얻은 후 서울특별시장이 규칙이 정하는 바에 따라 재위임하는 것만이 가능하다. 따라서 서울특별시장이 서울특별시 사무위임 조례가 정하는 바에 따라 이를 서대문구청장에게 재위임한 것은 위법하다.

(3) 무효와 취소의 구별기준으로서 중대명백설의 입장에 의할 때, 서대문구청장의 이 사건 영업정지처분은 적법한 권한의 위임 없이 행하여진 것으로서 그 하자가 중대하지만, 규칙의 개념의 불명확성으로 인해 그 하자는 명백하지 아니하다. 따라서 서대문구청장의 이 사건 처분은 취소할 수 있는 행위에 해당한다.

## 76 권한의 재위임
[서울특별시장의 기관위임과 구청장의 재위임]


[설문]

    서울특별시장은 도로법 제55조가 정하는 도로표지의 사무 중 서울특별시장이 관리청인 사무를 지방자치법 제104조 등에 근거하여 서울특별시 관할 구역안의 구청장에게 위임하였다. 서울특별시 A구청장은 A구조례가 정하는 바에 따라 소속 동장들에게 재위임하려고 한다. 재위임이 가능한가?


◇ 참고조문 ◇

도로법

제55조(도로표지) ① 도로관리청은 도로의 구조를 보전하고 교통을 원활하게 하기 위하여 필요한 장소에 도로표지를 설치하고 관리하여야 한다.

② 제1항에 따른 도로표지의 종류·서식과 그 밖에 도로표지에 필요한 사항은 국토교통부령으로 정한다.

제85조(비용부담의 원칙) ① 도로에 관한 비용은 이 법 또는 다른 법률에 특별한 규정이 있는 경우 외에는 도로관리청이 국토교통부장관인 도로에 관한 것은 국가가 부담하고, 그 밖의 도로에 관한 것은 해당 도로의 도로관리청이 속해 있는 지방자치단체가 부담한다. 이 경우 제31조 제2항에 따라 국토교통부장관이 도지사 또는 특별자치도지사에게 일반국도의 일부 구간에 대한 도로공사와 도로의 유지·관리에 관한 업무를 수행하게 한 경우에 그 비용은 국가가 부담한다.

지방자치법

제104조(사무의 위임 등) ② 지방자치단체의 장은 조례나 규칙으로 정하는 바에 따라 그 권한에 속하는 사무의 일부를 관할 지방자치단체나 공공단체 또는 그 기관(사업소·출장소를 포함한다)에 위임하거나 위탁할 수 있다.

④ 지방자치단체의 장이 위임받거나 위탁받은 사무의 일부를 제1항부터 제3항까지의 규정에 따라 다시 위임하거나 위탁하려면 미리 그 사무를 위임하거나 위탁한 기관의 장의 승인을 받아야 한다.

서울특별시 사무위임 조례

제2조(위임의 기준 등) ① 서울특별시장(이하 "시장"이라 한다)은 허가·인가·등록등 민원에 관한 사무와 정책의 구체화에 따른 집행사무, 일상적으로 반복되는 상규적 사무로서 시장이 직접 처리하여야 할 사무를 제외하고는 위임할 수 있다.  <개정 2009.

3. 18.>

② 시장은 사무를 위임하고자 할 때에는 수임기관의 수임능력여부를 점검하고 예산을 배정하는 등 필요한 조치를 취하여야 한다

제3조(재위임) 구청장은 필요하다고 인정할 때에는 수임사무의 일부를 시장의 승인을 얻어 규칙이 정하는 바에 따라 보건소장 및 동장에게 재위임할 수 있다.

[해설]

# Ⅰ. 논점의 정리

설문은 서울특별시장으로부터 기관위임받은 사무를 구청장이 다시 동장에게 재위임할 수 있는가의 여부를 묻고 있다. 이것은 도로법 제55조가 정하는 도로표지의 사무의 성질문제를 전제로 하면서 구청장의 재위임의 법적 근거인 A구의 조례의 적법여부 등을 쟁점으로 한다.

# Ⅱ. 도로표지 설치 및 관리사무의 성질(자치사무)

도로법 제85조에 비추어 서울특별시장이 관리청인 도로에 관한 비용은 서울특별시가 부담하여야 한다는 점 등에 비추어 도로법 제55조 제1항의 사무 중 서울특별시장이 관리청인 도로표지의 설치 및 관리에 관한 사무는 서울특별시의 자치사무로 볼 것이다.

## Ⅲ. 권한의 재위임의 법적 근거

### 1. 권한의 재위임의 의의

행정관청이 자기에게 주어진 권한을 스스로 행사하지 않고 법에 근거하여 타자에게 사무처리권한의 일부를 실질적으로 이전하여 그 자의 이름과 권한과 책임으로 특정의 사무를 처리하게 하는 것을 권한의 위임이라 하고, 권한의 위임을 받은 자가 특히 필요한 때, 법령이 정하는 바에 의하여 위임받은 사무의 일부를 보조기관 또는 하급행정기관 등에 다시 위임하는 것을 말한다.

### 2. 권한의 재위임의 법적 근거의 요부

**(1) 법적 근거의 필요성**　　권한의 위임이 위임자의 권한을 법률상 수임자에게 이전하는 것을 뜻하는 것은 아니라고 할지라도 권한의 위임은 법률에서 정한 권한분배가 대외적으로 변경됨을 가져오고, 이로 인해 법적 지위가 상이한 수임자로 하여금 새로운 책임과 의무를 부담시키므로 권한의 위임과 재위임은 법적 근거를 요한다(일반적 견해). 판례의 입장도 같다(대판 1995. 11. 28, 94누6475; 대판 1992. 4. 24, 91누5792).

**(2) 개별법상 근거**　　단행법률이 개별적으로 권한의 위임을 규정하는 경우가 적지 않다. 개별법에 위임규정이 있는 경우에는 위임이 가능함은 분명하다.

**(3) 일반법상 근거**

**(가) 문제상황**　　지방자치법 제104조 제4항은 "지방자치단체의 장이 위임받거나 위탁받은 사무의 일부를 제1항부터 제3항까지의 규정에 따라 다시 위임하거나 위탁하려면 미리 그 사무를 위임하거나 위탁한 기관의 장의 승인을 받아야 한다"고 규정하고 있다. 여기서 개별 법률에 위임조항이 없는 경우에 지방자치법 제104조 제4항을 근거로 위임이 가능한가의 문제가 있다.

**(나) 학　설**　　해석상 ① 지방자치법 제104조 제4항은 권한의 재위임이 가능하다는 일반원칙을 선언한 것에 불과하여 권한의 위임의 근거규정으로 볼 수 없다는 소극설과 ② 행정조직에 관한 것은 주민의 권리 또는 의무에 직접적으로 관련이 없어 포괄적인 위임도 가능하다는 적극설의 구분이 가능하다.

(다) 판    례    판례는 국가사무의 위임과 관련하여 정부조직법 제6조 등을 권한의 위임 및 재위임의 근거조항으로 본다. 즉 동조를 위임과 재위임의 일반적 근거규정으로 본다(대판 1995. 7. 11, 94누4615).

(라) 사    견    지방자치법 제104조 제4항이 권한의 위임의 일반적인 근거가 된다고 하면, 그것은 권한을 법령으로 명확히 정하라는 행정조직법정주의에 상치되는 결과를 가져오고, 아울러 주민의 입장에서는 권한의 소재를 판단하는 데에 많은 어려움을 갖게 된다. 따라서 소극설이 타당하다.

## Ⅳ. 도로표지사무와 재위임의 가능여부

### 1. 서울특별시장의 위임 가능성

서울특별시장은 소관사무인 도로표지사무를 지방자치법 제104조 제2항에 따른 서울특별시 사무위임 조례에 따라 관할 구의 구청장에게 위임할 수 있다. 물론 개별법령의 법적 근거가 필요하다는 소극설에 의하면 할 수 없다.

### 2. 구청장의 재위임 가능성

지방자치법 제104조 제4항은 "지방자치단체의 장이 위임받거나 위탁받은 사무의 일부를 제1항부터 제3항까지의 규정에 따라 다시 위임하거나 위탁하려면 미리 그 사무를 위임하거나 위탁한 기관의 장의 승인을 받아야 한다"고 규정하고 있는바, 재위임은 가능하다.

### 3. 결    론

설문의 도로표지의 설치 및 관리의 사무는 서울특별시장이 관장하는 서울특별시의 자치사무이다. 따라서 A구청장은 서울특별시 사무위임 조례 제3조에 의하여 위임기관의 장인 서울특별시장의 승인을 얻은 후 서울특별시 사무위임 조례가 정하는 바에 따라 재위임하는 것이 가능하다. 따라서 A구청장이 A구의 조례가 정하는 바에 따라 이를 서대문구청장에게 재위임하는 것은 위법하다.

## 내부위임

**77** [내부위임에 따른 도지사의 카지노업허가신청 반려처분]

[설문]

　원고는 카지노업을 경영하기 위하여 관광진흥법 제5조 제1항에 따라 문화체육관광부장관의 허가를 받기 위하여 2015. 5. 14. 강원도지사에게 허가신청을 하였다. 강원도지사는 2015. 5. 29. 문화체육관광부장관이 카지노업의 건전한 육성을 위하여 정하여 공고한 기준에 저촉된다는 이유로 자신의 명의로 반려하는 처분을 하였다. 강원도지사의 반려처분은 적법한가? 단, 문화체육관광부장관은 카지노업 허가의 요건을 검토한 후 하자가 있으면 이를 반려할 수 있는 권한을 시·도지사에게 내부위임하면서 시·도지사를 경유하여 허가를 신청하게 하고 있다.

　　◇ 참고조문 ◇
관광진흥법
제3조(관광사업의 종류)　① 관광사업의 종류는 다음 각 호와 같다.
5. 카지노업: 전문 영업장을 갖추고 주사위·트럼프·슬롯머신 등 특정한 기구 등을 이용하여 우연의 결과에 따라 특정인에게 재산상의 이익을 주고 다른 참가자에게 손실을 주는 행위 등을 하는 업
제5조(허가와 신고)　① 제3조제1항제5호에 따른 카지노업을 경영하려는 자는 전용영업장 등 문화체육관광부령으로 정하는 시설과 기구를 갖추어 문화체육관광부장관의 허가를 받아야 한다.
제21조(허가 요건 등)　① 문화체육관광부장관은 제5조제1항에 따른 카지노업(이하 "카지노업"이라 한다)의 허가신청을 받으면 다음 각 호의 어느 하나에 해당하는 경우에만 허가할 수 있다.
1. 국제공항이나 국제여객선터미널이 있는 특별시·광역시·도·특별자치도(이하 "시·도"라 한다)에 있거나 관광특구에 있는 관광숙박업 중 호텔업 시설(관광숙박업의 등급 중 최상 등급을 받은 시설만 해당하며, 시·도에 최상 등급의 시설이 없는 경우에는 그 다음 등급의 시설만 해당한다) 또는 대통령령으로 정하는 국제회의업 시설의 부대시설에서 카지노업을 하려는 경우로서 대통령령으로 정하는 요건에 맞는 경우
2. 우리나라와 외국을 왕래하는 여객선에서 카지노업을 하려는 경우로서 대통령령으

로 정하는 요건에 맞는 경우

② 문화체육관광부장관이 공공의 안녕, 질서유지 또는 카지노업의 건전한 발전을 위하여 필요하다고 인정하면 대통령령으로 정하는 바에 따라 제1항에 따른 허가를 제한할 수 있다.


[해설]

## Ⅰ. 논점의 정리

설문은 문화체육관광부장관의 권한의 시·도지사에 대한 내부위임과 관련하여 강원도지사가 거부처분을 할 권한을 갖는지의 여부를 쟁점으로 한다. 내부위임의 법리에 관한 검토가 필요하다.


## Ⅱ. 권한의 내부위임(위임전결)

### 1. 의 의

권한의 내부위임이란 행정조직 내부에서 수임자가 위임자의 권한을 위임자의 명의와 책임으로 사실상 행사하는 것을 말한다(대판 1989. 3. 14, 88누109850). 한편, 행정의 실제상 주민의 편의를 위해 시·도의 허가사무 등에 대하여 시·군에 신청서 등을 제출하게 하고, 시·군이 그 신청서 등을 시·도에 전달하게 하거나 또는 국민의 편의를 위해 정부의 허가사무 등에 대하여 시·도에 신청하게 하고, 시·도가 그 신청서 등을 정부에 전달하기도 한다. 이러한 경우는 법인격을 달리 갖는 법주체간의 문제이지만, 이것 역시 넓은 의미에서 내부위임의 성질을 갖는다. 이러한 시각에서 볼 때 설문의 경우도 일종의 내부위임에 해당한다.

## 2. 종    류

내부위임에는 위임전결과 대결이 있다. 위임전결이란 행정청이 내부적으로 행정청의 보조기관 등에게 일정한 경미한 사항의 결정권을 위임하여 보조기관 등이 사실상 그 권한을 행사하는 것을 의미한다. 위임전결은 행정사무를 간편하고 신속하게 처리하기 위한 것이다. 한편 대결이란 기관구성자의 일시부재시에 보조기관이 사실상 권한을 대리하는 것을 말하는데 통상 후열을 받게 된다.

## 3. 권한의 위임과의 구별

① 권한의 위임은 법정권한의 실질적 변경을 의미하므로 법률의 근거를 요하나, 권한의 내부위임은 권한의 대외적 변경이 없으므로 법률의 근거를 요하지 아니한다(대판 1995. 11. 28. 94누6475). ② 권한행사방식에 있어서 권한의 위임은 수임기관이 자신의 이름으로 권한을 행사하나, 내부위임은 수임기관이 위임기관의 명의로 권한을 행사한다(대판 1995. 11. 28. 94누6475). ③ 행정소송과 관련하여서 권한의 위임의 경우에는 수임기관이 행정쟁송의 피고가 되나 내부위임의 경우에는 위임자가 행정쟁송의 피고가 된다(대판 1991. 10. 8. 91누520). ④ 그러나 내부위임의 경우에도 수임기관이 자신의 명의로 처분을 하였다면, 대외적인 행위를 한 자는 수임기관이 되기 때문에 수임기관이 피고가 된다(대판 1994. 6. 14. 94누1197).

## 4. 권한행사방식 위반의 효과

① 권한의 내부위임의 경우 수임자의 명의로 행정처분을 하였다면, 일반적으로 그 하자는 중대하고 명백하다고 볼 것이므로 그 처분은 원칙적으로 무효로 볼 것이다(대판 1993. 5. 27. 93누6621). 한편 ② 권한의 내부위임에 있어 전결권자가 아닌 자가 행정처분을 한 경우 무권한의 처분으로서 무효의 처분은 아니라고 한 판례가 있다(대판 1998. 2. 27. 97누1105).

## Ⅲ. 강원도지사의 무권한의 행위

### 1. 관련법령의 근거규정 유무

관광진흥법 제5조 제1항은 "카지노업을 경영하려는 자는 전용영업장 등 문화체육관광부령으로 정하는 시설과 기구를 갖추어 문화체육관광부장관의 허가를 받아야 한다"고 규정하고 있다. 관광진흥법은 카지노업의 허가권한을 시·도지사에게 위임할 수 있는 근거조항도 갖고 있지 않다.

### 2. 시·도지사 경유의 의미

설문을 보면 문화체육관광부장관은 카지노업 허가의 요건을 검토한 후 하자가 있으면 이를 반려할 수 있는 권한을 시·도지사에게 내부위임하면서 시·도지사를 경유하여 허가를 신청하게 하고 있다. 여기서 시·도지사를 경유토록 한 것은 민원인에게 민원신청상의 편의를 제공하기 위한 것으로 볼 수 있다. 시·도지사를 경유하여 허가를 신청하게 하고 있다고 하여 문화체육관광부장관에게 직접 신청할 수 없다고 볼 것은 아니다.

### 3. 사례에 적용(결론)

관련법령상 위임의 근거규정을 찾아볼 수 없으므로 문화체육관광부장관이 강원도지사에게 위임한 것은 설문에서 적시하고 있는 바와 같이 내부위임일 뿐, 권한의 위임은 아니다. 따라서 강원도지사는 원고의 카지노업의 허가신청에 대하여 거부할 수 있는 권한을 갖지 아니한다. 무권한자인 강원도지사의 허가신청거부처분은 위법하다.

# 78  지방의회 의장선거의 성질
### [군의회 의장선거의 처분성 등]

## [설문]

K군의회는 4월 23일 제25회 임시회를 개최하여 의장을 선출하려고 2차에 걸쳐 투표를 하였으나, 결선투표에서도 최고득표자(A, B)가 2인이어서 결국 의장선출은 실패하였다. 그리하여 K군의회는 다시 제26회 임시회(회기 1일)에서 의장선거를 하였는데, 그 결과 4월 23일의 결선투표에는 오르지 못한 C가 1위로 득표하고(출석 14명 중 8표 득함), 아울러 당선인으로 선포되었다. 이에 A는 행정소송을 통해 의장선임의결의 무효확인을 구하고자 한다.

(1) A가 침해당한 이익의 내용은?

(2) K군의회의 의장선임행위는 행정소송법상 처분에 해당하는가?

(3) K군의회의 의결에 위법이 있는가?

◇ 참고조문 ◇
대한민국헌법
제25조 모든 국민은 법률이 정하는 바에 의하여 공무담임권을 가진다.
지방자치법
제48조(의장·부의장의 선거와 임기) ① 지방의회는 의원 중에서 시·도의 경우 의장 1명과 부의장 2명을, 시·군 및 자치구의 경우 의장과 부의장 각 1명을 무기명투표로 선거하여야 한다.
제49조(의장의 직무) 지방의회의 의장은 의회를 대표하고 의사(議事)를 정리하며, 회의장 내의 질서를 유지하고 의회의 사무를 감독한다.
행정소송법
제2조(정의) ① 이 법에서 사용하는 용어의 정의는 다음과 같다.
1. "처분등"이라 함은 행정청이 행하는 구체적 사실에 관한 법집행으로서의 공권력의 행사 또는 그 거부와 그 밖에 이에 준하는 행정작용(이하 "처분"이라 한다) 및 행정심판에 대한 재결을 말한다.
② 이 법을 적용함에 있어서 행정청에는 법령에 의하여 행정권한의 위임 또는 위탁을 받은 행정기관, 공공단체 및 그 기관 또는 사인이 포함된다.
제4조(항고소송) 항고소송은 다음과 같이 구분한다.

2. 무효등 확인소송: 행정청의 처분등의 효력 유무 또는 존재여부를 확인하는 소송
제19조(취소소송의 대상) 취소소송은 처분등을 대상으로 한다. ….
제38조(준용규정) ① …제19조 …규정은 무효등확인소송의 경우에 준용한다.

[해설]

## Ⅰ. 논점의 정리

설문은 지방의회 의장선임 무효확인소송에 관련된 것이므로, 설문 (1)에서는 원고적격에 관한 조항인 행정소송법 제12조에서 규정하는 법률상 이익에 대한 검토가 필요하고, 설문 (2)에서는 처분개념에 관한 조항인 행정소송법 제2조 제1항 제1호에서 규정하는 처분개념에 대한 검토가 필요하며, 설문 (3)에서는 결선투표제의 원리에 대한 검토가 필요하다.

## Ⅱ. 지방의회 의장의 직(職)의 이익

### 1. 의　　의

A가 갖는 이익은 지방의회의 의장의 직이 갖는 이익이다. 지방의회의 의장의 직은 두 가지 방향에서 의미를 갖는다. 즉 지방의회의 의장의 직은 국민이 갖는 공무담임권의 구체화 내지 현실화의 의미와 조직체인 지방의회의 장으로서 직무권한의 주체로서의 의미를 갖는다. 이 두 가지 지위에서 갖는 이익은 모두 법률상 이익이다.

## 2. 공무담임권의 구체화

모든 국민은 법률이 정하는 바에 의하여 공무담임권을 가진다(헌법 제25조). 지방의회 의원의 직 그 자체가 공직인바, 지방의회 의원의 직을 담당한다는 것은 공무담임권의 구체화 내지 현실화이다. 그리고 지방의회의 의장의 직도 그 자체가 특별한 공직인바, 지방의회의 장의 직을 담당한다는 것도 공무담임권의 구체화 내지 현실화이다. 공무담임권은 기본권으로 보장되는 것이고, 기본권이 법률상 이익임은 물론이다.

## 3. 직무권한의 주체

지방의회의 의장은 지방자치법 제48조·제49조의 규정에 의하여 지방의회를 대표하고 의사를 정리하며, 회의장 내의 질서를 유지하고 의회의 사무를 감독할 뿐만 아니라 위원회에 출석하여 발언할 수 있는 등의 직무권한을 갖는다. 이러한 직무권한을 갖는 지방의회의 의장의 지위는 법률상 보호되는 것인바, 그것은 바로 법률상 이익이다.

# Ⅲ. 지방의회 의장선임행위의 처분성 여부

## 1. 행정소송법상 처분개념

(1) **규정내용**    행정소송법상 처분은 행정청이 행하는 구체적 사실에 관한 법집행으로서의 공권력의 행사 또는 그 거부와 그 밖에 이에 준하는 행정작용으로 정의되고 있다(행정소송법 제2조 제1항 제1호).

(2) **규정의 분석**    ① 처분은 행정청이 행하는 공권력행사이다. 행정청에는 법령에 의하여 행정권한의 위임 또는 위탁을 받은 행정기관, 공공단체 및 그 기관 또는 사인이 포함된다(행정소송법 제2조 제2항). ② 처분은 구체적 사실에 관한 공권력행사이다. 구체적 사실이란 기본적으로 관련자가 개별적이고 규율대상이 구체적인 것을 의미한다. ③ 처분은 법집행으로서의 공권력행사이다. 법집행행위라는 점에서 처분과 사법(판결)은 유사한 면을 갖는다. 처분은 법집행행위이므로 법정립행위인 입법과는 구별된다. ④ 처분은 적극적 또는 소극적

공권력행사이다. 공권력행사란 공법에 근거하여 행정청이 우월적 지위에서 일방적으로 행하는 일체의 행정작용으로 이해된다. 공권력행사의 거부는 공권력행사의 소극적 유형으로서 당연히 공권력행사에 포함된다. ⑤ 그 밖에 이에 준하는 행정작용의 의미는 분명하지 않다.

### 2. 무효확인소송의 본질과 처분개념

**(1) 무효확인소송의 본질**　　무효확인소송의 본질은 법적 행위의 무효, 즉 법적 행위가 효력을 발생하지 않는다는 확인을 구하는 소송이다. 그런데 사실적인 것은 유효나 무효의 문제를 갖는 것이 아니기 때문에 무효확인소송의 대상이 되지 아니한다. 따라서 무효확인소송의 대상이 되는 공권력행사(처분)는 법적 행위에 한정된다.

**(2) 판례의 태도**　　판례는 항고소송의 대상이 되는 행정처분이라 함은 행정청의 공법상의 행위로서 특정사항에 대하여 법규에 의한 권리의 설정 또는 의무의 부담을 명하거나 기타 법률상 효과를 발생하게 하는 등 국민의 구체적인 권리·의무에 직접적 변동을 초래하는 행위를 말한다. 판례의 태도는 취소소송의 대상이 되는 공권력행사는 법적 행위에 한정된다는 것을 의미한다.

**(3) 법적 행위**　　법적 행위란 외부적으로 직접적인 법효과를 의도하는 의사표시를 말한다. ① 법적 행위는 행정조직 내부를 넘어서 개인에 대해 직접적으로 권리·의무의 발생·변경·소멸 등의 법적 효과를 가져오는 행위를 말한다. 행정조직 내부행위는 법적 행위가 아니다. ② 법적 행위는 당해 행위로써 직접 법적 효과를 가져오는 행위이다. 법적 효과 없는 행위(예, 도로청소 등 순수사실행위, 행정지도)는 법적 행위가 아니다. ③ 법적 행위는 행정법상 의사표시를 주된 요소로 하고, 그에 따라 일정한 효과가 주어지는 행위이다. 단순히 어떠한 사실을 알리는 것은 법적 행위가 아니다. 처분은 의사표시이므로 외부에 알려져야만 효력을 발생한다.

### 3. 사례에 적용(소결)

① 지방의회는 자치입법기관이기도 하지만 지방자치단체의 장과 합하여 국가행정기관에 대비되는 지방자치행정기관을 구성하는바, 지방의회도 일종의

행정기관이며, 아울러 의장선임행위에 관련하는 한, 지방의회는 입법적인 기관이 아니라 행정적인 기관이라 할 것이고, 따라서 의장선임행위는 행정청이 행하는 공권력행사에 해당한다. ② 의장선임행위는 일반·추상적인 작용이 아니라 특정인을 의장으로 선임하는 구체적 사실에 관한 공권력행사이다. ③ 의장선임행위는 지방자치법의 집행 등 법집행으로서 공권력행사이다. ④ 의장선임행위는 사법작용이 아닌 공법에 근거한 공권력작용이다. ⑤ 의장선임행위는 외부적으로 특정인에게 의장으로서의 권리와 의무를 직접 부여하는 효과(법적 효과)를 가져오는 의사표시이므로 행정소송법상 처분개념에 해당한다(대판 1995. 1. 12, 94누2602).

## Ⅳ. 결선투표의 방법과 의결의 적법 여부

### 1. 결선투표의 방법

(1) **지방자치법상 관련규정의 존부**    지방자치법은 군의회에 의장 1인을 두어야 함을 규정하면서, 그 선출방법에 관해서 무기명투표로 선거할 것을 규정할 뿐(지방자치법 제48조 제1항), 최고득표자가 2인 이상인 경우 등에 대하여 언급하는 바는 없다. 지방자치법 시행령에도 그러한 규정은 보이지 아니한다. 지방자치법 제43조에 따른 지방의회규칙에도 규정하는 바가 없다고 하면, 일반적인 관행에 따를 수밖에 없다.

(2) **결선투표의 방법**    결선투표는 최고득표자끼리 또는 최고득표자와 차점득표자간에 이루어지는 것이지, 1차투표 내지 예선투표에 오르지 아니한 후보자와 최고득표자간에 이루어지는 것은 아니다. 왜냐하면 결선투표란 이미 투표권자에 의해 1차적으로 평가가 끝난 후보자를 대상으로 하는 투표이기 때문이다.

### 2. 의결의 적법 여부(소결)

설문을 보면, 1차투표에서 최고득표자도 아니고 차점득표자도 아닌 자가 결선투표에 후보자로 올랐고, 동시에 그 자가 의장이 되었다고 하는바, 이것은 결선투표제의 일반적인 관행에 반하는 위법한 선거이다. 이러한 하자는 내용상 중대하고 외관상 명백한 것이어서 무효의 사유가 된다.

# V. 결   론

(1) A가 침해당한 지방의회의 의장의 직은 공무담임권의 구체화 내지 현실화의 의미와 조직체인 지방의회의 장이라는 직무권한의 주체로서의 의미를 갖는데, 이러한 의미에서 나오는 이익은 법률상 이익이다.

(2) 의장선임행위는 행정청으로서의 지방의회가 특정인을 의장으로 선임하는 구체적 사실에 관하여 지방자치법의 집행 등 법집행으로서 행하는 공권력작용으로서 외부적으로 특정인에게 의장으로서의 권리와 의무를 직접 부여하는 법적 효과를 가져오는 의사표시인바, 의장선임행위는 행정소송법상 처분개념에 해당한다.

(3) 1차투표에서 최고득표자도 아니고 차점득표자도 아닌 자를 결선투표에 후보자로 올려 투표한 것은 결선투표제의 원리에 반하는 위법한 투표이다.

## 79 조례와 항고소송
[상색초등학교두밀분교폐지조례와 항고소송]

[설문]

　경기도의회는 경기도 가평군 가평읍 상색초등학교두밀분교를 폐지하는 내용의 조례를 제정하였다. 이에 A 등 원고들이 경기도의회를 피고로 하여 동 조례의 무효확인의 소를 제기하였으나, 패소당하자 다시 상고하였다. 이것이 소위 두밀분교사건인데 아래의 물음에 답하라.

　(1) 상기 조례는 항고소송의 대상이 되는가?
　(2) 상기 조례무효확인소송의 피고는 누구인가?

◇ 참고조문◇
행정소송법
제2조(정의) ① 이 법에서 사용하는 용어의 정의는 다음과 같다.
1. '처분등'이라 함은 행정청이 행하는 구체적 사실에 관한 법집행으로서의 공권력의 행사 또는 그 거부와 그 밖에 이에 준하는 행정작용(이하 "처분"이라 한다) 및 행정심판에 대한 재결을 말한다.
제3조(행정소송의 종류) 행정소송은 다음의 네 가지로 구분한다.
1. 항고소송: 행정청의 처분등이나 부작위에 대하여 제기하는 소송
제13조(피고적격) ① 취소소송은 다른 법률에 특별한 규정이 없는 한 그 처분등을 행한 행정청을 피고로 한다.
제38조(준용규정) ① … 제13조…의 규정은 무효등 확인소송의 경우에 준용한다.
지방자치법
제26조(조례와 규칙의 제정절차 등) ② 지방자치단체의 장은 제1항의 조례안을 이송받으면 20일 이내에 공포하여야 한다.
제101조(지방자치단체의 통할대표권) 지방자치단체의 장은 지방자치단체를 대표하고, 그 사무를 총괄한다.
지방교육자치에 관한 법률
제18조(교육감) ① 시·도의 교육·학예에 관한 사무의 집행기관으로 시·도에 교육감을 둔다.
② 교육감은 교육·학예에 관한 소관 사무로 인한 소송이나 재산의 등기 등에 대하여 당해 시·도를 대표한다.

[해설]

## Ⅰ. 논점의 정리

설문은 처분성을 갖는 조례를 다투는 소송에 관련된 것이므로, 설문 (1)에서는 처분개념에 관한 조항인 행정소송법 제2조 제1항 제1호에서 규정하는 처분개념에 대한 검토가 필요하고, 설문 (2)에서는 피고적격에 관한 조항인 행정소송법 제13조에 대한 검토가 필요하다. 아울러 행정소송법 제13조에서 규정되고 있는 처분행정청의 개념과 관련하여 지방자치법 및 지방교육자치에 관한 법률에서 규정되고 있는 조례의 공포권자에 대한 검토가 필요하다.

## Ⅱ. 조례와 항고소송의 대상(질문 1)

### 1. 행정소송법상 처분개념

**(1) 규정내용**    행정소송법상 처분은 행정청이 행하는 구체적 사실에 관한 법집행으로서의 공권력의 행사 또는 그 거부와 그 밖에 이에 준하는 행정작용으로 정의되고 있다(행정소송법 제2조 제1항 제1호).

**(2) 규정의 분석**    ① 처분은 행정청이 행하는 공권력행사이다. 행정청에는 법령에 의하여 행정권한의 위임 또는 위탁을 받은 행정기관, 공공단체 및 그 기관 또는 사인이 포함된다(행정소송법 제2조 제2항). ② 처분은 구체적 사실에 관한 공권력행사이다. 구체적 사실이란 기본적으로 관련자가 개별적이고 규율대상이 구체적인 것을 의미한다. ③ 처분은 법집행으로서의 공권력행사이다. 법집행행위라는 점에서 처분과 사법(판결)은 유사한 면을 갖는다. 처분은 법집

행행위이므로 법정립행위인 입법과는 구별된다. ④ 처분은 적극적 또는 소극적 공권력행사이다. 공권력행사란 공법에 근거하여 행정청이 우월적 지위에서 일방적으로 행하는 일체의 행정작용으로 이해된다. 공권력행사의 거부는 공권력행사의 소극적 유형으로서 당연히 공권력행사에 포함된다. ⑤ 그 밖에 이에 준하는 행정작용의 의미는 분명하지 않다.

> [참고] 그 밖에 이에 준하는 행정작용의 의미와 관련하여 논자에 따라서는 권력행사로서의 사실행위, 행정입법, 구속적 행정계획 등을 그 예로 들기도 한다. 그러나 취소소송을 형성소송으로 이해하는 한, 권력행사로서의 사실행위가 순수 사실행위라면 처분에 해당할 수 없고, 행정입법은 규범이므로 처분에 속한다고 보기 어려우며, 구속적 행정계획은 행정계획마다 그 성질을 달리하므로 한마디로 단언할 수 없다. 다만 집행행위를 요함이 없이 바로 국민의 권리·의무를 발생시키는 법규명령은 이에 해당한다고 볼 수 있다.

## 2. 무효확인소송의 본질과 처분개념

**(1) 무효확인소송의 본질**  무효확인소송의 본질은 법적 행위의 무효, 즉 법적 행위가 효력을 발생하지 않는다는 확인을 구하는 소송이다. 그런데 사실적인 것은 유효나 무효의 문제를 갖는 것이 아니기 때문에 무효확인소송의 대상이 되지 아니한다. 따라서 무효확인소송의 대상이 되는 공권력행사(처분)는 법적 행위에 한정된다.

**(2) 판례의 태도**  판례는 항고소송의 대상이 되는 행정처분이라 함은 행정청의 공법상의 행위로서 특정사항에 대하여 법규에 의한 권리의 설정 또는 의무의 부담을 명하거나 기타 법률상 효과를 발생하게 하는 등 국민의 구체적인 권리·의무에 직접적 변동을 초래하는 행위를 말한다. 판례의 태도는 취소소송의 대상이 되는 공권력행사는 법적 행위에 한정된다는 것을 의미한다.

**(3) 법적 행위**  법적 행위란 외부적으로 직접적인 법효과를 의도하는 의사표시를 말한다. ① 법적 행위는 행정조직 내부를 넘어서 개인에 대해 직접적으로 권리·의무의 발생·변경·소멸 등의 법적 효과를 가져오는 행위를 말한다. 행정조직 내부행위는 법적 행위가 아니다. ② 법적 행위는 당해 행위로써 직접 법적 효과를 가져오는 행위이다. 법적 효과 없는 행위(예. 도로청소 등 순수사실행

위, 행정지도)는 법적 행위가 아니다. ③ 법적 행위는 행정법상 의사표시를 주된 요소로 하고, 그에 따라 일정한 효과가 주어지는 행위이다. 단순히 어떠한 사실을 알리는 것은 법적 행위가 아니다. 처분은 의사표시이므로 외부에 알려져야만 효력을 발생한다.

### 3. 조례의 법적 성질

① 조례는 지방의회와 지방자치단체의 장의 공동협력에 의해 제정·개정된다. 조례제정주체의 하나인 지방의회는 자치입법기관이기도 하지만 지방자치단체의 장과 함께 국가행정기관에 대비되는 지방자치행정기관을 구성하는바, 지방의회도 일종의 행정기관이다. 그리고 지방자치단체의 장도 행정기관이다. 따라서 조례는 행정청이 행하는 공권력행사에 해당한다. ② 조례제정은 지방자치법의 집행 등 법집행으로서 공권력행사이다. ③ 조례제정은 사법작용이 아니라 공법에 근거한 공권력작용이다. ④ 조례는 통상 일반추상적인 규범으로서, 직접 주민의 권리·의무에 법적 효과를 가져오는 것은 아니다. 그렇지만 조례도 경우에 따라서는 개별·구체적으로 주민의 권리·의무에 직접 법적 효과를 가져올 수도 있는바, 이러한 경우의 조례는 행정소송법상 처분개념에 해당한다.

### 4. 처분으로서 두밀분교폐지조례(소결)

두밀분교의 폐지는 두밀분교에 다니는 학생들의 (영조물인) 두밀분교의 이용권을 폐지하는 것이어서 두밀분교의 재학생들의 권리(영조물이용권)를 개별·구체적으로 침해하는 효과를 가져온다. 따라서 두밀분교를 폐지하는 조례는 행정소송법이 규정하는 처분개념에 부합된다고 할 것이므로, 항고소송의 대상이 되는 처분이다.

## Ⅲ. 조례무효확인소송의 피고(질문 2)

### 1. 항고소송의 피고

무효등확인소송은 다른 법률에 특별한 규정이 없는 한 그 처분등을 행한 행정청을 피고로 한다(행정소송법 제38조 제1항, 제13조). 처분을 행한 행정청이란 대외적으로 행정권의 의사를 결정·표시하는 권한을 가지는 행정기관을 말하며, 단순히 내부적인 관계에서 의사를 결정하는 기관을 말하는 것은 아니다.

## 2. 조례소송의 피고

조례소송상 피고인 처분청은 지방자치단체의 장이다. 말하자면 조례에 대한 무효확인소송을 제기함에 있어서 행정소송법 제38조 제1항, 제13조에 의하여 피고적격이 있는 처분등을 행한 행정청은 행정주체인 지방자치단체 또는 지방자치단체의 내부적 의결기관으로서 지방자치단체의 의사를 외부에 표시할 권한이 없는 지방의회가 아니라, 지방자치법 제26조 제2항, 제101조에 의하여 지방자치단체의 집행기관으로서 조례로서의 효력을 발생시키는 공포권이 있는 지방자치단체의 장이다(대판 1996. 9. 20, 95누8003).

## 3. 교육·학예에 관한 조례소송의 피고

시·도의 교육·학예에 관한 조례소송상 피고인 처분청은 시·도의 교육감이다. 말하자면 지방교육자치에 관한 법률 제9조 제5항, 제20조에 의하면 시·도의 교육·학예에 관한 사무의 집행기관은 시·도교육감이고 시·도교육감에게 지방교육에 관한 조례안의 공포권이 있다고 규정되어 있으므로, 교육에 관한 조례의 무효확인소송을 제기함에 있어서는 그 집행기관인 시·도교육감을 피고로 하여야 한다(대판 1996. 9. 20, 95누8003).

## Ⅳ. 결 론

(1) 두밀분교폐지조례는 두밀분교에 다니는 학생들의 (영조물인) 두밀분교의 이용권을 폐지하는 것이어서 두밀분교의 재학생들의 권리(영조물이용권)를 개별·구체적으로 침해하는 법적 효과를 가져오는 공권력행사인바, 두밀분교폐지조례는 행정소송법 제2조 제1항 제1호의 처분개념에 해당한다.

(2) 지방교육자치에 관한 법률상 시·도의 교육·학예에 관한 사무의 집행

기관은 시·도교육감이고 시·도교육감에게 지방교육에 관한 조례안의 공포권이 있다고 규정되어 있으므로, 교육에 관한 조례의 무효확인소송에서 피고는 경기도 교육감이다.

## 80 조례와 기관소송
[수수료징수조례 중 개정조례안과 무효확인소송]

[설문]

다음은 대판 1998. 6. 9, 98추26 사건의 시점을 변경하여 재구성한 것이다. 아래의 사건을 소재로 하여 기관소송의 특징을 말하라.

**2020. 2. 27** 피고(강원도 횡성군의회)는 횡성군제증명등수수료징수조례중 개정조례안(조례안)을 의결하여 횡성군수에게 이송하였다.

[주요내용: 입찰참가신청과 수의계약신청 또는 견적에 대하여는 건당 10,000원의 수수료를 징수한다]

**2020. 3. 17** 횡성군수는 원고(강원도지사)로부터 재의요구를 받았다.

**2020. 3. 19** 횡성군수는 '조례안 중 수의계약신청 및 견적에 대하여 수수료를 징수하도록 한 부분은 특정인을 위한 사무가 아닌 사무를 수수료 징수의 대상으로 한 것이어서 지방자치법 제137조 제1항의 규정에 위반됨'을 이유로 재의결을 요구하였다.

**2020. 5. 2** 피고는 원의결과 같은 내용으로 재의결을 하였다.

**2020. 5. 4** 피고는 재의결된 것을 횡성군수에게 이송하였다.

**2020. 5. 25** 원고는 횡성군수에게 제소지시를 하였으나 제소하지 않았다.

**2020. 6. 8** 원고는 직접 이 사건 소를 제기하였다. 청구취지는 다음과 같다.

[청구취지: 피고가 2020. 5. 2에 한 횡성군제증명등수수료징수조례중 개정조례안에 대한 재의결은 효력이 없다. 소송비용은 피고부담으로 한다.]

◇ 참고조문◇
지방자치법
제22조(조례) 지방자치단체는 법령의 범위 안에서 그 사무에 관하여 조례를 제정할 수 있다. 다만, 주민의 권리 제한 또는 의무 부과에 관한 사항이나 벌칙을 정할 때에는 법률의 위임이 있어야 한다.
제137조(수수료) ① 지방자치단체는 그 지방자치단체의 사무가 특정인을 위한 것이면 그 사무에 대하여 수수료를 징수할 수 있다.

제139조(사용료의 징수조례 등) ① 사용료·수수료 또는 분담금의 징수에 관한 사항은 조례로 정한다. ….

제172조(지방의회 의결의 재의와 제소) ① 지방의회의 의결이 법령에 위반되거나 공익을 현저히 해친다고 판단되면 시·도에 대하여는 주무부장관이, 시·군 및 자치구에 대하여는 시·도지사가 재의를 요구하게 할 수 있고, 재의요구를 받은 지방자치단체의 장은 의결사항을 이송받은 날부터 20일 이내에 지방의회에 이유를 붙여 재의를 요구하여야 한다.

② 제1항의 요구에 대하여 재의의 결과 재적의원 과반수의 출석과 출석의원 3분의 2 이상의 찬성으로 전과 같은 의결을 하면 그 의결사항은 확정된다.

③ 지방자치단체의 장은 제2항에 따라 재의결된 사항이 법령에 위반된다고 판단되면 재의결된 날부터 20일 이내에 대법원에 소를 제기할 수 있다. 이 경우 필요하다고 인정되면 그 의결의 집행을 정지하게 하는 집행정지결정을 신청할 수 있다.

④ 주무부장관이나 시·도지사는 재의결된 사항이 법령에 위반된다고 판단됨에도 불구하고 해당 지방자치단체의 장이 소(訴)를 제기하지 아니하면 그 지방자치단체의 장에게 제소를 지시하거나 직접 제소 및 집행정지결정을 신청할 수 있다.

⑤ 제4항에 따른 제소의 지시는 제3항의 기간이 지난 날부터 7일 이내에 하고, 해당 지방자치단체의 장은 제소지시를 받은 날부터 7일 이내에 제소하여야 한다.

⑥ 주무부장관이나 시·도지사는 제5항의 기간이 지난 날부터 7일 이내에 직접 제소할 수 있다.

[해설]

# Ⅰ. 기관소송의 관념

## 1. 기관소송의 개념

기관소송의 개념에 관해 견해는 나뉜다. 본서는 현행 행정소송법 제3조 제

4호에서 말하는 기관소송을 '동일한 법주체(권리주체)의 내부에서의 기관간의 소송'으로 본다. 이러한 입장에서 보면, 지방자치법 제107조 제3항에 따라 지방자치단체의 장이 제기하는 소송이 전형적인 기관소송에 해당한다. 일설은 법인격을 달리하는 기관간의 소송도 기관소송으로 본다. 만약 이러한 입장이 법인격을 달리하는 기관간의 소송은 모두 기관소송이라 하는 것인지는 불분명하다.

## 2. 특수한 소송

대상판결의 원고는 피고(강원도 횡성군의회)에 대응하는 강원도 횡성군수가 아니라 횡성군수에 대한 감독기관인 강원도지사이다. 따라서 대상판결에서는 감독청이 원고이므로 설문의 소송을 기관소송으로 보기는 어렵고, 지방자치법 제172조 제4항이 인정한 특수한 소송으로 본다. 이 소송을 특수한 소송으로 본다고 하여도, 적용법조에 있어서는 제172조 제3항에 따른 기관소송, 즉 조례를 제정한 의회에 대응하는 집행기관(설문의 경우는 횡성군수)이 조례를 제정한 의회를 상대로 하여 제기하는 소송과 별다른 차이는 없다.

## Ⅱ. 기관소송의 대상

### 1. 원의결과 재의결

조례소송 내지 기관소송에서 소송의 대상은 원의결(原議決)인가 아니면 재의결인가의 문제가 있다. 그런데 지방자치법 제172조 제4항은 명시적으로 '재의결된 사항이 법령에 위반된다고 판단됨에도 당해 지방자치단체의 장이 소를 제기하지 아니하는 때'라고 표현하고 있는바, 재의결이 소송의 대상이 된다.

### 2. 재의결과 재의결사항

소송의 대상이 '재의결'인가 아니면 '재의결된 사항'인가의 여부도 문제이다. 만약 전자라면 '재의결 그 자체의 무효'가 재판의 대상이 되고, 후자라면 '재의결된 사항의 무효'가 재판의 대상이 된다. 따라서 판결의 주문도 전자의 경우에는 "…재의결은 효력이 없다"의 방식이 되고, 후자의 경우에는 "재의결된 조례안은 효력이 없다"의 방식이 된다. 실제상의 효과에 있어서 양자간에 차이는 있어 보이지 아니한다. 그러나 지방자치법 제172조 제4항의 표현에 비추어 기관소송의 대상은 '재의결 그 자체'가 아니라 '재의결된 사항'으로 보아야 할 것이다. 그러나 판례는 '재의결 그 자체'를 기관소송의 대상으로 보고 있다.

## 2. 재의결사항으로서 조례

조례에 관한 의결 역시 지방의회의 의결사항에 포함된다. 다만 지방의회가 의결(결의)하였다고 하여도 성질상 소송의 대상으로 삼을 수 없는 사항(예. 지방자치단체의 장에 대한 지방의회의 단순한 권고결의안)은 지방자치법 제172조에서 말하는 재의결사항에 해당하지 않는다.

# III. 기관소송의 관할법원·제소기간

## 1. 기관소송의 관할법원

지방자치법 제107조 제3항에 따른 기관소송이나 대상판결의 소송과 같이 지방자치법 제172조 제4항에 따른 특수한 소송도 관할법원은 대법원이다. 여기서 관할법원을 대법원으로 한 것은 기관간의 분쟁은 가능한 한 조속히 매듭지워져야 한다는 데 기인한 것으로 보인다.

## 2. 기관소송의 제소기간

(1) 지방자치법 제107조에 따른 기관소송의 경우, 제소기간은 제172조 제3항이 준용된다(지방자치법 제98조 제3항 단서). 제172조 제3항에 따르면, 당해 지방자치단체의 장은 재의결된 날부터 20일 이내에 대법원에 소를 제기할 수 있다.

(2) 제172조 제4항에 따른 특수한 소송의 경우에는 당해 지방자치단체의 장이 재의결된 날부터 20일 이내에 대법원에 소를 제기하지 아니한 경우에 문제되며, 이 경우에 감독청(대상판결의 경우는 강원도지사)은 재의결된 날부터 20일이 경과한 날부터 7일 이내에 당해 지방자치단체의 장에게 제소지시를 하고, 당해 지방자치단체의 장이 제소지시를 받은 날부터 7일 이내에 제소하지 아니하면 그 7일이 경과한 날부터 7일 이내에 제소할 수 있다(지방자치법 제172조 제5항). 본건소송이 이에 해당함은 물론이다.

## Ⅳ. 기관소송의 제소사유(법령위반)

### 1. 법령의 범위

지방자치단체는 법령의 범위 안에서 그 사무에 관하여 조례를 제정할 수 있고, 특히 주민의 권리제한 또는 의무부과에 관한 사항이나 벌칙을 조례로 정할 때에는 법률의 위임이 있어야 한다(지방자치법 제22조). 그리고 행정자치부장관 또는 시·도지사는 재의결된 사항이 법령에 위반된다고 판단됨에도 당해 지방자치단체의 장이 소를 제기하지 아니하는 때에는 당해 지방자치단체의 장에게 제소를 지시하거나 직접 제소 및 집행정지결정을 신청할 수 있다(지방자치법 제172조 제4항). 여기서 '법령의 범위 안'의 의미가 문제된다. 조례는 법률의 우위의 원칙에 반할 수 없을 뿐만 아니라, 침해행정의 경우에는 법률유보의 원칙도 적용을 받는다는 것이 지방자치법 제22조 및 제172조 제4항의 취지이다.

### 2. 법령의 의의

지방자치법 제22조 및 제172조 제4항 등에서 말하는 법령이란 헌법·법률·명령·조례·규칙 등 일체의 성문법규뿐만 아니라 관습법 외에 행정법의 일반원칙까지도 포함하는 개념이다. 그리고 법령에는 실체적 조항뿐만 아니라 절차적 조항까지도 포함된다.

### 3. 설문과 법령위반 여부

(1) 지방자치법 제137조 제1항의 취지는 지방자치단체의 사무가 특정인만을 위한 사무인 경우에 한정하여 수수료를 징수할 수 있도록 하는 것이 아니라 당해 사무가 특정인을 위한 사무인 동시에 지방자치단체 자신을 위한 사무인 경우에도 수수료를 징수할 수 있도록 하는 데 있다.

(2) 지방자치단체가 사경제 주체로서 주민 등과 계약을 체결함에 있어서 그 계약 상대방을 결정하는 사무는 전체적으로 보아 지방자치단체 자신을 위한 사무라고 할 것이지만, 지방자치단체가 그 계약 상대방을 결정하기 위한 방법으로서 경쟁입찰의 경우에 입찰에 참가하고자 하는 자로부터 입찰참가신청을

수리하는 사무나 수의계약의 경우에 수의계약을 체결하고자 하는 자로부터 수의계약신청 또는 견적서를 제출받는 사무는 지방자치단체 자신을 위한 사무인 동시에 입찰에 참가하고자 하는 자 또는 수의계약을 체결하고자 하는 자를 위한 사무라고 할 것이므로, 이 사건 개정조례안 중 수의계약신청 또는 견적서 제출에 대하여 건당 10,000원의 수수료를 징수하도록 한 부분은 지방자치법 제137조 제1항에 위반되지 아니한다.

## V. 기관소송상 판결의 범위(전부무효, 일부무효)

### 1. 조례안의 경우

조례안의 재의요구의 경우, 지방자치법은 일부재의의 요구를 금지하는바 (동법 제26조 제3항), 지방자치단체의 장은 지방의회의 재의결의 일부만을 대상으로 하여 제소할 수는 없다. 이와 관련하여 재의결의 내용 전부가 아니라 그 일부만이 위법한 경우에도 의결 전부의 효력을 부인할 수밖에 없다는 것이 판례의 입장이다(대판 1994. 5. 10. 93추144; 대판 2000. 11. 10. 2000추36). 그러나 이러한 판례의 태도에는 의문이 있다.

### 2. 기타 재의결사항의 경우

조례안을 제외한 기타 지방의회 의결사항의 경우에는 일부재의요구를 금하는 바가 없으므로 일부재의요구와 일부무효의 판결이 불가하다고 단언하기 어렵다. 오히려 조례안을 제외한 기타 지방의회 의결사항의 경우에는 일부재의 요구와 일부무효의 판결이 가능하다고 본다.

# 81 지방자치단체 장의 규칙
[예술활동지원에 관한 규칙의 성질]

## [설문]

A자치구의 장(이하 A구청장이라 한다)은 지방자치법 제23조에 근거하여 제정한 A자치구예술활동지원규칙이 정하는 바에 따라 10년 전부터 B, C, D 등에게 예술활동지원금을 지급하여 왔다. 최근에 B, C, D와 여건이 동일한 E가 A구청장에게 예술활동지원금의 지급을 청구하였으나 지급을 거부당하였다. A구청장의 거부처분은 적법한가?

◇ 참고조문 ◇
지방자치법
제23조(규칙) 지방자치단체의 장은 법령이나 조례가 위임한 범위에서 그 권한에 속하는 사무에 관하여 규칙을 제정할 수 있다.

## [해설]

## Ⅰ. 논점의 정리

(1) 행정행위(처분)가 적법하기 위해서는 적법요건을 구비하여야 한다. 일반적으로 행정행위의 적법 여부를 가리기 위해서는 주체·내용·절차·형식·통지요건에 관한 검토가 필요하지만, 설문의 경우에는 거부처분의 사유 내지 근거가 문제되므로 내용요건과 관련된다.

(2) 법치행정 내지 행정의 법률적합성의 원칙에 비추어 행정행위는 법령에 위반하여서는 아니된다. A구청장의 거부처분이 법령에 위반되는가의 여부는 A자치구예술활동지원규칙의 성질과 관련한다.

## Ⅱ. 지방자치법 제23조의 규칙

### 1. 의    의

지방자치법 제23조는 지방자치단체의 장이 법령이나 조례가 위임한 범위에서 그 권한에 속하는 사무에 관하여 제정하는 법형식을 규칙으로 부르고 있다. 지방자치법 제23조는 위임규칙을 규정하고 있다. 지방자치법 제23조가 명시적으로 규정하고 있지 않으나, 조례의 시행을 위해 시행규칙을 제정할 수 있다.

### 2. 성    질

지방자치법 제23조의 규칙(이하 "규칙"이라 한다)은 외부적 효력을 갖는 법규로 이해된다. 그렇다고 규칙이 언제나 외부적 효과를 갖는다고 볼 수는 없다. 한편 규칙은 지방자치단체의 장이 '법령 또는 조례가 위임한 범위 안에서' 그 권한에 속하는 사무에 관하여 정하는 법규이므로 법령이나 조례의 아래에 놓인다.

### 3. 한    계

규칙은 법률에 반할 수 없다. 시·군 및 자치구의 규칙은 시·도의 규칙을 위반하여서는 아니된다(지자법 제24조). 개별 법령의 근거가 없는 한, 규칙으로 벌칙을 정할 수도 없다(지자법 제22조 참조). 시·도지사가 기관위임사무를 시장·군수·구청장에게 새위임히는 경우에는 조례가 아니라 규칙으로 정하여야 한다.

### 4. A자치구예술활동지원규칙

설문은 A자치구예술활동지원규칙이 지방자치법 제23조에 근거한 규칙이라 하는바, A자치구예술활동지원규칙은 법규성을 갖는 규칙이다.

## Ⅲ. A구청장의 거부처분의 적법 여부(사례에 적용)

### 1. 후원금지급결정의 성질

E에 대한 후원금지급거부결정이 적법한가의 여부는 A자치구예술활동지원규칙에 따른 후원금지급결정이 재량행위인지, 기속행위인지의 여부에 따라 달라진다. 후원금지급결정의 성질은 A자치구예술활동지원규칙의 근거조문의 문언과 목적, 취지 등을 종합적으로 판단하여 정할 사항이다.

### 2. 후원금지급결정이 기속행위인 경우

A구청장의 B, C, D 등에 대한 예술활동후원금의 지급이 적법한 것이라고 전제할 때, 후원금지급결정이 기속행위라하면, A구청장의 E에 대한 후원금지급 거부처분은 위법하다. 왜냐하면 A구청장은 기속행위인 후원금지급결정에 대하여 선택의 자유를 갖지 못하는바, B, C, D 등과 여건이 동일한 E에게도 반드시 지급결정을 하여야 하기 때문이다.

### 3. 후원금지급결정이 재량행위인 경우

(1) 문제상황　　후원금지급결정이 재량행위라면 E가 후원금지급의 요건에 해당한다고 하여도 A구청장은 지원금지급을 거부할 수 있다. 다만 A구청장의 재량권의 행사에 하자가 없어야 한다. 설문의 경우, E가 B, C, D와 여건이 동일함에도 A구청장이 E에 대한 후원금지급을 거부하였으므로 평등원칙의 구체화인 행정의 자기구속의 원칙의 위반 여부를 검토할 필요가 있다.

(2) 행정의 자기구속의 원칙

(가) 의　　의　　행정의 자기구속의 원칙이란 "같은 사안에 대하여 제3자에게 한 것과 같은 결정을 상대방에게도 하도록 행정청이 구속을 받는다"는 법원칙을 말한다.

(나) 성　　질　　행정의 자기구속의 원칙은 평등의 원칙에 근거를 둔 원칙으로서 행정법의 일반원칙 중의 하나이며, 행정의 자기구속의 원칙에 위반된 행위는 위법한 행위가 된다. 행정의 자기구속의 원칙은 학설과 판례(대법원·헌법

재판소)에 의해 인정되고 있다.

(다) 요　　건　　행정의 자기구속의 원칙은 다음을 요건으로 한다. 즉 ①
법적으로 비교할 수 있는 생활관계가 있어야 하고, ② 행정청이 설정한 법적
상황과 결정을 요하는 사건이 의미와 목적에 있어서 동일하여야 하고, ③ 문제
되는 처분은 처분청에 의한 것이어야 하고, ④ 근거되는 행정관행은 적법한 것
이어야 하며, ⑤ 자기구속의 법리는 선례가 있는 경우에 보다 의미가 있지만,
선례가 없는 경우에도 행정규칙을 예기관행으로 보아 자기구속의 법리를 적용
할 수 있다고 본다. 하지만 다수 견해는 선례가 필요하다고 한다.

(라) 한　　계　　합리적인 사유가 있으면 종래의 기준으로부터 이탈할 수
있다.

(3) 설문에 적용　　행정의 자기구속의 원칙을 설문에 적용해 보면, ① E
와 B, C, D 등의 후원금지급의 신청관계는 동일하고, ② A자치구예술활동지원
규칙이 정하는 후원금지급의 의미는 E와 B, C, D 등 사이에 동일하고, ③ 설문
상 후원금지급 여부의 결정은 모두 A구청장의 권한사항이고, ④ B, C, D 등에
대한 후원금지급은 적법하고, ⑤ B, C, D 등에 대한 후원금지급은 선례에 해당
한다. 특히 E를 B, C, D와 달리 다루어야 할 합리적인 사유도 보이지 아니한다.
따라서 A구청장이 E에게 후원금지급을 거부한 것은 행정의 자기구속의 원칙을
위반한 위법행위이다.


# Ⅳ. 결　　론

(1) A자치구예술활동지원규칙에 따른 후원금지급결정이 기속행위라면, A
구청장의 E에 대한 후원금지급거부결정은 A자치구예술활동지원규칙을 위반한
위법한 행위가 된다.

(2) A자치구예술활동지원규칙에 따른 후원금지급결정이 재량행위라면, A
구청장의 E에 대한 후원금지급거부결정은 행정의 자기구속의 원칙을 위반한
재량권남용의 행위로서 위법한 행위이다.

## 82  단체장에 대한 지방의회의 통제
[공무원파견과 지방의회의 동의]

[설문]

다음은 대판 2001. 2. 23, 2000추67 사건의 시점을 변경하여 재구성한 것이다. 피고의 재의결은 적법한가?

**2021. 11. 7** 피고(K광역시의회)가 본건 개정조례안을 의결하였다.

**2021. 11. 9** 피고가 원고(K광역시장)에게 조례안을 이송하였다.

**2021. 11. 27** 원고는 본건 개정조례안 제6조 제2항과 부칙 제2항이 지방자치법에 위반되었음을 이유로 재의를 요구하였다.

**2021. 12. 23** 피고는 당초 의결대로 재의결을 하였다.

**2021.** 이에 원고는 'K광역시재단법인광주비엔날레지원조례중개정조례안'에 대하여 한 재의결은 효력이 없다는 판결을 구하는 소를 제기하였다.

[개정조례안의 내용]

개정조례안의 제6조 제2항 지방자치단체의 장인 시장이 재단법인 광주비엔날레의 업무수행을 지원하기 위하여 소속 지방공무원을 위 재단법인에 파견함에 있어서는 그 파견기간과 인원을 정하여 지방의회인 시의회의 동의를 얻어야 하는 것으로 규정하고, 부칙 제2항은 이미 위 재단법인에 파견된 소속 지방공무원에 대하여는 개정조례안이 조례로서 시행된 후 최초로 개회되는 시의회에서 동의를 얻도록 규정하였다.

◇ 참고조문 ◇
지방자치법
제9조(지방자치단체의 사무범위) ① 지방자치단체는 관할 구역의 자치사무와 법령에 따라 지방자치단체에 속하는 사무를 처리한다.
제22조(조례) 지방자치단체는 법령의 범위 안에서 그 사무에 관하여 조례를 제정할 수 있다. 다만, 주민의 권리 제한 또는 의무 부과에 관한 사항이나 벌칙을 정할 때에는

법률의 위임이 있어야 한다.

제105조(직원에 대한 임면권 등) 지방자치단체의 장은 소속 직원을 지휘·감독하고 법령과 조례·규칙으로 정하는 바에 따라 그 임면·교육훈련·복무·징계 등에 관한 사항을 처리한다.

제112조(행정기구와 공무원) ① 지방자치단체는 그 사무를 분장하기 위하여 필요한 행정기구와 지방공무원을 둔다.

② 제1항에 따른 행정기구의 설치와 지방공무원의 정원은 인건비 등 대통령령으로 정하는 기준에 따라 그 지방자치단체의 조례로 정한다.

④ 지방공무원의 임용과 시험·자격·보수·복무·신분보장·징계·교육훈련 등에 관하여는 따로 법률로 정한다.

[해설]

## Ⅰ. 논점의 정리

조례안의 적법·유효의 여부를 판단하기 위해서는 조례안의 적법요건 전반에 대하여 검토하여야 한다. 그러나 설문의 K광역시재단법인광주비엔날레지원조례중개정조례안(이하 '개정조례안'이라 부른다)의 적법·유효의 여부와 관련하여서는 개정조례안의 내용이 조례규정 사항인지, 조례제정권의 범위 내인지의 여부만을 검토하기로 한다.

## Ⅱ. 조례로 규정할 사항과 개정조례안

### 1. 조례규정사항으로서 지방자치단체의 사무

지방자치단체는 법령의 범위 안에서 그 사무에 관하여 조례를 제정할 수 있다(지방자치법 제22조 본문). 그 사무란 지방자치단체의 사무를 말한다. 한편, 지방자치법 제9조는 "지방자치단체는 그 관할구역의 자치사무와 법령에 따라 지방자치단체에 속하는 사무를 처리한다"고 규정하는바, 지방자치단체의 사무에는 자치사무와 단체위임사무가 있다. 따라서 자치사무와 단체위임사무가 조례로 정할 사항이다. 개별법률상 위임이 있다면, 기관위임사무도 조례로 규정할 수 있다.

### 2. 지방공무원파견과 조례(설문에 적용)

지방자치법 제9조 제2항 제1호 마목은 '소속공무원의 인사·후생복지 및 교육'을 지방자치단체의 사무로 예시하고 있고, 지방자치법 제112조 제1항은 "지방자치단체는 그 사무를 분장하기 위하여 필요한 행정기구와 지방공무원을 둔다"고 규정하고 있고, 제2항은 "제1항의 규정에 의한 행정기구의 설치와 지방공무원의 정원은 인건비 등 대통령령이 정하는 기준에 따라 당해 지방자치단체의 조례로 정한다"고 규정하고 있는 점에 비추어, 지방자치단체 소속 공무원의 파견근무에 관한 사항은 조례규정사항이 된다. 따라서 개정조례안으로 소속 지방공무원의 파견에 관한 사항을 규정하였다는 점에 관해서는 위법의 문제가 없다.

## Ⅲ. 조례제정권의 범위와 개정조례안

### 1. 문제점(법령의 범위 내의 의미)

지방자치단체는 법령의 범위 안에서 그 사무에 관하여 조례를 제정할 수 있다(지방자치법 제22조), 법령의 범위 안이란 법률의 우위의 원칙과 법률의 유보의 원칙의 범위 내를 의미한다. 나누어서 살피기로 한다.

### 2. 법률우위의 원칙과 개정조례안

(1) **법률우위의 원칙과 조례의 관계**　　법률의 우위의 원칙은 조례에도 당연히 적용된다(대판 2000. 11. 24, 2000추29). 법률에서 정함이 없는 사항에 대해서는 조례로 정할 수 있다는 법률선점이론도 법률의 우위의 원칙의 한 표현이다. 말하자면 ① 법령에 명시적인 규정이 없는 사항(법령상 공백)을 조례로 정하는 경우에는 헌법원칙과 기본권, 그리고 개별법령상 법원칙을 위반하여서는 아니된

다. ② 법령에 명시적인 규정이 있는 사항을 조례로 정하는 경우에는 구분하여 검토할 필요가 있다. ⓐ 입법목적이 상이하다면 ①의 기준이 적용되어야 한다. ⓑ 입법목적이 동일하다면 두 가지로 구분할 필요가 있다. ㉠ 법령상 규정대상 이외의 사항을 규정하는 경우(추가조례), 수익적 행정의 경우에 재정법상 문제가 없으면 일반적으로 규율이 가능하지만, 침익적 행정의 경우에는 당연히 지방자치법 제22조 단서의 적용을 받는다. ㉡ 규제행정에서 법령상 요건을 넘어선 사항을 규정하는 조례(초과조례)는 인정할 수 없다. 다만, 그 법령의 규정내용이 기준을 제시하고 있다면, 그 기준에 따르면 된다. 법률의 우위의 원칙에 반하는 조례는 무효이다.

[요약]  **법률과 조례의 관계**

[1] 법령에 규정이 없는 경우, 조례제정은 지방자치법 제15조에 따른다.

[2] 법령에 규정이 있는 경우

(1) 입법목적이 상이하다면, 조례제정은 지방자치법 제15조에 따른다.

(2) 입법목적이 동일하다면,

① 법령상 규정대상 이외의 사항을 조례로 정하는 경우(추가조례), 수익적 행정의 경우에는 재정법상 문제가 없으면 일반적으로 조례로 규율이 가능하지만, 침익적 행정의 경우에는 지방자치법 제15조 단서에 따라야 한다.

② 침해행정에서 법령상 요건을 넘어선 사항을 조례로 정하는 경우(초과조례), 그러한 조례제정을 인정할 수 없다. 다만, 법령상 요건이 최저기준이라면, 조례제정을 인정할 수 있다. 이러한 경우는 법령에 근거가 있는 것이고, 법령상 요건을 넘어선 경우가 아니다.

(2) 개정조례안과 법률의 우위의 원칙

(가) 문제상황    지방자치법에는 공무원의 파견에 지방의회가 개입할 수 있는지의 여부에 관해 명시적으로 규정하는 바가 없다. 따라서 공무원의 파견임용에 대한 지방의회의 통제 가능성은 헌법원칙과 기본권, 그리고 개별법률, 특히 설문의 경우에는 지방자치법의 법원칙에 비추어 판단하여야 한다.

(나) 기관대립형    지방자치법 제5장(지방의회)과 제6장(집행기관)을 보면, 지방자치법은 지방자치단체의 조직을 기관대립형으로 구성하고 있다(대판 2009. 4.

9. 2007추103). 따라서 지방의회의 지방자치단체의 장에 대한 개입·통제는 기관
대립형의 본질을 훼손하지 아니하는 범위 안에서만 가능하다고 보아야 한다.
그런데 개정조례안에서 "지방자치단체의 장인 시장이 재단법인 광주비엔날레
의 업무수행을 지원하기 위하여 소속 지방공무원을 위 재단법인에 파견함에 있
어서는 그 파견기간과 인원을 정하여 지방의회인 시의회의 동의를 얻어야 한
다"고 규정한 것은 장의 고유권한인 소속 공무원임용권에 대한 중대한 침해로
서 기관대립형의 구조를 침해한 것이므로 개정조례안은 위법하다(대판 2001. 2.
23. 2000추67).

### 3. 법률유보의 원칙과 개정조례안

#### (1) 지방자치법 제22조 단서의 위헌 여부

(가) 문 제 점    조례에 법률의 유보가 어느 범위까지 미치는가는 명백하
지 않다. 그런데 지방자치법 제22조 단서는 "주민의 권리제한 또는 의무부과에
관한 사항이나 벌칙을 정할 때에는 법률의 위임이 있어야 한다"고 규정하고 있
는바, 이 조항의 합헌성 여부와 관련하여 견해가 나뉘고 있다.

(나) 학    설    학설은 합헌설·위헌설·절충설로 나뉘고 있다. 합헌설은
동 조항은 법률유보원칙의 적용이라는 입장이고, 위헌설은 동 조항은 헌법이
부여하는 지방자치단체의 자치입법권(조례제정권)을 지나치게 제약하고 있다는
입장 또는 헌법이 지방자치단체에 포괄적인 입법권을 부여한 취지에 반한다는
입장이고, 절충설은 법령에 의한 규율이 없는 경우에는 법령의 위임이 없이도
직접 규율을 할 수 있다고 보아 동 조항을 헌법합치적으로 새기는 입장이다.

(다) 판    례    대법원은 합헌설을 취한다. 헌법재판소도 같은 입장이다.

(라) 검    토    지방자치단체는 자치행정주체이므로 지방자치단체의 행
정을 직접국가행정과 동일시할 수는 없다. 지방자치단체는 주민에 의해 선출된
자로 구성된 지방의회를 통해 고유한 민주적인 정당성을 갖기 때문이다. 그럼
에도 헌법 제10조 및 제37조가 정하는 기본권질서 등 국가의 기본질서를 형성
하는 국회의 질서기능은 포기될 수 없다. 따라서 주민의 자유와 재산을 침해하
거나 침해를 가능하게 하는 자치입법은 법률상 근거를 요한다고 보아야 한다.
요컨대 지방자치법 제22조 단서는 합헌으로 이해되어야 한다.

[참고]  지방자치법 제22조 단서는 현행 헌법의 해석상 합헌으로 볼 것이지만, 그렇다고 하여 지방자치법 제22조 단서가 바람직한 것이라고 말하기 어렵다. 왜냐하면 헌법 제22조 단서는 지방자치단체의 자율권을 상당히 제약하고 있기 때문이다. 지방자치의 활성화라는 점에서 본다면, 지방의회가 상당한 범위에 걸쳐 자율적으로 규제적인 조례를 제정할 수 있도록 하는 것이 필요하다고 보는 것이기 때문이다.

(2) 개정조례안과 **법률유보의 원칙**    개정조례안은 소속 공무원의 파견근무에 관한 것으로서 지방자치단체의 장과 지방의회간의 문제를 내용으로 하는 것이고, 주민의 권리제한 또는 의무부과에 관한 사항이나 벌칙과는 거리가 먼 것이므로, 법률유보의 원칙과의 충돌문제는 발생하지 아니한다.

## Ⅳ. 결    론

지방자치단체의 조직을 기관대립형으로 구성하고 있는 지방자치법 제5장과 제6장의 내용에 비추어 볼 때, 지방의회의 지방자치단체의 장에 대한 개입·통제는 기관대립형의 본질을 훼손하지 아니하는 범위 안에서만 가능하다. 그런데 개정조례안에서 소속공무원의 파견에 관해 지방의회의 동의를 얻도록 한 것은 장의 고유권한인 소속 공무원임용권에 대한 중대한 침해로서 기관대립형의 구조를 침해한 것이므로 개정조례안은 위법하다.

# 83 자치사무에 대한 감독
[군수의 위법한 임용행위와 도지사의 취소처분]

[설문]

다음은 대판 1998. 7. 10, 97추67의 시점을 변경하여 재구성한 것이다. 이 사건을 소재로 하여 '자치사무에 대한 감독청의 취소처분을 다투는 소송'의 특징을 말하라.

2020. 11. 23 부안군 공무원인 A는 부안군청직원 150여 명과 공동으로 부안군 의회의원 등의 '군수에 대한 불신임결의안'과 '감사원 및 내무부(현 행정자치부)에 대한 부안군 특별감사 요청 결의안'에 대한 토론과 의결 등 정당한 직무집행을 방해하고, 공무원으로서 공무 이외의 일로 집단행위를 하였다.

2020. 12. 28 A는 상기의 행위로 구속되었다.

2021. 1. 18 원고(부안군수)는 전주지방검찰청 정읍지청 담당검사로부터 A를 구속공판하였다는 내용의 공무원범죄 처분결과통보를 받았다. 그러나 그 후 원고는 A에 대하여 징계의결요구나 직위해제처분을 한 바가 없고, 승진임용을 함에 있어 사전에 인사위원회의 심의를 거치지 아니하였다.

2021. 2. 9 A는 지방공무원법 위반, 특수공무집행방해 등의 죄로 구속기소되었다.

2021. 3. 19 원고는 부안군 내무과장 A를 지방서기관으로 승진임용하여 기획감사실장으로 발령하였다.

2021. 3. 28, 5. 9, 6. 19 피고(전라북도지사)는 원고의 A에 대한 승진임용이 위법·부당하다는 이유로 원고에게 시정을 지시하였으나 원고가 이를 이행하지 아니하였다.

2021. 10. 11 A는 전주지방법원 정읍지원에서 징역 1년 6월의 형을 선고받고, 이에 불복하여 상소하였다.

2021. 11. 11 피고는 다음을 사유로 하여 원고의 A에 대한 승진임용이 위법하다고 보고 지방자치법 제157조 제1항에 의하여 이를 취소하는 처분을 하였다.

① 원고는 지방공무원법 제73조 제3항 등에 따라 징계가 요구되고 승진이 제한되는 자인 A를 위법·부당하게 승진임용시켰다.

② 원고는 A에 대하여 지방공무원법 제65조의2 등에 따른 직위해제처분을 하지 않았다.

③ 원고가 지방공무원법 제8조 제3항 등에 따라 요구되는 인사위원회의 심의절차를 사전에 하지 않고 사후에 심의한 것은 위법하다.

**2021. 12.** 이에 원고는 피고가 한 2021년 11월 11일자 처분(승진임용취소처분)의 취소를 구하는 소송을 제기하였다.

**2022. 2. 20.** A는 전주지방법원에서 징역 1년 6월에 집행유예 2년을 선고받았다. A는 이에 불복하여 상고하였으나, 대법원은 2022년 5월 12일 상고를 기각하였다.

◇ 참고조문 ◇

지방자치법

제169조(위법·부당한 명령·처분의 시정) ① 지방자치단체의 사무에 관한 그 장의 명령이나 처분이 법령에 위반되거나 현저히 부당하여 공익을 해친다고 인정되면 시·도에 대하여는 주무부장관이, 시·군 및 자치구에 대하여는 시·도지사가 기간을 정하여 서면으로 시정할 것을 명하고, 그 기간에 이행하지 아니하면 이를 취소하거나 정지할 수 있다. 이 경우 자치사무에 관한 명령이나 처분에 대하여는 법령을 위반하는 것에 한한다.

② 지방자치단체의 장은 제1항에 따른 자치사무에 관한 명령이나 처분의 취소 또는 정지에 대하여 이의가 있으면 그 취소처분 또는 정지처분을 통보받은 날부터 15일 이내에 대법원에 소(訴)를 제기할 수 있다.

## [해설]

Ⅰ. 소송의 성격
  1. 기관소송의 의의
  2. 본건소송의 성격(항고소송)
Ⅱ. 소송의 대상
  1. 자치사무
  2. 자치사무에 관한 감독청의 명령·처분
Ⅲ. 관할법원·제소기간

  1. 관할법원
  2. 제소기간
Ⅳ. 제소의 사유
  1. 감독청의 명령·취소 등에 이의가 있는 때
  2. 법령위반
  3. 설문과 법령위반 여부

## Ⅰ. 소송의 성격

### 1. 기관소송의 의의

행정소송법 제3조 제4호에서 말하는 기관소송은 동일한 법주체(권리주체) 내부에서의 기관간의 소송을 뜻한다. 지방자치법 제107조 제3항에 따라 지방자치단체의 장이 독자적인 판단에 따라 요구한 재의절차에서 이루어진 지방의회의 재의결사항을 다투는 소송이 가장 전형적인 기관소송의 예에 해당한다. 한편, 상이한 법주체의 기관간의 소송을 기관소송에 포함시키는 견해도 있다.

### 2. 본건소송의 성격(항고소송)

대상판결의 경우, 원고(전라북도 부안군수)와 피고(전라북도지사)는 동일한 법주체 내부의 기관들이 아니므로 본건소송은 기관소송에 해당하지 아니한다. 생각건대 ① 단체장으로 대표되는 지방자치단체는 그 나름의 고유한 법주체로서 당해 지방민의 이익을 보호하여야 하는 주관적 지위도 갖고 있으며, ② 지방자치법 제169조에서 말하는 감독청의 취소·정지는 행정소송법 제2조 제1항 제1호의 처분개념에 해당하므로, 대상판결과 같은 '감독청의 취소처분에 대한 취소청구소송'은 항고소송이다. 그러나 기관소송으로 보는 견해도 있다.

## Ⅱ. 소송의 대상

### 1. 자치사무

(1) 의 의    지방자치법 제169조 제2항의 감독청의 취소처분에 대한 취소청구소송의 대상은 '자치사무'에 관한 감독청의 명령·처분이다. 자치사무란 법령이 제1차적으로 지방자치단체의 사무로 규정한 사무를 말한다. 자치사무가 아닌 단체위임사무나 기관위임사무에 대한 감독청의 명령이나 처분은 지방자치법 제169조 제2항을 근거로 대법원에 제소할 수 있는 대상이 아니다.

(2) **자치사무와 기관위임사무의 구별기준**    판례는 "법령상 지방자치단체의 장이 처리하도록 하고 있는 사무가 자치사무인지 아니면 기관위임사무인지

여부를 판단함에 있어서는 그에 관한 법령의 규정 형식과 취지를 우선 고려하여야 할 것이지만, 그 밖에 그 사무의 성질이 전국적으로 통일적인 처리가 요구되는 사무인지, 그에 관한 경비부담과 최종적인 책임귀속의 주체가 누구인지 등도 함께 고려하여 판단하여야 한다"(대판 2015. 9. 10, 2013추517)는 입장을 취한다.

### 2. 자치사무에 관한 감독청의 명령 · 처분

지방자치법 제169조 제2항의 감독청의 취소처분에 대한 취소청구소송의 대상은 자치사무에 관한 '감독청의 명령·처분'이다. 명령·처분이란 감독청에 의해 발령되고 구속력 있는 일체의 명령이나 처분을 말한다. 훈령 등 행정규칙과 같은 일반적인 명령인가, 아니면 개별적인 명령으로서 처분인가를 가리지 아니한다. 동일한 조문에서 명령·처분을 규정하고 있으므로 명령과 처분의 개념을 반드시 명백하게 구분하여야 하는 것은 아니다.

## Ⅲ. 관할법원 · 제소기간

### 1. 관할법원

지방자치법은 제169조 제2항에서 "지방자치단체의 장은 제1항의 규정에 의한 자치사무에 관한 명령이나 처분의 취소 또는 정지에 대하여 이의가 있는 때에는 그 취소 또는 정지처분을 통보받은 날부터 15일 이내에 대법원에 소를 제기할 수 있다"고 하여 관할법원을 대법원으로 규정하고 있다. 이것은 행정소송법 제9조가 정하는 재판관할의 특칙에 해당한다. 관할법원을 대법원으로 한 것은 기관간의 분쟁을 가능한 한 조속히 매듭짓기 위한 것이다.

### 2. 제소기간

지방자치법은 제169조 제2항에서 "지방자치단체의 장은 제1항의 규정에 의한 자치사무에 관한 명령이나 처분의 취소 또는 정지에 대하여 이의가 있는 때에는 그 취소 또는 정지처분을 통보받은 날부터 15일 이내에 대법원에 소를 제기할 수 있다"고 하여 제소기간을 '그 취소 또는 정지처분을 통보받은 날로부터 15일 이내'로 규정하고 있다. 이것은 행정소송법 제20조의 제소기간의 특칙에 해당하는데, 여기서 제소기간을 짧게 한 것 역시 가능한 한 분쟁을 조속히 매듭짓기 위한 것이다.

## IV. 제소의 사유

### 1. 감독청의 명령·취소 등에 이의가 있는 때

감독청은 지방자치단체의 자치사무에 관한 그 장의 명령이나 처분이 법령에 위반된다고 인정될 때에는 기간을 정하여 서면으로 시정을 명하고, 그 기간 내에 이행하지 아니할 때에는 이를 취소하거나 정지할 수 있다(지방자치법 제169조 제1항). 지방자치단체의 장은 자치사무에 관한 감독청의 명령이나 처분의 취소 또는 정지에 대하여 이의가 있는 때에 대상판결과 같은 소를 제기할 수 있다(지방자치법 제169조 제2항). 따라서 제소사유로서 지방자치단체의 장의 '이의가 있는 때'라는 것은 '자치사무에 관한 명령이나 처분이 법령에 위반되는가의 여부에 관한 감독청의 판단에 대한 이의'라 할 것이므로 결국 제소사유는 법령위반이다.

### 2. 법령위반

(1) 지방자치법 제169조 제1항에서 말하는 법령이란 헌법·법률·명령·상위조례·상위규칙 등 일체의 성문법규뿐만 아니라 관습법 외에 행정법의 일반원칙까지도 포함하는 개념이다. 그리고 법령은 실체적 조항뿐만 아니라 절차적 조항까지도 포함한다.

(2) 지방자치법 제169조 제1항은 '법령위반'과 '현저히 부당하여 공익을 해하는 경우'를 구분하고 있는데, 행정법인 지방자치법은 공익의 법이라는 점을 고려할 때, '현저히 부당하여 공익을 해하는 경우'를 법령위반과 구분하고 있는 것은 타당하지 않다. 설문의 경우는 지방자치단체의 장인 부안군수의 처분이 지방공무원법 제8조 제3항(인사위원회), 제39조 제3항(승진임용의 방법), 제65조의3(직위의 해제), 제69조 제1항(징계사유), 제73조 제3항(징계의 관리) 등에 위반되는가의 여부가 쟁점이다.

## 3. 설문과 법령위반 여부

(1) **인사위원회의 심의의 결여**　　지방공무원법 제39조 제4항에 따른 인사위원회의 사전심의를 거치지 않고 A를 승진임용한 것은 법률에 규정된 절차에 위배된 것으로 위법하다. 그러나 만약 인사발령에 뒤이어 곧바로 그 인사발령과 같은 내용으로 인사위원회의 의결이 이루어졌다면, 그로써 사전에 인사위원회의 심의를 거치지 아니한 하자는 치유되었다고 볼 것이다.

(2) **재량권의 남용**　　원고가 현실적으로 A에 대한 징계의결요구를 하지 아니한 이상 A가 지방공무원임용령 제34조 제1항 제1호 소정의 승진임용 제한 사유인 직위해제·징계의결요구 중에 있는 경우라 할 수 없다. 그러나 원고의 A에 대한 승진임용 당시 A는 지방공무원법 위반 등으로 구속기소된 바 있는데, 그 사안의 내용에 비추어 보면, 이는 지방공무원법 제69조 제1항 소정의 징계사유에 해당한다. 따라서 원고로서는 A에 대하여 지체없이 징계의결의 요구를 할 의무가 있으며, 나아가 직위해제를 할 필요성도 매우 높다. 그럼에도 불구하고 원고는 A에 대하여 징계의결요구나 직위해제처분을 하지 않았을 뿐만 아니라, 오히려 그를 승진임용시키기에 이르렀으니, 이는 법률이 임용권자에게 부여한 승진임용에 관한 재량권의 범위를 일탈한 것으로서 현저히 부당하여 공익을 해하는 위법한 처분이다(대판 2007. 3. 22. 2005추62).

(3) **승진임용 취소의 적법성**　　따라서 피고가 지방자치법 제169조 제1항에 의하여, 기간을 정하여 원고의 위와 같은 위법한 승진임용의 시정을 명하고 원고가 그 기간 내에 이를 이행하지 아니하자 위와 같이 그 승진임용을 취소한 것은 적법하다.

# 84 기관위임사무에 대한 감독
[구청장의 심야영업제한조치에 대한 서울특별시장의 취소 가능성]

## [설문]

서울특별시 K구의 구청장은 K구가 과소비풍조를 적극적으로 조장한다고 보아, 식품위생법 제43조, 제91조 및 식품위생법시행령 제28조에 의거하여 K구 내에서 유흥주점영업시간을 오후 8시부터 자정까지로 제한하는 조치를 단행하였다. 이에 K구의 유흥주점영업자들은 K구에서 심야영업을 제한하는 것은 정당하지 않다고 주장하면서 서울특별시청에서 농성을 하고 있다. 서울특별시장은 K구의 구청장은 K구의 구청장의 심야영업제한조치를 직접 취소할 수 있는가? 단, 영업시간에 관한 제한을 가할 수 있는 시·도지사의 권한은 구청장에게 위임된 것으로 한다.

◇ 참고조문 ◇
식품위생법
제43조(영업 제한) ① 시·도지사는 영업 질서와 선량한 풍속을 유지하는 데에 필요한 경우에는 영업자 중 식품접객영업자와 그 종업원에 대하여 영업시간 및 영업행위를 제한할 수 있다.
② 제1항에 따른 제한 사항은 대통령령으로 정하는 범위에서 해당 시·도의 조례로 정한다.
제91조(권한의 위임) 이 법에 따른 식품의약품안전처장의 권한은 대통령령으로 정하는 바에 따라 그 일부를 시·도지사 또는 지방식품의약품안전청장에게, 시·도지사의 권한은 그 일부를 시장·군수·구청장 또는 보건소장에게 각각 위임할 수 있다.
식품위생법 시행령
제28조(영업의 제한 등) 법 제43조 제2항에 따라 특별시·광역시·도·특별자치도(이하 "시·도"라 한다)의 조례로 영업을 제한하는 경우 영업시간의 제한은 1일당 8시간 이내로 하여야 한다.
지방자치법
제167조(국가사무나 시·도사무 처리의 지도·감독) ① 지방자치단체나 그 장이 위임받아 처리하는 국가사무에 관하여 시·도에서는 주무부장관의, 시·군 및 자치구에서는 1차로 시·도지사의, 2차로 주무부장관의 지도·감독을 받는다.

② 시·군 및 자치구나 그 장이 위임받아 처리하는 시·도의 사무에 관하여는 시·도지사의 지도·감독을 받는다.

[해설]

## Ⅰ. 논점의 정리

설문에 답하기 위해 ① K구의 구청장의 심야영업제한조치의 적법 여부를 살펴보고, 이어서 ② K구의 구청장의 조치에 대한 서울특별시장의 직접 취소의 가능 여부에 대하여 검토하기로 한다.

## Ⅱ. K구청장의 심야영업제한의 적법 여부

식품위생법 제43조와 제91조에 근거한 식품위생법 시행령 제28조는 "식품위생법 제43조 제2항에 따라 특별시·광역시·도·특별자치도(이하 "시·도"라 한다)의 조례로 영업을 제한하는 경우 영업시간의 제한은 1일당 8시간 이내로 하여야 한다"고 규정하고 있다. 그런데 설문에서 K구청장의 영업제한조치는 오후 8시부터 자정까지 4시간만 영업할 수 있도록 한 것으로서, 24시간 중 20시간은 영업을 할 수 없도록 하는 것이므로 식품위생법 시행령 제43조 제2항을 위반한 것이므로 위법하다.

## Ⅲ. 서울특별시장의 취소행위의 가능 여부

### 1. 심야영업제한행위와 사무의 성질(기관위임사무)

기초지방자치단체인 구청장에 대한 서울특별시장의 통제의 법적 근거는 사무의 종류별로 상이하므로, K구의 구청장의 심야영업제한행위가 자치사무인지 또는 단체위임사무인지, 아니면 기관위임사무인지의 여부를 먼저 검토할 필요가 있다. 그런데 설문에서 "영업시간에 관한 제한을 가할 수 있는 시·도지사의 권한은 구청장에게 위임된 것으로 한다"고 하였으므로 심야영업제한사무는 서울특별시장이 구청장에 기관위임한 사무이다.

### 2. 기관위임사무인 심야영업제한행위에 대한 감독

**(1) 감독의 필요성**　　수임기관이 수행하여도 기관위임사무는 모법상 여전히 위임기관의 사무이지 수임기관의 사무는 아니다. 따라서 위임기관은 수임기관의 사무의 처리에 당연히 개입할 수 있다. 뿐만 아니라 수임기관의 사무도 크게 보면 모두 대한민국의 국법상 행위이고, 대한민국의 국법상 모든 행위는 하나의 통일성을 가져야 하는바, 기관위임사무에 위임기관이 개입한다는 것은 불가피하고도 당연하다.

**(2) 감독의 근거법규**(지방자치법 제167조 제2항)　　구청장이 시·도지사의 기관위임사무를 처리하는 경우, 그에 대한 시·도지사의 통제수단으로서 설문과 관련있는 규정으로 지방자치법 제167조 제2항이 있다. 즉 동 조항은 "시·군 및 자치구나 그 장이 위임받아 처리하는 시·도의 사무에 관하여는 시·도지사의 지도·감독을 받는다"고 규정하고 있다.

**(3) 감독의 내용**　　지방자치법 제167조 제2항에서 말하는 '지도·감독'에 취소·정지의 의미가 포함되는가의 여부는 문제이다. 생각건대 ① 기관위임사무는 위임에도 불구하고 모법상으로는 여전히 위임청의 사무이고, ② 취소·정지는 그릇된 행위, 즉 위법 또는 부당한 행위를 바로잡는 조치이므로, 그것이 '위임'이라는 제도의 취지에 어긋나는 것은 아니고, ③ 취소·정지라는 수단이 지도·감독의 내용이 되지 아니한다면, 위임청이 갖는 지도·감독권은 유명무실해질 수 있다는 것을 고려할 때 지방자치법 제167조 제2항이 말하는 지도·감독에는 취소·정지의 처분이 포함된다고 본다.

## Ⅳ. 결　　론

(1) 유흥주점영업을 오후 8시부터 자정까지만 하도록 한 K구의 구청장의

심야영업제한조치는 24시간 중 20시간은 영업을 할 수 없도록 하는 것이므로 식품위생법 시행령 제43조 제2항을 위반한 것이므로 위법하다.

　(2) K구의 구청장의 심야영업제한조치는 서울특별시장의 사무를 기관위임 받아 한 것이므로, 서울특별시장은 지방자치법 제167조 제2항에 의거하여 K구의 구청장의 심야영업제한조치를 취소할 수 있다.

# 85 하자있는 징계처분의 효력
[징계사유인 수뢰죄와 사후의 무죄확정]

[설문]

경찰관 A는 B로부터 업무와 관련하여 뇌물을 받았음을 이유로 권한행정청에 의해 법정의 형식과 절차를 거쳐 파면처분을 받았다. 그후 A는 기소되었다. 제1심에서 A는 뇌물을 수수한 바 전혀 없고, B로부터 받은 돈이 자신의 직무와 관련된 것임을 알고 되돌려준 사실밖에 없다고 주장하였으나, 제1심 법원은 유죄판결을 하였다. 그러나 제2심과 대법원은 무죄판결을 하였고, 그 판결은 확정되었다. 이에 A는 파면처분이 당연무효라고 판단하고 파면처분무효확인소송을 제기하려고 한다. A의 판단은 정당한가?

◇ 참고조문 ◇

국가공무원법

제56조(성실의무) 모든 공무원은 법령을 준수하며 성실히 직무를 수행하여야 한다.

제61조(청렴의 의무) ① 공무원은 직무와 관련하여 직접적이든 간접적이든 사례·증여 또는 향응을 주거나 받을 수 없다.

제63조(품위 유지의 의무) 공무원은 직무의 내외를 불문하고 그 품위가 손상되는 행위를 하여서는 아니된다.

제78조(징계사유) ① 공무원이 다음 각 호의 어느 하나에 해당하면 징계의결을 요구하여야 하고 그 징계의결의 결과에 따라 징계처분을 하여야 한다.

1. 이 법 및 이 법에 따른 명령을 위반한 경우

2. 직무상의 의무(다른 법령에서 공무원의 신분으로 인하여 부과된 의무를 포함한다)를 위반하거나 직무를 태만히 한 때

3. 직무의 내외를 불문하고 그 체면 또는 위신을 손상하는 행위를 한 때

제79조(징계의 종류) 징계는 파면·해임·강등·정직(停職)·감봉·견책(譴責)으로 구분한다.

[해설]

## Ⅰ. 논점의 정리

경찰관이 뇌물을 수수하는 행위는 국가공무원법 제56조의 성실의무, 제61조의 청렴의 의무, 제63조의 품위 유지의 의무를 위반한 행위로서 국가공무원법 제78조 제1항에 따라 당연히 징계사유에 해당한다. 따라서 설문과 관련하여 특히 검토를 요하는 점은 ① 징계처분 당시의 징계사유인 뇌물수수가 대법원판결을 통해 무죄가 된 경우, 즉 징계사유의 부존재가 사후에 확인된 경우, 그 징계처분의 적법 여부, 그리고 ② 만약 그 징계처분이 위법하다고 하면, 그 하자가 취소사유인지 또는 무효사유인지의 여부이다.

## Ⅱ. 사실의 오인과 처분의 적법 여부

(1) 행정행위(행정처분)가 적법하기 위해서는 주체요건·내용요건·절차요건·형식요건과 통지요건을 구비하여야 한다. 그런데 A에 대한 징계는 '권한행정청에 의해 법정의 형식과 절차를 거친 것'이므로, 설문에 답하기 위해서는 내용요건에 대한 검토가 필요하다.

(2) 행정행위의 내용이 정당하기 위해서는 그 행정행위의 전제가 되는 사실관계가 정당한 것이어야 한다. 왜냐하면 행정행위는 일정한 사실관계에 대한 법적용의 결과물이고, 그 일정한 사실관계는 정당한 사실관계를 뜻하기 때문이다. 그릇된 사실관계에 대한 법적용은 당연히 위법한 것이 된다.

(3) 행정행위의 발령시에는 존재하는 것으로 판단되었던 사실관계일지라도 대법원의 판결로서 그러한 사실관계가 존재하지 아니하였던 것으로 확정되었다면, 그러한 행정행위는 그릇된 사실관계를 전제로 한 것으로 볼 수밖에 없다. 따라서 설문의 A에 대한 파면처분은 당연히 위법한 처분이다(대판 1985. 9. 10. 85누386).

## Ⅲ. 사실의 오인과 무효·취소의 사유

### 1. 무효와 취소의 구별기준

(1) 학    설    무효와 취소의 구별기준으로 학설은 ① 하자의 중대성과 명백성을 모두 기준으로 하는 중대명백설, ② 기본적으로는 중대명백설의 입장에 서지만, 하자의 명백성을 완화하여 일반 국민에게 명백한 경우뿐만 아니라 관계공무원에게 명백한 경우도 명백한 것으로 보는 객관적 명백설, ③ 기본적으로는 중대명백설의 입장에 서지만, 경우에 따라서는 하자의 중대성만으로 무효가 되는 것으로 보는 명백성보충요건설이 있다. 중대명백설이 통설이다.

(2) 판    례    판례는 중대명백설을 취한다. 명백성보충요건설이 판례의 소수의견으로 주장된 바 있다. 명백성보충요건설은 "행정행위의 무효사유를 판단하는 기준으로서의 명백성은 행정처분의 법적 안정성 확보를 통하여 행정의 원활한 수행을 도모하는 한편 그 행정처분을 유효한 것으로 믿은 제3자나 공공의 신뢰를 보호하여야 할 필요가 있는 경우에 보충적으로 요구되는 것으로서, 그와 같은 필요가 없거나 하자가 워낙 중대하여 그와 같은 필요에 비하여 처분 상대방의 권익을 구제하고 위법한 결과를 시정할 필요가 훨씬 더 큰 경우라면 그 하자가 명백하지 않더라도 그와 같이 중대한 하자를 가진 행정처분은 당연 무효라고 보아야 한다"는 입장을 취한다.

### (3) 중대명백설

1) 중대명백설에 따르면, 하자가 중대하고 동시에 명백한 행정행위는 무효가 되고, 하자가 중대하지만 명백하지 않거나 명백하지만 중대하지 아니한 행위는 취소의 대상이 된다. 하자가 중대하지만 명백하지 않거나 명백하지만 중대하지 아니한 행위는 단순위법의 행위라고 불린다. 참고로 부당한 행위는 위법한 행위가 아니다. 그것은 적법한 행위이지만 합리성이 다소 떨어지는 행위이다. 그것은 행정심판의 대상이 될 뿐이다. 법적 안정성의 원칙과 실질적 정의의 원칙의 조화에 근거를 두고 있다.

2) ① 하자가 중대하다는 것은 행정행위의 발령의 근거가 된 법규의 면에서 하자가 중대한 것이 아니라, 당해 행정행위의 적법요건의 면에서 하자가 중

대하다는 의미이다. 달리 말한다면 행정행위의 내용의 면에서 중대하다는 의미
이다. ② 하자가 명백하다는 것은 행정행위에 하자 있음이 외관상 명백하다는
것을 의미한다. 명백성은 주의깊은 평균인이 즉시 인식할 수 있는가의 여부를
기준으로 판단하여야 한다. ③ 궁극적으로 하자의 중대성과 명백성은 법률의
목적·의미·기능, 당해 행정행위가 주어지는 구체적 상황의 분석 등 관련있는
제반사항을 합리적으로 고찰하여 판단할 수밖에 없다.

### 2. A에 대한 파면처분의 효력

(1) 하자의 중대성　　　뇌물을 수수하지 아니한 자에 대해서는 뇌물수수를
근거로 징계처분을 할 수 없음은 자명하다. 따라서 뇌물을 수수하지 아니한 A
에게 뇌물을 수수하였다고 하여 파면처분을 한 것은 내용상 중대한 하자가 있
는 처분에 해당한다.

(2) 하자의 명백성　　　A가 징계사유(뇌물수수)로 기소되어 제2심과 대법원에
서 무죄판결을 받았다고 하여도 제1심법원에서 유죄판결을 받았을 정도였다면,
그 사실오인의 하자는 반드시 명백한 것으로 보기는 어렵다.

(3) 소　　결　　　통설과 판례의 입장에서 볼 때, A에 대한 징계처분은 하자
가 내용상 중대하지만 외관상 명백한 것은 아니다. 따라서 A에 대한 징계처분
은 취소할 수 있는 행위에 불과하다(대판 1985. 9. 10, 85누386).

## Ⅳ. 결　　론

(1) 행정행위의 발령시에는 존재하는 것으로 판단되었던 사실관계일지라도
그후 대법원의 판결로서 부존재가 확정되었다면, 그러한 행정행위는 그릇된 사
실관계를 전제로 한 것이어서 위법하므로, A에 대한 파면처분은 위법하다.

(2) 통설과 판례의 입장에서 볼 때, A에 대한 징계처분은 하자가 내용상 중
대하지만 외관상 명백한 것은 아니므로 A에 대한 징계처분은 취소할 수 있는
행위에 불과하다.

(3) 따라서 자신에 대한 파면처분이 당연무효라고 보는 A의 판단은 정당하
지 않다.

## 86 경찰책임의 주체
[우체국장의 도로상 우편물 적재와 경찰의 제거명령]

[설문]

　A우체국이 처리할 우편물이 지나치게 과다하여 도로상에 임시로 쌓아두자 도로교통에 장애가 발생하고 있다. 이에 관할 경찰서장은 A우체국장에게 우편물의 제거를 명하였다. A우체국장은 관할 경찰서장의 제거명령에 따라야 하는가?

　　◇ 참고조문 ◇
　도로교통법
　제68조(도로에서의 금지행위 등) ② 누구든지 교통에 방해가 될 만한 물건을 도로에 함부로 내버려두어서는 아니된다.

[해설]

Ⅰ. 논점의 정리
Ⅱ. A우체국장과 실질적 경찰책임
　1. 실질적 경찰책임의 의의
　2. 행정주체(국가기관)의 실질적 경찰책임
　　인정 여부
　3. A우체국장의 실질적 경찰책임(소결)

Ⅲ. A우체국장과 형식적 경찰책임
　1. 형식적 경찰책임의 의의
　2. 행정주체(국가기관)의 형식적 경찰책임
　　의 인정 여부
　3. A우체국장의 형식적 경찰책임(소결)
Ⅳ. 결론

## Ⅰ. 논점의 정리

　설문은 도로상의 안전확보를 위해, 바꾸어 말하면 도로상에서 발생할 수도 있는 위험을 방지하기 위하여 위험발생의 원인제공과 직접 관련이 있는 A우체국장에게 일방적으로 우편물의 제거를 명하는 것이 가능한가의 여부를 묻고 있다. 경찰법론상 이러한 것들은 경찰책임의 문제가 된다.

## Ⅱ. A우체국장과 실질적 경찰책임

### 1. 실질적 경찰책임의 의의

공공의 안녕이나 질서를 침해하지 말아야 하는 의무와 장해가 발생한 경우에는 장해의 근원과 결과를 제거해야 할 의무를 실질적 의미의 경찰의무라 부른다. 그것은 국가권력에 복종하는 주체가 성문·불문의 모든 경찰법규를 준수·유지해야 하는 의무라고 할 수도 있다. 경찰의무라는 말은 오늘날에 있어서는 경찰책임으로 표현된다. 사인은 당연히 실질적 경찰책임의 주체가 된다.

### 2. 행정주체(국가기관)의 실질적 경찰책임 인정 여부

모든 국가기관은 헌법과 법에 구속되기 때문에 국가기관도 경찰책임자 내지 위험제공자가 될 수 있다고 볼 것이다.

[참고] 행정주체(국가기관)는 공법상 권능의 수행자라는 관점에서 행정주체(국가기관)의 의무에 수정이 가해질 수 있다. 말하자면 사인에게는 금지되어 있는 일정행위도 법률규정에 의해 공법적으로 행위하는 행정주체의 경우에는 가능하다고 볼 것이다(예, 도로교통법 제29조(긴급자동차의 우선 통행) ① 긴급자동차는 제13조 제3항에도 불구하고 부득이한 경우에는 도로의 중앙이나 좌측부분을 통행할 수 있다. ② 긴급자동차는 이 법이나 이 법에 의한 명령데 따라 정지하여야 하는 경우에도 불구하고 긴급하고 부득이한 경우에는 정지하지 아니할 수 있다).

### 3. A우체국장의 실질적 경찰책임(소결)

일반적인 견해에 의할 때, A우체국장은 실질적 경찰책임을 부담한다.

## Ⅲ. A우체국장과 형식적 경찰책임

### 1. 형식적 경찰책임의 의의

실질적 경찰책임(의무)을 위반(불이행)한 자가 공공의 안녕과 질서의 회복을 위한 경찰행정청의 명령에 복종하여야 하는 책임(의무)을 형식적 경찰책임이라 부른다. 사인은 당연히 형식적 경찰책임의 주체가 된다.

### 2. 행정주체(국가기관)의 형식적 경찰책임의 인정 여부

#### (1) 공법작용의 경우

(가) 부 정 설    자신의 권한영역 내에서의 활동과 결합되어 나오는 위험은 스스로에 의해 극복되어야 하며, 만일 경찰행정청의 명령에 다른 국가기관이 복종해야 한다면 다른 행정주체 내지 동일행정주체 내의 다른 기관에 대한 경찰행정청의 우위를 뜻하게 되는 문제를 가져온다는 견해이다.

(나) 긍 정 설    국가기관의 활동이 그 가치에 있어 모두 동일한 것이 아니므로 경우에 따라서는 비교형량에 의해 경찰행정기관에 의한 목적수행이 우선시 되는 경우가 인정될 수 있기에 이때에는 다른 행정기관에 대한 경찰권행사가 인정된다고 본다. 즉, 다른 국가기관에 의해서 행해지는 적법한 임무수행을 방해하지 않는 범위 안에서는 위해방지를 위한 경찰행정기관의 다른 국가기관에 대한 경찰권행사는 허용되는 것으로 보는 견해이다.

(다) 사    견    부정설이 보다 논리적이다. 왜냐하면 공법상 여러 기능이 가치에 있어서 상이하다는 긍정설의 입장을 인정한다고 하여도 그것을 측정하기는 곤란하기 때문이다. 그러나 예외적으로 인정되어야 하는 경우도 있다(예, 공공기관소속의 차량이 주차위반을 한 때에 경찰은 견인할 수 있다).

#### (2) 사법작용의 경우

(가) 행정사법작용    행정사법작용의 경우에는 공법작용의 경우와 마찬가지로 형식적 경찰책임은 부인되어야 한다. 왜냐하면 사법수단의 도입에도 불구하고 행정사법작용은 특별한 공법상 목적에 이바지하는 것이기 때문이다. 반면, 공법작용에서 형식적 경찰책임을 인정하는 견해는 정당한 행정목적 수행이 직접적으로 영향을 받지 않는 방법으로 행정사법의 영역에도 형식적 경찰책임이 원칙적으로 인정된다고 한다.

(나) 협의의 국고작용    공법인이 오로지 좁은 의미의 국고작용을 통해 경찰상 위험을 야기시키는 경우에는 사인이 위험을 야기시키는 경우와 같이 경찰행정청의 개입이 가능하다(예, 우체국의 신축 후 도로상에 남은 건축자재를 방치하여

교통에 장애를 주는 경우에 우체국은 방치한 물건에 대하여 책임을 져야 한다).

### 3. A우체국장의 형식적 경찰책임(소결)

(1) A우체국장이 우편물을 처리하는 것은 우편법에 의한 공법작용에 해당한다. 따라서 상기의 부정설에 의할 때, 관할 경찰서장은 A우체국장에게 일방적으로 우편물의 제거를 명할 수는 없다. 관할 경찰서장이 A우체국장에게 일방적으로 우편물의 제거를 명한다고 하여도 A우체국장에게 형식적 경찰책임이 발생하는 것은 아니다.

(2) 관할 경찰서장은 업무협조의 차원에서 A우체국장에게 교통안정을 위해 우편물을 제거해 줄 것을 요청할 수는 있을 것이다.

## Ⅳ. 결    론

일반적인 견해에 의할 때, A우체국장은 실질적 경찰책임을 부담하지만, 형식적 경찰책임은 부담하지 아니하는바, A우체국장은 관할 경찰서장의 명령에 복종하여야 할 의무가 발생하지 아니한다. 따라서 A우체국장은 관할경찰서장의 제거명령에 따라야 하는 것은 아니다.

# 87 경찰책임의 승계
[양도인의 폐유무단폐기와 양수인의 제거의무]

## [설문]

甲은 乙로부터 자동차정비업체를 인수받았다. 그런데 乙은 자동차정비업을 경영하면서 발생한 폐유를 업소부지에 파묻은 용기에 폐기하여 왔으나, 甲은 이러한 사실을 전혀 알지 못하고 자신이 인수한 후 발생한 폐유는 적법한 방법으로 처리하여 왔다. 그후 홍수로 인하여 위 용기가 일부 훼손되어 폐유가 누출됨으로써 인근지역의 공공수역을 오염시키기에 이르렀다. 행정청은 수질 및 수생태계 보전에 관한 법률 제15조에 근거하여 甲에게 오염물질의 제거를 명할 수 있는가?

◇ 참고조문 ◇

수질 및 수생태계 보전에 관한 법률

제15조(배출 등의 금지) ① 누구든지 정당한 사유 없이 다음 각 호의 어느 하나에 해당하는 행위를 하여서는 아니된다.

1. 공공수역에 특정수질유해물질, 「폐기물관리법」에 따른 지정폐기물, 「석유 및 석유대체연료 사업법」에 따른 석유제품·가짜석유제품·석유대체연료 및 원유(석유가스는 제외한다. 이하 "유류"라 한다), 「화학물질관리법」에 따른 유독물질(이하 "유독물"이라 한다), 「농약관리법」에 따른 농약(이하 "농약"이라 한다)을 누출·유출하거나 버리는 행위

2. 공공수역에 분뇨, 가축분뇨, 동물의 사체, 폐기물(「폐기물관리법」에 따른 지정폐기물은 제외한다) 또는 오니(汚泥)를 버리는 행위

3. 하천·호소에서 자동차를 세차하는 행위

4. 공공수역에 환경부령으로 정하는 기준 이상의 토사(土砂)를 유출하거나 버리는 행위

② 제1항 제1호·제2호 또는 제4호의 행위로 인하여 공공수역이 오염되거나 오염될 우려가 있는 경우에는 그 행위자, 행위자가 소속된 법인 및 그 행위자의 사업주(이하 "행위자등"이라 한다)는 해당 물질을 제거하는 등 환경부령으로 정하는 바에 따라 오염을 방지·제거하기 위한 조치(이하 "방제조치"라 한다)를 하여야 한다.

③ 시·도지사는 제2항에 따라 행위자등이 방제조치를 하지 아니하는 경우에는 그 행위자등에게 방제조치의 이행을 명할 수 있다.

## [해설]

# Ⅰ. 논점의 정리

설문은 "甲이 대집행의 대상이 되는 행위(방제조치)를 하여야 할 의무를 부담하는 자인가"를 묻고 있다. 이에 답하기 위해서는 甲이 '경찰책임을 부담하는 자인가'의 문제를 검토할 필요가 있다.

# Ⅱ. 경찰책임과 방제의무(대체적 작위의무)

## 1. 경찰책임의 의의

국가공동체의 구성원은 누구도 공적 안전과 공적 질서를 깨뜨려서는 아니되며, 또한 자신에 의해 교란(공적 안전과 공적 질서의 파괴)이 야기되면 그 교란의 근원과 결과를 제거하여야 한다(실질적 경찰책임). 그리고 이러한 실질적 경찰책임의 불이행·위반에 대한 경찰행정청의 명령에 복종하여야 한다(형식적 경찰책임).

## 2. 경찰책임의 법적 근거

경찰책임의 부과는 침익적 행위인바, 경찰책임을 부과하기 위해서는 헌법 제37조 제2항에 의거하여 법률상 근거가 필요하다. 설문의 경우, 경찰책임의 부과의 법적 근거는 수질 및 수생태계 보전에 관한 법률 제15조 제2항 및 제3항이다. 제2항은 실질적 경찰책임, 제3항은 형식적 경찰책임을 규정한 것이다.

## 3. 경찰책임의 주체

수질 및 수생태계 보전에 관한 법률 제15조 제4항의 대집행의 대상은 동조 제3항에 따른 방제조치의 이행명령에 의해 발생된 오염의 방지·제거의무(방제조

치의무)이고, 동조 제3항의 방제조치의 이행명령은 동조 제1항 제1호에 의한 금
지사항을 위반한 자가 동조 제2항에 따른 의무(방제조치)를 불이행한 경우에 이
루어진다. 따라서 동조 제1항 제1호에서 금지하는 행위를 위반한 자가 아닌 자
는 동조 제3항에서 규정하는 방제조치의 이행명령의 상대방이 될 수는 없다.

### 4. 경찰책임의 종류

경찰책임의 유형에는 행위책임·상태책임, 그리고 양자가 병합된 형태가
있다. 설문상 乙이 자동차정비업을 경영하면서 발생한 폐유를 업소부지에 파묻
은 용기에 폐기하였다는 것은 두 가지 방향에서 공공수역에 대한 환경상의 위
험을 야기하고 있다. 하나는 "폐유를 업소부지에 파묻은 용기에 폐기하였다"는
행위로 인해 야기되는 환경경찰상 위험이고, 또 하나는 "업소부지에 파묻은 용
기에 폐유가 폐기되어 있다"는 상태로 인해 야기되는 환경경찰상 위험이다. 수
질 및 수생태계 보전에 관한 법률 제1조, 제15조 제1항과 동조 제2항의 입법취
지를 고려한다면, 수질 및 수생태계 보전에 관한 법률 제15조 제2항에서 말하
는 행위자 등이 부담하는 책임은 행위 그 자체로 인한 위험상태를 방지(제거)할
책임인 행위책임뿐만 아니라 행위로 인해 야기된 위험상태를 제거(방지)하여야
하는 상태책임도 포함하는 것으로 이해된다.

### 5. 경찰책임의 승계

(1) **문제상황**　　수질 및 수생태계 보전에 관한 법률 제15조 제1항 제1호
에서 금지하는 행위를 스스로 위반한 자가 아니라고 하여도, 동조 제1항 제1호
를 위반하고 또한 동조 제2항의 의무를 불이행한 자의 지위를 승계한 자는 동
조 제3항의 방제조치이행명령의 상대방이 될 수 있는가의 문제가 나타난다. 이
것은 소위 경찰책임의 승계문제이다. 경찰책임의 승계 가능성은 경찰책임의 종
류에 따라 다르다.

(2) **행위책임의 승계가능성**　　경찰상 행위책임은 위험이나 교란을 직접
야기하는 사람의 행위와 관련된 개념이다. 행위책임은 행위자 자신의 행위로
인해 부담할 수도 있고, 자신의 감독하에 있는 자의 행위로 인해 부담할 수도
있다. 그러나 경찰상 행위책임은 특정인의 행위에 대한 법적 평가와 관련된 것

이므로 행위책임에는 법적 승계가 인정되지 아니한다. 따라서 甲은 乙의 행위책임을 승계하지 아니한다.

(3) 승계책임의 승계가능성　　경찰목적인 국가의 평화와 질서, 즉 공적 안전과 공적 질서는 반드시 유지되어야 한다는 점, 상태책임은 사람의 개성과는 무관하다는 점, 상태책임의 원인은 경찰목적에 비추어 결정적인 것이 아니라는 점, 상태책임의 주체가 반드시 비용부담의 주체가 되어야 하는 것은 아니라는 점 등에 비추어 경찰상 상태책임의 승계는 인정되어야 한다. 그리고 상태책임의 승계는 행정행위를 통해 구체화된 상태책임의 경우뿐만 아니라 법률에서 구체화되어 있는 상태책임의 경우에도 동일하다.

[참고] 만약 법령에서 규정된 경찰상 책임은 추상적 책임이고, 경찰처분을 통하여 구체화된다는 입장에서 수질 및 수생태계 보전에 관한 법률 제15조 제2항의 의무를 추상적인 의무라고 보게 되면, 설문에서 승계책임은 문제되지 아니한다. 이렇게 되면, A의 토지에 있는 오염물질의 제거는 행위자인 B가 부담하든지 아니면 행정청이 부담해야 할 것이다.

## Ⅲ. 결　　론

甲은 수질 및 수생태계 보전에 관한 법률 제15조 제1항 제1호에서 금지하는 행위를 위반한 바가 없다. 따라서 甲에게는 동조 제1항의 의무위반을 전제로 부과되는 동조 제2항의 의무의 위반의 문제가 생기지 아니한다. 그러나 甲은 영업양수를 통해 乙의 지위를 승계한 자이다. 甲이 승계하는 乙의 지위의 내용에는 乙이 수질 및 수생태계 보전에 관한 법률 제15조 제2항에 근거하여 부담하는 경찰상 상태책임도 포함된다. 따라서 甲은 승계에 의해 수질 및 수생태계 보전에 관한 법률 제15조 제2항에 의한 상태책임을 부담하는바, 행정청이 수질 및 수생태계 보전에 관한 법률 제15조 제3항에 근거하여 甲에게 발령한 방제조치의 이행명령은 적법하다.

## 공    물

88 [행정재산의 의의와 양도 가능성]

[설문]

A토지는 해방 이전에 무면허매립된 토지이다. 해방 후 B(흑산어업조합)가 피고(대한민국)에게 귀속재산 우선매수신청을 하여 1953년에 매수하였다. 그 후 B는 1969년에 C에게, 그리고 1970년에 D에게 A토지의 일부를 각각 매도 하였다. 그후 C는 1970년에 E에게, D는 1970년에 F에게 각각 다시 매도하였 다. E와 F는 정당한 소유권자인가?

◇ 참고조문 ◇

국유재산법

제7조(국유재산의 보호) ② 행정재산은 「민법」 제245조에도 불구하고 시효취득(時效取得)의 대상이 되지 아니한다.

제27조(처분의 제한) ① 행정재산은 처분하지 못한다. 다만, 다음 각호의 어느 하나에 해당하는 경우에는 교환하거나 양여할 수 있다.

1. 공유(公有) 또는 사유재산과 교환하여 그 교환받은 재산을 행정재산으로 관리하려 는 경우

2. 대통령령으로 정하는 행정재산을 직접 공용이나 공공용으로 사용하기 위하여 필요 로 하는 지방자치단체에 양여하는 경우

제30조(사용허가) ① 중앙관서의 장은 다음 각 호의 범위에서만 행정재산의 사용허가 를 할 수 있다.

1. 공용·공공용·기업용 재산: 그 용도나 목적에 장애가 되지 아니하는 범위

2. 보존용재산: 보존목적의 수행에 필요한 범위

민법

제245조(점유로 인한 부동산소유권의 취득기간) ① 20년간 소유의 의사로 평온, 공연 하게 부동산을 점유하는 자는 등기함으로써 그 소유권을 취득한다.

② 부동산의 소유자로 등기한 자가 10년간 소유의 의사로 평온, 공연하게 선의이며 과 실없이 그 부동산을 점유한 때에는 소유권을 취득한다.

[해설]

## Ⅰ. 논점의 정리

E와 F가 정당한 소유자이기 위해서는 ① E와 F가 매매를 통해 A토지의 소유권을 취득하였거나 ② 시효취득을 하였어야 한다. ①은 A토지가 매매의 대상이 될 수 있는가의 문제이고, ②는 A토지가 시효취득의 대상이 되는가의 문제이다. 이 두 가지 문제는 모두 공물의 성질과 관련을 갖는다. 그런데 국유재산법은 행정재산, 즉 공물의 시효취득 및 매매의 대상성을 부인하고 있는바(국유재산법 제7조 제2항, 제27조), A토지가 행정재산(공물)이라면 E와 F는 A토지의 소유권을 취득할 수 없다. 따라서 설문에 답하기 위해 A토지가 행정재산(공물)인가에 대한 검토가 필요하다.

## Ⅱ. 공물의 소멸과 A토지의 공물성 여부

### 1. 공물의 소멸사유

공물의 지위는 의사적 요소로서 공용폐지가 있거나, 형태적 요소가 소멸하면 상실한다. 공용폐지는 공물의 공법적 지위를 종료시키는 행위이다. 공용폐지는 반드시 명시적인 것이어야 하는 것은 아니고 묵시적인 것도 가능하다. 그러나 적법한 것이어야 한다(대판 1996. 5. 28, 95다52383). 한편, 형태적 요소의 소멸은 사회통념상 회복이 불가능한 정도의 소멸을 뜻한다.

### 2. A토지의 공물성 여부

① A토지에 대한 명시적인 공용폐지행위는 없다. 다만 B와 피고간의 매매

가 묵시적인 공용폐지행위가 아닌가의 문제가 제기될 수 있으나, 그 매매계약
이 착오에 기인한 것일 수도 있으므로 반드시 묵시적 공용폐지에 해당한다고
보기 어렵다. ② 무면허매립이 형태적 요소의 소멸을 뜻하는 것인가의 여부도
문제이다. 생각건대 무면허매립을 형태적 요소의 소멸로 본다면, 적법절차에
따른 공유수면매립이 아닌 무면허매립을 사실상 묵인하는 효과를 가져올 수도
있는바, 무면허매립을 형태적 요소의 소멸로 볼 것은 아니다. A토지는 공유수
면을 무단 매립한 것이지만 여전히 공유수면인 공물로서의 성질을 갖는다고 볼
것이다. 판례도 같은 입장이다.

## Ⅲ. 공물의 매매

### 1. 공물의 매각금지

국유재산법상 행정재산은 처분하지 못한다(국유재산법 제27조 제1항). 행정재
산의 매각행위는 무효이다. 다음 각 호(1. 공용·공공용·기업용 재산: 그 용도나 목적에
장애가 되지 아니하는 범위, 2. 보존용재산: 보존목적의 수행에 필요한 범위)의 범위에서만
행정재산의 사용허가를 할 수 있다(국유재산법 제27조 제1항 단서).

### 2. A토지의 매매의 효과

공용폐지가 없는 상황에서 피고가 B에게 A토지를 매각한 것은 국유재산법
제20조에 위반된 행위로서 무효이다. 판례 역시 '행정재산은 공용폐지가 되지
아니하는 한 사법상 거래의 대상이 될 수 없으므로 시효취득의 대상이 되지 아
니하고, 관재당국이 이를 모르고 행정재산을 매각하였다 하더라도 그 매매는
당연무효(대판 1996. 5. 28, 95다52383)라는 입장이다.

## Ⅳ. 공물의 시효취득

### 1. 학    설

(1) 부 정 설    공공목적에 공용된 공물을 민법이 정하는 기간 동안 소유
의 의사로 평온·공연하게 점유한다는 것은 이론적·실제적으로 공물의 존재목

적이나 그를 위한 관리와 양립할 수 없으므로 공물은 시효취득의 대상이 될 수 없다고 본다. 그러나 이 설은 묵시적으로 공용폐지되었다면 시효취득이 가능하다고 한다.

### (2) 긍 정 설

(가) 제한적 시효취득설    공물은 융통성이 인정되는 범위 안에서 원칙상 시효취득의 대상이 될 수 있으나 이후에도 공적 목적에 제공하여야 하는 공법상의 제한은 존속한다고 한다.

(나) 완전시효취득설    공물의 평온·공연한 점유가 계속되고 관리자도 그대로 방치한 경우에는 공물에 대한 묵시적 폐지가 있었던 것으로 인정되므로 공물에 대한 공적 목적상의 제한이 없는 완전한 시효취득이 이루어진다는 견해이다.

### 2 판    례

공물은 공용폐지가 없는 한 취득시효가 목적이 될 수 없다고 하여 부정설을 취한다(대판 1993. 7. 27, 92다49973).

### 3. 검    토

국유재산법상 공물(행정재산)은 시효취득의 대상이 되지 아니한다(국유재산법 제7조 제2항). 따라서 E와 F가 공물인 A토지를 시효취득할 수는 없다.

## V. 결    론

A토지(공유수면)에 대한 공용폐지도 없었고, 형태적 요소의 완전소멸도 있었다고 보기 어려우므로 A토지는 공물이다. 그리고 공물은 국유재산법상 매매의 대상도 될 수 없고, 시효취득의 대상도 될 수 없으므로, E와 F는 A토지에 대한 정당한 소유자가 될 수 없다.

# 공용폐지
[도로용도폐지처분과 주민의 도로산책권]

[설문]

　S시장은 A의 신청에 따라 2011년 4월 1일 X동 400번지의 B도로 400m²에 대하여 점용목적을 田으로 하여 2년간 점용을 허가하였다. 그후 다시 A는 앞의 토지 400m²에 대하여 도로용도폐지처분을 신청하였다. 이에 S시장은 2012년 4월 1일에 X동 400번지를 지나는 도로에는 폭 5m의 B도로 외에 폭 50m의 C도로도 지나가고 있었고, B도로는 주민들의 산책로 내지 C도로에의 연결도로로 사용할 뿐이라고 보아 B도로의 용도폐지처분을 하였다. 그리고 2012년 5월 1일에 S시장은 B도로를 D회사에 매각하였고, 아울러 같은 해 6월 1일에는 D에 대해 B도로와 인근 토지 10필지상에 아파트건설사업계획을 승인하였다. 그러자 B도로에 접한 주민 E 등은 용도폐지처분으로 산책로가 상실되었으며, 아울러 이제는 많은 차량이 내왕하는 대로인 C도로로 통행하여야 하는 위험을 부담하게 되었는바, 이는 자신들의 B도로이용권에 대한 위법한 침해이며, 이러한 침해는 그 하자가 중대하고 명백하다고 판단하여 B도로의 용도폐지처분의 무효확인을 구하는 소를 제기하였다. E 등의 주장은 정당한가?

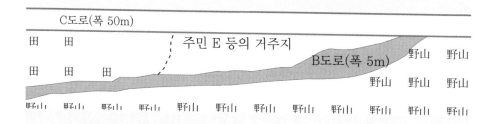

◇ 참고조문 ◇
공유재산 및 물품관리법
제11조(용도의 변경 또는 폐지) 지방자치단체의 장은 다음 각 호의 어느 하나에 해당하는 경우에는 제16조에 따른 공유재산심의회(이하 "공유재산심의회"라 한다)의 심의

를 거쳐야 한다.

1. 대통령령으로 정하는 기준에 따라 행정재산의 용도를 변경하거나 폐지하려는 경우

2. 일반재산을 행정재산으로 용도 변경하려는 경우

제28조(관리 및 처분) ① 일반재산은 대부·매각·교환·양여·신탁하거나 사권을 설정할 수 있으며, 법령이나 조례로 정하는 경우에는 현물출자 또는 대물변제를 할 수 있다. ② 일반재산의 사권설정, 현물출자 및 대물변제의 범위와 내용은 대통령령으로 정한다.

공유재산 및 물품관리법 시행령

제8조(용도의 변경 또는 폐지) 법 제11조 제1호에 따라 지방자치단체의 장은 행정재산이 다음 각 호의 어느 하나에 해당하는 경우에는 그 재산의 일부 또는 전부에 대하여 그 용도를 변경하거나 폐지할 수 있다.

1. 행정재산이 사실상 행정 목적으로 사용되지 않게 된 경우

2. 행정재산인 국제경기장 등 체육시설, 국제회의장 등 회의시설, 국제전시장 등 전시장, 그 밖의 공공시설로서 그 일부를 원래 용도로 사용하지 아니하기로 한 경우

3. 법 제43조의3에 따른 위탁재산의 개발을 위하여 필요한 경우

[해설]

## Ⅰ. 논점의 정리

설문에 답하기 위해 ① 도로용도폐지의 적법 여부, ② 도로사용관계의 성질, ③ 도로에 접한 주민의 도로사용의 법적 성질, 그리고 ④ E 등이 도로사용과 관련하여 법률상 이익을 갖는가의 여부 등을 검토할 필요가 있다.

## Ⅱ. 도로의 용도폐지(공용폐지)의 적법성

### 1. 공용폐지

(1) 의    의    일반적으로 공물이란 행정주체가 자신의 이용에 제공한

공용물과 일반공중에 제공한 공공용물을 말한다. 말하자면 행정주체가 직접 공행정목적에 제공한 물건을 뜻한다. 여기서 말하는 물건의 의미가 민법상 말하는 물건과 반드시 동일한 의미는 아니다. 물건이 공물로서의 성격을 갖기 위해서는 일정한 요건(공용지정, 제공)을 구비하여야 한다. 반대로 일정한 사실이 있게 되면 공물의 성격을 잃게 된다. 이를 공물의 소멸이라 부른다. 공물의 소멸은 공물의 형태적 요소의 소멸이나 의사적 요소의 소멸(공용폐지)이 있게 되면 나타난다.

(2) 형태적 요소와 의사적 요소의 소멸　① 공물은 공공의 사용에 현실로 제공되어야, 즉 실체를 갖추어야 의미를 갖는다. 따라서 인공공물이든 자연공물이든 형태적 요소가 완전히 소멸되면 공물로서의 지위를 상실한다. ② 공물주체가 특정 공물을 더 이상 공행정목적으로 제공하지 아니한다는 의사표시를 공용폐지라 한다. 공용폐지의 의사는 반드시 명시적이어야 하는 것은 아니고 묵시적으로도 가능하다.

(3) 공용폐지의 효과　공용폐지가 된 공물은 사법의 적용을 받는다. 형태적 요소가 완전히 소멸된 경우가 아닌 한, 공물의 소멸을 위해서는 공용폐지가 요구된다. 설문의 도로용도폐지처분은 더 이상 도로로 제공하지 않겠다는 의사표시인바, 바로 공용폐지에 해당한다. 도로용도폐지처분으로 그 도로는 일반재산으로 돌아가서 통상의 토지와 마찬가지로 사법의 적용을 받게 된다.

## 2. 공유재산 및 물품관리법상 용도폐지의 사유

공용폐지는 공물주체의 자의에 따라 결정될 수는 없다. 그것은 명문규정의 유무를 불문하고 공공의 이익의 고려하에 이루어져야 하고, 특히 법령이 정하는 바가 있는 경우에는 이에 따라야 한다. 이와 관련하여 공유재산 및 물품관리법 제11조에 따른 동법시행령 제8조를 보면, 동조는 용도폐지의 사유로 ① 행정재산이 사실상 행정 목적으로 사용되지 않게 된 경우, ② 행정재산인 국제경기장, 국제회의장, 국제전시장 등 규모가 큰 복합공공시설의 일부를 원래 용도로 사용하지 않기로 한 경우를 들고 있다.

3. 설문의 도로용도폐지

설문의 도로용도폐지는 상기 ①의 사유에 따른 것이다. 즉 S시장은 C도로의 개설로 인해 B도로의 유지는 필요 없게 되었다고 판단한 것으로 보인다. 따라서 S시장의 공용폐지는 일단 공유재산 및 물품관리법이 정하고 있는 실체법상의 요건을 구비하였다.

## Ⅲ. 도로의 사용관계와 인접주민의 지위

### 1. 사용관계의 유형

도로법상 도로란 일반인의 교통을 위하여 제공되는 도로로서 제10조에 열거한 것[1. 고속국도, 2. 일반국도, 3. 특별시도(特別市道)·광역시도(廣域市道), 4. 지방도, 5. 시도(市道), 6. 군도(郡道), 7. 구도(區道)]을 말하는바(도로법 제2조 제1항 제1호), B도로가 공물로서의 도로였던 것은 분명하다. 도로의 사용은 공물사용의 일반론에 따라 보통사용인 자유사용(일반사용)과 특별사용인 허가사용·특허사용·관습법상 사용으로 구분할 수 있다. 자유사용이란 공물주체의 특별한 행위 없이 사인이 타인의 공동사용에 지장을 주지 않으면서 자유로이 공물(도로)을 사용하는 것을 말하는데, E 등의 B도로 사용은 이러한 자유사용에 해당한다.

### 2. 자유사용의 성질

자유사용으로 인하여 사인이 받는 이익이 권리로서의 이익(법률상 이익)인가 아니면 반사적 이익인가의 검토가 필요하다. 왜냐하면 공용폐지가 위법하다고 하여도 반사적 이익의 침해라면 행정소송상 다툴 수가 없기 때문이다. 사실 공물(도로)의 자유사용에서 갖는 사인의 이익은 일반적으로 반사적 이익으로 이해되지만, 합리적인 이유 없이 차별적으로 특정인에게 이용이 배제되면, 그 특정인은 차별의 배제를 구할 수 있다는 의미에서 개인적 공권(권리로서의 이익)으로서의 성질을 갖는다. 그러나 공물의 신설(예, 도로의 신설)을 구하거나 공물의 폐지(예, 도로의 폐지)의 취소를 구할 수 있는 개인적 공권은 일반적으로 인정되지 아니한다. 판례도 같은 입장이다(대판 1992. 9. 22, 91누13212).

## 3. 도로에 인접한 주민의 지위

(1) **강화된 사용권**    공물, 특히 도로의 경우, 도로에 인접한 주민이 그 상태에 근거하여 도로에 대해 보다 강화된 사용의 필요성을 갖게 된다. 말하자 면 도로에 인접한 주민은 일반적인 자유사용을 능가하여 강화된 사용권(이웃의 사용권)을 가진다고 볼 것이다(대판 2006. 12. 22. 2004다68311·68328). 예컨대, 차량 통행금지구역이라도 그 구역에 가게를 가진 자는 법령상 규정의 유무를 불문하 고 상품을 수송하기 위해 차량통행금지구역을 운행할 수 있다고 보아야 한다. 물론 도로에 인접한 주민이 갖는 도로이용권의 구체적인 내용을 한마디로 말하 기는 어렵다.

(2) **도로에의 접속권**    도로에 인접한 주민은 도로의 존속에 대해 직접 적인 이해관계를 갖는다. 도로에 인접한 주민은 도로로 나아갈 수 있는 권리를 갖는다. 그것은 재산권의 내용이다. 아울러 도로로 나아갈 수 있어야 한다는 것, 즉 도로에의 접속은 기본권으로 보장되는 신체행동의 자유의 보장을 뜻하 는 것이기도 하다. 이러한 도로에의 접속권은 기존도로의 존속과 직결된 것인 까닭에 도로에의 접속권으로부터 도로의 존속에 대한 권리가 나온다. 도로에 인접한 주민의 이러한 권리는 통상의 이용자에 비해 강화된 지위를 갖는다. 따 라서 합리적인 이유 없는 도로폐지는 도로에 인접한 주민의 이용권의 침해를 뜻하는 것일 수도 있다.

## 4. 도로사용에 있어서 E 등의 지위

(1) **자유사용의 주체로서 E 등**    E 등이 B도로를 사용한 형태는 자유사용 이다. '불평등한 사용 내지 불평등한 사용금지'가 강요되는 경우에는 이의 배제 를 구할 수 있는 사인의 권리가 도로의 자유사용의 경우에도 존재하지만, 이와 같은 특별한 사유가 없는 한 도로의 이용자에게 도로사용에 관한 개인적 공권 을 인정하기는 어렵다. 자유사용의 면에서 설문의 E 등은 권리를 갖는 것으로 보기 어렵다.

(2) **도로에 인접한 주민으로서 E 등**    도로에 인접한 주민은 통상의 이용 자와 달리 도로에 접해 있는 자이기 때문에, 도로로 나아갈 수 있는 강화된 사

용권과 도로에의 접속권을 갖는다. 그러나 E 등은 다음의 이유로 그러한 권리가 침해되었다고 보기 어렵다.

첫째, B도로의 폐지 대신에 보다 넓은 C도로가 마련되었으므로, E 등이 도로로 나아갈 수 있는 권리가 침해된 것은 아니다. E 등의 도로에의 접속권은 여전히 보장되고 있다.

둘째, B도로의 폐지로 인해 산책로가 완전히 없어졌다고 할 수 없다. 설령 산책로가 없어졌다고 하여도 그것이 E 등의 특정의 권리를 침해하는 것이라고 보기는 어렵다. 말하자면 '특정의 도로를 통한' 산책의 자유가 권리로서 인정되기는 어렵다.

셋째, B도로의 폐지로 인해 E 등이 교통상 위험에 처하게 되었다는 주장은 납득하기 곤란하다. 도로상의 위험은 모든 도로에 내재한다. C도로의 경우에 나타나는 위험이 통상의 도로상에 나타나는 위험보다 크다는 특별한 사정은 보이지 않는다. B도로에서의 통행보다 C도로에서의 통행의 경우에 위험성이 보다 큰 것은 사실이다. 그러나 C도로 그 자체가 특별한 위험을 갖는 것이 아닌 한, B도로의 폐지처분으로 인해 E 등의 교통상의 안전에 대한 위험이 증대되었다는 불이익이 재판상 B도로폐지처분의 무효확인을 구할 만한 법률상 이익의 침해에 해당하지는 않는다.

## Ⅳ. 결    론

S시장이 한 B도로의 용도폐지처분은 더 이상 사용할 필요가 없게 된 도로의 용도폐지처분으로서 정당한 사유를 갖고 있고, 동시에 그것은 도로와 관련된 E 등의 권리를 침해하는 것도 아니다. 따라서 전체로서 S시장의 도로용도폐지처분은 적법하다. 따라서 E 등이 제기한 도로용도폐지처분 무효확인의 소는 정당한 이유가 없다.

# 공물의 사용관계

**90** [도로법상 도로점용허가의 성질]

## [설문]

도로법 제61조제1항제1문은 "공작물·물건, 그 밖의 시설을 신설·개축·변경 또는 제거하거나 그 밖의 사유로 도로(도로구역을 포함한다. 이하 이 장에서 같다)를 점용하려는 자는 도로관리청의 허가를 받아야 한다"고 규정하고 있다. 도로법 제61조제1항제1문에 따른 도로관리청의 허가행위의 성질 및 그에 의하여 설정된 법률관계의 내용을 논술하라.

## [해설]

## Ⅰ. 도로의 사용관계

### 1. 도로의 의의

도로법상 "도로"란 차도, 보도(步道), 자전거도로, 측도(側道), 터널, 교량, 육교 등 대통령령으로 정하는 시설로 구성된 것으로서 제10조에 열거된 것을 말하며, 도로의 부속물을 포함한다(도로법 제20조 제1호).

### 2. 자유사용과 특별사용

**(1) 자유사용**　　자유사용이란 도로의 목적이라 할 일반인의 통행·교통을

위해 모든 사인이 도로를 자유롭게 사용하는 것을 말한다. 도로의 자유사용은 도로사용의 형태 중에서 가장 기본적인 방식이다. 통상의 경우, 도로의 자유사용은 도로에 대한 공용지정시에 이미 예정되어 있는 것이므로, 도로의 공용지정 후에는 자유사용을 위해 행정청에 의한 새로운 행위를 필요로 하지 아니한다. 자유사용은 일반사용 또는 보통사용이라 부르기도 한다.

(2) **특별사용** 도로의 특별사용이란 도로의 원래의 목적인 일반인의 통행·교통을 넘어서는 형태의 사용을 말한다. 도로의 특별사용은 도로사용의 형태 중에서 예외적인 방식이라 할 수 있다. 도로의 특별사용을 위해서는 허가·특허 등의 특별한 법률상 원인(예, 허가, 특허 등)을 필요로 한다. 도로의 특별사용에는 도로의 허가사용과 도로의 특허사용이 중심적이다. 도로법 제61조에 따른 도로사용은 바로 특별사용에 해당한다(대판 1991. 4. 9, 90누8855).

### 3. 자유사용과 특별사용의 구별

① 도로의 점용자가 일반공중의 사용을 배제하고 점용자만이 도로를 독점적·배타적으로 사용하고 있다면, 그러한 사용은 특별사용에 해당한다. ② 점용자의 사용이 일반공중의 자유사용과 동시에 이루어지는 경우는 점용자의 점용의 목적·범위·성격 등의 제반사정을 고려하여 판단하여야 한다. 생각건대 도로의 사용목적이 도로의 본래의 목적인 일반공중의 통행·교통의 목적을 넘어선 것이면(비록 그것이 일반공중의 통행에 장애나 불편을 제공하지 않는다고 하여도) 그러한 사용은 일단 특별사용으로 보아야 한다.

## Ⅱ. 도로법 제61조 제1항의 도로점용허가

### 1. 도로점용허가의 종류와 성질

도로법 제61조 제1항을 보면, 도로의 관리청이 허가를 함에 있어 특별한 제한을 가하고 있지 않다. 따라서 도로관리청은 도로법 제61조 제1항에 근거하여 도로의 사용을 허가할 수도 있고, 특허할 수도 있다. 도로법 제61조 제1항의 허가가 학문상 허가에 해당하는 경우(예, 도로에 접한 토지에서 주택건설을 위해 불가피하게 도로의 일부를 점용하여 건축자재를 일시적으로 쌓아두기 위해 최소한의 범위 안에서 도로법 제61조 제1항에 따라 도로점용허가를 받는 경우)에는 기속행위로 볼 것이지만, 학문상 특허에 해당하는 경우(예, 기업자가 도로상에 영리목적의 상업광고탑을 세우기 위해 도로법 제61조 제1항에 따라 도로점용허가를 받는 경우)에는 재량행위로 볼 것이다.

### 2. 허가사용과 특허사용의 구별

경찰상 위험의 방지·유무 등이 점용허가 여부의 주요기준이 되고 아울러 점용허가기간이 비교적 단기간인 경우의 점용허가는 학문상의 허가사용에 해당한다고 볼 것이다. 또한 적극적인 복리목적의 실현이 점용허가 여부의 주요기준이 되고 아울러 점용허가기간이 비교적 장기간인 경우의 점용허가는 학문상 특허사용에 해당할 것이다.

## Ⅲ. 법률관계의 내용

### 1. 금지해제와 사용권

① 특별사용으로서 허가사용의 경우에 피허가자가 도로점용으로 인해 받는 이익은 원칙적으로 권리로서의 이익이 아니라 금지해제로서의 이익(반사적 이익)일 뿐이다. 다만 허가요건이 구비되었음에도 불구하고 합리적인 사유없이 허가를 거부하는 것은 평등원칙의 침해로서 사인이 다툴 수 있으므로, 경우에 따라 사인은 허가사용과 관련하여 권리(개인적 공권)를 가질 수도 있다. 그러나 ② 특별사용으로서 특허사용의 경우에 피허가자가 도로점용으로 인해 받는 이익은 권리(개인적 공권)로서의 이익이다.

### 2. 사용(권)의 범위

허가사용이든 특허사용이든 불문하고 특별사용의 경우, 도로의 사용(권)은 도로법 제61조 제1항의 허가시에 특별히 명해진 바가 없다고 하여도 목적달성에 필요한 최소한도의 범위에 제한되어야 한다. 왜냐하면 특별사용이 허가된다고 하여도 도로의 원래의 목적인 일반인의 통행·교통은 가능한 범위 안에서 최대한 보장되어야 하기 때문이다.

### 3. 점용료의 징수

허가사용이든 특허사용이든 도로관리청은 도로점용허가시 도로를 점용하는 자로부터 점용료를 징수할 수 있다(도로법 제66조). 도로점용료의 징수가 도로점용의 허가시에 필수적으로 요구되는 것은 아니다.

### 4. 사용(권)의 종료

허가사용이든 특허사용이든 특별사용은 공물의 소멸, 사용자의 사용포기, 허가 또는 특허된 사업의 종료, 종기의 도래나 조건의 성취, 허가나 특허의 철회 등의 사유로 소멸한다.

### 5. 특별사용과 일반사용의 병존

"도로법 제61조, 제66조에 규정된 도로의 점용이라 함은, 일반공중의 교통에 공용되는 도로에 대하여 이러한 일반사용과 달리 도로의 특정부분을 유형적·고정적으로 사용하는 이른바 특별사용을 뜻하는 것이다. 도로의 특별사용은 반드시 독점적인 것이 아니라 그 사용목적에 따라서는 도로의 일반사용과 병존이 가능한 경우도 있고, 도로점용부분이 동시에 일반공중의 교통에 공용되고 있다고 하여 도로점용이 아니라고 말할 수 없는 것이다. 한편 당해 도로의 점용을 특별사용으로 볼 것인지 아니면 일반사용으로 볼 것인지는 그 도로점용의 주된 용도의 기능이 무엇인지에 따라 가려져야 할 것이다"(대판 1995. 2. 14. 94누5830).

## 91 토지수용절차
[한국토지주택공사의 공공사업을 위한 사유토지의 취득방법]

[설문]

한국토지주택공사는 공익사업을 위한 토지 등의 취득 및 보상에 관한 법률이 정하는 공익사업인 A지구주택건설사업을 하려고 한다. 한국토지주택공사가 A지구주택건설사업을 완료하려면 乙소유의 B토지가 필요하다. 한국토지주택공사가 B토지를 취득할 수 있는 방법은? 행정쟁송절차는 논외로 하라.

◇ 참고조문 ◇

한국토지주택공사법

제19조(공사의 국가 또는 지방자치단체 의제 등) ① 공사가 수행하는 제8조 제1항 제2호 및 제7호의 사업 중 「공익사업을 위한 토지 등의 취득 및 보상에 관한 법률」 제4조 각 호의 어느 하나의 공익사업에 해당하는 경우 같은 법 제9조 제1항 및 제2항, 같은 법 제51조 제1항 제1호와 「부동산등기법」 제98조를 적용할 때에는 "국가 또는 지방자치단체"를 "공사"로, "관계 중앙행정기관의 장"을 "공사 사장"으로 본다.

공익사업을 위한 토지 등의 취득 및 보상에 관한 법률

제1조(목적) 이 법은 공익사업에 필요한 토지 등을 협의 또는 수용에 의하여 취득하거나 사용함에 따른 손실의 보상에 관한 사항을 규정함으로써 공익사업의 효율적인 수행을 통하여 공공복리의 증진과 재산권의 적정한 보호를 도모하는 것을 목적으로 한다.

제4조(공익사업) 이 법에 따라 토지등을 취득하거나 사용할 수 있는 사업은 다음 각 호의 어느 하나에 해당하는 사업이어야 한다.

5. 국가, 지방자치단체, 「공공기관의 운영에 관한 법률」 제4조에 따른 공공기관, 「지방공기업법」에 따른 지방공기업 또는 국가나 지방자치단체가 지정한 자가 임대나 양도의 목적으로 시행하는 주택 건설 또는 택지 및 산업단지 조성에 관한 사업

[해설]

## Ⅰ. 논점의 정리

국가나 지방자치단체 등이 공익사업을 위해 토지를 취득할 수 있는 방법에는 임의적인 절차인 협의에 의한 취득과 강제적인 절차인 토지수용절차가 있다. 이에 관해 규정하는 공익사업을 위한 토지 등의 취득 및 보상에 관한 법률(이하 '토상법'이라 부른다)이 정하는 절차를 살피기로 한다.

## Ⅱ. 사업의 준비절차

### 1. 출입의 허가

① 사업시행자는 공익사업을 준비하기 위하여 타인이 점유하는 토지에 출입하여 측량하거나 조사할 수 있다(토상법 제9조 제1항). ② 사업시행자(특별자치도, 시·군 또는 자치구가 사업시행자인 경우는 제외한다)는 제1항에 따라 측량이나 조사를 하려면 사업의 종류와 출입할 토지의 구역 및 기간을 정하여 특별자치도지사, 시장·군수 또는 구청장(자치구의 구청장을 말한다. 이하 같다)의 허가를 받아야 한다(토상법 제9조 제2항 본문).

### 2. 출입과 장해물 제거

토상법 제9조 제2항에 따라 타인이 점유하는 토지에 출입하려는 자는 출입하려는 날의 5일 전까지 그 일시 및 장소를 특별자치도지사, 시장·군수 또는 구청장에게 통지하여야 한다(토상법 제10조 제1항). 사업시행자는 제9조에 따라 타인이 점유하는 토지에 출입하여 측량 또는 조사를 할 때 장해물을 제거하거나 토지를 파는 행위(이하 "장해물 제거등"이라 한다)를 하여야 할 부득이한 사유가 있는 경우에는 그 소유자 및 점유자의 동의를 받아야 한다(토상법 제12조 제1항 본문).

### 3. 증표 등의 휴대

토상법 제9조 제2항 본문에 따라 특별자치도지사, 시장·군수 또는 구청장의 허가를 받고 타인이 점유하는 토지에 출입하려는 사람과 제12조에 따라 장해물 제거등을 하려는 사람(특별자치도, 시·군 또는 구가 사업시행자인 경우는 제외한다)은 그 신분을 표시하는 증표와 특별자치도지사, 시장·군수 또는 구청장의 허가증을 지녀야 한다(토상법 제13조 제1항).

## Ⅲ. 협의에 의한 취득절차

### 1. 토지조서 및 물건조서의 작성

사업시행자는 공익사업의 수행을 위하여 토상법 제20조에 따른 사업인정 전에 협의에 의한 토지등의 취득 또는 사용이 필요할 때에는 토지조서와 물건조서를 작성하여 서명 또는 날인을 하고 토지소유자와 관계인의 서명 또는 날인을 받아야 한다(토상법 제14조 제1항 본문).

### 2. 보상계획의 열람 등

사업시행자는 토상법 제14조에 따라 토지조서와 물건조서를 작성하였을 때에는 공익사업의 개요, 토지조서 및 물건조서의 내용과 보상의 시기·방법 및 절차 등이 포함된 보상계획을 전국을 보급지역으로 하는 일간신문에 공고하고, 토지소유자 및 관계인에게 각각 통지하여야 하며, 제2항 단서에 따라 열람을 의뢰하는 사업시행자를 제외하고는 특별자치도지사, 시장·군수 또는 구청장에게도 통지하여야 한다(토상법 제15조 제1항 본문).

### 3. 협의와 계약의 체결

사업시행자는 토지등에 대한 보상에 관하여 토지소유자 및 관계인과 성실하게 협의하여야 … 한다(토상법 제16조). 사업시행자는 제16조에 따른 협의가 성립되었을 때에는 토지소유자 및 관계인과 계약을 체결하여야 한다(토상법 제17조). 협의가 성립하지 아니하면 토지수용절차에 의한다(토상법 제19조 제1항).

## Ⅳ. 토지수용에 의한 취득절차

### 1. 사업의 인정

사업시행자는 토상법 제19조에 따라 토지등을 수용하거나 사용하려면 대통령령으로 정하는 바에 따라 국토교통부장관의 사업인정을 받아야 한다(토상법 제20조 제1항). "사업인정"은 공익사업을 토지등을 수용하거나 사용할 사업으로 결정하는 것을 말한다(토상법 제2조 제7호). 사업인정의 고시로 수용의 목적물은 확정된다.

### 2. 토지조서·물건조서의 작성

사업시행자는 … 토지조서 및 물건조서를 작성하여 서명 또는 날인을 하고 토지소유자와 관계인의 서명 또는 날인을 받아야 한다(토상법 제26조 제1항 제2문, 제14조 제1항 본문).

### 3. 보상계획의 공고

사업시행자는 … 토지조서 및 물건조서를 작성한 때에는 공익사업의 개요, 토지조서 및 물건조서의 내용과 보상의 시기·방법 및 절차 등을 기재한 보상계획을 전국을 보급지역으로 하는 일간신문에 공고하고, 토지소유자 및 관계인에게 각각 통지하여야 한다(토상법 제26조 제1항 제2문, 제15조 제1항 본문).

### 4. 협    의

사업시행자는 토지 등에 대한 보상에 관하여 토지소유자 및 관계인과 성실하게 협의하여야 하며, 협의의 절차 및 방법 등 협의에 관하여 필요한 사항은 대통령령으로 정한다(토상법 제26조 제1항 제2문, 제16조).

# 92 개별공시지가와 행정소송
[개별공시지가와 표준지공시지가의 성격]

## [설문]

K구청장은 서울 K구 Y동 B번지의 2020년도 개별공시지가(m²당 가격)를 다음과 같이 산정하였다. 즉 표준지는 서울 K구 Y동 C번지이고, 표준지의 지가는 420만원이다. 조정률을 1.11로 평가하였다. 그리하여 표준지의 지가에 조정률을 곱한 금액인 산정지가 466만원을 산정하였고, 최종적으로 510만원으로 조정하였다. 그리하여 K구청장은 서울 K구 Y동 B번지의 2020년도 개별공시지가를 510만원으로 결정·고시하였다. 이에 B번지의 소유자 D는 전년도에 비해 아무런 토지가격변동요인(지역요인·개별요인)이 없음에도 불구하고 개별공시지가가 오른 것은 위법이라 하여 다투고자 한다.

(1) 개별공시지가는 항고소송의 대상인가?

(2) 개별공시지가를 다투는 쟁송의 특징은?

(3) 개발부담금부과처분 취소소송에서 개별공시지가의 위법을 주장할 수 있는가?

(4) 개별공시지가결정 취소소송에서 표준지공시지가의 위법을 주장할 수 있는가?

◇ 참고조문 ◇

부동산 가격공시에 관한 법률

제10조(개별공시지가의 결정·공시 등) ① 시장·군수 또는 구청장은 국세·지방세 등 각종 세금의 부과, 그 밖의 다른 법령에서 정하는 목적을 위한 지가산정에 사용되도록 하기 위하여 제25조에 따른 시·군·구부동산가격공시위원회의 심의를 거쳐 매년 공시지가의 공시기준일 현재 관할 구역 안의 개별토지의 단위면적당 가격(이하 "개별공시지가"라 한다)을 결정·공시하고, 이를 관계 행정기관 등에 제공하여야 한다.

# [해설]

# Ⅰ. 개별공시지가의 처분성

## 1. 관련개념의 정리

**(1) 개별공시지가의 의의**　　부동산 가격공시에 관한 법률 제10조 제1항이 규정하는 개별토지의 단위면적당 가격을 개별공시지가라 부른다. 개별공시지가는 개별토지를 대상으로 하는바, 표준지를 대상으로 하는 표준지 공시지가와 구별된다.

**(2) 행정소송법상 처분개념**　　항고소송은 처분등이나 부작위를 대상으로 한다(행정소송법 제3조 제1호). 여기서 처분등이라 함은 처분과 행정심판에 대한 재결을 말하고, 처분은 행정청이 행하는 구체적 사실에 관한 법집행으로서의 공권력의 행사 또는 그 거부와 그 밖에 이에 준하는 행정작용을 말한다(행정소송법 제2조 제1항 제1호). 이러한 처분개념은 ① 행정청이 행하는 ② 구체적 사실에 관한 ③ 법집행으로서의 ④ 공권력행사 또는 그 거부와 ⑤ 그 밖에 이에 준하는 행정작용을 요소로 한다. 한편, 항고소송의 대상인 처분은 또한 ⑥ 법적 행위로 이해된다. 항고소송은 법적 행위를 다투는 소송이므로 사실행위는 항고소송의 대상이 되지 아니한다. 여기서 말하는 법적 행위란 외부적으로 직접적인 법효과를 의도하는 의사표시를 뜻한다.

## 2. 학    설

### (1) 긍 정 설

1) 개별공시지가의 처분성을 긍정하는 견해는 개별공시지가도 법적 규율성을 가지므로 행정행위로 평가될 수 있다는 입장이다. 즉 법적 규율성의 여부는 당해 행위나 근거행위가 이를 기초로 하는 다른 행정기관의 후속행위에 대해 어느 정도 구속력이 있는가에 의해 결정하는 것이 타당하다고 하면서, 시장·군수·구청장에 의해 결정되는 개별공시지가가 이에 기초하여 세무기관이 산정하는 토지관련세금에 있어서 구속력을 가지고 적용된다는 점을 부정할 수 없으므로, 이에 따라 개별공시지가에 대해서는 직접적인 법적 규율성이 인정된다고 보아야 한다는 입장이다. 요컨대 개별공시지가는 취소소송의 대상이 되는 물적행위로서 일반처분에 해당한다는 것이다.

2) 그러나 법적 규율성을 사인과의 관계에서 독립적으로 판단하는 것, 즉 개별공시지가가 특정 사인에 대하여 갖는 직접적인 법적 규율성이 아니라, 행정청의 타행위와의 관련하에서 판단하는 것, 즉 개별공시지가가 토지관련세금을 부과하는 세무당국에 대해 갖는 법적 규율성으로 판단하는 논리가 행정행위의 개념인식에 반드시 타당한 것인지는 의문이다.

### (2) 부 정 설

1) 개별공시지가의 처분성을 부정하는 견해는 특정의 행정작용이 항고소송의 대상인 처분이 되기 위해서는 행정소송법상 정의되고 있는 처분개념의 요소를 모두 구비하여야 하고 항고소송에 적합한 것이어야 한다는 논리를 전제로 한다. 이러한 관점에서 보면, ① 개별공시지가를 결정·공시하는 시장·군수 또는 구청장이 행정청이고, ② 개별공시지가는 관련자의 범위는 일반적이지만 규율대상인 사건은 개별토지의 단위면적당 가격이므로 구체적 사실에 관한 것이고(물적 행정행위로서의 일반처분의 경우와 유사), ③ 개별공시지가는 부동산 가격공시에 관한 법률 제10조의 집행을 위한 것이므로 법집행이고, ④ 개별공시지가의 결정은 시장·군수 또는 구청장이 공법상 우월한 지위에서 행하는 일방적인 작용이므로 공권력행사에 해당한다. 따라서 행정소송법상 처분개념에 해당한다.

2) 그러나 취소소송의 본질이 위법성의 소급적인 제거에 있다고 보는 한,

취소소송의 대상은 법적인 행위에 한정된다. 그런데 ⑤ 개별공시지가결정 그 자체는 특정 사인에게 직접 권리·의무를 발생시키는 의사표시로서의 법적 행위는 아니다. 오히려 개별공시지가는 '특정인에게 직접 권리·의무를 발생시키는 의사표시로서의 법적 행위인 개발부담금의 부과' 등의 전 단계를 구성하는 행위일 뿐이다. 따라서 개별공시지가는 직접 법적 효과를 가져오는 법적 행위가 아니므로 행정소송법상 처분으로 보기 어렵다는 것이다.

### 3. 판　례

판례는 "…개발이익환수에 관한 법률 및 각 시행령이 각 소정의 … 또는 개발부담금을 산정함에 있어서 기초가 되는 각 토지의 가액을 시장·군수 또는 구청장이 ㈜지가 공시 및 토지 등의 평가에 관한 법률 및 그 시행령에 의하여 정하는 개별공시지가를 기준으로 하여 산정한 금액에 의하도록 규정하고 있고, 시장·군수 또는 구청장은 … 규정에 의하여 각개 토지의 지가를 산정할 의무가 있다 할 것이므로 시장·군수 또는 구청장이 산정하여 한 개별토지가액의 결정은 … 개발부담금산정 등의 기준이 되어 국민의 권리·의무 내지 법률상 이익에 직접 관계된다고 할 것이고, 따라서 이는 행정소송법 제2조 제1항 제1호 소정의 행정청이 행하는 구체적 사실에 관한 법집행으로서의 공권력행사이어서 행정소송의 대상이 되는 행정처분으로 보아야 할 것이다"(대판 1993. 1. 15. 92누12407)라고 하였다.

### 4. 사　견

본서는 부정설이 보다 논리적이고 타당하다고 본다.

## Ⅱ. 개별공시지가를 다투는 쟁송의 특징

### 1. 필요적 행정심판의 전치

부동산 가격공시에 관한 법률 제11조 제1항은 "개별공시지가에 이의가 있는 자는 그 결정·공시일부터 30일 이내에 서면으로 시장·군수 또는 구청장에게 이의를 신청할 수 있다"고 규정하고 있다. 여기서 동 조항이 필요적 행정심판의 전치를 규정한 것인가의 문제가 있다. 개별공시지가의 신속한 안정이라는 요청의 면에서 볼 때, 필요적 전치로 보아야 할 것이다. 이 조항은 행정소송법에서 채택되고 있는 임의적 전치주의의 예외에 해당한다. 판례도 개별공시지가에 대한 이의절차와 유사한 표준지공시지가에 대한 이의절차를 필요적 전치절차로 보았다(대판 1995. 3. 28. 94누12920).

## 2. 행정심판의 청구기간

행정심판법상 "행정심판의 청구는 처분이 있음을 안 날부터 90일 이내(행정심판법 제18조 제1항), 정당한 사유가 없는 한 처분이 있은 날부터 180일 이내에 제기하여야 한다"(행정심판법 제18조 제3항)고 규정하고 있다. 그러나 부동산 가격공시에 관한 법률 제11조는 "개별공시지가에 대하여 이의가 있는 자는 그 결정·공시일부터 30일 이내에 … 이의를 신청할 수 있다"고 하여 특별규정을 두고 있다. 부동산 가격공시에 관한 법률상 이의신청기간의 기산점은 개별공시지가를 안 날이 아니라 개별공시지가를 결정·공시한 날이다.

## 3. 원처분중심주의

부감법은 행정소송의 대상에 관해 규정하는 바가 없다. 따라서 행정소송법이 정하는 일반원칙에 따를 수밖에 없다. 행정소송법은 "… 다만, 재결취소소송의 경우에는 재결 자체에 고유한 위법이 있음을 이유로 하는 경우에 한한다"(행정소송법 제19조 단서)고 하여 원처분중심주의를 택하고 있는바, 개별공시지가를 다투는 경우에도 원처분중심주의가 적용된다.

## 4. 개별공시지가의 쟁송방식

판례는 구 "부동산 가격공시 및 감정평가에 관한 법률 제12조, 행정소송법 제20조 제1항, 행정심판법 제3조 제1항의 규정 내용 및 취지와 아울러 구 부동산 가격공시 및 감정평가에 관한 법률에 행정심판의 제기를 배제하는 명시적인 규정이 없고 구 부동산 가격공시 및 감정평가에 관한 법률에 따른 이의신청과 행정심판은 그 절차 및 담당 기관에 차이가 있는 점을 종합하면, 구 부동산 가격공시 및 감정평가에 관한 법률이 이의신청에 관하여 규정하고 있다고 하여 이를 행정심판법 제3조 제1항에서 행정심판의 제기를 배제하는 '다른 법률에 특별한 규정이 있는 경우'에 해당한다고 볼 수 없으므로, 개별공시지가에 대하여 이의가 있는 자는 곧바로 행정소송을 제기하거나 구 부동산 가격공시 및 감정평가에 관한 법률에 따른 이의신청과 행정심판법에 따른 행정심판청구 중 어느 하나만을 거쳐 행정소송을 제기할 수 있을 뿐 아니라, 이의신청을 하여 그 결과 통지를 받은 후 다시 행정심판을 거쳐 행정소송을 제기할 수도 있다고 보아야 하고, 이 경우 행정소송의 제소기간은 그 행정심판 재결서 정본을 송달받은 날부터 기산한다"고 한다(대판 2010. 1. 28. 2008두19987)

## Ⅲ. 개발부담금부과처분 취소소송과 개별공시지가의 위법

### 1. 문 제 점

개발부담금부과처분은 개별공시지가를 근거로 이루어지는 것이고, 아울러 개별공시지가에 대한 이의신청기간이 경과하게 되는 경우에 개발부담금 부과처분을 다투는 소송에서 개별공시지가의 위법을 다툴 수 있는가의 문제가 현실적으로 발생할 수 있다. 설문은 선행행위인 개별공시지가의 결정·공시의 위법이 후행행위인 개발부담금 부과처분에 승계되는가의 문제이다.

### 2. 승계 여부의 판단기준

(1) **전통적 견해와 판례**    전통적인 견해와 판례에 따르면, 선행행위와 후행행위가 상호 관련적이지만 별개의 목적으로 행하여지는 경우에는 선행행위의 위법성이 후행행위에 승계되지 아니하지만, 선행행위와 후행행위가 일련의 절차를 구성하면서 하나의 효과를 목적으로 하는 경우에는 선행행위의 위법성이 후행행위에 승계된다고 한다. 판례상 승계가 인정된 경우로 계고처분과 대집행영장발부통보처분의 경우가 있고(대판 1996. 2. 9. 95누12507), 부인된 경우로 사업인정과 수용재결의 경우가 있다(대판 1990. 1. 23. 87누947).

(2) **수인성의 원칙**    판례는 "선행처분과 후행처분이 서로 독립하여 별개의 효과를 목적으로 하는 경우에도 선행처분의 불가쟁력이나 구속력이 그로 인하여 불이익을 입게 되는 자에게 수인한도를 넘는 가혹함을 가져오며, 그 결과

가 당사자에게 예측가능한 것이 아닌 경우에는 국민의 재판을 받을 권리를 보장하고 있는 헌법의 이념에 비추어 선행처분의 후행처분에 대한 구속력은 인정될 수 없다"(대판 1994. 1. 25, 93누8542)고 한다. 이것은 수인성의 원칙을 적용한 결과이다. 판례의 태도는 타당하다.

(3) 규준력설　　　행정행위의 하자의 승계문제를 행정행위의 규준력 또는 구속력의 문제로 파악하려는 견해도 있다. 즉, 둘 이상의 행정행위가 동일한 법적 효과를 추구하고 있는 경우, 선행행위는 후행행위에 대하여 일정한 범위 안에서 구속력을 갖는다고 하고, 그 구속력이 미치는 범위 안에서 후행행위에 있어서 선행행위의 효과와 다른 주장을 할 수 없다는 것이다. 그리고 그 구속력의 한계로서 사항적 한계, 대인적 한계, 시간적 한계를 든다.

그러나 이 견해에 대해서는 행정행위의 승계문제와 행정행위의 선행행위의 후행행위에 대한 구속력의 문제의 상호관계에 대한 분명한 해명 없이 행정행위의 하자의 승계문제를 행정행위의 선행행위의 후행행위에 대한 구속력의 문제로 대체하는 것은 위험한 논리라는 비판이 가해진다. 왜냐하면 선행행위의 후행행위에 대한 구속력의 문제는 하자의 승계문제가 해결된 후에 발생하는 문제로 보이기 때문이다.

## 3. 개별공시지가와 개발부담금부과처분

(1) 목적의 상이성　　　판례에 따르면 개별공시지가의 결정은 행정처분이고, 개발부담금부과처분은 물론 행정행위이므로 양자 모두 행정행위에 해당한다. 따라서 양자 간에는 '행정행위의 하자의 승계'가 문제될 수 있는 전제를 갖추고 있다. 그러나 개별공시지가의 결정·공시는 개별지가의 결정 그 자체를 목적으로 하는 것이고, 개발부담금부과처분은 납세의무를 발생시키는 것이므로 양자는 목적을 달리한다. 따라서 개별공시지가의 위법을 개발부담금부과처분 취소청구소송에서 주장할 수는 없다.

(2) 수인성의 원칙의 적용　　　종전의 판례에 따르면, 개별공시지가의 결정과 토지초과이득세부과처분 사이에는 수인성의 원칙이 적용되어 하자가 승계된다고 하였다. 즉, 판례는 "개별공시지가결정은 이를 기초로 한 과세처분 등과는 별개의 독립된 처분으로서 서로 독립하여 별개의 법률효과를 목적으로 하는 것이

나 … 위법한 개별공시지가의 결정에 대하여 그 정해진 시정절차를 통하여 시정하도록 요구하지 아니하였다는 이유로 위법한 개별공시지가를 기초로 한 과세처분 등 후행행정처분에서 개별공시지가결정의 위법을 주장할 수 없도록 하는 것은 수인한도를 넘는 불이익을 강요하는 것으로서 국민의 재산권과 재판을 받을 권리를 보장한 헌법의 이념에도 부합하는 것이 아니라고 할 것이므로, 개별공시지가결정에 위법이 있는 경우에는 그 자체를 행정소송의 대상이 되는 행정처분으로 보아 그 위법 여부를 다툴 수 있음은 물론 이를 기초로 한 과세처분 등 행정처분의 취소를 구하는 행정소송에서도 선행처분인 개별공시지가결정의 위법을 독립된 위법사유로 주장할 수 있다"(대판 1994. 1. 25. 93누8542)고 하였다.

## Ⅳ. 개별공시지가결정 취소소송과 표준지공시지가의 위법

### 1. 문 제 점

표준지 공시지가는 개별공시지가의 결정에 기준이 되는 것이고, 아울러 표준지 공시지가에 대한 이의신청기간이 경과하게 되는 경우에 개별공시지가를 다투는 소송에서 표준지 공시지가의 위법을 다툴 수 있는가의 문제가 현실적으로 발생할 수 있다. 여기서 선행행위인 표준지공시지가의 결정·공시의 위법이 후행행위인 개별공시지가의 결정·고시에 승계되는가의 여부가 바로 논점이다.

### 2. 승계 여부

판례에 따르면 표준지 공시지가와 개별공시지가의 결정 모두 행정행위이므로 양자간에는 "행정행위의 하자의 승계'가 문제될 수 있는 전제를 갖추고 있다. 그러나 양자가 하나의 목적을 위한 것이라고 보기는 어렵다. 따라서 표준지 공시지가의 위법을 개별공시지가결정의 취소를 구하는 소송에서 주장할 수는 없다. 이와 관련하여 판례도 '표준지로 선정된 토지의 공시지가에 대하여 불복하기 위하여는 (구)지가공시 및 토지 등의 평가에 관한 법률 제8조 제1항 소정의 이의절차를 거쳐 처분청을 상대로 그 공시지가결정의 취소를 구하는 행정소송을 제기하여야지, 그러한 절차를 밟지 아니한 채 개별토지가격결정을 다투는 소송에서 그 개별토지가격결정의 기초가 된 표준지공시지가의 위법성을 다툴 수는 없다"(대판 1995. 3. 28. 94누12920)고 하였다.

# 93 보조금과 법률유보
[점포시설개선지원금과 경쟁자의 보호]

## [설문]

정부(산업통상자원부장관)는 전국적으로 시·군·구마다 1개소의 모범적인 재래식 상점을 선정하여 점포시설의 개선을 위한 비용의 일부를 지원해주기로 하였다. 그리하여 A시의 경우 신청자 중에서 B상점을 모범상점으로 선정하고 보조금을 교부하기로 결정하고 이를 B상점에 통지하였다. 이에 B에 이웃하며 편의점을 경영하는 제3자인 E는 정부가 B에게 보조금을 지급하는 것은 위법하다고 하여 B에 대한 보조금교부결정의 취소를 법원에 청구하였다. E는 원고적격을 갖는가?

◇ 참고조문 ◇

보조금 관리에 관한 법률

제2조(정의) 이 법에서 사용하는 용어의 뜻은 다음과 같다.

1. "보조금"이란 국가 외의 자가 수행하는 사무 또는 사업에 대하여 국가(「국가재정법」별표 2에 규정된 법률에 따라 설치된 기금을 관리·운용하는 자를 포함한다)가 이를 조성하거나 재정상의 원조를 하기 위하여 교부하는 보조금(지방자치단체에 교부하는 것과 그 밖에 법인·단체 또는 개인의 시설자금이나 운영자금으로 교부하는 것만 해당한다), 부담금(국제조약에 따른 부담금은 제외한다), 그 밖에 상당한 반대급부를 받지 아니하고 교부하는 급부금으로서 대통령령으로 정하는 것을 말한다.

제3조(다른 법률과의 관계 등) ① 보조금 예산의 편성·집행 등 그 관리에 관하여는 다른 법률에 특별한 규정이 있는 것을 제외하고는 이 법에서 정하는 바에 따른다.

행정소송법

제12조(원고적격) 취소소송은 처분등의 취소를 구할 법률상 이익이 있는 자가 제기할 수 있다. 처분등의 효과가 기간의 경과, 처분등의 집행 그 밖의 사유로 인하여 소멸된 뒤에도 그 처분등의 취소로 인하여 회복되는 법률상 이익이 있는 자의 경우에는 또한 같다.

[해설]

# Ⅰ. 논점의 정리

(1) E에게 원고적격이 인정되는가의  여부는 E가 행정소송법 제12조 전단이 규정하는 법률상 이익을 갖는가의 문제이다.

(2) 특히 보조금지원제도는 일반적으로 경쟁관계에 있는 자에 대해서도 영향을 미치므로 제3자효를 가진다. 따라서 자금지원행정에서 자금지원을 받지 못한 자가 경쟁자로서 수혜자에 대한 보조금지급의 위법성을 주장하는 경우를 이른바 '소극적 경쟁자소송'이라고 한다. 이러한 소송에서도 원고적격이 인정되기 위해서는 행정소송법 제12조 전단이 규정하는 법률상 이익이 있어야 한다.

# Ⅱ. 행정소송법 제12조 전단

## 1. 규정내용

행정소송법 제12조 제1항 전단은 "취소소송은 처분등의 취소를 구할 법률상 이익이 있는 자가 제기할 수 있다"고 규정하고 있다. 여기서 원고적격의 개념요소로서 '법률상 이익'의 주체와 성립형태(내용)가 문제된다

## 2. 논의의 전제로서 취소소송의 본질

취소소송의 본질(기능)에 관해 ① 취소소송의 목적은 위법한 처분으로 야기된 개인의 권리침해의 회복에 있으므로 권리가 침해된 자만이 소송을 제기할 수 있다는 권리구제설, ② 위법한 처분으로 권리뿐 아니라 법에 의해 보호되는 이익을 침해당한 자도 처분을 다툴 수 있다는 법률상 보호이익설, ③ 법에 의해 보호되는 이익이 아니더라도 그 이익이 실질적으로 재판상 보호할 가치가

있다고 판단되는 경우에는 그러한 이익이 침해된 자도 소송을 제기할 수 있다는 보호가치 있는 이익설, ④ 처분의 적법성 확보에 가장 이해관계가 있는 자는 원고적격을 갖는다는 적법성보장설이 있지만, 법률상 보호이익설이 통설과 판례의 입장이다.

### 3. 법률상 이익의 주체

(1) 법률상 이익이 있는 자에는 자연인 외에 법인도 포함된다. 법인에는 사법인 외에 공법인도 포함된다. 지방자치단체도 법률상 이익의 주체가 될 수 있다. 처분의 상대방이 아닌 제3자도 포함된다.

(2) 사인으로서 자연인인 E는 당연히 법률상 주체일 수 있다.

### 4. 법률상 이익의 성립형태

(1) 의 의 행정소송법 제12조 제1항 전단에서 말하는 법률상 이익은 ① 국회제정의 법률 또는 법률에 근거한 법규명령 등 법령에서 나오는 경우도 있고, ② 관습법에서 나오는 경우도 있고, ③ 헌법에서 바로 나오는 경우도 있다. 법률에 의한 행정의 원리와 헌법의 추상성 등으로 인해 실제상 법률상 이익의 존부는 주로 ①의 경우와 관련한다.

(2) 법령상 성립요건 법령상 법률상 이익이 인정되기 위해서는 2요소, 즉 행정청의 의무의 존재와 사익보호성이 필요하다. 이를 2요소론이라 한다. 바꾸어 말하면, 법률에서 바로 법률상 이익이 성립된다고 하기 위해서는 ① 법률이 국가 또는 그 밖의 행정주체에 행위의무를 부과하고 있고(강제규범성), 아울러 ② 법률이 사익의 보호를 의도하고 있어야 한다(사익보호성). 법률이 사익과 공익을 동시에 추구하고 있는 경우에도 사익보호성은 인정된다.

(3) 헌법에서 나오는 법률상 이익 대법원은 구속된 피고인 또는 피의자의 타인과의 접견권은 헌법에서 바로 나오는 것이라 하였고(대판 1992. 5. 8, 90헌마8), 헌법재판소는 알권리를 헌법상 표현의 자유에서 직접 도출되는 구체적인 권리라 하였고(헌재 1991. 5. 13, 90헌마133), 경쟁의 자유도 헌법상 인정되는 권리(법률상 이익)로 보았다(헌재 1998. 4. 30, 97헌마141).

## Ⅲ. E의 법률상 이익의 존부(결론)

E는 자연인으로서 당연히 법률상 주체가 된다. 한편, 설문의 B 등에게만 지원되는 보조금은 다른 경쟁자에게 불리한 것으로서 시장의 자유경쟁을 왜곡하는 측면이 있다. 따라서 E가 침해받고 있는 경쟁의 자유, 평등권, 영업의 자유, 직업의 자유 등은 헌법으로부터 바로 나오는 법률상 이익으로 볼 수 있다. 따라서 E는 원고적격을 갖는다.

[참고]  일반적으로는 보조금지원의 경우, 경쟁관계에 있는 제3자는 법률상 이익의 침해를 주장하기 어려울 것이다. 왜냐하면 제3자를 보호하는 개별 법률규정이 존재하기 어렵기 때문이다. 따라서 보조금의 지원으로 경쟁관계에 있는 자에게 영향을 미치더라도 이는 반사적 효과에 지나지 않는다. 그러나 헌법에서 바로 경쟁의 자유라는 법률상 이익이 도출되는 경우에는 사정이 달라진다.

[참고]  **보조금교부결정의 처분성(소결)**
① 산업통상부장관의 보조금교부결정은 관할관청에 의한 것이라는 점에서 행정청에 의한 것이고, ② B상점에 대한 보조금교부결정이라는 점에서 구체적 사실에 관한 것이고, ③ 보조금의 예산 및 관리에 관한 법률 제17조, 제19조 등의 집행이라는 점에서 법집행에 관한 것이고, ④ 행정청이 우월한 입장에서 일방적으로 행하는 의사결정이라는 점에서 공권력 행사에 관한 것이라는 점에서 행정소송법상 처분개념에 해당한다. 또한 B상점에게는 보조금지급청구권이 발생하며, 또한 경쟁자인 E에게는 경쟁상의 불평등을 가져온다는 점에서 법적인 행위에도 해당한다. 따라서 보조금교부결정 및 통지는 항고소송의 대상이 되는 행정처분에 해당한다.

# 환경소송의 요건
[환경영향평가대상지역주민의 권리보호]

## [설문]

A시 시장은 2013년 9월 8일 A시 남구 대송면 일대에 일반폐기물소각시설 (소각용량: 200t/일×1기)을 설치하는 내용으로 폐기물소각시설 설치 계획입 지를 결정·고시하는 처분을 하였다. 그러자 폐기물소각시설의 부지경계선으 로부터 300m 밖에 있는 지역의 인근주민 甲은 폐기물처리시설 입지결정·고 시처분의 취소소송을 제기하려고 한다. 甲은 원고적격을 갖는가?

◇ 참고조문 ◇

폐기물처리시설 설치촉진 및 주변지역지원 등에 관한 법률

제17조(주변영향지역의 결정·고시) ① 폐기물처리시설 설치기관은 제11조의3에 따른 폐기물처리시설 설치계획이 공고된 날부터 대통령령으로 정하는 기간에 그 폐기물처리시설의 설치·운영으로 인하여 환경상 영향을 받게 되는 주변지역(이하 "주변영향지역"이라 한다)을 결정·고시하여야 한다.

③ 주변영향지역은 다음과 같이 구분한다.

1. 직접 영향권: 제2항에 따라 환경상 영향을 조사한 결과 인체·동물의 활동, 농·축산물, 임산물 또는 수산물에 직접적으로 환경상 영향을 미칠 것으로 예상되어 지역주민을 이주시킬 필요가 있다고 인정되는 지역

2. 간접 영향권: 대통령령으로 정하는 범위의 지역으로서 제2항에 따라 환경상 영향을 조사한 결과 환경상 영향이 미칠 것으로 예상되는 직접 영향권 외의 지역. 다만, 특히 필요하다고 인정되는 경우에는 대통령령으로 정하는 범위 밖의 지역도 포함시킬 수 있다.

폐기물처리시설 설치촉진 및 주변지역지원 등에 관한 법률 시행령

제17조(주변영향지역의 결정·고시) ① 폐기물처리시설 설치기관은 법 제17조 제1항에 따라 해당 폐기물처리시설의 설치·운영으로 환경상 영향을 받게 되는 주변지역(이하 "주변영향지역"이라 한다)을 폐기물처리시설 설치계획이 공고된 날부터 2년 이내에 결정·고시하여야 한다. 결정·고시를 한 후 환경상 영향의 변동이 있다고 인정되는 경우에는 주변영향지역을 조정하여 고시할 수 있다.

제20조(간접 영향권의 범위) 법 제17조 제3항 제2호에서 "대통령령으로 정하는 범위"란 폐기물매립시설의 부지 경계선으로부터 2킬로미터 이내 또는 그 밖의 폐기물처리시설의 부지 경계선으로부터 300미터 이내를 말한다.

환경영향평가법

제22조(환경영향평가의 대상) ① 다음 각 호의 어느 하나에 해당하는 사업(이하 "환경영향평가 대상사업"이라 한다)을 하려는 자(이하 이 장에서 "사업자"라 한다)는 환경영향평가를 실시하여야 한다.

15. 폐기물 처리시설의 설치사업

② 환경영향평가 대상사업의 구체적인 종류, 범위 등은 대통령령으로 정한다.

[해설]

## Ⅰ. 논점의 정리

甲에게 원고적격이 인정되는가의 여부는 甲이 행정소송법 제12조 전단이 규정하는 법률상 이익을 갖는가의 문제이다. 甲의 이해관계는 환경과 관련하므로 甲이 제기하고자 하는 소송은 환경소송에 해당한다. 따라서 설문은 환경소송의 원고적격을 묻는 것이기도 하다.

## Ⅱ. 행정소송법 제12조 전단

### 1. 규정내용

행정소송법 제12조 제1항 전단은 "취소소송은 처분등의 취소를 구할 법률상 이익이 있는 자가 제기할 수 있다"고 규정하고 있다. 여기서 원고적격의 개념요소로서 '법률상 이익'의 주체와 성립형태(내용)가 문제된다.

### 2. 논의의 전제로서 취소소송의 본질

취소소송의 본질(기능)에 관해 ① 취소소송의 목적은 위법한 처분으로 야기된 개인의 권리침해의 회복에 있으므로 권리가 침해된 자만이 소송을 제기할 수 있다는 권리구제설, ② 위법한 처분으로 권리뿐 아니라 법에 의해 보호되는 이익을 침해당한 자도 처분을 다툴 수 있다는 법률상 보호이익설, ③ 법에 의해 보호되는 이익이 아니더라도 그 이익이 실질적으로 재판상 보호할 가치가 있다고 판단되는 경우에는 그러한 이익이 침해된 자도 소송을 제기할 수 있다는 보호가치 있는 이익설, ④ 처분의 적법성 확보에 가장 이해관계가 있는 자는 원고적격을 갖는다는 적법성보장설이 있지만, 법률상 보호이익설이 통설과 판례의 입장이다.

### 3. 법률상 이익의 주체

(1) 법률상 이익이 있는 자에는 자연인 외에 법인도 포함된다. 법인에는 사법인 외에 공법인도 포함된다. 지방자치단체도 법률상 이익의 주체가 될 수 있다. 처분의 상대방이 아닌 제3자도 포함된다.

(2) 사인으로서 자연인인 甲은 당연히 법률상 주체일 수 있다.

### 4. 법률상 이익의 성립형태

행정소송법 제12조 제1항 전단에서 말하는 법률상 이익은 ① 국회제정의 법률 또는 법률에 근거한 법규명령 등 법령에서 나오는 경우도 있고, ② 관습법에서 나오는 경우도 있고, ③ 헌법에서 바로 나오는 경우도 있다. 법률에 의한 행정의 원리와 헌법의 추상성 등으로 인해 실제상 법률상 이익의 존부는 주로 ①의 경우와 관련한다. 설문의 경우도 ①의 경우와 관련한다.

### 5. 법령상 법률상 이익의 성립요건(2요소론)

(1) 의    의    법령상 법률상 이익이 인정되기 위해서는 2요소, 즉 행정청의 의무의 존재와 사익보호성이 필요하다. 이를 2요소론이라 한다. 바꾸어 말하면, 법률에서 바로 법률상 이익이 성립된다고 하기 위해서는 ① 법률이 국가 또는 그 밖의 행정주체에 행위의무를 부과하고 있고(강제규범성), 아울러 ② 법률이 사익의 보호를 의도하고 있어야 한다(사익보호성). 법률이 사익과 공익을 동시에 추구하고 있는 경우에도 사익보호성은 인정된다.

(2) **강제규범성**    방침규정·훈시규정이 아닌 규정들은 대체로 행위의무를 부과하는 것으로 볼 수 있다. 재량행위의 경우에도 하자 없는 재량행사 그 자체는 의무적이다.

(3) **사익보호성 존부**

(가) **학    설**    사익보호성 존부의 판단기준과 관련하여 학설은 ① 처분의 근거가 되는 당해 법률의 규정과 취지만을 기준으로 해야 한다는 견해, ② 당해 법률의 규정과 취지 외에 관련 법률의 규정과 취지도 고려해야 한다는 견해, ③ 당해 법률의 규정과 취지와 관련 법률의 규정과 취지 외에도 기본권 규정도 고려해야 한다는 견해로 나누어지며, ③의 견해가 일반적이며 타당하다.

(나) **판    례**    판례는 "법률상 이익이란 처분의 근거법률에 의하여 직접 보호되는 구체적인 이익을 말한다"고 하여 기본적으로 당해 처분의 근거가 되는 법률만을 고려한다. 그러나 최근에는 근거법률 외에 관련 법률까지 고려하는 판례가 나타난다. 또한 기본권(예를 들어 접견권)을 고려하는 듯한 판례도 있다. 그리고 거부처분취소소송이나 부작위위법확인소송의 경우 조리를 활용하기도 한다.

## Ⅲ. 甲의 원고적격의 존부

### 1. 행정청의 의무의 존재

개인적 공권이 성립하기 위해서는 우선 행정청에 의무가 존재하여야 한다. 행정청의 의무는 기속행위뿐만 아니라 재량행위에도 존재한다. 폐기물처리시설 설치촉진 및 주변지역지원 등에 관한 법률(폐촉법) 제17조와 동법시행령 제17조, 환경영향평가법 제22조 등은 A시장이 일반폐기물소각시설을 설치할 때 따라야 하는 의무조항이라 할 것이므로 개인적 공권성립에 요구되는 제1의 요소는 구비되었다.

### 2. 사익보호성

(1) **근거법률·관련법률**    甲에게 원고적격이 인정되기 위해서는 甲의 권리 내지 이익을 법률이 보호하고 있어야 한다. 구체적으로 보면 폐기물처리시

설 설치촉진 및 주변지역지원 등에 관한 법령 또는 환경영향평가법령이 甲의 사익을 보호하고 있어야만 甲에게 원고적격이 인정될 수 있다(대판 2005. 5. 12. 2004두14229).

(2) 폐촉법상 사익보호성

(가) 직접영향권과 사익보호성　　행정처분의 근거 법규 또는 관련 법규에 그 처분으로써 이루어지는 행위 등 사업으로 인하여 환경상 침해를 받으리라고 예상되는 영향권의 범위가 구체적으로 규정되어 있는 경우에는, 그 영향권 내의 주민들은 해당 처분으로 인하여 직접적이고 중대한 환경피해를 입으리라고 예상할 수 있고, 이와 같은 환경상의 이익은 주민 개개인에 대하여 개별적으로 보호되는 직접적·구체적 이익으로서 그들에 대하여는 특단의 사정이 없는 한 환경상 이익에 대한 침해 또는 침해 우려가 있는 것으로 사실상 추정되어 법률상 보호되는 이익으로 인정됨으로써 원고적격이 인정된다(대판 2015. 12. 10, 2011두32515).

(나) 간접영향권과 사익보호성　　직접영향권 밖의 주민들은 해당 처분으로 인하여 그 처분 전과 비교하여 수인한도를 넘는 환경 피해를 받거나 받을 우려가 있다는 자신의 환경상 이익에 대한 침해 또는 침해 우려가 있음을 증명하여야만 법률상 보호되는 이익으로 인정되어 원고적격이 인정된다(대판 2015. 12. 10, 2011두32515).

(다) 설문의 경우　　폐촉법 제17조는 폐기물처리시설의 설치·운영으로 인하여 환경상 영향을 받게 되는 주변영향지역을 직접영향권과 간접영향권으로 나누고 동법 시행령 제20조는 간접영향권의 범위를 폐기물매립시설의 부지경계선으로부터 2킬로미터 이내 또는 폐기물소각시설의 부지경계선으로부터 300미터 이내로 규정하고 있지만, 甲은 폐기물소각시설의 부지경계선으로부터 300미터 밖에 있는 지역에 거주하는 주민이므로 동법과 동법 시행령에 의해 그 권리나 이익이 보호된다고 보기는 어렵다. 다만 그러한 시설 등으로 인하여 환경상 이익에 대한 침해 또는 침해우려가 있다는 것을 입증함으로써 그 처분등의 무효확인을 구할 원고적격을 인정받을 수 있다(대판 2006. 3. 16, 2006두330).

(3) 환경영향평가법상 사익보호성

甲은 환경영향평가대상지역 내에 거주하는 주민이고, 폐기물처리시설 설

치기관이 1일 처리능력이 100t 이상인 폐기물처리시설을 설치하는 경우 환경
영향평가법에 따른 환경영향평가 대상사업에도 해당하므로 환경영향평가법령
은 폐기물처리시설을 설치하기 위한 폐기물소각시설 설치계획입지 결정·고시
처분의 근거 법령(논자에 따라서는 이를 절차법적 근거법령이라고 하거나 관련법령으로 보
는 견해도 있다)이 된다고 할 것이고, 또한 동 결정·고시처분의 근거법령인 환경
영향평가법령이 인근 주민인 甲의 이익을 보호하고 있다고 볼 것이다. 따라서
甲은 원고적격이 인정된다(대판 2006. 3. 16. 2006두330).

## IV. 결    론

甲의 권리 내지 이익을 폐촉법이 보호하고 있다고 보긴 어려우나, 환경영
향평가법이 보호하고 있으므로 甲은 동 결정·고시처분의 취소를 구할 원고적
격이 인정된다.

# 찾아보기

## 공저자 약력

### 홍 정 선

서울대학교 법과대학 졸업

서울대학교 대학원 졸업(법학박사)

독일 Universität Tübingen, Universität Wuppertal, Freie Universität Berlin, 미국 University of California at Berkeley 등에서 행정법연구

한국공법학회 회장(현 고문)

한국지방자치법학회 회장(현 명예회장)

지방자치단체 중앙분쟁조정위원회 위원장(현)·서울특별시민간위탁운영평가위원회 위원장(현)·주식백지신탁 심사위원회 위원장·행정자치부 정책자문위원회 위원장·지방분권촉진위원회위원·민주화운동관련자명예 회복및보상심의위원회위원·헌법재판소공직자윤리위원회위원·행정소송법개정위원회위원·행정자치부정책 자문위원회위원·국무총리행정심판위원회위원·중앙분쟁조정위원회위원·중앙토지평가위원회위원·경찰혁 신위원회위원·전국시장군수구청장협의회자문교수·서울특별시강남구법률자문교수 등

사법시험·행정고시·입법고시·외무고시·지방고등고시 등 시험위원

이화여자대학교 법과대학 교수

현재 연세대학교 법학전문대학원·법과대학 교수

### 저 서

헌법과 정치(법문사, 1986)

행정법원리(박영사, 1990)

판례행정법(길안사, 1994)

사례행정법(신조사, 1996)

행정법연습(신조사, 초판 1999, 제8판 2008)

신행정법연습(신조사, 초판 2009, 제2판 2011)

경찰행정법(박영사, 초판 2007, 제3판 2013)

신지방자치법(박영사, 초판 2009, 제3판 2015)

행정법원론(상)(박영사, 초판 1992, 제24판 2016)

행정법원론(하)(박영사, 초판 1993, 제24판 2016)

신행정법입문(박영사, 초판 2008, 제9판 2016)

행정법특강(박영사, 초판 2002, 제15판 2016)

로스쿨 객관식 행정법특강(박영사(공저), 2012)

최신행정법판례특강(박영사, 초판 2011, 제2판 2012)

기본 행정법(박영사, 초판 2013, 제4판 2016)

기본 경찰행정법(박영사, 2013)

기본 case 행정법(박영사(공저), 2016)

민간위탁의 법리와 행정실무(박영사, 2015)

### 방 동 희

연세대학교 법과대학 졸업

연세대학교 대학원 졸업(법학박사)

대통령소속지방자치발전위원회 지방이양추진TF위원·행정자치부 개인정보보호관리수준진단위원회위원·울산 광역시 행정심판위원회위원·부산광역시 입법평가위원회위원·부산광역시교육청 교육행정규제심의위원회위원· 영상물등급위원회 비디오물등급분류소위원회위원·한국산업인력공단 정보공개심의위원회위원·감사원 감사 논집편집위원회위원 등

국가직 지방직 9급·7급·5급승진 시험위원

사법시험·변호사시험·행정고시 시험위원

행정사·공인노무사·감정평가사·세무사·공인중개사 등 국가자격시험위원

대법원 법원행정처 조사위원 · 한국정보화진흥원 선임연구원 · 감사원 연구관 · 경성대학교 법학과 교수
현재 부산대학교 법학전문대학원 · 법과대학 교수

최 윤 영
이화여자대학교 법과대학 졸업
이화여자대학교 대학원 졸업(법학박사)
서울시립대학교, 서울과학기술대학교, 백석대학교, 고려대학교, 강남대학교 등 강사
이화여자대학교 법학연구소 전자법연구센터 선임연구원
고려대학교 법학전문대학원 연구교수
현재 이화여자대학교 법학연구소 지방자치법연구센터 선임연구원

## 기본 CASE 행정법

| | |
|---|---|
| 초판인쇄 | 2016년 2월 20일 |
| 초판발행 | 2016년 2월 28일 |
| 지은이 | 홍정선 · 방동희 · 최윤영 |
| 펴낸이 | 안종만 |
| 편 집 | 김선민 |
| 기획/마케팅 | 조성호 |
| 표지디자인 | 조아라 |
| 제 작 | 우인도 · 고철민 |
| 펴낸곳 | (주) **박영사** |
| | 서울특별시 종로구 새문안로3길 36, 1601 |
| | 등록 1959. 3. 11. 제300-1959-1호(倫) |
| 전 화 | 02)733-6771 |
| f a x | 02)736-4818 |
| e-mail | pys@pybook.co.kr |
| homepage | www.pybook.co.kr |
| ISBN | 979-11-303-2824-9  93360 |

정 가    28,000원